▲世界遺産の五箇山《ごかやま》，相倉《あいのくら》集落　南砺《なんと》市相倉・同市菅沼《すがぬま》の両合掌《がっしょう》集落は，岐阜県白川郷の合掌集落とともに，平成7(1995)年に世界遺産に指定された。写真にみる大型の合掌造りの建物は，相倉・菅沼では幕末からつくられるようになった。

◄桜谷《さくらだに》古墳群　高岡市北部の二上《ふたがみ》丘陵北端にきずかれた古墳群。最大の規模をもつ第1号墳は全長62mの前方後円墳で，古墳時代前期終末～中期初頭にきずかれたもの。大首長《だいしゅちょう》の墓と考えられる。

►越中立山縁起曼荼羅図《たてやまえんぎまんだら》(縦150×横215cm，立山町芦峅寺相真坊《あしくらじそうしんぼう》蔵本)　立山信仰布教の絵解《えと》きに用いられた。上部中央の最高所が雄山《おやま》。絶頂に権現堂がある。二十五菩薩来迎の場面は浄土山《じょうどさん》。地獄の描写も精細で，血ノ池に堕《お》ちた女人たちが血盆経《けつぼんきょう》供養をうけている。下部右端に芦峅寺閻魔堂《えんまどう》・媼堂《うばどう》を置き，布橋灌頂《ぬのはしかんじょう》行事の場面を描き，下部で佐伯有頼《さえきありより》が熊を追って立山に分けいった開山伝説を説く。19世紀後期の作。

▲縄文時代の大型竪穴《たてあな》住居(復原，朝日町不動堂《ふどうどう》遺跡)　長径17mにも及ぶ大型の竪穴住居。北陸から東北の日本海沿岸地域でこのような大型住居跡がみつかっているが，その用途は明らかでない。

▲江道《えんどう》横穴《おうけつ》墓《ぼ》群(高岡市)　古墳時代の後期にきずかれた15基の横穴墓群。第2号横穴では13体の人骨が出土し，家族墓としての性格が認められる。仏具の金属器を模したと考えられる長頸《ちょうけい》壺が出土している。

►越中国庁《こくちょう》碑　高岡市伏木《ふしき》の勝《しょう》興《こう》寺《じ》境内に立つ越中国庁の碑。越中国庁は同地に所在したと考えられ，近隣には国分寺《こくぶんじ》跡，越中一宮《いちのみや》気《け》多《た》神社があり，関連遺構と目されるものも出土している。

►二上山の大伴家持《おおとものやかもち》像(高岡市)　大伴家持は,天平18(746)年から天平勝宝3(751)年までの5年間，越中国守《こくしゅ》として当地に赴任し,その間越中の風土や気候を題材とする多くの万葉歌をよんだ。

◄立山神像《たてやましんぞう》(高さ，台座とも55㎝)　立山頂上の御神体《ごしんたい》だったとされる寄《よ》せ鋳《ふ》き銅造男神立像。帝釈天《たいしゃくてん》像といい，唐衣《とうい》唐冠《とうかん》を着装。「立山禅頂《ぜんじょう》」「寛喜2年」(1230)の年号,「大日本国越州新川《にいかわ》郡太田寺《たいでんじ》奉鋳」などの刻銘がある。国重文。

► 法華経曼荼羅図《ほけきょうまんだら》(各幅平均縦190㎝・横126㎝。富山市八尾町宮腰，法華宗《ほっけしゅう》陣門流《じんもんりゅう》長松山本法寺《ほんぽうじ》蔵) 法華経28品の経意《きょうい》を22幅《ふく》に描いた法華経曼荼羅図(1幅は補作)。明治33(1900)年，21幅は国宝に指定。第二次世界大戦後は国指定重要文化財。嘉暦元(1326)年から翌年に制作。

▼ 石山合戦縁起絵図《いしやまかっせんえんぎえず》(富山市新名《しんみょう》浄土真宗専立寺《せんりゅうじ》旧蔵) 本願寺顕如《けんにょ》が織田信長の坊舎引渡し要求を拒絶して籠城《ろうじょう》すると，越中門徒らは救援のため大坂に馳《は》せつけ，また兵糧米《ひょうろうまい》や塩硝《えんしょう》を送り込んだ。この石山合戦を絹布に描いた縁起絵図であったが，昭和51(1976)年焼失。

◀杉谷山瑞泉寺山門《すぎたにさんずいせんじ》(南砺市井波)　明徳元(1390)年に綽如《しゃくにょ》が開いた越中最古の本願寺直系寺院。一向一揆の拠点で，江戸期には東本願寺《ひがしほんがんじ》方の触頭《ふれがしら》。7月の太子伝会《たいしでんえ》で聖徳太子伝が絵解《えと》きされる。山門は大工棟梁松井覚平《とうりょうまついかくへい》が文化6(1809)年に上棟《じょうとう》。県指定文化財。

▼城下町富山の絵図(「御調理《おちょうり》富山絵図」)　富山藩は加賀藩から富山を譲り受け，17世紀中ごろの寛文初年に城下町富山を再建した。再建直後に一部の町造りの手直しがされ，その際に作成されたのがこの絵図とみられる。

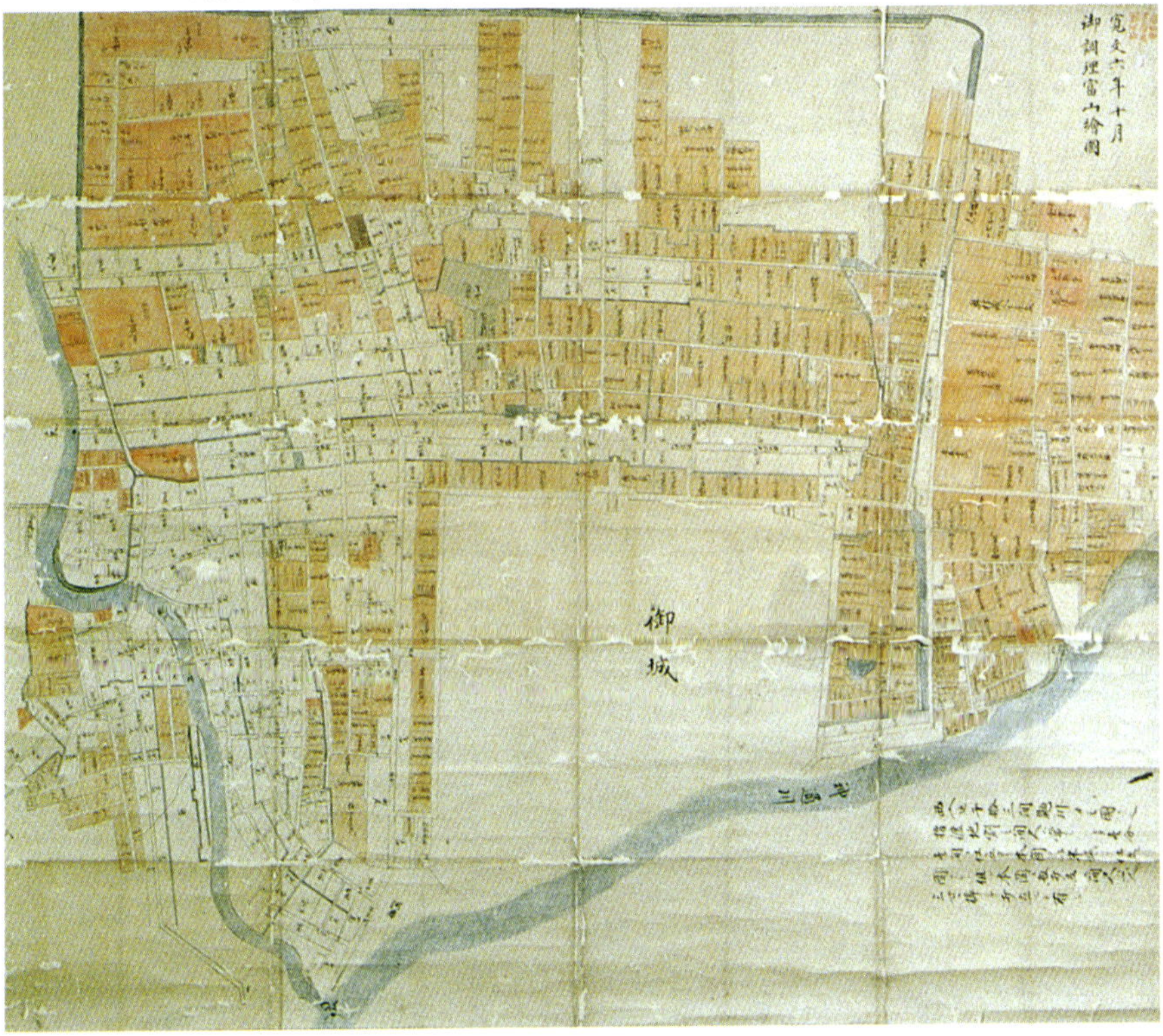

►富山舟橋《ふなばし》の絵（「六十余州名所図会」） この絵は幕末の歌川広重《うたがわひろしげ》の作品である。彼は富山の舟橋をみて描いていない。彼が富山の舟橋を越中の名所に選んだのは，この舟橋が当時の日本の代表的舟橋であったためである。

▼鰤台網《ぶりだいあみ》の絵（「魚津《うおづ》浦方《うらかた》猟業《りょうぎょう》役銀《やくぎん》高《だか》等《とう》帳面」） この絵は，天明5（1785）年に魚津町から提出された漁業図の写のなかのものである。網の張り方や浮《うき》，重石の配置など，当時の鰤の定置網《ていちあみ》の構造がよくわかる。

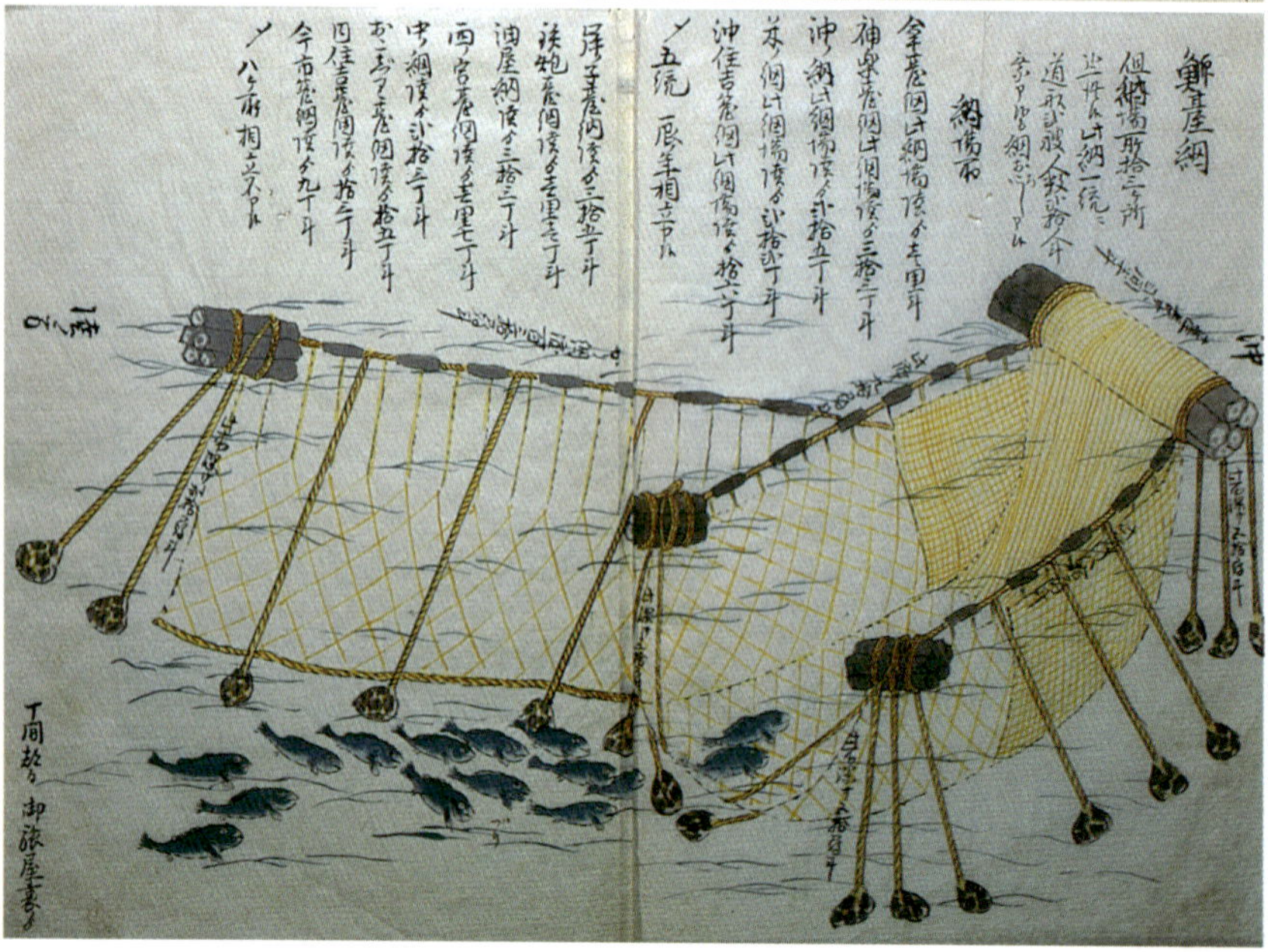

▲船絵馬　近世後期には越中からも北前《きたまえ》船が多数登場した。北前船主は持ち船の航海の安全を祈って，船絵馬を社寺へ奉納した。この写真の絵馬は文政２(1819)年に東岩瀬《ひがしいわせ》の諏訪恵比須《えびす》社に奉納されたものである。

▼富山停車場の絵(「富山名所図」)　北陸鉄道は明治32(1899)年に高岡・富山間が開通した。同41年に魚津《うおづ》まで鉄道が伸び，このとき現在地(富山市明輪町)へ富山停車場が移転した。この名所図はその翌年に刊行されたものである。

▲昭和の家庭の姿　この絵は，高岡市の博労《ばくろう》小学校の児童が昭和12(1937)年に描いたものである。両親の和服姿と丸いちゃぶ台での食事，おひつや長ひばちなど，高度経済成長がはじまる前までみられた庶民の家庭の姿である。

▼世界演劇祭，利賀《とが》フェスティバル　昭和57(1982)年より，国内の劇団に多数の外国の劇団を加えて，利賀村の富山県利賀芸術公園で毎夏開催されている。写真の会場は磯崎新氏設計の古代ギリシア風の野外劇場である。

地方史研究協議会名誉会長
学習院大学名誉教授
児玉幸多 監修

富山県の歴史 目次

深井甚三―本郷真紹―久保尚文―市川文彦

富山県の歴史

風土と人間――人も産物の国と時代転換

回転する日本図のなかの越中●

経済企画庁が近年実施している各県の生活の豊かさの調査で、富山県は全国でも上位に位置する住みやすい県であることが紹介されている。この調査により、富山県は立山《たてやま》や富山湾などの自然にめぐまれたうえに、住む・学ぶ・働くなどの諸条件も整備された、全国でも豊かな県というイメージが県外でも広まってきている。しかし、富山県外の人びとのあいだでは、富山県は依然として売薬行商人《ぎょうしょうにん》をだす雪国のイメージをもつ人が多いのも現実ではなかろうか。

東京中心の日本社会のあり方に対して、地域重視の視点と、さらにそれを日本海対岸地域へも拡大する観点が近年は強まるようになった。平成六（一九九四）年に富山県土木部は、日本海を中心におき、やはり南を地図の上側にし、列島の中心に富山県を位置させた「環日本海諸国図」を作成している。

歴史の推移とともに日本列島の中心地はかわり、また列島と交流する外国の勢力やその関係の密度にも変化がある。仁和寺《にんなじ》所蔵の嘉元三（一三〇五）年作成の最古の日本図をはじめ、中世に描かれた日本図には、現代地図とは異なる南を上にした絵図がある。京都が政治や文化の中心であり、中国・朝鮮の影響が大きかった当時には、右のような絵図はごく自然な日本図であった。近世にもこのような絵図が作成・出版され続けていたものの、江戸を政治の中心とし、また大陸との付合いを規制した時代のため、北を上側にした日本図が多数作成されるようになっていた。

　ところが、「本朝図《ほんちょうず》鑑綱目《かんこうもく》」（貞享四〈一六八七〉年刊）、「日本《にほん》海山《かいさん》潮陸《ちょうりく》図《ず》」（元禄四〈一六九一〉年刊）のように貞享年間（一六八四〜八八）以降に刊行された近世の日本図には、越中《えっちゅう》の主要街道筋と中心都市名を江戸初期のまま描き、まったく改訂せず誤記のままのものが多い。たとえば、右両絵図ともに、寛文期以降に北陸街道となっていた高岡《たかおか》・小杉新町《こすぎしんまち》・東岩瀬《ひがしいわせ》の道筋はなく、初期北陸街道の今石動《いまいするぎ》・中田《なかだ》・富山の道筋を描き、また富山は「外山」「戸山」と記載する。江戸期の越中など日本海側地域は、有力な米産地を抱え、また他の産物や蝦夷地《えぞち》産物を上方《かみがた》へ輸送する海運で、近世には太平洋岸におとらぬ発展をした。しかしこの絵図購入者の主は江戸や上方の人びとであり、越中の基幹道がどのようになっていようと支障はなく、このような誤った絵図が流布したのであろう。そして、この絵図に端的にみられるよ

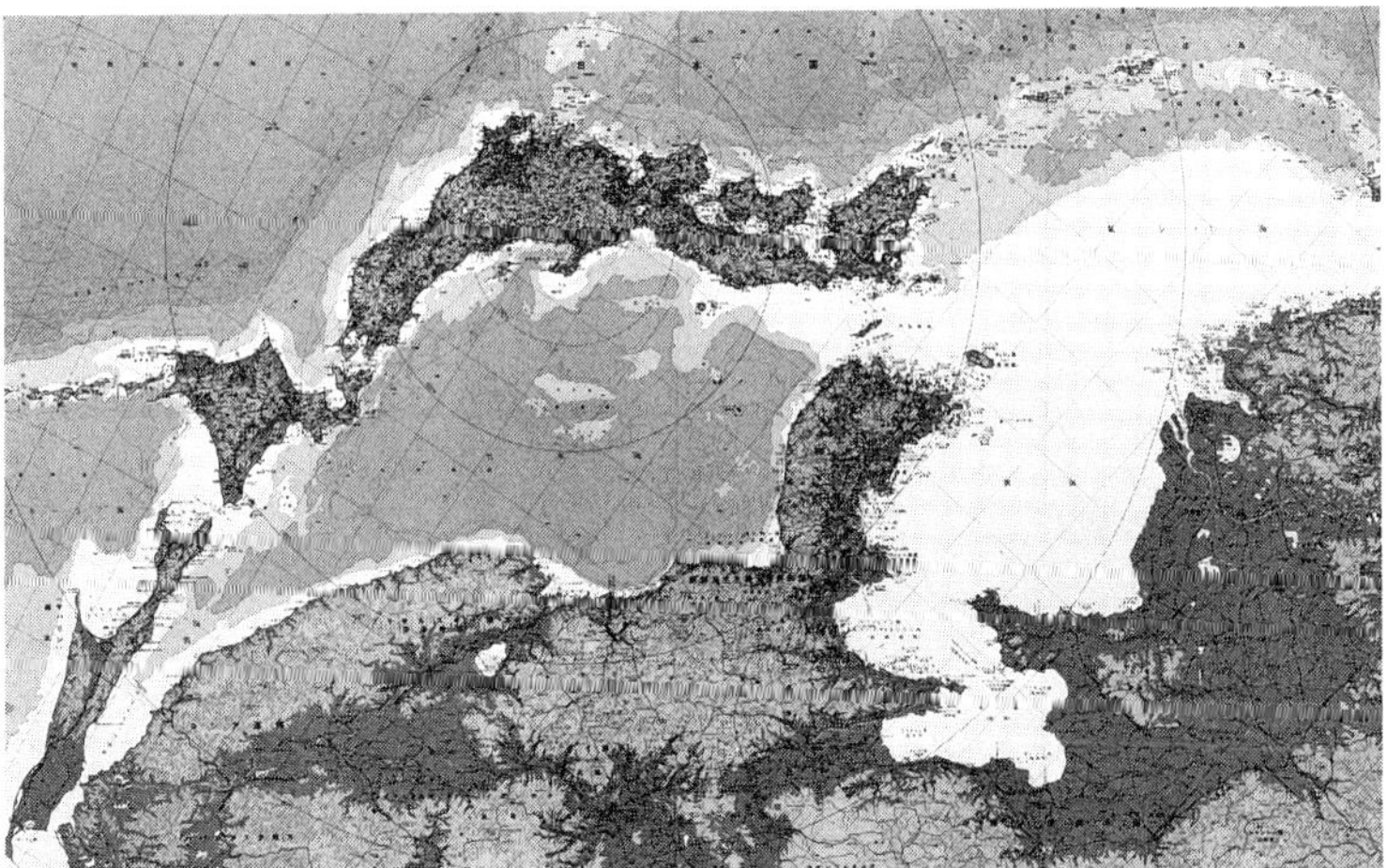

環日本海諸国図(富山中心正距方位図)　この地図は，富山県が建設省国土地理院長の承認を得て作成した地図(の一部)を転載したものである。(平6総使第76号)

うな越中・富山県に関する不十分な認識が、近年までの北陸外の他地域での認識となっていたといえよう。

富山の由来と越中国●

近世の刊行日本図に城下町《じょうかまち》富山は「外山」と記載されることがあった。中世の富山は外山とよばれた土地であった。外山の初見は、応永五（一三九八）年五月の「外山郷地頭職《とやまごうじとうしき》」の寄進状《きしんじょう》（富山市郷土博物館蔵）であり、元来、富山のあった地域は外山郷といわれた土地であった。佐々《さっさ》時代末の富山も、天正十三（一五八五）年閏八月の太閤朱印状《たいこうしゅいんじょう》をみると「外山」と記載されている。『越中旧事記《えっちゅうくじき》』『富山領古城記《とやまりょうこじょうき》』は、佐々以降の富山城下が、外山の地の藤井《ふじい》村に建設された城下町であることと、のちに普泉寺《ふせんじ》と改称される富山寺の土地に城郭を建設したために富山と名づけられたことを記している。外山の地に所在したために、外の字を佳名の富と改めて寺名にした寺院の名が、富山の地名となったのである。そして、廃藩置県《はいはんちけん》後の紆余曲折《うよきょくせつ》ののちの明治十六（一八八三）年に、現在の富山県域を管轄地として成立したこの県は、県庁を富山の地においたために、富山を県名とすることになった。

越中の国は、古代の初めは越《こし》の国に属した。その後成立した越中国は越後地域をも含み、現在の富山県域が越中として定着したのは八世紀中ごろであった。当時、鄙《ひな》の国とされた越の国は、朝廷《ちょうてい》の支配がおよぶ東端の辺境に位置し、蝦夷の地に対する前線の地となっていた。近世でも幕府《ばくふ》が蝦夷地出兵にさいして蝦夷地攻略に利用しようとした諸藩のなかで、富山藩がもっとも西端の藩であったように、越中は列島支配のなかで東国と西国の境界に位置した。日本の言語を東西に分ける境界線が糸魚《いとい》川にあることはよく知られているが、一方では、越中の民家に東国にみられる土間住まいがかつてみられ、また餅《もち》の形が富山県では西日本のような丸餅ではなく東日本にみられる角餅である。このように、言語・建築・習俗の点で越中は、列島の東西の境界地帯として東西の要素を混在させた地域となっていた。

この越中の国は、境界に位置したことにより、人や物を東西へ往来・流通させ、東と西の文化・情報と人・物の流れが交流する地となり、また列島の東西へ文化・情報を伝達してきた。また、中世後期に飛驒《ひだ》からも真宗《しんしゅう》が伝播《でんぱ》し、近世の越中から盛んに飛驒・信州へ魚が送りだされたことに象徴されるように、越中はその南に位置する列島中央部の地域との密接な交流・流通のある地域であった。さらに、環日本海地域の南に位置する列島の中心地点として、大陸・朝鮮半島との文化・経済の交流の中心となりうる地に位置するように、越中は八世紀中ごろに一時、能登《のと》を含み、大陸からの渡来地となっていた能登半島との結びつきの強い地域としてあった。とりわけ近世には海運を介して物資だけではなく、たとえば九州の馬渡島《まだらしま》の民謡が伝播して、新湊《しんみなと》・魚津《うおづ》さらに福光《ふくみつ》の「めでた」の民謡となったといわれるように、北に位置する海側からも文化伝播が進められ、越中の国はその南北方向からの交流も進められる地域であった。

自然のきびしさを恵みに●

近代以降の日本海側地域は、近年まで裏日本と呼称され、北陸は工業地帯化していった東海地域とは別世界の雪国で、売薬行商人など出稼ぎ人をだす地域とされてきた。日本海側を縦断する鉄道網整備の立ち遅れと、欧米を中心とした経済・文化・国際関係が太平洋岸重視をうみ、日本海側地域の裏日本化をもたらした。しかし、近代以前の北陸は、海運が活発に活動し、当時の重要な産物の米産地であった。

自然環境に大きな影響をうけて人が産物とされる地域がうみだされた。越中は、急峻な立山連峰などの山々と日本海側随一の内湾面積をもつ富山湾に囲まれている。常願寺《じょうがんじ》川をはじめ多数の急流河川の流域には、これも日本海側では非常に大きな規模の低地平野部がつくりだされ、越中の地は自然のさまざまな恵みときびしさを味わえる土地であった。この国は里方《さとかた》の農業だけではなく、漁業や鉱山業さらに観光業の条件も付与してくれる土地である。富山湾には対馬《つしま》暖流が流入し、その下には日本海固有冷水塊が存在して、暖流・寒流の魚介類がとれ、とりわけ中世末以降には灘浦《なだうら》ではじまった台網《だいあみ》漁業が富山湾各地にも取りいれられ、この定置網《ていちあみ》漁業が現代の富山湾漁業の柱になっている。一方、信仰の山、立山を擁する山系は、やはり中世後期からの列島の鉱山開発に対応して、下田《げだ》金山・吉《よし》野《の》銀山をはじめ数多くの金銀山をうみだした。十七世紀後半に鉱山は衰えたものの、近代の黒部《くろべ》川などの電源開発は、他方で観光開発ももたらして、現在の立山や黒部ダムなどは多数の観光客でにぎわっている。

越中の気候は多雪、多雨であり、稲作にはおおいに適しており、すでに古代の越中は『和名抄《わみょうしょう》』によると、日本海側で出羽《でわ》につぐ本田数をもち、

神通川浮世絵(松浦守美筆「越中国富山神通橋図」)

上国に位置づけられていた。開発進行と農業技術の進歩により稲作がおおいに発展した近世には、格好の稲作地帯となり、越中の米は大坂へ大量に売却されていた。一方、冬季の積雪は、単作を強《し》いて、農閑期における出稼ぎの必要をもたらし、また男性による出稼ぎは女性労働の重要性をいちだんと増させ、働き者の女性をうみだしていくことになった。また、辛抱強さは日本人の性格の特徴でもあるが、とりわけこの長期の積雪期間は人びとの辛抱強い性情をもたらした。さらに雪解け期を始めとする、神通《じんづう》川・常願寺川や庄《しょう》川などの急流河川のたびたびの洪水発生は水田を肥沃にもするが、作物の収穫をだいなしにし、下流部の町住民の家財や商品に多大な損害をあたえた。こうした自然災害のもとに、近年まで越中の国の人びとはさらされ続けていた。このため人びとは絶えざる災害をこうむりながらも、うまずたゆまず克服し、勤勉な気質を身につけざるをえず、幕末の江戸でいわれた意味と違った意味であるが、人も産物の国がつくられたのであった。

気質変容とあらたな時代

土地柄により、また職業により、さらに個人差もあって、県民気質・気風といわれるものがすべての県民に対応するわけではない。しかし、そうしたものがあることは広く認められている。戦国期にまとめられたといわれている『人国記《じんこくき》』が、越中人を「陰気の内に智《ち》あり勇《ゆう》あり」、そして「佞《ねい》なる気」の多い、つまり口先がうまく人におもねると評したことはよく知られている。この佞の気質は、おそらく中世後期の越中人が加賀《かが》の一向一揆《いっこういっき》と越後《えちご》の戦国大名上杉《うえすぎ》のあいだにはさまれ、翻弄《ほんろう》されていたことによりうみだされたものと推測される。一方、昭和四十六（一九七一）年に文化人類学者、祖父江孝男《そぶえたかお》氏は、富山の県民性について、勤勉・勤倹貯蓄的に加え、合理主義的で実行力があると指摘している（『県民性』）。この評価は、国内隅々からさらに、明治以降に海外へも商売にのりだした売薬商の人びとにあてはまる。とくに実行力という点では、明治初年に真宗王国富山で強引な合寺令を断行した林太仲《はやしたちゅう》のことなどが思い浮かぶ。

右の合理主義・実行力は智・勇とする理解につうじるが、勤勉・勤倹貯蓄的とする評価は『人国記』にみられない。気質や気風は土地の風土に育《はぐく》まれ、さらに地域外から流入する文化・宗教・政治の影響をうける。しかし、基本的な部分はなかなか変化しにくく、『人国記』の記す越中人気質の点に近年まで通用するものがあった。もっとも、気質にかわりにくい部分があるといっても、文化・宗教・政治などは時代とともに変化があり、このため時代により特徴的な気質を浮かびあがらせることになる。

近年までの日本社会の特徴と文化は室町《むろまち》・戦国《せんごく》以降の社会によりうみだされたとする見解が日本史研究者の支配的理解となってきている。これまでみた越中人気質は、一部に古代と中世前期の越中人にも共通するところがあるとしても、近世社会により大きく育まれたと考えられる。すなわち、中世後期に流入した浄土真宗《じょうどしんしゅう》の信仰と、近世の前田家《まえだけ》支配のあり方や、また庶民の労働の仕方を決定づけた近世の農業労働のあり方が、富山県人気質形成のうえで大きな役割を果たしたと考えられる。真宗の信仰は極楽《ごくらく》浄土への往生《おうじょう》を願い、今生《こんじょう》には勤勉にいそしむ人びとを育むうえで大きな役割を果たした。一方、強大な軍事力をもって地域支配にのぞんだ前田家も、一向一揆の伝統をもつ加賀や越中の人びとの動向にたえず脅威を感じていたため、門徒を主とする領民の支配に腐心し、十村《とむら》ら上層村役人層を上手に支配に利用した。また、加賀藩は年貢をはらえぬ農民を村追放にするきびしい方針で領民支配を行い、藩やさらに村内上層に対する強い従属性を領民に植えつけ、現代の県民の保守的といわれる性行を育てていくことになった。さらに、わずかな耕地で生産性をあげる集約的農業労働が近世社会にはじまったことは、ひたすら働くということをとうとぶ人びとを増大させた。しかもこの越中農村は、土地割換えの田地割《でんちわり》実施により、村の強固な共同体的結びつきをうみだし、排他的意識を強いものにさせていた。もっとも、以上の点では加賀の人と越中の人のあいだに大きな差はうまれなかった。しかし、金沢《かなざわ》とその周辺に生きた人びとは藩にぶらさがることにより、領内でうみだされた富の一部を享受でき、俗に「加賀乞食」とよばれる鷹揚《おうよう》な生き方が可能となった。一方、そのようなことができず、しかもたえず災害に苦しめられた越中人は、越中強盗にたとえられる積極的な生き方をしなければならず、それだけに越中の人びとは合理的で実利《じつり》重視の気風が身にしみつくことになったのであろう。

保守的・排他的で信仰心が篤《あつ》く、他地方の人よりもいちだんと辛抱強く勤勉な越中人がうみだされていったとしても、藩のきびしい支配への従属に彼らがまったく甘んじたままであったわけではなく、一揆が発生してもいた。また海に開けた越中は、近世の海運展開により先進地の文化がもたらされ、また売薬人など出稼ぎ人も他地域の文化情報をもたらした。越中の庶民も新しい文化の息吹《いぶ》きをたえず吸うことが可能になっており、保守的といっても頑迷《がんめい》さに凝《こ》り固まっていたわけではなく、実利のあるものは取りいれる積極性をもっていた。この点は、近世の文化面で測量学・和算学その他の実学的学問に、西村太冲《にしむらたちゅう》・石《いし》黒信由《ぐろのぶよし》などのすぐれた人材を町人・農民に輩出して、大きな成果をだしていたことに端的に示されている。

近代にはいると、とりわけ科学技術の進展が電源開発をもたらし、これまで大変な被害を県民にもたらしていた急流諸河川の存在が、富山県を日本海側随一の工業県へと導くことになった。第二次世界大戦敗戦後には県民のもつ進取性・実行力が、国の施策を先取りするといわれる県政を推進させ、公害問題などが発生したものの、近世以来育まれた県民の持ち前の勤勉性と忍耐力にささえられた諸産業発展のもとに全国的にみて豊かと評価される富山県がつくりだされることになった。

近世社会でうみだされた気質が現代富山の豊かな社会をうみだす大きな役割を果たした。しかし、一方では、勤倹貯蓄を大事とするこれまでの生き方に反省もうまれ、従来は否定されてきた「みゃーらく」(道楽)者の生き方をみなおす風潮が強まってきた。また、近年の東京との経済・文化面での結びつきの強まりは、富山県を東日本の社会のなかへより強く引きつけるようになった。さらに、世界の東西分割時代がおわり、個人が所持できるパソコンにより容易に世界と結びつくような情報社会となり、まったくあらたな時代へと移りかわってきている。このような現代の日本では、国際社会化に対応したあり方が地域に求められてきている。日本海側地域では、環日本海地域としての連携の強化が強く期待されるようになっており、さきに掲載したような環日本海地図も作成されるようになった。すでに、先見性のある地元の人の熱意と他所出身者の演劇人の結びつきにより利賀村《とがむら》(南砺市《なんとし》)が演劇文化の発信地となったことは、国際社会化した時代での富山県の進み方を示唆する。

国際社会化へむけて大きく変容をとげようとしている日本の社会では、必要とされる人材も個性的で創造力のある人が尊重されるようになった。富山県人の美徳ともみなされてきた勤勉性・辛抱強さとは必ずしも対応しない気質の人びとを尊重しなければならない時代となってきた。基層的な部分はなかなか変化しにくいとはいえ、これからのあらたな時代に富山県の人びとの気質や気風というものが同じままであるはずはない。まして、全国的にみて低い出生率をもつ富山県にうまれてくるこれからの世代の人びとの場合、その気質・気風が徐々に違ったものとなっていくのは間違いない。

1章

古代社会の形成と展開

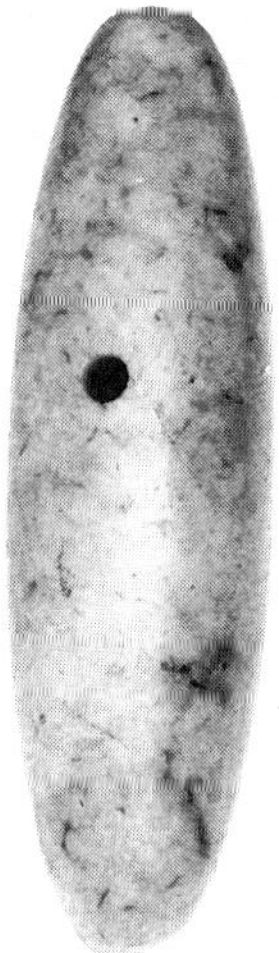

硬玉製大珠(氷見市朝日貝塚出土)

1　古代越中の風土と人びとの暮らし

旧石器時代の遺跡と人類の動き●

富山県下で縄文《じょうもん》期をさかのぼる旧石器時代の遺物が確認されたのは、昭和二十七（一九五二）年のことである。中新川《なかにいかわ》郡上市《かみいち》町の白萩《しらはぎ》小学校の校庭で昭和二十二年に採集された石器《せっき》に旧石器時代に属するものが存在することが確認され、この遺跡は眼目新丸山《さっかしんまるやま》遺跡と名づけられた。本遺跡で採集された石器は、石刃《せきじん》石器群に属するナイフ形石器・掻器《そうき》・削器《さっき》などで、東北地方から中部地方にかけて分布し、山形県小国《おぐに》町東山《ひがしやま》遺跡出土の石器にちなむ東山型ナイフの流れをくむものである。

以後一四〇以上もの旧石器時代の遺跡が県下で確認されたが、その大半は後期旧石器時代（三万〜一万年前）に属するものである。後期旧石器時代は姶良《あいら》火山灰の堆積を境として前半期と後半期に分けられるが、前半期に属するものは、立野ヶ原《たてのがはら》石器群という名称を生んだ、県西部の東礪波《ひがしとなみ》郡福野《ふくの》町（現南砺《みなみ》市）から西礪波郡福光《ふくみつ》町（同）にかけ立野ヶ原丘陵に位置する西山《にしやま》C遺跡、ウワダイラI遺跡・同L遺跡、南原《はら》D遺跡、中台《なかだい》B遺跡、西原《にしはら》C遺跡などの遺跡群がある。ウワダイラI遺跡では、昭和四十八年の調査の結果、数千点におよぶ同時代の石器が出土したが、そのうちナイフ形石器は以後立野ヶ原型ナイフ形石器とよばれ、本遺跡は北陸の各地に分布する立野ヶ原型石器群の指標遺跡となっている。石材には、近隣で産出する鉄石英や瑪瑙《めのう》が用いられている。一方、県東部では、常願寺《じょうがんじ》川右岸段丘上に位置する白岩藪ノ《しらいわやぶの》上《うえ》遺跡（中新川郡立山《たてやま》町）があり、立野ヶ原型ナイフ形石器や蛇紋岩《じゃもんがん》製の石斧《せきふ》が出土している。

後期旧石器時代の後半期に属する遺物は、先述の眼目新丸山遺跡のほか、上新川郡大沢野《おおさわの》町の野沢《のざわ》遺跡、直坂《すぐさか》Ⅰ遺跡・同Ⅱ遺跡、西礪波郡福光町の鉄砲谷《てっぽうだに》遺跡などでも出土している。野沢遺跡・直坂Ⅰ遺跡や鉄砲谷遺跡では、東日本に分布する石刃石器群に属するナイフ形石器が出土しているが、一方、直坂Ⅱ遺跡では、瀬戸内系石器群に属する国府《こう》型ナイフ形石器が出土しており、東西の石器文化の影響をうけたことが認められる。なお、野沢遺跡では、石斧も出土している。

旧石器時代は地質学的には第四期更新世《こうしんせい》の時代で、活発な火山活動に起因する地殻の変動が生じ、河岸

旧石器(眼目新丸山遺跡出土)

段丘の形成や、扇状地・三角州の隆起がみられた。その痕跡は、富山市の呉羽《くれは》丘陵や富山市婦中《ふちゅう》町の友《とも》坂《さか》不整合地層、小矢部《おやべ》市西方の宝達《ほうだつ》山丘陵などでみうけられる。また、氷河《ひょうが》期・間氷《かんぴょう》期の海進・海退によってもあらたな地形が形成された。このような自然環境のもとで、人類はおもに洪積台地上をその住居とし、糧となる動植物を求めて広範囲に活動を展開した。さきにあげた遺跡のほかに、昭和三十七年に発見された県西部の蟹谷《かんだ》丘陵に位置する小矢部市安養寺《あんようじ》遺跡では、頁岩《けつがん》系石材の石刃石器群とともに、安山《あんざん》岩《がん》製の瀬戸内系石器群が採集された。また、射水《いみず》市にある新造池《しんぞういけ》A遺跡でも、頁岩系石材のナイフ形石器とともに、瀬戸内系石器群に属する安山岩系の石材を用いた横長剝片《はくへん》のナイフ形石器などが出土し、蛇紋岩製の石斧も出土している。富山県下の同時代の遺跡で、東日本の石刃石器群と西日本の瀬戸内系石器群がともに出土していることは、まさに当時の人類の広範囲な活動と文化の交流を示すものといえよう。

縄文期の生活遺跡と文化●

富山県下でみつかった最古の縄文土器は、中新川郡立山《たてやま》町の白岩尾掛《しらいわおがけ》遺跡から出土したもので、縄文草創期に属する。本遺跡は常願寺川右岸の段丘面上に位置し、昭和四十五（一九七〇）年に発見された。押圧縄文土器の破片とともに、地元産の輝石《きせき》安山岩製の有舌尖頭器《ゆうぜつせんとうき》や掻器・削器などの石器が採集された。有舌尖頭器は、富山市婦中町の長沢《ながさわ》遺跡や同市杉谷《すぎたに》遺跡などでもみつかっているが、海進が進み、河川を遡《そ》上《じょう》する鮭《さけ》や鱒《ます》を捕獲するために流域の段丘上に住まいした当時の人びとが、漁労の道具としてこれを用いたとも考えられる。同時代の石器としては、ほかに細石刃《さいせきじん》や、神子柴《みこしば》型石斧とよばれる大型の石斧が出土している。

土器様式などから、地域性豊かな文化がみうけられるようになるのは、縄文中期である。以下、この時代の代表的な遺跡を紹介することにしたい。

まず初めは、県西北端の氷見《ひみ》市に所在する朝日《あさひ》貝塚について。本遺跡は同市中心部の潟山《かたやま》という丘陵の東山麓の標高七、八メートルの台地上に位置する。大正七（一九一八）年に発見され、以後数次にわたり発掘調査された。その結果、蛤《はまぐり》や浅蜊《あさり》など鹹水《かんすい》産の貝殻を含んだ貝塚層の下から、炉《ろ》跡二基が検出されたが、これは日本初の住居跡の発見となった。貝塚は四層からなり、前期の土器を含む下層式と中期の土器を含む上層式に区別される。また、縄文中期のいわゆるバスケット形土器や六体の人骨も出土し、本遺跡は国史跡に指定され、現在住居跡は覆屋《おおいや》を設けて保存されている。なお、縄文期の貝塚は、太平洋側に比較して日本海側では少ないが、富山県下ではこの朝日貝塚のほかに、氷見市の中波《なかなみ》貝塚や、富山市の蜆ヶ森《しじみがもり》貝塚・小竹《おだけ》貝塚などがみつかっている。

つぎに、縄文中期の前半から中葉にかけていとなまれた集落遺跡である下新川郡朝日町の不動堂《ふどうどう》遺跡について。本遺跡は黒部《くろべ》川右岸の隆起扇状地に位置し、昭和三十六

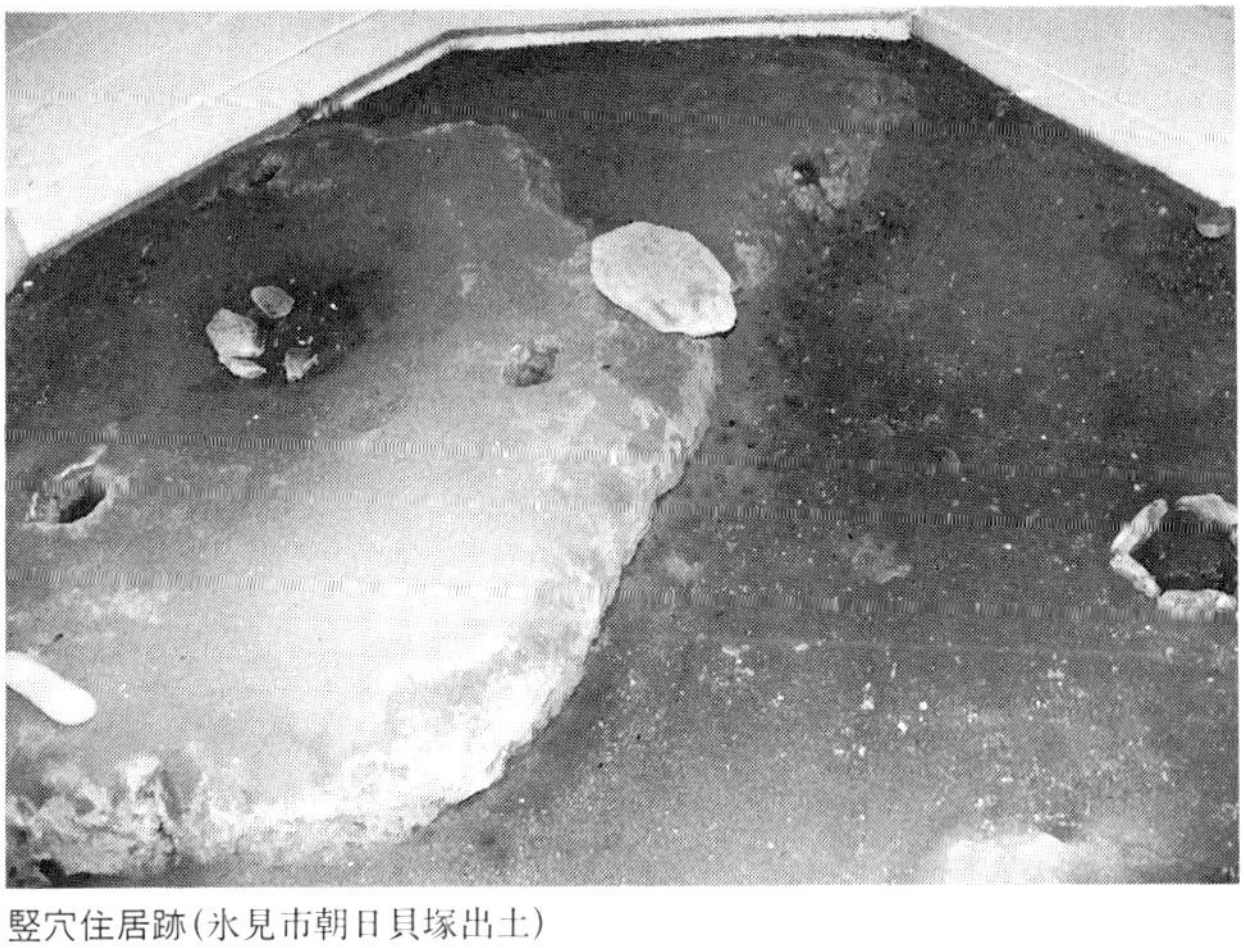
竪穴住居跡(氷見市朝日貝塚出土)

年に石組炉がみつかり、同四十八年圃場《ほじょう》整備にさいして発掘調査が行われた。その結果一九棟の竪穴住居跡が検出されたが、とくに第二号住居跡は長径一七メートル・短径八メートルという、桁外《けたはず》れの大きさのものであったことから、いちやく脚光をあびた。小判形を呈する本住居跡は、床面積が一一五平方メートルにもおよび、当時みつかっていた竪穴住居が直径五メートル程度のものであることからすれば、まさに想像を絶する規模のものといえる。住居内部には、円形と長方形の石組炉が二基ずつ一直線状に設置され、また直径一メートルの柱穴が一六個対称的にならんでみつかった。新崎《にんざき》式の土器が出土することから、縄文中期前半のものと認められる。

このような大形竪穴住居跡は、県西部でもみつかっている。昭和四十七・四十八年に調査された射水市青井谷の水上谷《みずかみだに》遺跡では、一六棟の住居跡のなかで三棟が長径八～九メートル・短径五～七メートルの規模をもち、また同四十九年に調査された砺波市庄川《しょうがわ》町の松原《まつばら》遺跡では、一二棟の住居跡に長径一一メートルの大型住居が含まれている。このほか、同五十八年に調査された富山市の追分茶屋《おいわけぢゃや》遺跡でも、同規模の大型住居跡がみつかった。これまでに東北地方日本海側の各地でも、相次いで大型住居跡が発見されているが、不動堂遺跡の発見はその皮切りともいうべきものであり、国史跡に指定され、現在復元保存されている。なお、本遺跡には天神山《てんじんやま》式と上山田《かみやまだ》式の土器を伴出する縄文中期中葉の建物跡も含まれている。

縄文期の大型住居が何を目的に建てられたのかという問題については、いまだ確たる見解を呈するに至っていない。集落の集会場的な性格を有する施設であるとか、日本海側に特徴的にみいだされることから降雪地帯の冬の作業場であるといった説がだされている。あるいは、追分茶屋遺跡で祭祀《さいし》用ともうけとられるピットを検出し、また富山市の東黒牧上野《ひがしくろまきうえの》遺跡では、一〇本の主柱穴に対応して壁際に二個一対の河原礫《れき》がならべられていることなどから、なんらかの宗教的な施設であるとの解釈もなされているが、現時点では、今後の発掘の成果と考証にゆだねざるをえない。

つぎに、下新川郡朝日町の境《さかい》A遺跡について。本遺跡は、北陸自動車道の建設にさきだち昭和五十九・六十年に発掘調査が行われ、その結果一万二〇〇〇平方メートルにもわたる遺跡が確認された。本遺跡は旧石器時代から中世におよぶ複合遺跡で、とくに縄文期の地層からは、おびただしい数の土器や住居跡・骨片などが出土した。特筆すべきは、蛇紋岩製の磨製石斧と、近隣で産出する翡翠《ひすい》（硬《こう》玉《ぎょく》）を材とした装身具《そうしんぐ》が検出されたことである。磨製石斧は、未製品三万五〇〇〇点・製品一〇〇〇点が出土した。一方、翡翠は、六・五～七・〇の硬度と独特の光沢《こうたく》・色彩をもつ宝石で、呪術的な効果を有するものとして珍重されたと考えられる。本遺跡で発掘された翡翠は、新潟県糸魚《いとい》川《がわ》市の姫《ひめ》川支流の小滝《こたき》川流域で産出し、また朝日町の宮崎《みやざき》海岸では現在でも翡翠の礫が採集される。これらの翡翠を原料に、本遺跡で装身具への加工が行われたと推測され、

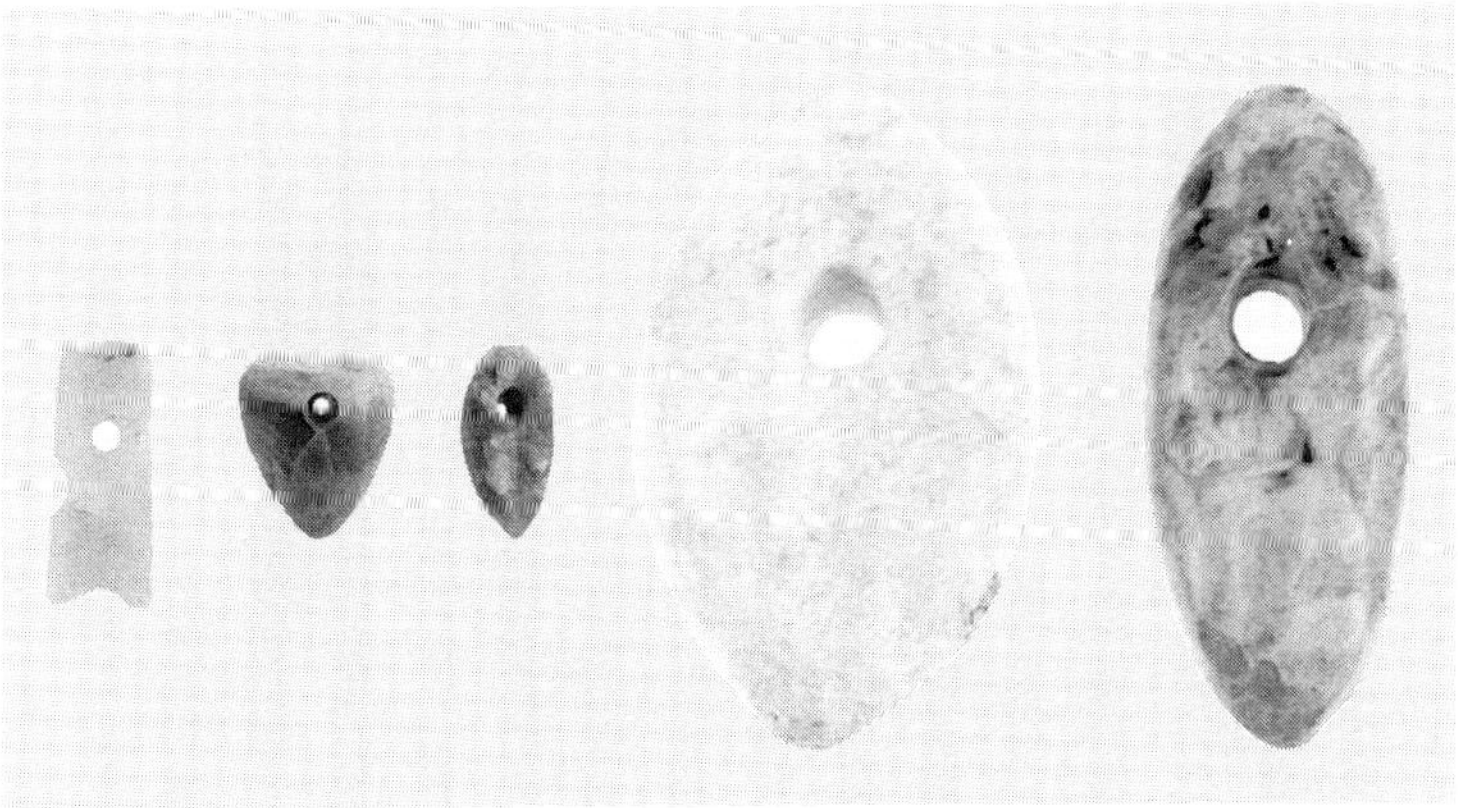
硬玉製玉類（下新川郡朝日町境A遺跡出土）

原石二〇〇〇点とともに、玉類や、加工の痕跡のあるもの八〇〇〇点が出土している。これらの遺物から、縄文期に当地に大規模な石斧と玉類を製作する工房的施設が存在したと認められる。

本遺跡のほか、朝日町の馬場山《ばばやま》G遺跡や新潟県糸魚川市の長者ヶ原《ちょうじゃがはら》遺跡などでも、翡翠の製品が出土し、この翡翠加工の遺跡は、その産地と関連して新潟県西部・富山県・長野県北部・石川県能登《のと》地方に集中するのが特色とされている。翡翠製装身具の分布は、当時の交流の実態を示す指標として注目されている。

最後に、近年縄文時代研究史上画期的な発見として大きく取りあげられた、小矢部《おやべ》市桜町《さくらまち》遺跡についてふれておきたい。同遺跡は、昭和六十一年の試掘を経て、同六十三年に本格的な発掘調査が進められた。その結果、縄文草創期から同晩期までの全時代にわたる遺跡であることが判明したが、出土した建築部材(クリ材)から高床式建物の所在が確認され、しかもその柱材には、貫穴《ぬきあな》・栈穴《えつりあな》といった組み合わせの技術が用いられ、弥生起源とされた高床式建物についての建築史上の通説に大きく変更をせまることになった。さらに、平成九年に行われた調査では、約四〇〇〇年前の縄文中期末頃とみられる大型高床式建物の部材が大量に出土し、従来古墳時代にしか確認されなかった網代《あじろ》壁や、法隆寺の建築にみられる渡腮仕口《わたりあごしぐち》の木組み工法が用いられていることが判明し、大きくその起源を遡らせることになった。このほか、祭祀関係の木製品などにも興味深い特色がみられ、当時の精神文化を探るうえでも貴重な存在と認められるが、その意義については、地理的な条件から大陸との関係も含めて検証する必要があろう。

弥生期のムラの発展と生活文化●

周知のとおり、弥生《やよい》時代は、あらたな様式の土器の出現と、稲作・金属器使用の開始を特色とする。弥生文化は、紀元前三〇〇年ごろ九州北部で発生し、しだいに拡大して北は津軽《つがる》海峡から南は薩南《さつなん》諸島に至る地域で展開した。通常二〇〇年ごとに前・中・後期に区分されるが、富山県に本格的に弥生文化が伝播《でんぱ》したのは、中期の段階である。

縄文期から弥生期へ移行する段階の遺跡といえば、やはり日本で初めて発見された洞窟《どうくつ》住居跡である氷見市の大境《おおざかい》洞窟をあげねばならない。大境洞窟は、海抜五メートルあまりの地点に位置し、入り口の高さ九・五メートル、幅約一七メートル、奥行き約三四メートルの海食洞で、すでに江戸時代より住居跡の存在が示唆されていたが、大正七（一九一八）年に洞窟内の白山社《はくさんしゃ》の社殿を修築したさいに、多数の人骨や遺物が発見され、調査が行われることになった。その結果、落盤によって区分された六層の遺物包含層が確認され、最下部の第六層から縄文中期の土器が発見された。第五層からは弥生時代初頭の土器が検出されたが、これは縄文式から弥生式への土器様式の過渡的形態ともいうべきもので、弥生式の形態・文様に、波状口縁・変形工字文・条痕《じょうこん》文といった縄文期の大洞《おおぼら》式土器の系統を引く要素が含まれている。

洞窟復原ジオラマ(氷見市大境洞窟。氷見市立博物館)

類似した特徴を有する土器は、愛知・岐阜といった東海地方の遺跡から多くみつかっており、この地方との交流を通じて弥生文化が伝播したと考えられる。また、弥生期の層からはほかに人骨や獣骨がみつかったが、人骨には抜歯《ばっし》されたものや、頭骨に朱が付着したものがみられ、弥生期でも縄文期の風習がうけつがれたことが確認された。また、彫刻のほどこされた大形の石棒も出土したが、これはなんらかの呪術的な目的で入り口近くに立てられたものと考えられている。なお、本遺跡は大正十一年に国の史跡に指定された。

一方、東海地方からの陸路をつうじての文化の伝播とともに注目されるのが、海路をつうじての伝播である。九州北部に起源をもつ弥生前期の代表的な土器様式である遠賀《おんが》川式の土器が県下でも数点出土している。中新川郡上市町の正印新《しょういんしん》遺跡は、上市川扇状地末端部の標高一五メートルに位置し、弥生中期の竪穴住居跡一棟が検出されたが、ここで遠賀川式とみられる壺形土器一点が出土した。また、庄川末端部の標高一一～一二メートルに位置する高岡《たかおか》市の石塚《いしづか》遺跡でも、弥生中期の土壙《どこう》から遠賀川式土器の影響をうけたとみられる土器が出土している。遠賀川式土器は、日本海沿岸を北上する形で青森県にまでその分布がみられ、海路をつうじた交流の実態をうかがわせている。

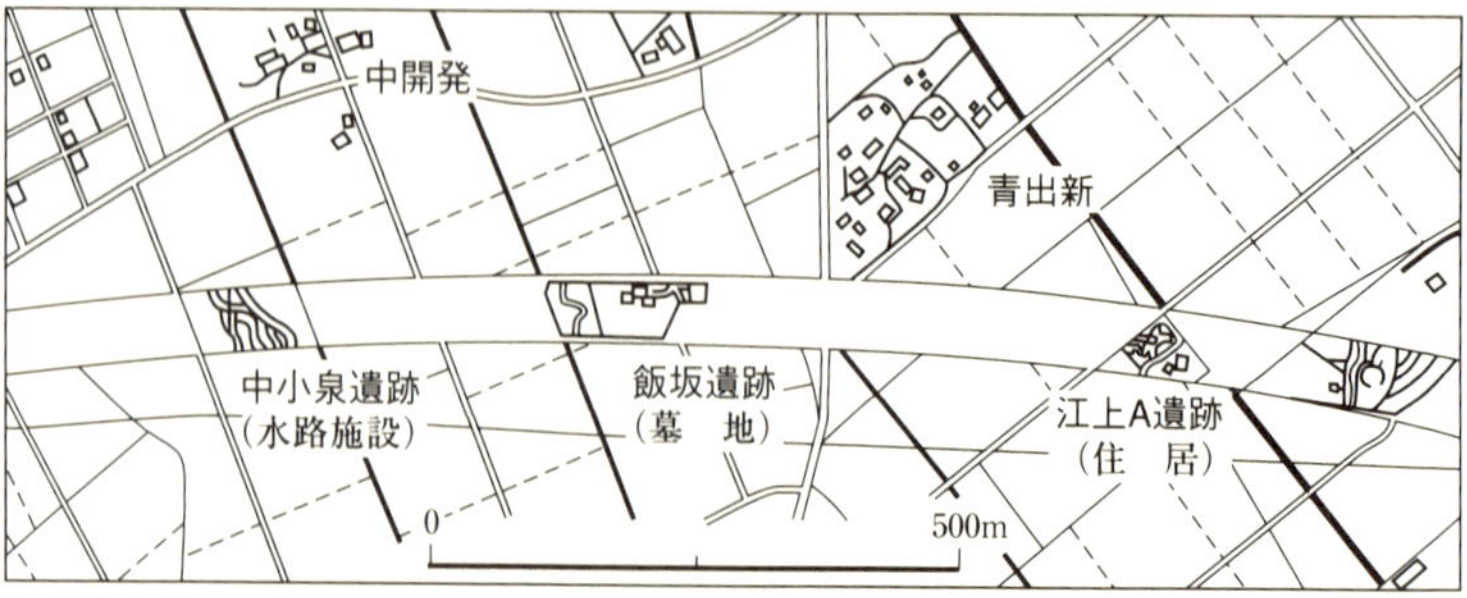

江上弥生村を形成する３つの遺跡(高瀬保編『図説富山県の歴史』による)

富山県を代表する弥生期の遺跡としては、さきにあげた正印新遺跡とともに、中小泉《なかこいずみ》遺跡、江上《えがみ》A遺跡・同B遺跡、飯坂《いいざか》遺跡といった、上市川の扇状地に位置する中新川郡上市町の弥生遺跡群をあげることができる。

これらの遺跡群は、北陸自動車道の建設にさきだち、昭和五十四年に発掘調査が行われた。江上A遺跡では、二時期にわたって建てられた竪穴住居および掘立柱建物跡、高床《たかゆか》倉庫跡が検出された。同時に、大量の弥生土器や石製品・木製品が出土したが、土器は弥生後期のもので、畿内《きない》や東海・山陰地方の影響がみられる。石器では玉製の勾玉《まがたま》・管玉《くだたま》などがみつかった。また木製品では、農具・狩猟漁労具・食器・楽器などが出土している。本遺跡の北東二〇〇メートルの地点に位置する江上B遺跡でも、倉庫を付設したとみられる円形の竪穴住居跡一棟と多数の溝が検出された。江上A遺跡の南西約五〇〇メートルの地点に位置する飯坂遺跡では、二～三のグループに分けられる弥生後期の九基の方形周溝墓《ほうけいしゅうこうぼ》と溝が検出された。最大のものは、周溝の外径二〇×一七メートルで、これとは別のグループを形成する外径一〇メートル未満のものには、周溝の隅に陸橋が付されていた。またこの飯坂遺跡の南西約三〇〇メートルに位置する中小泉遺跡では、大溝（幅三・五～四・五メートル、深さ一・一メートル）、中溝（幅一・五～一・五メートル、深さ〇・五～一・二メートル）、小溝（幅〇・五～一・五メートル、深さ〇・一～〇・五メートル）の三種の溝がみつかった。これらの溝はいずれも東または南東から西に流れ、大溝・中溝には木製の柵が設けられ、水を小溝に流しこむ構造になっていた。すなわち、本遺跡は水田の灌漑施設跡と認められる。溝のなかからは、弥生土器や蛤刃《はまぐりば》形石斧、小形仿製鏡《ぼうせいきょう》などが出土している。

北東から南西に連なるこれらの遺跡群（江上B遺跡―江上A遺跡―飯坂遺跡―中小泉遺跡―正印新遺跡）は、

同時期の住居跡・墓地・灌漑施設が有機的な関連性を有して位置する、「ムラ」としての性格をもつものといえよう。

なお、弥生から古墳時代への過渡期に位置づけられる方形周溝墓の遺跡としては、この飯坂遺跡のほかに、射水市太閤山《たいこうやま》の囲山《かこいやま》遺跡が知られる。本遺跡は射水丘陵の最北端、標高二〇メートルの地点に位置する。昭和四十四年に調査が行われ、県下で初めて方形周溝墓が確認された。この調査で、方形周溝墓四基・土壙墓三基が検出された。方形周溝墓は、一辺が五メートルのものから一七メートルのものがあり、最大の規模を有する一基をのぞく他の三基は、ほぼ同時期のものとみなされる。一辺七メートルの第一号墓のみ、主体部がみつかっており、その規模は二・五メートル×一メートルで、本棺両端の小口が確認された。これらの方形周溝墓では、土器《どき》をのぞき副葬品《ふくそうひん》はみつかっていないが、三基の土壙墓（いずれも二・五メートル×一メートル）では、本棺の小口とともに、翡翠製の勾玉や管玉、鉄鏃《てつぞく》などが出土している。

古墳の築造とその特色●

富山県下で検出された、もっとも古い時期に属すると考えられる古墳は、富山市のちょうちょう塚古墳である。本古墳は、常願寺川扇状地の末端部、標高一〇メートルの地点に位置し、昭和四十二（一九六七）年の発掘調査の結果、底部の一辺二二メートル×二一メートル、墳頂部は一辺約一三メートルの平坦面で、高さ約三・五メートルの方墳であることが確認された。墳丘から、祭祀用と目される赤色顔料のほどこされた弥生終末期の壺形土器が出土した。また、山陰系の擬凹線文系土器の影響をうけた甕形《かめがた》土器もみえ、海路をつうじた交流をうかがわせている。なお、古墳の周囲には、幅六〜八メートルの周濠があったと推測される。

同じく、呉羽丘陵南半の杉谷丘陵（富山市杉谷）では、方形・円形の周溝墓群（杉谷A遺跡）と、七基の発生期の古墳（墳丘墓、杉谷古墳群）が確認された。杉谷A遺跡の方形周溝墓群には、一七基のうち一辺が約一一メートルの大型のものが三基あり、主体部から割竹形《わりたけがた》木棺がみつかっている。大型の方形周溝墓のまわりに、一辺四〜五メートルの小型のものが配置されており、大型周溝墓でのみガラス玉や鉄・銅製の鏃《やじり》、素環頭大刀《そかんとうおおがたな》、鉇《やりがんな》、刀子《とうす》などの副葬品が出土した。また、そのうちには四隅を掘り残した形のものが存在している。

この周溝墓群に隣接して、杉谷古墳群が存在する。そのうちの四号墳は、一辺約二五メートルの方形であるが、四隅が約一二メートル突出した四隅突出型墳丘墓《よすみとっしゅつがたふんきゅうぼ》であることが確認された。高さは約三メートル、周囲には幅七メートル、深さ一・三メートルの周濠がめぐらされている。この周濠から、古墳時代初頭の土師器《はじき》が出土している。このほか、一番塚は全長五六メートルの前方後方墳《ぜんぽうこうほうふん》（または前方後円墳《ぜんぽうこうえんふん》）で、周濠がめぐっている。二番塚と五号墳は方形墳、三番塚は円形墳、六号墳は長方形墳、七号墳は方形の台状を呈している。

杉谷四号墳のような四隅突出型墳丘墓は、県下では富山市婦中町の富崎《とみさき》遺跡でもみつかっている。本遺跡の墳丘墓は、一辺七・五メートルの方形で、突出部は長さ七〜八メートル、幅一・八メートルのものである。このような四隅突出型墳丘墓は、鳥取・島根といった山陰地方に集中してみられる型式で、北陸地方ではほかに石川や福井北部でもみつかっているが、若狭湾に面した地域にはみられず、さきにあげたちょうちょう塚古墳の甕形土器の例とあわせて、海路をつうじての山陰地方との交流と、文化の伝播があったことをうかがわせている。とくに古墳の形態上の特色は、両地域の共同体間の交流の存在を示唆するものであり、非常に興味深い。

一方、県西部の代表的な古墳群としては、高岡市の桜谷《さくらだに》古墳群をあげることができる。本古墳群は、二上《ふたがみ》丘陵北端の海岸段丘上にいとなまれ、国史跡に指定された二基の前方後円墳と、一〇基以上の円墳《えんぷん》からなり、時期的には、古墳時代前期の終末から後期にかけてきずかれたものである。第一号墳は、全長六二メートルの前方後円墳で、後円部の直径は三五メートル、前方部は幅三〇メートルで、古墳時代前期終末から中期初頭のものと推測される。周濠の存在も確認されている。第二号墳は、全長約五〇メートルの前方後円墳で、後円部の直径は約三三メートルと考えられ、古墳時代前期終末の帆立貝《ほたてがい》式古墳とみなされる。大正十二（一九二三）年に後円部で碧玉《へきぎょく》製石釧《いしくしろ》・紡《ぼう》錘車《すいしゃ》、管玉が出土した。このほかの古墳はすでに消滅したが、第一号墳の北西に隣接する第三号墳では、金環《かなわ》・ガラス製の小玉《こだま》・刀剣・人骨などが

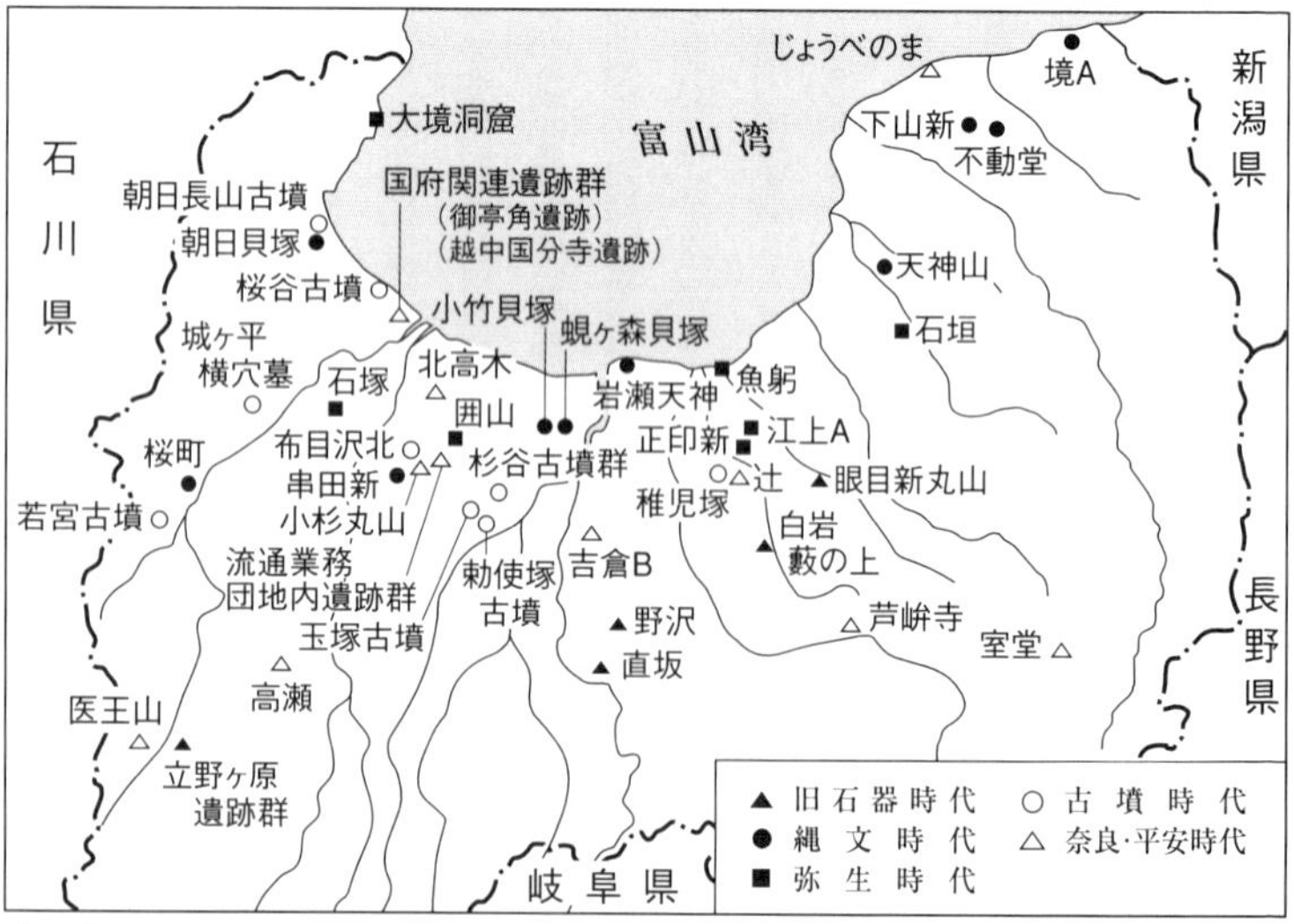

富山県のおもな遺跡の分布

大正十年にみつかっており、古墳時代後期のものと考えられる。第二号墳の北に存在した第七号墳では、昭和二十年に七個の鉄鏃や、一辺五・一センチの金銅製銙帯金具《かたい》が出土した。この銙帯金具は、唐草文《からくさもん》の透かし彫りと列点文を有し、ユーラシア大陸に源流をもつ舶載品と考えられる。本古墳は古墳時代中期後半の円墳で、太田石《おおたいし》を用いた石室を有していた。また、第二号墳の北西に位置した第八号墳は、古墳時代後期後半の築造と推定され、長さ六・六メートルの南南西に開口する横穴式石室が存在した。そのなかから、刀剣一振・同破片・金環・須恵器《すえき》・人骨などが出土している。さらに、本古墳の北東に存在した第九号墳は、直径約一五メートルの円墳で、内行花文《ないこうかもん》鏡《きょう》や碧玉製の管玉が出土しており、古墳時代中期の築造と考えられる。

本古墳群は、富山湾に面した海岸段丘上にいとなまれ、北方には現在十二町《じゅうにちょう》潟《がた》にわずかにその痕跡をとどめる大規模な潟湖《せきこ》（氷見潟湖）が存在した。いうまでもなく、この潟湖は古代海上交通の拠点となり、その近隣に通行権を掌握した有力者が古墳をきずいたと考えられる。大陸からの舶載品をも含んだ豪華な副葬品や古墳の構造・規模はそのことを物語るものであるが、のちの律令制下《りつりょうせいか》において本古墳群の近隣に越中国府《えっちゅうこくふ》がおかれたのも、この地域が古くから政治的拠点としての性格を有したことを推測させるものといえよう。

なお、氷見潟湖の北端には、推定全長四三メートル、後円部の直径約二五メートルの古墳時代後期の前方後円墳と目される朝日長山古墳が存在する。本古墳は昭和二十五年に発見され、同二十七年および四十七年に発掘調査が行われた。後円部の石室は全長約六メートル、幅約一メートル、高さ約一・五メートルで、川原石積みで構築されている。天井石と考えられる方形の板石三個がみつかっており、構造からすると竪穴式石室のようであるが、その位置が後円部の墳丘中央からずれていることなどから、古式の横穴式石室である竪穴系横口式石室の可能性も指摘されている。石室の内部は紅殻《べにがら》が塗られ、床面は砂の上に川原石が敷きならべられていた。副葬品は、直刀五、鉄剣一、鉄鏃一〇〇、鉄環二、杏葉《ぎょうよう》二、金銅張り冠《かん》帽《ぼう》一、胡籙《ころく》一、管玉二、ガラス小玉六、ほかに須恵器や土師器もあり、質量ともにきわめて豊富なもので

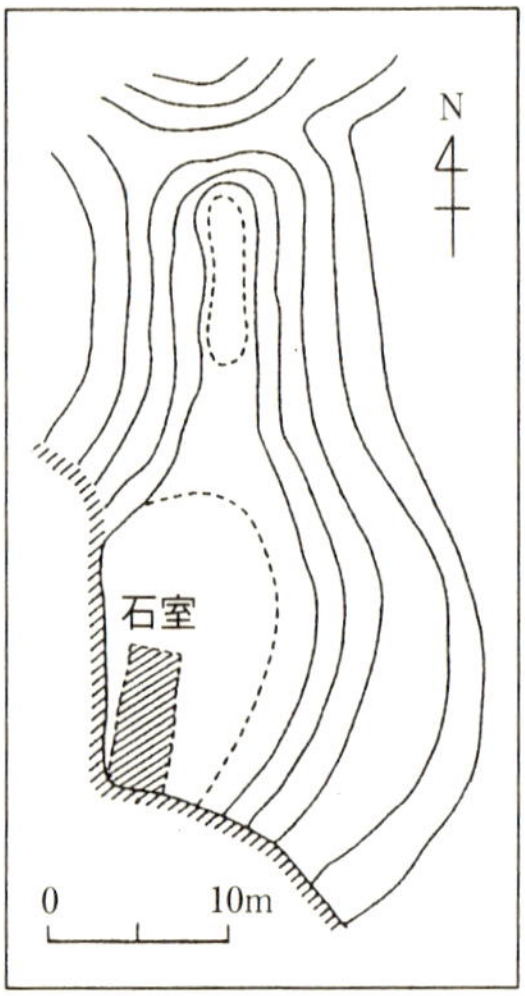

朝日長山古墳の墳丘（氷見高等学校歴史クラブ『富山県氷見地方考古学遺跡と遺物』1964による）

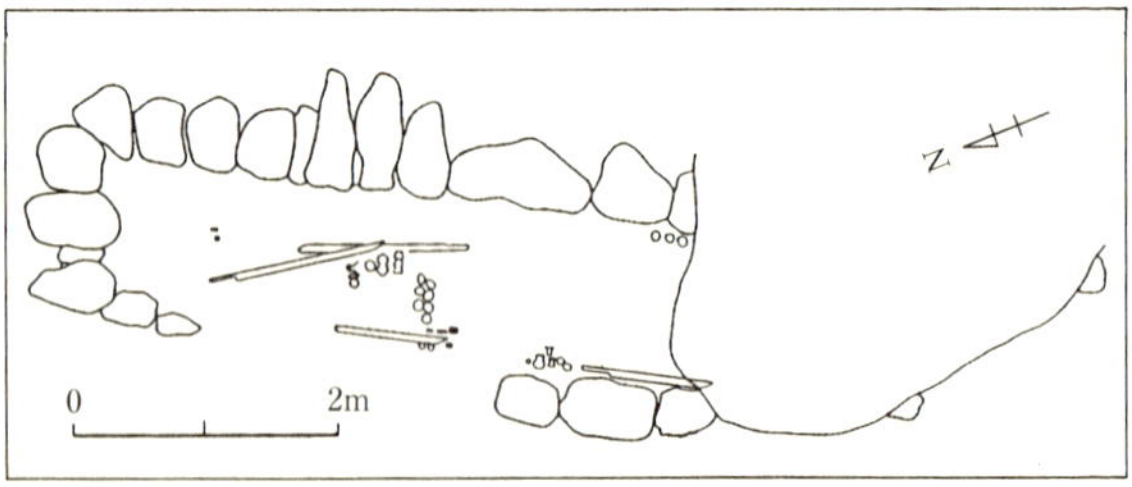

朝日長山古墳の石室と遺物の配置（氷見高等学校歴史クラブ『富山県氷見地方考古学遺跡と遺物』1964による）

ある。しかも、その配置の状況から、二体の遺体が葬られたと推定され、追葬が行われたとすれば、横穴式石室の可能性も有している。また、後円部北東裾から、形象埴輪《けいしょうはにわ》や円筒《えんとう》埴輪の破片が出土したが、これは県下で初の埴輪の出土であった。あるいは高句麗《こうくり》系のものとも考えられる金銅張り冠帽といった副葬品の特色からして、有力な首長が葬られた古墳であることは疑いない。なお、本古墳は、出土した土器の様式から六世紀初頭のものと考えられる。

県西部の古墳としてはほかに、小矢部市埴生《はにゅう》の若宮《わかみや》古墳および谷内《やち》古墳群、同市石坂《いしさか》の関野《せきの》古墳群などがある。若宮古墳は、五〇〇年ごろの築造と考えられる全長五〇・二メートルの前方後円墳で、昭和六十年の発掘調査の結果、先述の朝日長山古墳と同様に埴輪が出土した。谷内古墳群は、若宮古墳の北西に位置し、一一基の前方後円墳・円墳・方墳・前方後方墳の可能性を有する古墳からなる。一六号墳は、京都府山城《やましろ》町の椿井大塚山《つばいおおつかやま》古墳の四分の一の規模をもつ全長約四七・六メートルの前方後円墳で、鉄剣や鉄鍬先などが出土しており、古墳時代初頭の築造と考えら

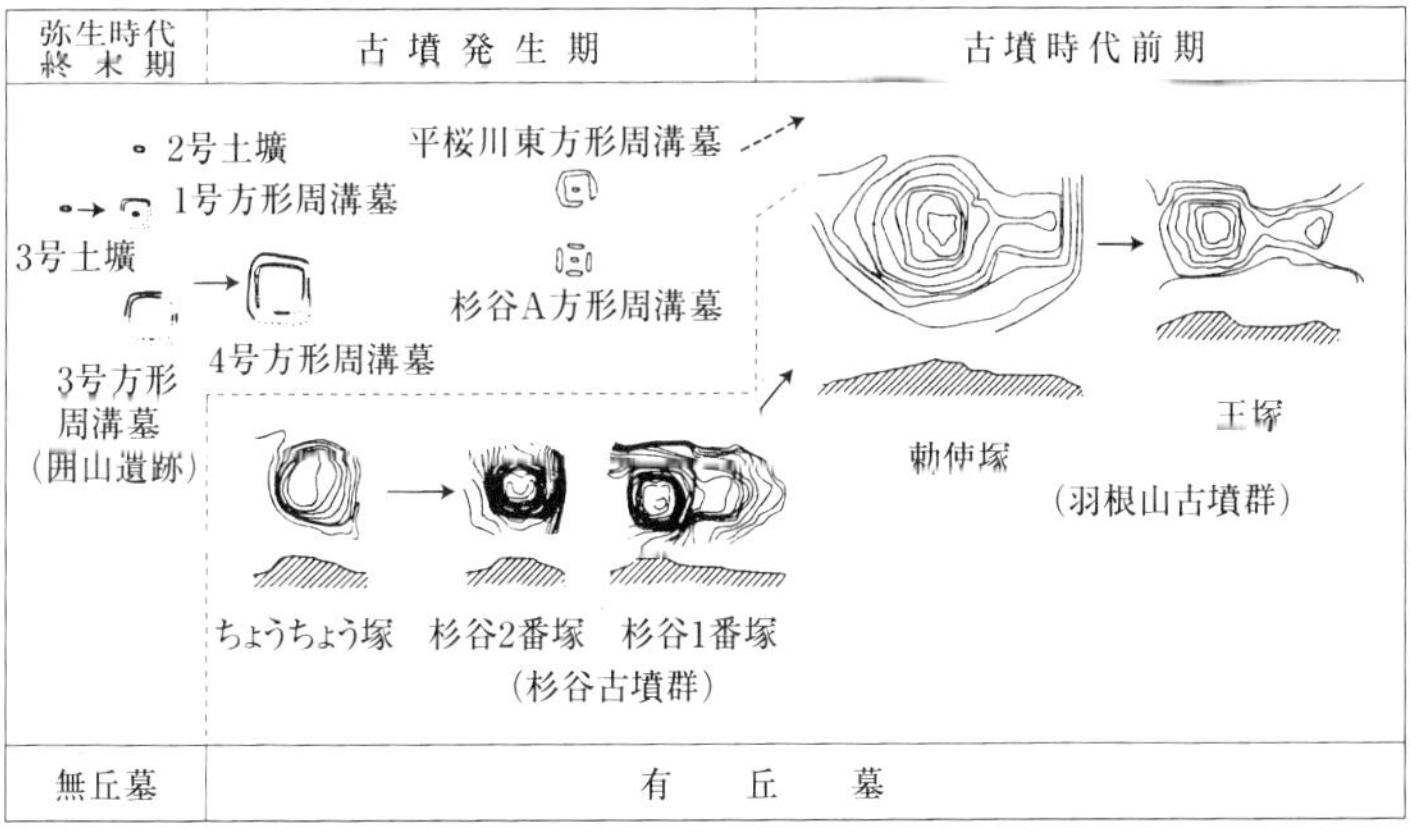

富山県における墳墓様式の変遷略図(藤田富士雄『日本の古代遺跡 13 富山』による)

れる。また、直径約三〇メートル、高さ約三メートルの円墳である二一号墳では、二基の埋葬施設が確認され、その一基から鉄剣や黒漆塗りの三角板革綴短甲《さんかくいたかわつづりたんこう》と付属品、同じく黒漆塗りの長方板革綴短甲などが出土した。また関野古墳群は、前方後円墳・円墳からなる古墳群で、うち前方後円墳の一号墳は、全長推定六五メートルという県下で最大の規模を有し、著名な奈良県桜井《さくらい》市の箸墓《はしはか》古墳の四分の一の規模をもつ古墳時代初頭の古墳として注目されている。

県中部の古墳群としては、富山市婦中町の羽根山《はねやま》古墳群がある。このうち勅使塚《ちょくしづか》古墳は、標高一三〇メートルに位置し、丘陵の尾根の先端を利用してきずかれた前方後方墳で、全長七〇メートル、前方部は長さ・幅ともに二四メートル、高さ二・八メートル、また後方部は長さ・幅ともに四六メートル、高さ六・三メートルの規模を有する。またその北方五〇〇メートルの地点に位置する王塚《おうづか》古墳は、やはり前方後方墳で、全長五〇メートル、前方部の長さ二七メートル、幅二六メートル、高さ三・六メートル、後方部の長さ三一メートル、幅三三メートル、高さ七・六メートルの規模をもつ。両古墳ともに未発掘であるが、その形態から五世紀初頭をくだらない古い時期のものと推測され、その立地も、平野部からあおぎみるに適した位置に築造されている。周囲には陪塚《ばいちょう》と考えられる小規模な古墳がいとなまれている。いずれにせよ、当時この地方をおさめていた有力者の古墳であることは疑いなく、また、前方後方という形態を有する点も、他地域の政治勢力との関係を示唆する点で興味深い。

一方、県東部の著名な古墳としては、中新川郡立山町の稚児塚《ちごづか》古墳がある。本古墳は常願寺川と白岩川の扇状地扇端部の標高一五メートルの地点に位置する県下最大の円墳で、裾部の直径が南北四五メートル、東西五二メートル、地面からの比高約八・五メートルの規模を有し、また上部幅一三メートル、深さ一

〜一・五メートルの周濠と、周底帯とよばれる幅一二メートルの整地帯を有する。墳丘は斜面途中にテラスをもつ二段構造で、斜面全体に葺石《ふきいし》があり、石の総量は約一二万五〇〇〇個（約五〇〇トン）にものぼると推定されている。円墳にはまれな墓道をもち、五世紀初めのころに築造された、通常の円墳より格上の大首長《だいしゅちょう》クラスの墓と考えられる。

富山県下の大型古墳の特色として指摘できるのは、⑴県西部に集中していとなまれること、⑵前方後円墳と前方後方墳が混在すること、⑶前方後方墳は古墳時代前期、前方後円墳は前期と後期に集中し、中期には大型円墳が多くいとなまれること、である。⑴については、自然環境的条件から県東部よりも県西部に可耕地が多く、西部を拠点として政治勢力が成長した点が想定され、また⑵については、畿内勢力と他の地方の勢力との関係が推測されるが、⑶については、今後の調査の成果をふまえて検討を加えることが必要であろう。

さて、朝日長山古墳の位置する氷見市には、加納《かのう》横穴《おうけつ》墓群、坂津《さかづ》横穴墓群、阿尾城《あおじょう》山《やま》横穴墓群、脇方《わきがた》横穴墓群といった、多くの横穴墓群が存在する。県下での横穴墓は、この氷見市域にもっとも多く、ほかに小矢部市・高岡市・西礪波郡福岡《ふくおか》町（現高岡市）といった、石川県との県境の宝達山系に集中して多いのが特色である。このうち、氷見市の加納横穴墓群は、上庄《かみしょう》川と余川《よかわ》川のあいだの丘陵部東端に位置する蛭子《えびす》山の尾根にあり、北群四基・東群三一基・西群二一基の、三群計五六基の横穴墓が存在する。長さ二〜二・五メートル、幅二・二〜二・五メートルで、大部分は方形または胴部がふくらんだ方形で、羨道《せんどう》の長さは一メートル未満である。出土品には、鉄刀・金環・碧玉製の管玉や須恵器・土師器などがあり、七世紀前半ごろの築造と考えられる。古墳時代の後期になってあらわれるこの横穴墓群は、群集墳と同様に、農業生産力の向上によってその社会的地位を向上させた有力農民層がきずいた家族墓的性格を有する古墳であり、社会の変動によって前代のような有力首長層の独占的建造物としての古墳の存在意義に変化が生じたことをうかがわせている。

2　律令体制の成立と越中

律令体制成立以前のコシの政治と文化●

越中は、その名の示すとおり「コシ（高志・越）」とよばれた地域の中央に所在する。地理的環境をみればあきらかなように、北方には畿内の勢力から「蝦夷《えみし》」と称され辺境視された地域に接し、また日本海をはさんで大陸・朝鮮半島につうじる位置を占めていた。それゆえ、畿内とは異質の文化が展開し、とくに大陸の影響を直接こうむる環境にあったことは、高度な文化が直接流入する条件に恵まれていたことを示しており、先述の古墳の副葬品などの特質をみても、けっして後進的なイメージでうけとられる地域ではなかったと推測される。むしろ、交通の要地として重視すべき地域とみなされ、この地に勢力を扶植することが畿内の勢力にとっても重要な課題であったと考えられる。

「コシ」の地域が越前・越中・越後に分割されたのは、律令国家が成立する七世紀後半の段階のことと推定されるが、それ以前に越中に該当する地域は、伊弥頭国造《いみずのくにのみやつこ》が支配していた。すなわち、『先代旧事本紀《せんだいくじほんぎ》』に引かれた「国造本紀」によれば、「伊弥頭国造　志賀高穴穂朝の御世《みよ》、宗我《そが》の同祖建内足尼《たけのうちのすくね》の孫、大河音足尼《おおかわとのすくね》を国造に定め賜う」とあり、成務《せいむ》天皇の時代に建内宿禰《すくね》の孫にあたる大河音足尼がはじめて国造に任じられたとされる。伊弥頭氏は、のちの越中の領域とほぼ同じ地域を支配していた豪族で、大和《やまと》の朝廷から国造に任じられたものとうけとられる。この大河音足尼は、越中石黒《いしぐろ》系図にもその名がみえ、やはり成務天皇の時代、五年秋九月に詔《みことのり》により伊弥頭国造と定め賜うとある。本系図によれば、大河音足尼の孫にあたる麻都臣が射水臣の祖とされ、その兄弟の波利古《はりこ》臣が継体《けいたい》天皇の時代に利波評《となみごおり》を賜り、さらに波利古臣の曾孫にあたる財古《たからこ》臣が斉明《さいめい》天皇の時代に利波評督となり、その子山万呂《やままろ》が庚午年《こうごねん》籍《じゃく》に利波臣姓を記されたとされている。史料の記載をそのまま事実とみなすわけにはいかないが、少なくとも伊弥頭国造の一族が越中全域を支配する豪族として君臨したと考えて誤りなかろう。

さて、律令制施行以前の越中がどのような状況にあったのか、残念ながらそのことを直接物語る史料は存在しない。前章にみた古墳の存在状況などから、畿内や中部の勢力との関係、あるいは大陸の影響などを推しはかるのが精々といったところが実態である。しかし、断片的ではあるが、この地方の特質がうか

越中石黒系図

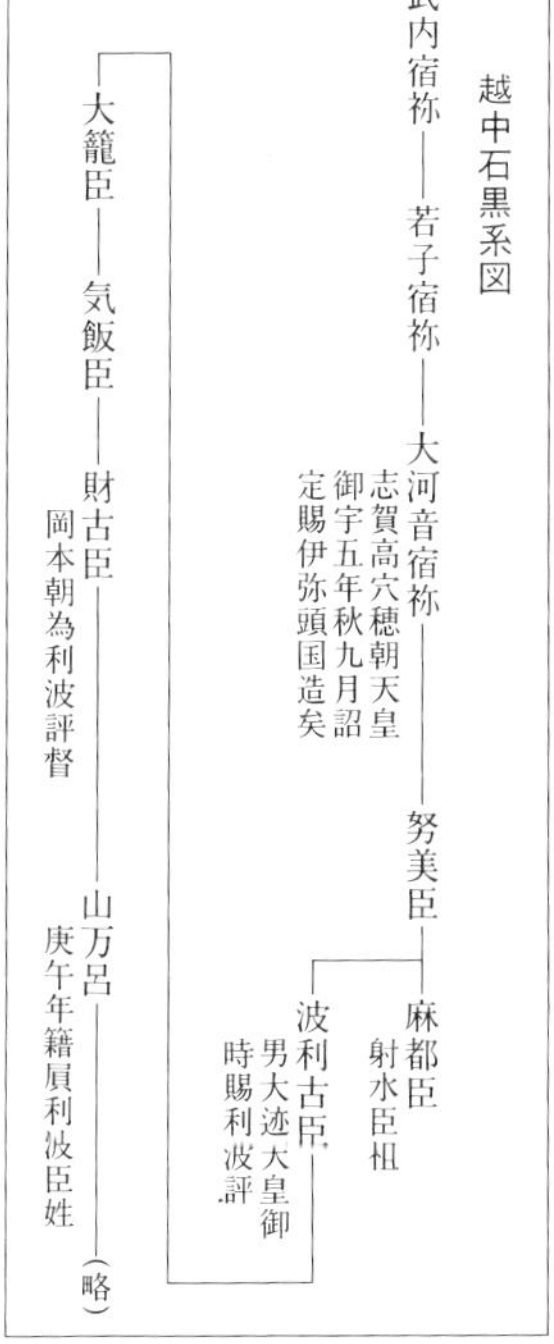

がわれる史料も存在する。

『日本書紀《にほんしょき》』皇極元（六四二）年九月乙卯《いつぼう》条によれば、越の丁《よぼろ》が近江《おうみ》の丁とともに大和に徴発され、当時造営の途上にあった百済大寺《くだらだいじ》の建立に従事したということが知られる。この百済大寺は、史上はじめて天皇の発願によって建立された官大寺であり、皇極《こうぎょく》天皇の夫である舒明《じょめい》天皇が発願し、その没後皇極天皇によって造営事業が継続された。その所在地に関しては諸説があり、規模なども不明であったが、平成九（一九九七）年二月末奈良県桜井市吉備《きび》でみつかった吉備池廃寺が、その可能性の高いものとして注目を集めている。同遺跡は、東西三六・二メートル、南北二七メートル以上の規模をもつ巨大な建物基壇で、その形態から金堂基壇とみなされ、また伴出した軒丸瓦《のきまるがわら》の文様から、六四〇年ごろの築造と考えられる。年代的には『日本書紀』の伝える百済大寺の築造時期と矛盾せず、またその規模は法隆寺《ほうりゅうじ》金堂《こんどう》をしのぐ

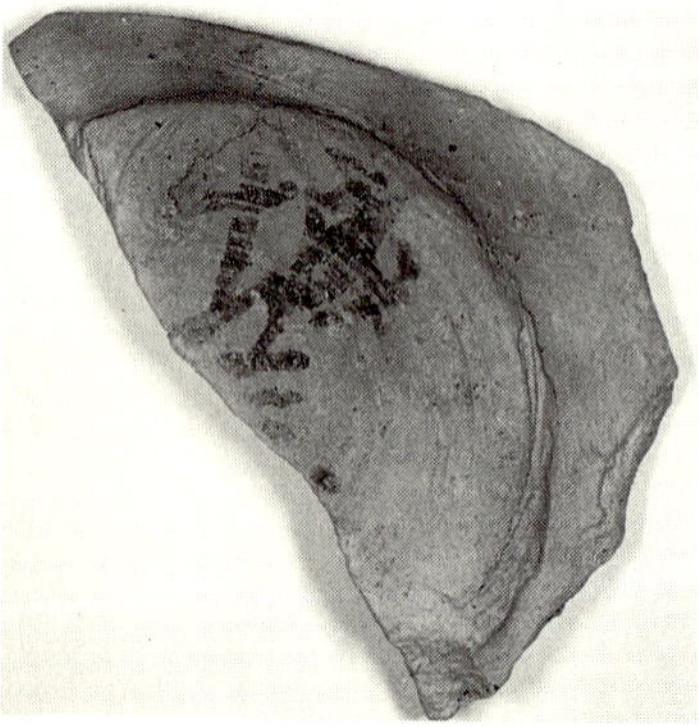
「城長」と記された墨書土器(富山市吉倉B遺跡出土)

ものである。このような大規模な寺院の造営に、ことさらに越と近江の丁が動員されたということは、単に労働力の確保というばかりでなく、当時としては最新の建築技術を保有する集団が両地域に居住していたことを物語るものといえよう。近江には多くの渡来人が居住したことが確認されているが、越にもやはり、渡来系の人びと、あるいはその文化を継受した人びとが存在したと考えられるのである。

むろん、このとき徴発された「越の丁」に、越中の住民が含まれるかどうかは定かでないが、地理的な要因や、先述の古墳の副葬品などからして、その可能性は十分想定しうるものといえ、大陸との文化的な接点として、越の地域は重要な意味をもつものであったとみなされよう。

今一つ、同じく『日本書紀』皇極元年九月癸酉《きゆう》条には、越の辺りの蝦夷数千人が帰順したという記事がみえる。越の北辺に渟足柵《ぬたりのさく》（新潟市の辺り）・磐舟柵《いわふね》（新潟県村上市の辺り）が設けられたというのは著名な事実であるが、富山市の吉倉《よしくら》B遺跡からも「城長」と墨書された土器が出土しており、越中にも同様に蝦夷にそなえた施設が存在したことをうかがわせている。斉明四（六五八）年東北地方に遠征し、蝦夷・粛慎《みしはせ》とたたかった将軍阿倍比羅夫《あべのひらふ》は、越の国守《こくしゅ》とされる。大和の朝廷にとって、蝦夷と称された東北地方の住民をその支配下におさめることが、こののち律令制下においても重大な課題となるが、越はまさにその蝦夷の地と境を接する環境にあり、当時かの地への遠征は越の地域をつうじて行われていた。すなわち、蝦夷との関係においても、越の地域は大和の朝廷にとってきわめて重視すべき地域であったことが知られるのである。

越中の成立と国司の支配●

さきに述べたように、七世紀後半に越は越前・越中・越後の三国に分割された。持統三（六八九）年飛鳥《あすか》浄御原令《きよみはらりょう》が施行され、翌年にはその令の規定に基づいて班田収授《はんでんしゅうじゅ》の原簿となる庚寅年籍《こういんねんじゃく》が作成された。いよいよ本格的に公地公民制《こうちこうみんせい》に則った律令支配が展開されることとなり、各国に派遣されその実務をになう国司《こくし》の任命が行われたと考えられるが、遺憾ながら律令制初期の段階で、越中に派遣された国司の名を史料で確認することはできない。正史にはじめて越中という国名が登場するのは、『続日本紀《しょくにほんぎ》』大宝二(七〇二)年三月甲申《こうしん》条で、越中の四郡を分けて越後《えちご》国に所属させるというものである。この四郡とは、頸城《くびき》・魚沼《うおぬま》・古志《こし》・蒲原《かんばら》の各郡とみなされ、これ以前には、射水・礪波・婦負・新川の四郡とあわせて、越中国は八郡で構成されたと考えられる。なにゆえ越後寄りの四郡を越後に割《さ》いたのか、その直接の経緯は定かでないが、大宝二年といえば、前年に制定された大宝《たいほう》律令が施行された年にあたり、あるいは新しい律令のもとで行政区画の再編をはかったものともうけとられる。この段階においても蝦夷の対策が朝廷の重要課題であり、七年後の和銅二(七〇九)年陸奥《むつ》・越後の蝦夷が良民《りょうみん》を害したため、越中をはじめ七カ国の兵を徴発して征討にむかわせ、また越前《えちぜん》・越中・越後・佐渡《さど》四カ国の船一〇〇艘を征狄所《せいてきしょ》に送らせていることなどからすれば、あるいはこの国域の再編成も、蝦夷問題にからんだ措置とも推測される。ちなみに、平城京下で発見された「夷」と墨書のある土器が、小杉町の小杉流通業務団地内遺跡の窯《かま》で生産された可能性が指摘されているが、とすれば、奈良時代においても越中に蝦夷とよばれた人びとが住んでいたことを示唆するものといえる。なお、こののち天平十三(七四一)年には、能登国が越中に合併され、同国の羽咋《はくい》・能登・鳳至《ふげし》・珠洲《すず》の四郡が越中四郡に加えられたが、天平宝字元(七五七)年には能登国がふたたび分置され、もとの四郡に戻された。

さて、律令政府は、畿外《きがい》の国々を東海《とうかい》・東山《とうざん》・北陸《ほくろく》・山陰《さんいん》・山陽《さんよう》・南海《なんかい》・西海《さいかい》の七つの道にそった地域に編成したが、北陸道のとおる越中には八つの駅がおかれた。すなわち、坂本《さかもと》（小矢部市坂又《さかまた》付近）・川合《かわあい》（川人《かわと》、高岡市福岡町赤丸《あかまる》付近か）・亘理《わたり》（高岡市伏木《ふしき》付近）・白城《しらき》（富山市呉羽付近）・磐瀬《いわせ》（富山市東岩瀬《ひがしいわせ》付近）・水橋《みずはし》（富山市水橋付近）・布勢《ふせ》（黒部市三日市《みっかいち》付近）・佐味《さみ》（朝日町宮崎または境《さかい》付近）で、各駅には非常時の連絡に用いる駅馬が常備された。

　国司が政務をとる国庁は、亘理駅の近く、富山市伏木古国府《ふるこ》の辺りに所在した。現在浄土真宗勝興寺《しょうこうじ》の所在する地が国庁跡と考えられ、その境内や近隣の地区から、建物跡の遺構が検出されている。十世紀初頭に作成された『延喜民部式《えんぎみんぶしき》』によれば、国の等級（大・上・中・下、田疇《でんちゅう》・編戸《へんこ》の規模による）としては、越中国は上国で、畿内からの距離に基づく近国・中国・遠国の分類では、中国とされている。『日本後紀《にほんこうき》』延暦二十三（八〇四）年六月丙辰《へいしん》条に、越中国を上国とするという記事がみえることから、これ以前等級として中国であったと考えられるが、八世紀中葉の天平年間（七二九〜四九）において越中国司として大目《だいさかん》・少目《しょうさかん》（目は国司の第四等官）が存在したことが認められるので、政府の扱いとしてはすでに上国の待遇をうけていたと推定される。『養《よう》

越中の駅家配置（高瀬保編『図説富山県の歴史』による）

　平成四（一九九二）年から同六年にかけて、射水市北高木《きたたかぎ》で工業団地の造成にさきだつ発掘調査が行われ、その結果、川および井戸跡から八世紀〜十世紀の土器や木簡《もっかん》などの遺物が大量に出土した。最初に発見された木簡には、「本利并七十五束又」といった墨書があり、その内容から出挙関係の木簡であることが判明した。すなわち、本利とは元利合計を意味し、七五束というのは、原本五〇束の稲に対し利息が五割の二五束で、合計七五束ということになるのである。伴出した土器などから、本木簡は八世紀後半のものと推測されるが、五割は規定された公出挙《くすいこ》の利率に一致する。ついで、同じ川の流路跡からは、九世紀半ばから十世紀初頭のものと考えられる木簡が出土した。「春三千百六十束　交易　又夏一千七百三十二（欠損）十二束本　利二千四百四十六□（束カ）」という墨書を有する木簡もみつかった。これもやはり出挙関係の木簡と考えられ、春と夏の出挙の稲合計四八九二束に対し、利息がその五割の二四四六束であることを記したものとみなされる。当時の慣習として、出挙は春夏の二期に行われることが一般的であったことから、本木簡はその実態を示すものとうけとられる。なお、裏面には、「在蓑万呂戸」と、稲の所在を表記したものともうけとられる記載もみえている。そこで問題となるのは、本遺跡がいかなる性格を有するものであるかという点である。

　出土した土器類には墨書がほどこされたものも多く、そのなかには「介」と記したものがあり、これは国司の第二等官の介を意味する可能性を有している。また、「蓑万呂」「秋万呂」「小野殿」

❖コラム

という人名、「丈部」という氏名《うじな》、「西庄」という荘園の存在を示唆するものも含まれていた。さらに注目すべきは、「佐見御庄」と記された土器が一点出土した。佐見庄（佐味庄）とは新川郡に所在した西大寺領の荘園で、本遺跡は射水郡に所在することからすれば、なんらかの事情で土器が移動したものとも推測される。本遺跡の近隣には「中野」という集落があり、これが西大寺領中野荘の跡をとどめるものであるとすれば、本遺跡は中野荘の一角である可能性も否定できず、同じ西大寺領荘園の関係から佐味荘で使われた土器が移動したとも考えられよう。

遺跡自体は、人形《ひとがた》や斎串《いぐし》などが多数みつかっており、祭祀遺跡とも考えられるが、いずれにせよ今後の近隣地区での調査に期待がよせられる。

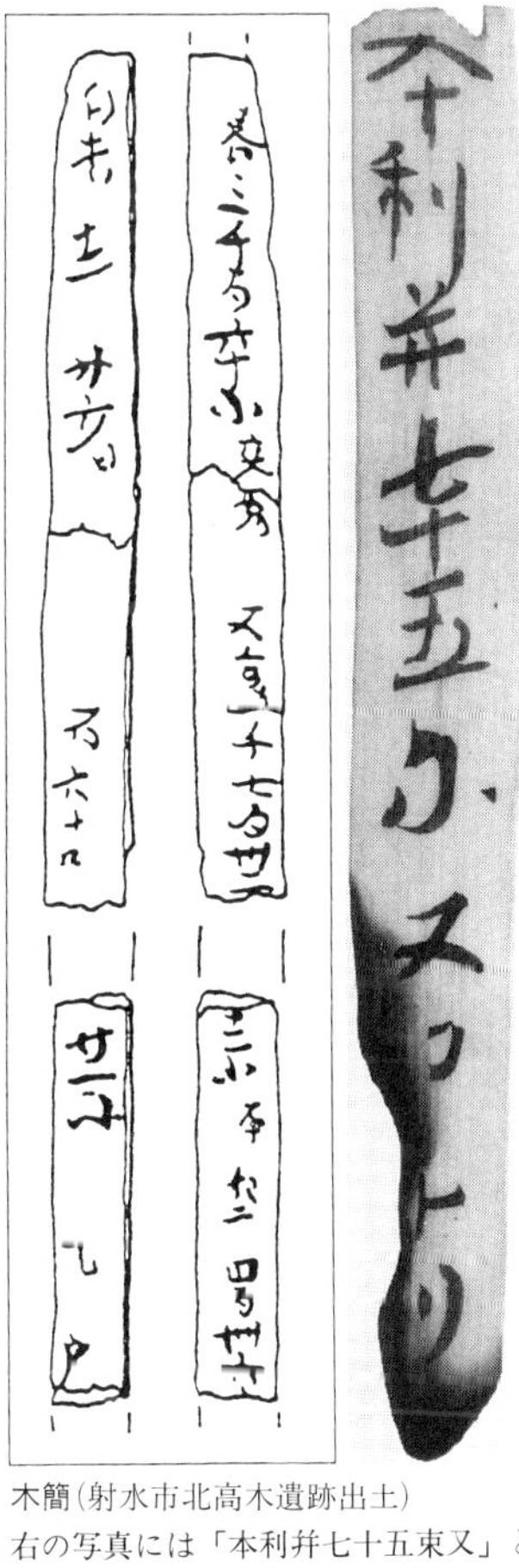

木簡（射水市北高木遺跡出土）
右の写真には「本利弁七十五束又」という墨書がみられる（複製品）。左図は木簡学会編『木簡研究』17による。

老官位令《ろうかんいりょう》』の規定では、上国の守は従五位下《じゅごいのげ》のものを任ずることとされるが、越中の国司として史上はじめて具体的にその名が知られるのは、天平四年九月五日に国守に任じられた田中朝臣年足《たなかのあそんとしたり》で、位階は外《げ》従五位下であった。著名な大伴宿禰家持《おおとものすくねやかもち》も、天平十八年六月二十一日に従五位下で越中国守に任じられている。

大伴家持といえば、後述のように、五年間の国守赴任中に越中の風土などをよんだ万葉歌《まんようか》二二五首を残したことで知られ、現在もなお地元で非常に人気の高い歴史的人物となっている。しかし、万葉歌人としての家持の人物像はともあれ、彼は朝廷の任命をうけ国司として越中に赴いたものであり、ほかの国司と同様にその職務を忠実に執行することが義務づけられた中央の官人であったことをみすごしてはならないだろう。在地の豪族や一般農民にとっては、国司は天皇の命《めい》を履行《りこう》する権威ある人物であると同時に、自分たちの生産物を収奪する恐るべき役人でもあったのである。

それでは、当時の越中の農民は中央の政府に対してどのような負担を課されていたのか。周知のように、律令税制は租《そ》・庸《よう》・調《ちょう》などを内容とするが、田地の面積に対して課税され、国衙《こくが》におさめる租以外では、調として白畳綿・白細屯綿という白綿が『延喜主計式《えんぎしゅけいしき》』に規定されていることは、特筆すべき点といえる。ここにいう綿とは真綿のことで、他の国の多くで絹や帛《はく》などが調の品目とされているのに対し、越中と山陰道の石見国《いわみ》で、綿のみが規定されている。両国では、一〇日の歳役《さいえき》に代えておさめる庸の品目としても綿が規定されているが、これは紛れもなく綿がこの地の特産品で、律令政府から両国がとくにその供給地として期待されていたことを示すものといえ、正倉院《しょうそういん》に伝わる文書にも「越中綿」という記載がみえており、また同じく正倉院に伝わる古裂《ふるぎれ》の紙箋《しせん》には「越中国射水郡布西郷［　　］千嶋戸調白綿壱牒　天平勝宝六□」と、射水郡から調として送られた白綿の存在が認められる。一方、一七～二〇歳の男子に課された中男作物《ちゅうなんさくもつ》には、紙や紅花《べにばな》・漆《うるし》などに加えて、鮭楚割《すわかり》・鮭鮨《すし》・鮭氷頭《ひづ》・鮭背腸《せわた》・鮭子といった鮭製品や、雑《き》腊《たい》（干し肉）があげられている。平城宮から出土した和銅三（七一〇）年正月十四日の日付を有する木簡にも、「越中国利波郡川上里鮒雑腊一斗五升」と記載されたものがあり、鮭や鮒《ふな》などの魚類の加工品が貢納されていることは、庄川・神通川・常願寺川・黒部川といった多くの河川があり、水産資源の豊富な越中の風土を反映したものといえよう。

木簡(平城宮跡出土)　右は表＝「越中国利波郡川上里鮒雑」，左は裏＝「腊一斗五升　和銅三年正月十四日」とある。

今一つ、農民に課された負担として、令《りょう》に規定された税目ではないが、実質的に地方の財源として重要な位置を占めた出挙《すいこ》を見逃してはならない。出挙は、本来窮民救済を目的として春に種籾を貸しつけ、秋の収穫後利息を付して返納させる制度であったが、律令制下では強制的な貸付が行われ、農民にとって重い負担となった。国司の管理する正税《しょうぜい》とよばれた稲穀のうち、出挙の利息として集められた穎稲《えいとう》は、国衙の財源とされた。とくに天平十七年にはじまった諸国の公廨稲《くがい》の制度では、官物の補塡《ほてん》とともに国司の俸給に公《く》出挙の利稲をあてることとされた。大伴家持は、まさにこの制度が布《し》かれた直後に越中国守として赴任したのであり、天平二十年春には、家持自身出挙のために部内を巡行している。家持もまた、その恩恵をこうむった特権的身分の官人であったのである。

越中の地方豪族と郡司●

大宝二(七〇二)年越後よりの四郡を越後に分割する以前、および天平十三(七四一)年から天平宝字元(七五七)年までの能登を併合した段階をのぞき、越中国はほぼ現在の富山県域と一致する国域を有し、四郡から構成された。大宝令では、郡の下にさらに里《り》という行政単位が設定されたが、一時期郷里制が布《し》かれたのち、天平年間(七二九〜七四九)に国郡郷制へと移行した。十世紀前半に源 順《みなもとのしたごう》が編纂した『倭《わ》名類聚抄《みょうるいじゅうしょう》』には、越中四郡の郷名がつぎのように列記されている。

*礪波郡……川上《かわかみ》・八田《やた》・川合《かわあい》・拝師《はやし》・長岡《ながおか》・大岡《おおおか》・高楊《たかやき》・陽知《やち》・三野《みの》・意悲《おい》・大野《おおの》・小野《おの》
*射水郡……阿努《あの》・宇納《うなみ》・古江《ふるえ》・布西《ふせ》・三島《みしま》・伴《とも》・布師《ぬのし》・川口《かわぐち》・櫛田《くした》・塞口《せきくち》
*婦負郡……高野《たかの》・小子《ちいさこ》・大山《おおやま》・菅田《すかた》・曰理《わたり》・川合《かわあい》・大桑《おおくわ》・高島《たかしま》・岡本《おかもと》・餘戸《あまるべ》
*新川郡……長谷《はせ》・志麻《しま》・石勢《いわせ》・大荆《おおやぶ》・川枯《かわかれ》・丈部《はせつかべ》・車持《くるまもち》・鳥取《ととり》・布留《ふる》・佐味《さみ》

十世紀前半段階での郷名であることから、これらの郷がどこまでさかのぼって存在が認められるかは定かでなく、また郷域についても確かなところはわからないが、木簡や開田図《かいでんず》などの記載から、部分的にはその地域を推測することが可能である。

さて、越中の四郡には、在地の豪族をその任につけた郡司が存在し、国司の指揮下で郡単位の行政に従事していた。さきにあげた越中石黒系図には、孝元《こうげん》天皇の子孫であり、成務天皇の時代に伊弥頭国造とされた大河音宿禰の子孫が、利波評（郡の前身）の督に任じられ、また利波臣の姓を名乗ったとされるが、『古事記《こじき》』には、孝霊《こうれい》天皇と意富夜麻登玖邇阿《おおやまとくにあ》礼比命《れひめ》とのあいだにうまれた日子刺肩別命《ひこさしかたわけのみこと》が利波臣の祖とされる。延喜十（九一〇）年に作成された「越中国官倉納穀交替記」によれば、八世紀段階で少領《しょうりょう》利波臣虫足《むしたり》、大領利波臣真公《まきみ》、擬《ぎ》大領利波臣大田《おおた》、九世紀段階で擬大領利波臣田《た》人《ひと》・擬少領（のち擬大領）利波臣豊成《とよなり》、擬主政利波宮成《みやなり》、擬大領利波臣甥丸《おいまろ》、少領利波臣奥継《おくつぐ》、擬大領（のち大領）利波臣氏良《うじら》、擬大領利波臣安直《やすなお》、擬少領利波臣氏高《うじたか》、十世紀段階

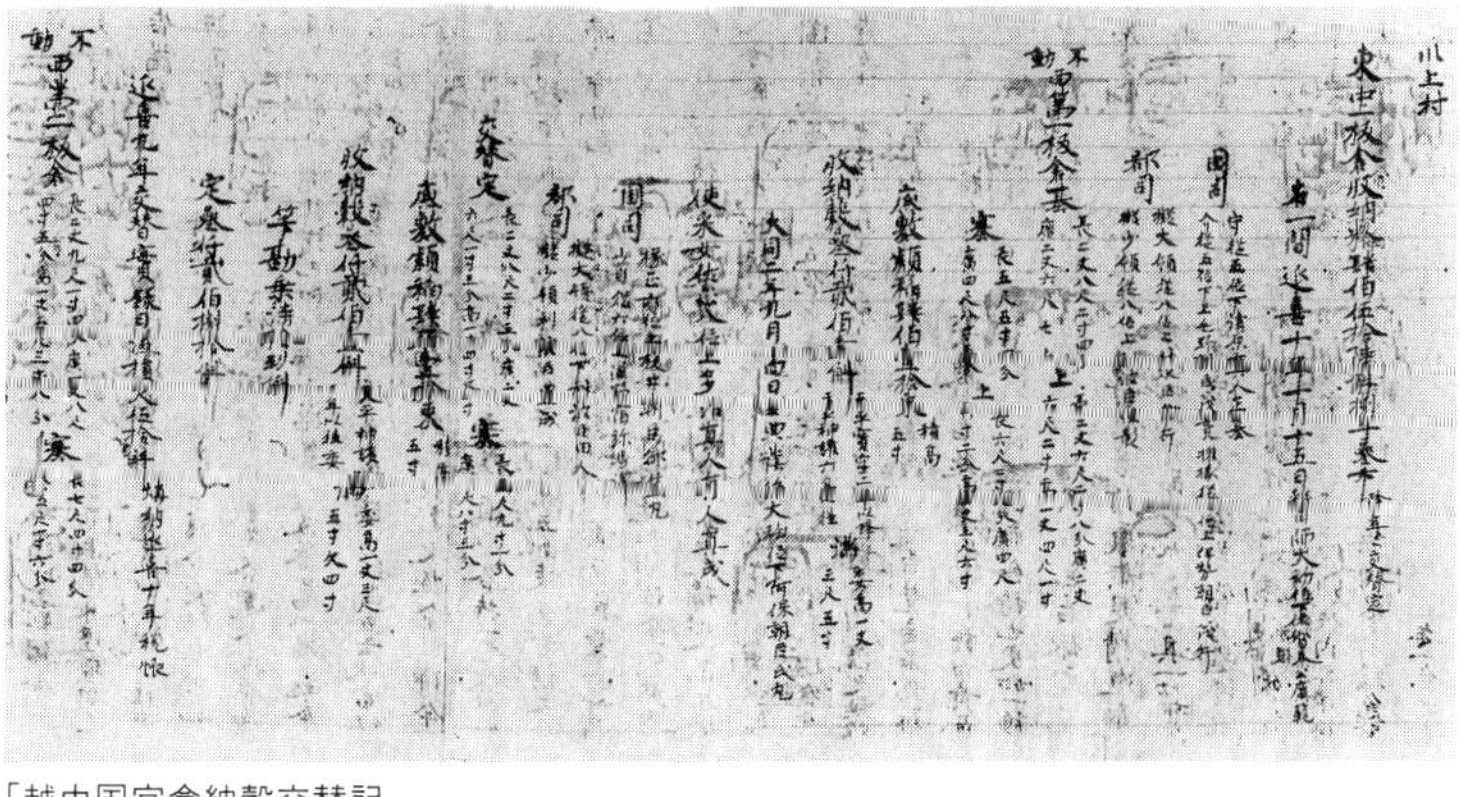
「越中国官倉納穀交替記」

で擬少領利波臣春生《はるお》、擬少領利波臣保影《やすかげ》と、八世紀中葉から十世紀初頭にかけて、利波臣の一族が礪波郡の郡司《ぐんじ》・擬任郡司（国司の任命をうけ、政府の任命をうけていない郡司）、とりわけ郡領の地位を世襲的に保持していたことが認められる。残存する史料から知られる限り、八世紀から九世紀前半にかけて、郡領の地位はほぼ利波臣氏によって独占されていたが、それ以後飛鳥戸造《あすかべのみやつこ》氏が進出し、ほかに中臣氏・品治部《ほむちべ》氏・秦《はた》氏・射水臣氏・物部《もののべ》氏・粟田《あわた》氏といった氏族からも郡領がでている。以上のことから、越中の伝統的豪族である利波臣氏が、律令制下において礪波郡司の地位につき、世襲的にそれを保持する、いわゆる譜第《ふだい》郡司の豪族であったことがわかるのである。

また、天平十九年大仏造立のために米三〇〇〇石を寄進し、外従五位下をさずけられた利波臣志留志《しるし》も、越中石黒系図にその名はみえないが、利波臣の一族であったことは疑いなく、あるいはその傍流の人物とも考えられる。志留志は、こののち天平神護元（七六五）年に、墾田《こんでん》一〇〇町を寄進して従五位上の位をさずけられ、神護景雲元（七六七）年には、越中員外介《いんがいのすけ》として東大寺《とうだいじ》領荘園《しょうえん》の開田状況の視察と報告にあたったことが認められる。東大寺領荘園については後述するが、在地豪族の出身である志留志は、自身が広大な田地を保有する富豪の輩《ともがら》であったと考えられ、東大寺との関係、あるいは、国守大伴家持や法王道鏡《どうきょう》といった人物との関係をつうじて、中央でも名の知られる地方官人となり、ひいては東大寺と縁の深い伊賀《いが》の国司（介）に任じられるに至った。地方豪族の出身でこのように詳細な業績のうかがわれる人物は、志留志をのぞいてほかにあまり例をみず、古代越中のうんだ特筆すべき人物と評価することができよう。

一方、越中石黒系図で利波臣氏と同祖とされる射水臣氏については、延喜十年のころ従八位上射水臣常《つね》行《ゆき》たる人物が礪波郡の擬大領の地位にあったことが、さきにみた「越中国官倉納穀交替記」により確認されるが、平成元（一九八九）年、中新川郡立山町の辻《つじ》遺跡で出土した、八世紀前半の郷里制施行期の木簡に、「郡司射水臣」という記載がみえ、また仁和二（八八六）年には、新川郡擬大領伊弥頭臣貞益《さだます》なる人物が存在したことが知られる。さらに、大量の木簡が出土し、国史跡に指定された新潟県長岡市島崎の八《はち》幡林《まんばやし》遺跡で出土した、八世紀末から九世紀前半にかけての段階の木簡に、「射水臣」と記されたものが存在する。旧和島村は古代・越後国の古志郡域に所在する。さきに述べたように、大宝二年以前古志郡は越中国の一郡であった。行政区画の関係もあってか、あるいは射水臣氏がこの地域でも活動した可能性を示唆している。伊弥頭国造の血筋を引く越中西部の伝統的在地豪族であった射水臣氏の一族が、東部の新川郡や、越後国にも進出して地盤をきずいていたことがうかがわれよう。ちなみに、平安中・後期に中央で算博士《さんはかせ》の地位にあり、『朝野群載《ちょうやぐんさい》』や『拾遺往生伝《しゅういおうじょうでん》』などの書物をあらわした三善為康《みよしためやす》も、もとは越中国射水郡出身の射水臣氏で、三善家の養子となった人物であった。

なお、この利波臣・射水臣以外の郡司としては、さきにあげた郡領をだした氏族のほかに、蝮部《たじひべ》（多治比部）氏・小長谷部《おはつせべ》氏・建部《たけるべ》氏・秦人部《はたひとべ》氏といった部姓豪族が多いのが特徴といえるが、平成六年射水郡大島町《おおしま》（射水市）の北高木《きたたかぎ》遺跡で出土した、九世紀中葉から十世紀初頭にかけての段階のものと目される木簡にも、「品治部他當女」「建部乙成女」という人名がみえている。

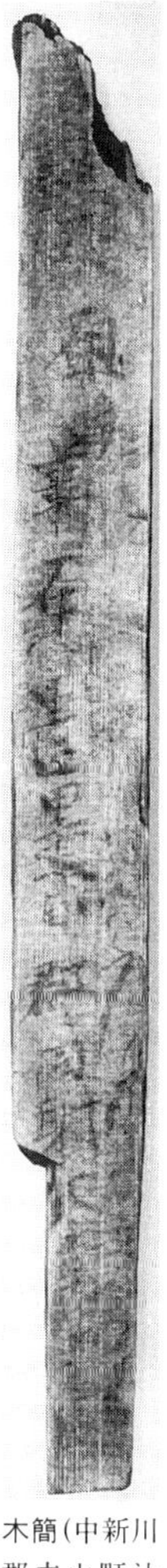

木簡（中新川郡立山町辻遺跡出土）

寺領荘園の成立●

天平十五（七四三）年、律令政府は、みずから公地制の原則を放棄することになる、墾田永年私財法《えいねんしざいほう》を発した。従来の三世一身法《さんぜいっしんのほう》では、期限が近づくと開墾意欲が萎《な》えるため、今後はあらたに開いた田地の永代の私有を認めるというものであるが、この法の発布は貴族や寺院、在地の富裕層などを刺激し、以後大規模な墾田開発や田地の売買・貸借が盛んに行われ、その結果初期荘園（墾田地系荘園）が成立することになった。墾田永年私財法は、同年に開始された大仏造立事業と密接に関係するといわれるが、のちにその大仏の鎮座する寺院として設営された東大寺もまた、大々的に田地の開墾・集積につとめ、そこからの収益を寺院運営の財源としたのである。この法が発布されて六年後の天平勝宝元（七四九）年、諸寺の墾田地の制限額が規定されたが、大安寺《だいあんじ》・薬師寺《やくしじ》・興福寺《こうふくじ》といった既存の官寺の額が一〇〇〇町であるのに対し、東大寺には、ほかに例をみない四〇〇〇町という広大な額が認められた。当時大仏の造立事業が進み、同時に東大寺の諸伽藍《がらん》の整備がはかられていた関係もあろうが、なによりも、東大寺は第一の官大寺としての地位をあたえられ、それにふさわしい設備と財源が付されたとうけとられる。

この東大寺の初期荘園は、とくに越前・加賀《かが》・越中といった北陸道の諸国に多く設けられた。越中では、礪波・射水・新川の各郡に東大寺領荘園が存在したことが認められる。礪波郡に所在した東大寺領荘園は、伊加流伎《いかるぎ》・井山《いやま》・石粟《いしあわ》・杵名蛭《きなひる》の四荘、射水郡では、楔田《こてだ》・須加《すか》・鳴戸《なると》・鹿田《かだ》の四荘、新川郡では、丈部《はせつかべ》・大藪《おおやぶ》の二荘と、あわせて一〇の荘園があった。これらの荘園の実態は、東大寺に伝わる天平宝字三（七五九）年十一月十四日付の東大寺越中国荘園惣券《そうけん》、天平神護三（七六七）年五月七日付の越中国司解《げ》、神護景雲元（七六七）年十一月十六日付の越中国司解といった文書や、正倉院に伝わる天平宝字三年および神護景雲元年の開田地図などからうかがうことができる。天平宝字三年段階では、礪波郡の井山・石粟・杵名蛭の三荘はいまだ成立しておらず、残りの七荘あわせて広さ五八七町七段一八歩で、うちすでに開墾された地が一五四町六段四六歩、未開地が四三三町三三二歩と、全面積のうちほぼ四分の三が未開という状況にあったが、八年後の神護景雲元年の段階では、広さ九三四町八段一一八歩のうち、開墾地四四六町一段二二七歩、未開地四八八町六段二五一歩となっている。広さは一・六倍になり、開墾地の面積は三倍近くになったことが知られるが、開墾地のなかには荒廃した土地なども含まれており、神護景雲元年段階で佃《つくだ》の面積は三三八町八段一五七歩というのが実態であった。

礪波郡の伊加流伎荘は、天平勝宝元年に国守大伴家持と東大寺の使僧平栄《へいえい》によって占地された荘園と考えられ、一〇〇町の広さを有したが、神護景雲元年の段階でも開墾地はわずか一町弱であったことが認められ、ほとんど開墾は進展していなかったことが推測される。井山荘は、正倉院に伝わる天平宝字三年の「伊加流伎開田地図」に「南、利波臣志留志の地」とあるのに対し、同じく正倉院の神護景雲元年の「伊加留岐村墾田地図」では、「南、同寺墾田地、井山村」とあることから、本荘は先述の利波臣志留志が東大寺に寄進した田地を根幹として設営された荘園と考えられている。石粟荘は、もと橘奈良麻呂《たちばなのならまろ》の地であったが、天平宝字元年奈良麻呂が乱を企て処罰されたことで没収された田地を、同年孝謙《こうけん》天皇が東大寺に施入して成立した荘園で、礪波郡の東大寺領荘園のなかでも、開墾率の高い荘園であった。杵名蛭荘は、天平神護三年段階で荘園全体が開墾されていたことがうかがわれ、東大寺領となったのちに開墾が進められたものでなく、開墾地の施入または買得により成立した荘園であったと推定される。

これらの四荘園の位置関係について、金田章裕氏は四八頁の図のように推定している。

		全佃				47	2	250	50	5	120
		未開	25	2	60	6	6	160	6	9	220
	鹿　田	合	29	3	100	29	3	100	30	3	20
		見開	22	4	220	29	3	100	22	8	200
		神分					1			1	
		定				29	2	100	22	7	200
		未開	6	8	240				7	4	180
新川郡	丈　部	合	84		212	84		212	84		212
		見開	36	4	90	84		212	76	3	290
		神分								3	
		全佃							76		290[2]
		未開	47	6	122				7	6	282
	大　荊 (大　藪)	合	150			150			150		
		見開				18			19	1	60
		未開	150			132			130	8	300
総計		合	587	7	18	757	4	116	934	8	118
		見開	154	6	46	439	9	227	446	1	227
		神分				1	9	144	1	7	224
		川成								1	20
		荒				82	9	234	105	4	186
		全佃				355		209	338	8	157
		未開	433		332	317	4	249[3]	488	6	251

注1)　原文では77歩となっているが，計算により74歩に修正した。
2)　同じく，6段を0に修正した。
3)　この総計部分は計算により，全面的に修正したものを記載した。原文によると以下の通りである。

合	757	4	116
見開	427	3	127
神分	1	9	144
荒	82	9	234
全佃	342	4	109
未開	330		349

越中国東大寺領の状況(吉川敏子氏作成)

郡	庄名	土地利用状況	天平宝字3.11			天平神護3.5			神護景雲元.11		
礪波郡	伊加流伎(伊加留岐)	合	100						100		
		見開								8	340
		未開	100						99	1	20
	井山	合				120			120		
		見開				47		85	47		85
		神分				1					
		全佃				46		85			
		未開				72	9	275	72	9	275
	石粟	合				112			119	5	196
		見開				97	2	336	95	2	12
		神分					6	144		6	144
		荒				32	2	314	38	2	250
		全佃				64	3	238	56	2	338
		未開				14	7	24	24	3	184
	杵名蛭	合				37	7	98	58	5	56
		見開				37	7	98	42	1	234
		神分					1				
		荒				12	5	266	19	6	60
		全佃				25		192	22	5	174
		未開							16	3	182
射水郡	楔田	合	130	8	192	130	8	192	157	2	160
		見開	34		192	44		192	53	6	220
		神分								6	
		荒				17	3	322	24		270
		全佃				26	6	230	28	9	310
		未開	96	8		86	8		103	5	300
	須加	合	35	1	224	35	1	224	56	7	294
		見開	28	5	314	30	8	74[1)]	37	4	186
		神分					1			1	80
		荒				16	3	92	22	7	66
		全佃				14	3	342	14	6	40
		未開	6	5	270	4	3	150	19	3	108
	鳴戸(成戸)	合	58	3	10	58	3	10	58	3	260
		見開	33		310	51	6	210	51	4	40
		川成								1	20
		荒				4	3	320		7	260

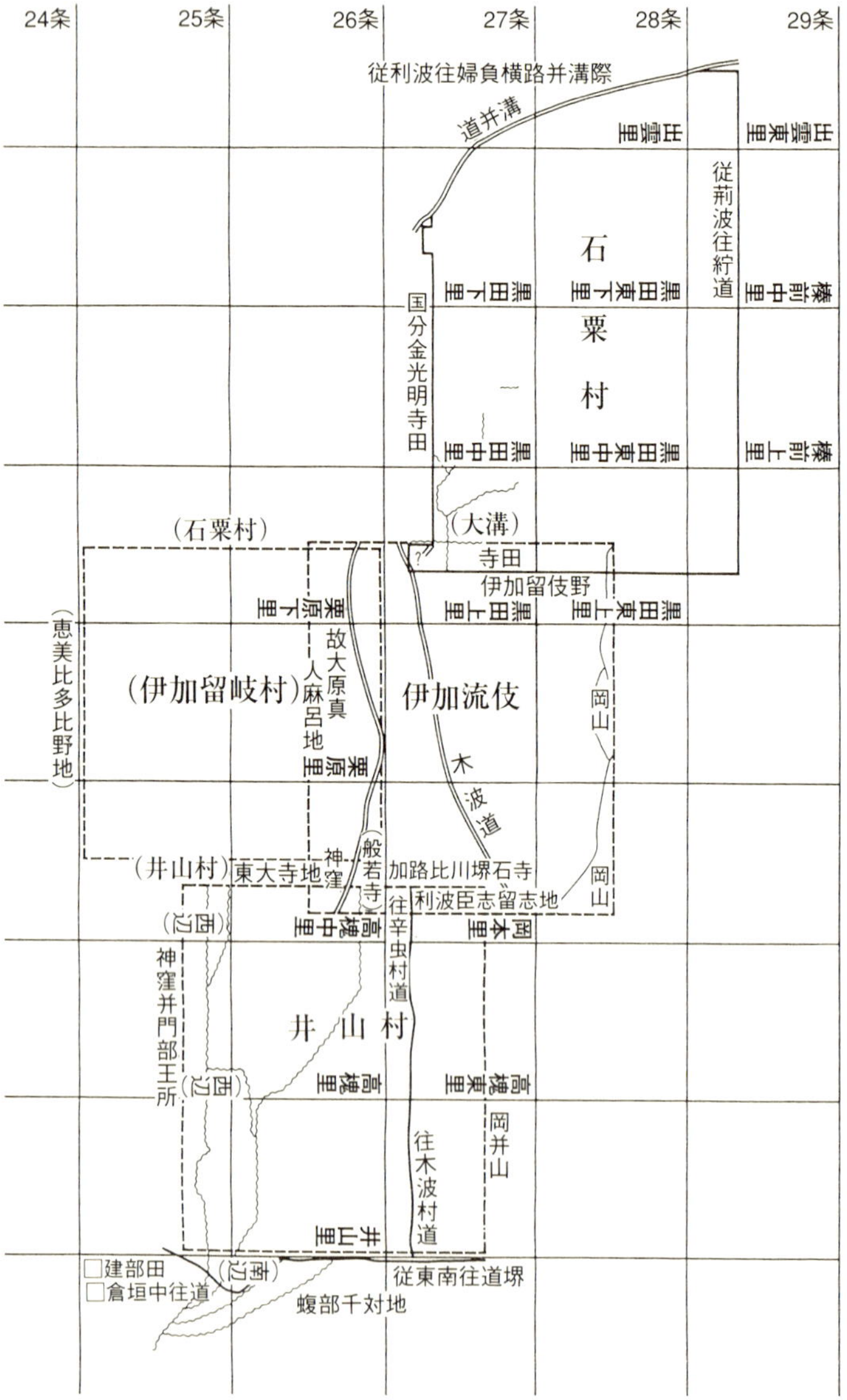

石粟村・伊加流伎・井山村各図の位置関係(金田章裕氏作成)

つぎに、射水郡の四荘園については、天平神護二年の段階で、東大寺と国衙とのあいだに葛藤《かっとう》が生じ、東大寺領の田が天平宝字五年の班田のさいにあやまって百姓に班給されたとして東大寺が訴えを起こしたことが知られるが、このことから、当郡の東大寺領荘園は、口分田《くぶんでん》と入り組んだ形で存在したことが推測される。なお、四荘の比定地について、金田氏は、椙田荘は旧二塚《ふたづか》村・旧佐野《さの》村十二町島《じゅうにちょうじま》付近、須加荘は小矢部川北岸の山麓、鳴戸荘は高岡市旧市街東南の旧下関《しもぜき》村から南方にかけての一帯、鹿田荘は旧櫛田村布目沢《ぬのめざわ》付近と推定している。

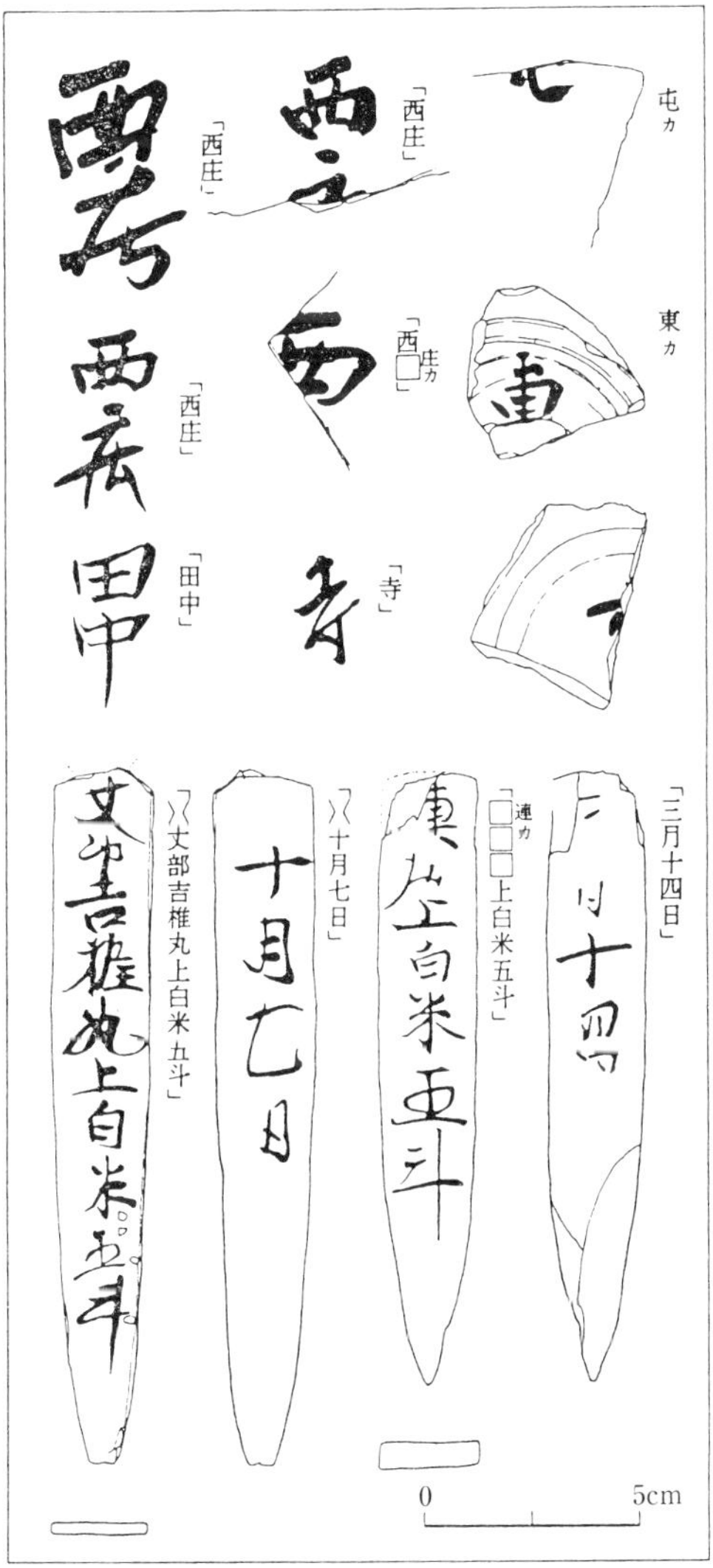

墨書土器と木簡(入善町教育委員会『入善町じょうべのま遺跡発掘調査概要(3)』1975による)

新川郡の大藪荘は、越中国の東大寺領荘園のなかで、広さ一五〇町という最大の規模を有するものであるが、天平宝字三年段階ではその全域が未開地、また神護景雲元年においても、わずか一九町余しか開墾地は存在せず、ほとんど手の加わらない状況にあったことが知られる。一方、丈部荘は、大藪荘とは反対に開墾が進展した荘園であったことが知られるが、「丈部吉椎丸《はせつかべのきしまろ》」という人名の記された木簡が出土した、下新川郡入善町《にゅうぜん》のじょうべのま遺跡が当荘園に関係するものとして、その近隣に比定する説がだされている。しかし、本遺跡はまた別の荘園関係のもので、丈部荘は滑川《なめりかわ》市の辺りにあったとする説もみえる。

以上にあげた東大寺領の諸荘園については、正倉院の文書や開田図などから、その所在地や形態・開墾状況などをある程度知ることが可能であるが、東大寺以外の荘園としては、宝亀十一（七八〇）年に作成された「西大寺資財流記帳《さいだいじしざいるきちょう》」に、射水郡榛山《はりやま》荘・同郡中野《なかの》荘・新川郡佐味荘の三荘園が存在したことが知られる。その所在地などについては不明な点が多いが、中野荘は、中野の集落に隣接することなどから、射水郡大島町の北高木遺跡がその関連の遺跡ではないかと考えられている。なお、本遺跡からは、「佐見御庄」と記した墨書土器も出土しており、あるいは同じ西大寺領荘園間の交流があったことも推測される。

一方、佐味荘については、さきにあげた入善町のじょうべのま遺跡をその関連遺跡とみる説もある。

東大寺・西大寺といった官大寺の財源となる荘園が、なにゆえに越中国に多く設けられることになったのかという問題については、北陸地域に、開墾可能で入手しやすい野地が多く残されていたことや、中央で政権を担当していた橘諸兄《もろえ》と国守大伴家持との関係、あるいは、諸兄にかわり政権を掌握した藤原仲麻呂《ふじわらのなかまろ》、その後権力をにぎった道鏡といった官人や僧侶との関係などがその理由として指摘されている。しかし、越中のみならず越前にも糞置《くそおき》荘や道守《ちもり》荘といった東大寺領荘園が設営されたことからすれば、越中における荘園の選定にかかわった可能性は存するものの、国守家持の存在を荘園設置を導いた最大の要因として評価する向きには賛同しがたいものがある。東大寺・西大寺が、いうまでもなく仏教の寺院であり、その荘園の設営が寺院の建立事業と即応するものであることを考慮すれば、北陸地域の宗教的風土も、荘園設置に重要な意味を有するものであったと考えられよう。くわしくは次節で述べるが、地理的な条件から大陸の文化をいちはやくうけいれる環境にあり、在地の信仰と融合する形で仏教信仰が古くから行われたこの地域には、中央の官寺の勢力をうけいれる地盤が形成されていたとうけとられるのである。

3 古代文化の展開とその特質

宗教的風土と神祇祭祀●

延長五（九二七）年に完成した『延喜式』神名帳《しんめいちょう》によれば、越中国には名神大社一社、小社三二社（奉祀された神三三座）の合わせて三四社が存在したことが知られる。礪波郡には、高瀬《たかせ》・長岡《ながおか》・林《はやし》・荊波《うはら》・比《ひ》売《め》・雄神《おかみ》・浅井《あさい》の七社、射水郡には、射水・道《みち》・物部・加久弥《かくみ》（一座）・久目《くめ》・布勢・速川《はやかわ》・櫛田・磯《いそ》部《べ》・箭代《やしろ》・草岡《くさおか》・気多《けた》の一二社（一三座）、婦負郡には、姉倉比売《あねくらひめ》・速星《はやほし》・白鳥《しらとり》・多久比礼志《たくひれし》・熊野《くまの》・杉《すぎ》原《はら》・鵜坂《うさか》の七社、新川郡には、神度《かんど》・建石勝《たけいわかつ》・櫟原《いちはら》・八心大市比古《やこころおおいちひこ》・日置《ひおき》・布勢・雄山《おやま》の七社が所在した。

九条《くじょう》本などの『延喜式』では、気多神社を名神大社としているが、雲州《うんしゅう》本のみは射水神社を名神大社としている。気多神社は、現高岡市伏木一宮《いちのみや》の地に所在し、国衙・国分寺《こくぶんじ》の近隣に位置する。本神社の創建の時期は定かでない。八世紀前半能登が越中に併合されていた段階では、能登・羽咋の気多神社が越中第一の神社としての扱いをうけたが、石川県白山比咩《しらやまひめ》神社に伝わる『白山之《はくさんの》記《き》』によれば、能登国分立後、『延喜式』神名帳には記載されていない二上《ふたがみ》神社が同じ地位を得、のち射水の気多神社と争ってやぶれ、この気多神社が一宮とされたと伝える。

二上神社については、近世以前現高岡市二上に鎮座する射水神社が二上神社と称されていた。二上神は、宝亀十一（七八〇）年に従五位下の神階があたえられて以後たびたび昇叙され、貞観元（八五九）年には正三位にまでのぼる。この間、斉衡元（八五四）年には、従三位に叙せられるとともに、その禰宜《ねぎ》・祝《はふり》に把笏《はしゃく》が許されている。射水神が六《りっ》国史《こくし》にみえず、『延喜式』では逆に射水神社のみがみえて二上神社があらわれないことから、二上神と射水神を一体とする見解もあるが、くわしいことはわからない。現射水神社には、平安後期の木造男神座像（国指定重要文化財）

気多神社本殿（高岡市伏木一宮）

が安置されている。また、別当寺《べっとうじ》として養老元（七一七）年開基と伝える真言宗養老寺《ようろうじ》がかつて所在した。二上神は、在地の豪族である射水臣氏が奉祭した神と考えられ、『延喜式』に気多・射水の両神をそれぞれ名神大とする記述がみえ、また二上神が気多神に越中第一神の地位を奪われたとする伝が存在することから、国衙神として政府の厚遇を得た気多神が、やがて在地の神である二上神を凌駕《りょうが》することになったという解釈もなされている。

なお、気多神についても、能登の気多神社がそうであるように、古くから仏教との関係を色濃く有し、越中気多神社の地にも別当寺である真言宗の慶高寺《けいこうじ》が所在し、現在の気多神社社務所は、かつて慶高寺の本堂であった。

二上神と同様に、『続日本紀』の段階から正史《せいし》にその名が頻出するのが、礪波郡の高瀬神社である。本神社は、気多神社と同様に大己貴命《おおなむち》を祭神とし、二上神と同様に、宝亀十一年従五位下の神階がさずけられて以後たびたび昇叙し、貞観元年には正三位にのぼっている。高瀬神は高麗《こうらい》からの渡来神とする説もあり、やはりはやくから仏教と融合し、高麗山深法寺《しんぽうじ》勧学院《かんがくいん》と称し、真言宗系の両部神道《りょうぶしんとう》の神社であった。また、中世には、本神社の一帯に東大寺領高瀬庄が所在し、当庄に神田《しんでん》を有していた。この高瀬庄に関連する遺跡として、昭和四十五（一九七〇）年から翌年にかけて調査された高瀬遺跡が存在する。本遺跡は、高瀬神社南方の石仏《いしぼとけ》地区、およびその東方の穴田《あなだ》地区の二地区からなり、石仏地区からは三棟の建物跡が、また穴田地区では四棟以上の建物跡が検出された。遺物としては、須恵器・土師器・漆器・木製品・銅銭などが出土したが、石仏地区の建物跡は、その形態や出土品などから、庄所跡と推測されている。穴田地区も集落跡と考えられるが、本地区から出土した墨書土器のなかに、「家成」という人名が記されたものがあり、前節でふれた「越中国官倉納穀交替記」に大同三（八〇八）年および天長四（八二七）年の段階で礪波郡擬主政とみえる中臣家成《なかとみのやかなり》と一致し、土器編年でも矛盾しないことから、注目を集めている。

越中国の諸神社のなかでも、とくに正史にはやい段階からその名がみえるものについては、仏教との関係が色濃くうかがわれることが、注目すべき特質であるように思われる。気多神社・射水神社・高瀬神社のいずれにも、真言宗の別当寺が付属し、またさきにふれたように、高瀬神については、高麗からの渡来神という伝が存したことなどは、古くから神仏の混淆《こんこう》した信仰体系を有した神社であった可能性を高く有するものといえよう。奈良時代の段階で律令国家が厚遇した地方の神社に共通して、仏教との深いつながりが認められることは、その鎮座する地域にはやくから仏教の信仰がはいりこみ、在地の信仰と融合していたことを推測させている。地理的な環境からして、北陸地域にこの傾向が強くうかがわれることは十分

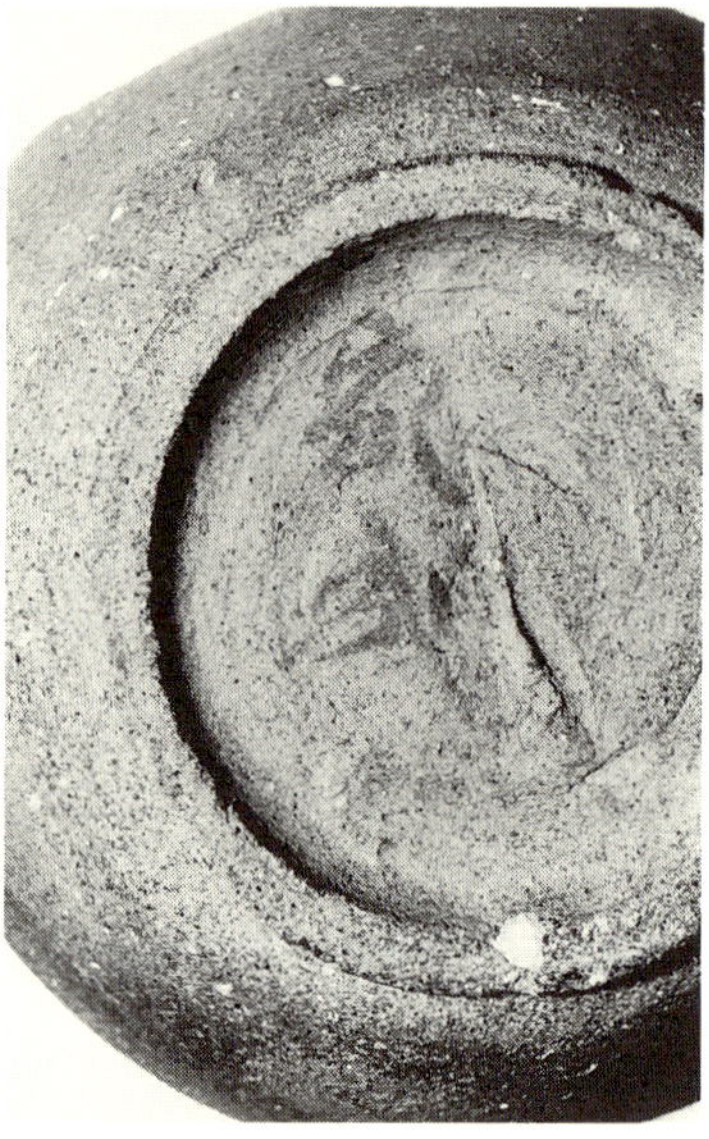
「家成」墨書土器（高瀬遺跡出土）

❖コラム

古代越中の信仰

越中の古代全般をつうじて、特筆されるのは、在地の信仰に関係する遺物に特色がみいだされることである。氷見市の朝日貝塚からみつかった縄文中期の硬玉《こうぎょく》製の大珠《たいしゅ》は、長さ一六センチ、重さ四七〇グラムもあり、全国最大のものである。新潟県の姫川流域で産出する硬玉（翡翠）や、朝日町の宮崎海岸で採集される硬玉を加工した玉類は、当地の特産品的遺物ということができ、これを加工した工房跡が境《さかい》A遺跡や馬場山《ばばやま》G遺跡でみつかっており、越中以外で検出された同じ硬玉の遺物の分布状況は、当時の交流の実態を示すものとして注目されている。また、氷見市の大境《おおざかい》洞窟《どうくつ》遺跡では同時期の大型の彫刻石棒が発見されたが、彫刻石棒は富山・石川・岐阜北部・新潟西部といった北陸圏を中心として、遠くは東北地方日本海側の山形や秋田でもみつかっている。富山・岐阜両県の県境に近い岐阜県宮川村で、その製作遺跡（金清《きんせい》遺跡）が発見されたが、この遺物もまた、当地の特色的なものということができよう。

時代がくだって律令国家の段階では、大陸の文化的影響をうけたと推測される神祇信仰が形成された。はやくから仏教の要素を取りこんだ信仰が行われたと考えられ、律令政府にとっても、当地の信仰体系は好都合なものとうけとめられたと推測される。このような風土もあって、修行場としてはやくから成立した山地が多くみられ、高峻な山岳に対する信仰ともあいまって、特色的な発展をとげることになった。その実態は、医王山《いおうぜん》や立山の例に典型的にうかがうことができよう。まさに越中は、自然の宝庫であると同時に、宗教的風土の宝庫でもあったのである。

納得のいくことである。天平期に中央で王権が仏教への依存度を高め、とくに天皇が仏教を信仰し、その思想に依拠した鎮護国家の功徳に期待をよせたさいに、その宗教的性格から神仏の相互関係をあらたに規定する必要が生じ、その結果、日本の神祇を仏典にみえる「護法善神」と位置づけることで、かつての神仏間の葛藤を克服し、みずからの仏教信仰にも正当性を示そうとした。このとき、すでにいちはやく仏教の要素を取りこみ、独自の信仰体系を有した北陸地域の諸神は、恰好《かっこう》の存在となり、それゆえに他の地域の神祇に増して厚遇し、また「護法善神」の証《あかし》として神階を授与することで、神祇間にあらたな秩序を構築しようとしたと考えられるのである。

古代寺院の建立●

七世紀後半、中央集権国家の樹立をもくろんだ天武《てんむ》天皇の朝廷は、外来の宗教である仏教を、在来の神祇とあわせて、その統治手段として利用しようとはかり、諸地域に仏教礼拝施設の建立を推進するとともに、国家の管理下で僧尼《そうに》を生産(＝得度《とくど》)し、僧尼令などをつうじてその生活を統制した。同時に、思想面で、とくに護国経典とよばれる「金光明経《こんこうみょうきょう》」「仁王般若経《にんのうはんにゃきょう》」などの頒布《はんぷ》をつうじ、直接には仏教の鎮護国家の功徳《くどく》に期待するとともに、国家意識を扶植し、国家の中心に位置する国王＝天皇の存在と統治の正当性を論理的に保障させようと試みたのである。その結果、しだいに地方での寺院建立が盛んとなり、僧尼の活動も活発化したが、このような国家の政策としての仏教興隆は、けっして一方向の強制的な側面ばかりでなく、在地の支配者層にとっても、農業生産力の向上に伴う被支配者層の台頭といった状況に即して、その支配を維持するために有効な手段と認識され、中央政府の威光を背景にあらたな権威を構築することを目的として、主体的な寺院の建立が進められたと推察される。しかし、そういった情勢も、当然のことながら地域によって進展の度合いに格差が存在した。いずれの信仰にしても、あくまでそれをうけとめる側の観念的な所産という本質を有するものである以上、たとえ旧来の信仰に付加する形をとるにせよ、あらたな信仰の導入がそれなりの葛藤を生ずる事態は避けられず、とくに神仏が同質のものとしてうけとめられている段階においては、いかに斬新な性格を有するものであっても、容易に仏教の普及が進められる状況にはなかったことは想像にかたくない。その点、中央の政府が主体的に仏教興隆を推進する以前の段階において、断片的ではあっても仏教の存在を認識し、その思想や習慣の一端をすでにうけいれていた地域においては、他の地域よりも円滑に興隆が進められたと推察される。日本海をはさんで大陸と接する日本海沿岸の地域には、大陸からの渡来人などの存在をつうじて、早くから仏教がはいりこみ、それなりの文化的な影響をあたえていたと考えられるのである。

古代の越中に関する限り、遺憾ながら直接仏教がこの地域にはいりこんだことを示す文献上の記録は存在しない。しかし、北陸地方全域での古墳の特質や信仰の体系などに、あきらかに大陸文化の影響をうけた要素がみうけられることから、越中にもはやい段階で大陸の信仰が伝わっていたと考えて誤りないものと思われ、さきにふれたように、仏教との混淆をうかがわせる神が存在することも、そのことを裏付けるものといえるのである。

さて、現在確認されている越中の古代寺院跡で、七世紀段階にさかのぼるものといえば、国庁や国分寺が所在した現高岡市伏木の台地上に位置する御亭角《おちんかど》廃寺をあげることができる。昭和六十（一九八五）年から翌年にかけての調査で、縄文期や古墳時代の遺物とともに、七世紀中葉の生産にかかるものと目される軒丸瓦・平瓦が出土した。この瓦は、昭和五十六年から六十年にかけて調査された射水郡小杉町・大門《だいもん》町（現射水市）の小杉丸山《まるやま》遺跡で出土した瓦と同笵《どうはん》のものであることが確認されたが、この小杉丸山遺跡では、同時代の瓦陶《がとう》兼業窯跡や工人集落跡と考えられる住居跡が検出されており、瓦の生産地が特定された例として注目された。軒丸瓦は、二型式の白鳳《はくほう》期単弁八葉蓮華文《れんげもん》瓦で、子葉をもつ単弁八葉蓮華文軒丸瓦は大和の坂田寺《さかたでら》のもの、また無子葉の鎬《しのぎ》をもつ単弁八葉蓮華文軒丸瓦は、近江の志賀《しが》廃寺や越前の深草《ふかくさ》廃寺の瓦の文様系譜に連なるもので、尾張《おわり》の東畑《ひがしばた》廃寺でも、この二型式の軒丸瓦が検出されている。これらの瓦とともに、同遺跡では奈良時代後葉の越中国分寺と同じ均整《きんせい》唐草文の軒平瓦も出土しており、御亭角廃寺は、地方の白鳳寺院にしては珍しく平安初期の段階まで存続していた寺院とみなされる。

同じく、県西部の寺院遺跡としては、氷見市小窪《おくぼ》の小窪廃寺がある。本遺跡は未調査であるが、八世紀前半のものと考えられる須恵器とともに、平瓦・丸瓦が採集されており、また「塔のスマ」と称されるところにあった塔心礎《とうしんそ》が、現在本遺跡の南二キロの地点に所在する小久米《おぐめ》神社の境内に移され現存している。この心礎は砂岩質で、上面に直径約八二センチの柱穴が穿《うが》たれている

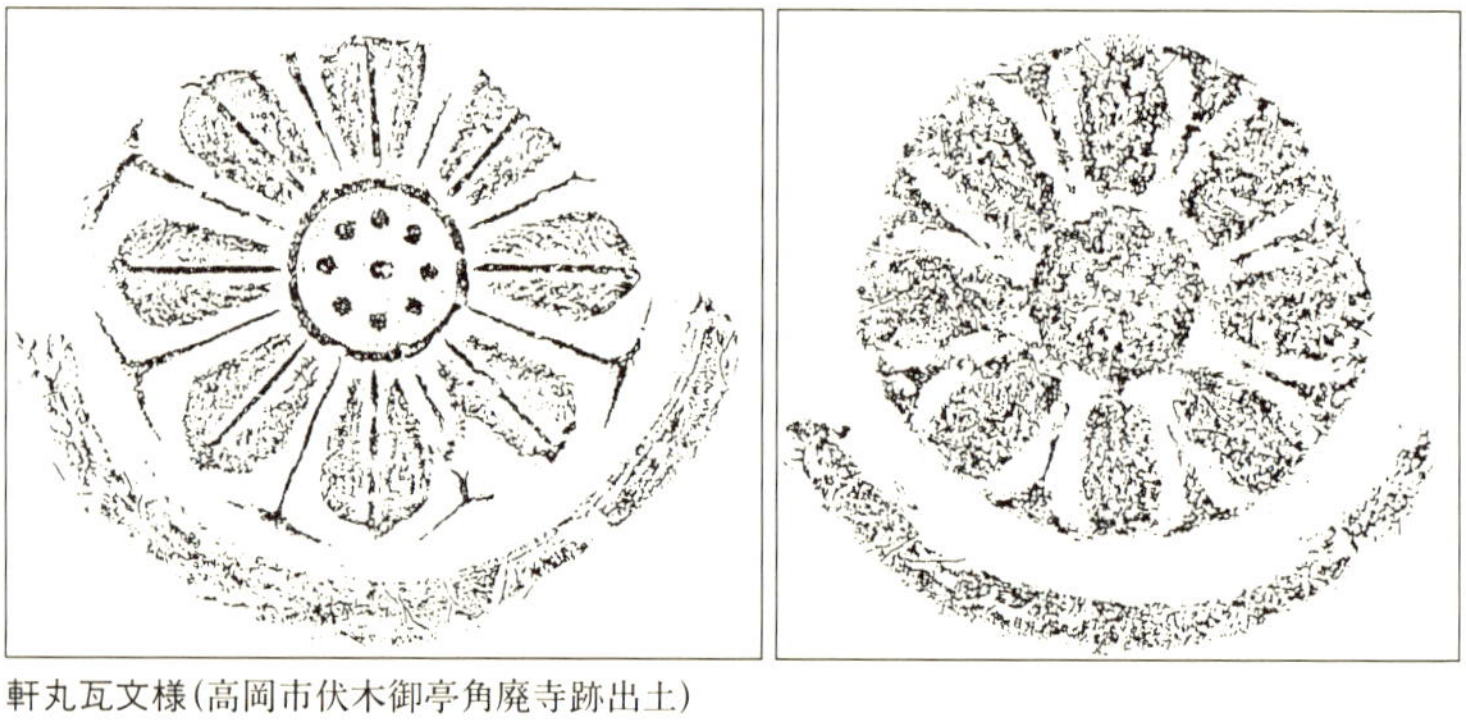

軒丸瓦文様（高岡市伏木御亭角廃寺跡出土）

が、柱穴としては最大級のもので、大型の塔であったことをうかがわせている。なお、この小窪廃寺の瓦を生産した窯跡が、本遺跡の南西五〇〇メートルの地点でみつかっている。

なお、南砺《なんと》市寺家《じけ》の寺家《じけ》廃寺遺跡でも、鏡石《かがみいし》とよばれる塔心礎が現存し、奈良時代のものと考えられている。この心礎の中央にある径一九センチの孔《あな》から、かつて鏡を得たという記録があるが、近隣で瓦がみつかっておらず、あるいは瓦葺《ぶ》きではなかった可能性も有している。従来、瓦葺きの建造物という概念で寺院を把握し、瓦の出土によって古代寺院の存在を確認し、その地域での仏教信仰の痕跡を認めるといった評価がなされていたが、とくに北陸地方では、近年非瓦葺きの宗教施設と目される建造物があいついでみつかっており、諸史料にあらわれる道場《どうじょう》あるいは堂《どう》と称された礼拝施設の構造の問題も含めて、仏教の普及度をはかる指標の見直しがとなえられている。

さて、越中国分寺は、高岡市伏木一宮字国分堂の地に所在した。現在薬師堂という単層宝形造の堂があり、隣接す

塔心礎(氷見市小久米神社境内)

る気多神社の本地仏であった鎌倉期の仏像とともに、弘仁期の帝釈天《たいしゃくてん》と二体の天部像《てんぶぞう》が安置されている。この薬師堂の東側に高さ一メートルの土壇《どだん》があり、礎石の根石《ねいし》とみられるものが六カ所確認されている。土壇の周囲で、奈良時代後半から平安時代にかけての軒平瓦・軒丸瓦などの瓦類や須恵器・土師器などが多数出土した。軒丸瓦は子葉を付した単弁八葉蓮華文で、軒平瓦は均整唐草文の文様を有している。全域にわたる発掘調査は行われていないが、右図のような伽藍配置が推定されている。越中国分寺の建立や運営について、直接それを物語る史料は残っていない。ただし、天平宝字三（七五九）年の礪波郡石粟村官

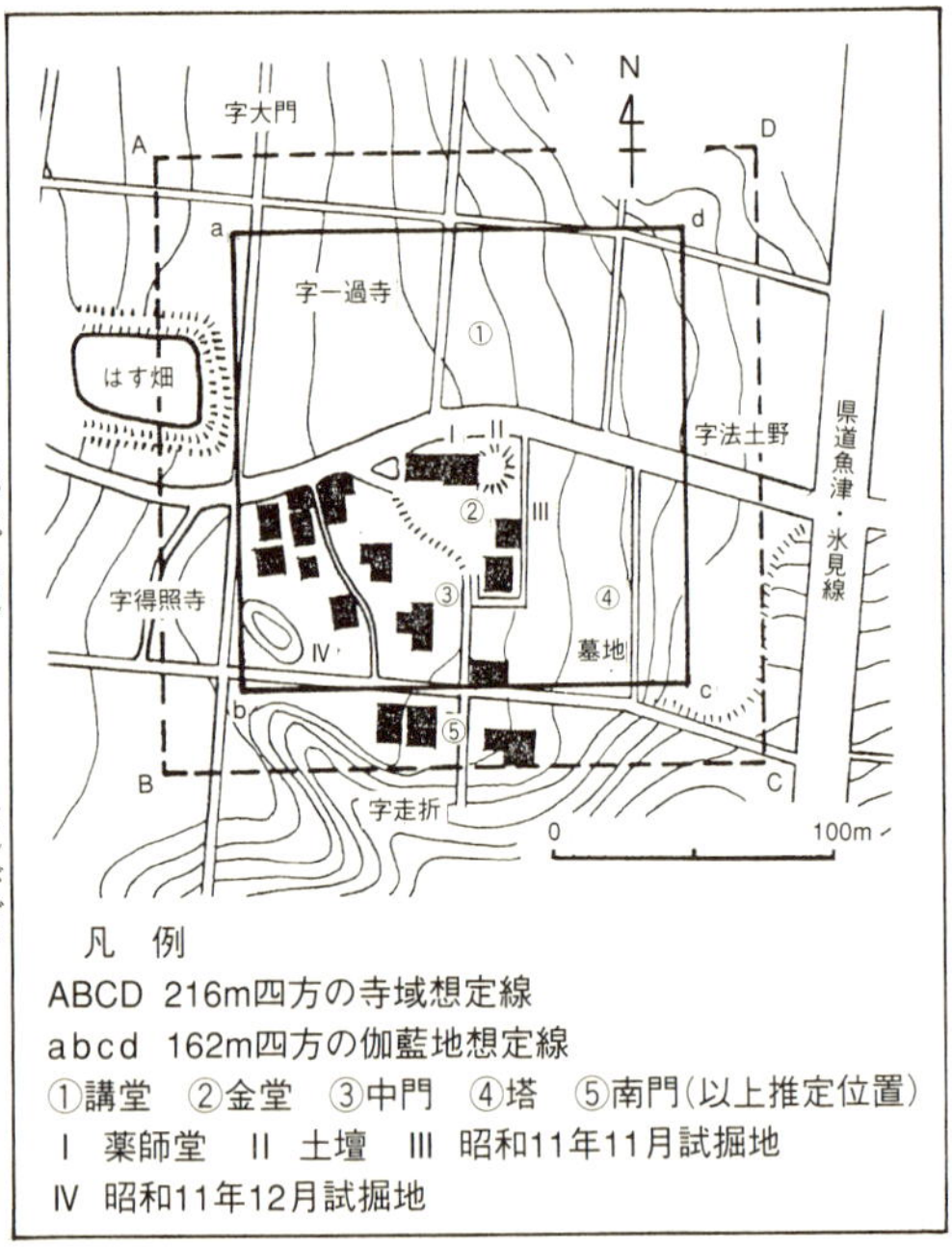

越中国分寺想定地付近要図（北陸古瓦研究会編『北陸の古代寺院　その源流と古瓦』による）

施入地図には、「国分金光明寺田」という記載がみえており、東大寺領石粟荘の近隣に国分寺の寺田が存在したことが認められる。

山林寺院と山岳信仰●

近年、北陸地域の各地で、山林寺院跡とみられる遺跡があいついでみつかっている。全国的な規模で仏教の普及をはかった律令国家は、僧尼に対し、所属する寺院などでの教学《きょうがく》の研鑽《けんさん》や法会《ほうえ》の勤修《ごんしゅ》とともに、人里はなれた山林での修行をつうじて呪力《じゅりょく》を獲得することを奨励した。鎮護国家を祈り、また貴賤の人びとの病気平癒や災厄除去のために、神秘的な力を身につけることを期待したのであり、僧尼にとっては

越中の山と信仰(富山県福光町・医王山文化調査委員会編『医王山文化調査報告書　医王は語る』折込地図による)

学問と修行の双方が、権力者から評価され厚遇されるための必須の課程とされたのである。平安時代の初期にあらたに大陸から体系的な密教の教義が将来されると、山林修行はいっそう重視されることとなる。また一方で、仏教伝来以前から山を神の坐《いま》す神聖なる場とみる在来の信仰が存在したことから、あらたな神仏習合の論理をうみだす契機にもなったのである。

越中における山林寺院の遺跡として、近年発掘調査を含む総合的な調査のほどこされた南砺市の医王山《いおうぜん》をみてみよう。

医王山は、旧福光町と石川県金沢市の境界に位置し、奥医王《おくいおう》・白兀《しらはげ》・黒瀑《くろたき》・三千坊《さんぜんぼう》などの諸峰からなる。奥医王がもっとも高く、標高九三九メートルをほこる。平成二（一九九〇）年から同四年にかけての調査の結果、奈良時代後半から南北朝時代にかけての寺院跡や墓地などが検出された。伝によれば、医王山は養老三（七一九）年に白山の開基である泰澄《たいちょう》が開いたとされる。奈良時代の遺物としては、標高八〇〇メートルの三千坊から須恵器や土師器などが出土しているが、前医王山（金剛《こんごう》）の東山麓、標高二四五～二五五メートルの地点に位置する香城寺惣堂《こうじょうじそうどう》遺跡では、九世紀末ごろから十四世紀にかけての礎《そ》石《せき》建物群や土塁《どるい》状《じょう》遺構、土壙墓《どこうぼ》などがみつかった。山林寺院としての本格的な成立は、この九世紀末ごろと考えられる。このほか、一帯の諸地区で、建物・墓・経塚《きょうづか》・修行窟などの遺構や、土器類・金銅製仏像・古銭・石造物などが出土している。これらのことから、医王山には、平安前期から南北朝期にかけて、かなり大規模な山林寺院が存続し、あるいは白山末の天台宗系の寺院であったと推測される。

この医王山が十五世紀の段階で衰退したのに対し、近世に至っていっそう発展をとげたのが立山である。「山の信仰」といっても、比較的人里に近く高度も数百メートル級の山は、はやい段階から人びとの生活になじみ、水利の関係などから在地の神の降臨する神聖なる場として意識された。仏教伝来後も、まずこのような低山が僧尼の修行場として設定されたと考えられるが、これに対して、数千メートルもの高さを有する高山は、これをあおぎみる地域に住する人びとにとって畏怖の対象となり、季節や天候によって移りかわるその容姿は、まさに神そのものとうけとられた。地形や天候の関係から、低山と異なり容易に足をふみいれることができない高山は、本来近づいてはならない地とされたが、仏教の修行僧は、やがてこのような禁足の地にも立ちいり、進んで苦行を修するようになったと考えられる。白山を開いたとされる越前の泰澄が、当初越知《おち》山で修行をしていたが、のちに白山にふみいってあらたに修行場を開拓したと伝えられるのは、このような低山から高山へという修行場の新たな展開の過程を示すものと考えられるのである。

立山は、古代では「タチヤマ」とよばれ、大伴家持の万葉歌にも「すめ神の領《うしは》き坐す」と表現されているように、神の領有する山として信仰の対象となっていた。この立山を修行場として開拓したのは、伝によると越中守に任命された佐伯有若《さえきありわか》の子有頼《ありより》であったとされる。佐伯有頼は、鷹狩りのさい逃げた鷹を追って立山に至ったが、熊があらわれたため矢を射たところ、手傷をおった熊は山中に逃げこんだ。これを追った有頼が岩穴にはいると、そこには胸に矢のささった阿弥陀如来《あみだにょらい》が立っており、有頼にこの地を霊場として開くように告げた。有頼はみずからの所業を悔《く》い、その場で剃髪して僧となり、慈興《じこう》と称して山を開くことに余生をささげたという。越中守佐伯有若は延喜五（九〇五）年の佐伯院付属状（「随心院文書」）に「越中守従五位下」とみえており、その実在が認められるが、伝では立山の開山は八世紀初頭のことと
される。

立山山麓には、芦峅寺《あしくらじ》・岩峅寺《いわくらじ》の二つの拠点寺院があり、また雄山神社が所在するという、典型的な山岳信仰の神仏習合の形態を呈した。雄山神社の主神は伊邪那岐命《いざなぎのみこと》、本地仏は阿弥陀如来で、不動明王《ふどうみょうおう》を本地とする手力雄命《たぢからおのみこと》を副神とする。雄山神社は『延喜式』神名帳にもみえ、立山本峰の雄山（三〇〇三メートル）に峰本社があり、山麓芦峅寺の中宮《ちゅうぐう》（祈願殿）、岩峅寺の麓大宮《ふもとのおおみや》（前立社壇）とともに、三社一体の形を有する。峰本社をみあげる標高二四五〇メートルの室堂平《むろどうだいら》と称されるところに、参籠《さんろう》の場として建てられた室堂があり、岩峅寺が管理していた。近隣に、虚空蔵窟《こくうぞうくつ》・玉殿窟《たまどの》とよばれる岩窟があり、行場の跡を伝えている。芦峅寺には、媼堂《うばどう》・講堂・権現両宮《ごんげんりょうみや》・閻魔堂《えんまどう》などがあり、大宝元（七〇一）年慈興の建立と伝える。中世以後中宮寺《ちゅうぐうじ》とも称された。一方、岩峅寺は、中世以前は立山寺《たてやまじ》と称され、立

慈興上人坐像(木造，中新川郡立山町芦峅寺雄山神社)

神山立山と大伴家持

奈良に生まれ育った人がはじめて富山を訪れ、ほのかに立山の山頂がみえると地元の人に指摘されても、それとわかるまでに時間を要したという。大和盆地の近辺の山は、せいぜい数百メートルの高さで、日頃それを目にしている人にとって、仰角《ぎょうかく》の異なることに気づかなかったのである。国司としてはじめて越中を訪れた家持も、おそらくそれまで体験のない「新しい」山の姿に、想像を絶するほどの感銘をうけたに相違ない。その破格の高さと、いつまでも雪をいだきつづける姿は、まさに神の山としてうけとめられ、それを題材とする歌をよましめたと推測されよう。

立山に　降り置ける雪を　常夏《とこなつ》に　見れども飽かず　神からならし　（四〇〇一）

これは、本文で紹介した「立山の賦」にそえられた家持の短歌であるが、「神から」とは神体を意味し、大和人《やまとびと》である家持にとって、立山はまさにそれまで目にしたことのない神そのものとうけとられたに相違あるまい。やがて、立山が信仰の対象であるとともに行場として開かれると、このような中央の文化人の影響をうけて、開山の縁起《えんぎ》が語られるようになる。佐伯有頼なる人物が、逃げ去った鷹を追い、立山神の本地である阿弥陀仏と出会うというくだりは、あるいは家持の歌によまれた愛鷹大黒《おおぐろ》の存在にモチーフを得たものであったかも知れない。家持は、越中の風土に導かれて多くの秀歌を残し、その家持の歌に依拠して、立山の開山縁起がうみだされた。いずれが主導的役割を果したというわけでなく、相互に恩恵をこうむる形で、中央と地方との文化的な結合が実現したといえるのではないだろうか。

山の里宮《さとみや》としての性格を有した。

立山が行場として開拓されたのは、おそらく平安前期のころと推測されるが、三〇〇〇メートルにおよぶ山岳に、極楽と地獄を彷彿《ほうふつ》させる変化にとんだ自然環境が存在したことから、平安中期の浄土教の隆盛とともに現世に存在する極楽と地獄の地として信仰され、多くの説話がうみだされた。さきに述べたように、医王山が中世末に衰退したのに対し、庶民の信仰をも集めた立山は、近世に至り行場としてよりいっそうの発展をとげ、全国から多くの参詣者を集めることとなった。

国守大伴家持と『万葉集』●

越中と『万葉集』が切っても切れない関係にあるのは、ひとえに代表的万葉歌人である大伴家持が越中国守としてこの地に赴任し、越中の風土をよみこんだ歌を数多く残したことによる。家持は、天平十八（七四六）年越中国守に補され、天平勝宝三（七五一）年少納言《しょうなごん》に遷任されて帰京するまでの五年間、周囲に集まる人びととともに歌会を開き、これらの人びとの歌もあわせて三二五首もの歌を『万葉集』にとどめた。うち家持自身がよんだ歌は二二三首にもおよぶ。この時期、万葉歌人としての家持はまさに絶頂期にあり、歌の体裁・内容ともに、文学的見地からも高く評価されている。

越中に赴任した家持のもとに集い、ともに歌をよんだ人びととしては、越中介内蔵忌寸縄麻呂《くらのいみきなわまろ》、同掾《じょう》大伴宿禰池主《いけぬし》、その後任の久米朝臣広縄《くめのあそんひろなわ》、同大目秦忌寸八千嶋《はだのいみきやちしま》、同史生土師宿禰道良《ししょうはにしのすくねみちよし》や、橘家の使者として越中を訪れた田辺史福麻呂《たなべのふびとさきまろ》などがいた。しかし、なんといっても、他の詠み手の追随を許さぬすぐれた歌を数多くよみこんだのは家持自身であり、その多くで、都人《みやこびと》たる家持が赴任前にはおそらく想像もつかなかった越中のきびしい気候や、季節により目まぐるしく移りかわる自然の風物が、主たる題材とされたのである。

天平十八年八月七日、赴任後まもない家持の館《やかた》で開かれた宴《うたげ》で、家持はつぎの歌をよんだ。

秋の田の　穂向《むき》見がてり　わが背子が　ふさ手折《たを》りける　女郎花《をみなへし》かも　（三九四三）

やはり越中国司（掾）で家持と同族であった大伴池主は、家持にとって恰好の歌よみの相手であり、同じく女郎花を題材として次の歌をよんでいる。

女郎花　咲きたる野辺を　行きめぐり　君を思い出《で》　たもとほり来《き》ぬ　（三九四四）

一方、国庁の近隣の地名をもりこんだ歌もよまれた。

馬並《な》めて　いざ打《う》ち行かな　渋谿《しぶたに》の　清き磯廻《いそみ》に　寄する波見に　（家持　三九五四）

ぬばたまの　夜は更《ふ》けぬらし　玉匣《たまくしげ》　二上《ふたがみ》山に　月傾《かたぶ》きぬ　（土師道良　三九五五）

渋谿とは、渋谿崎とよばれた、現高岡市の雨晴《あまはらし》海岸付近の磯《いそ》のことである。

同年九月、京にいた家持の弟書持《ふみもち》の訃報《ふほう》がとどいた。

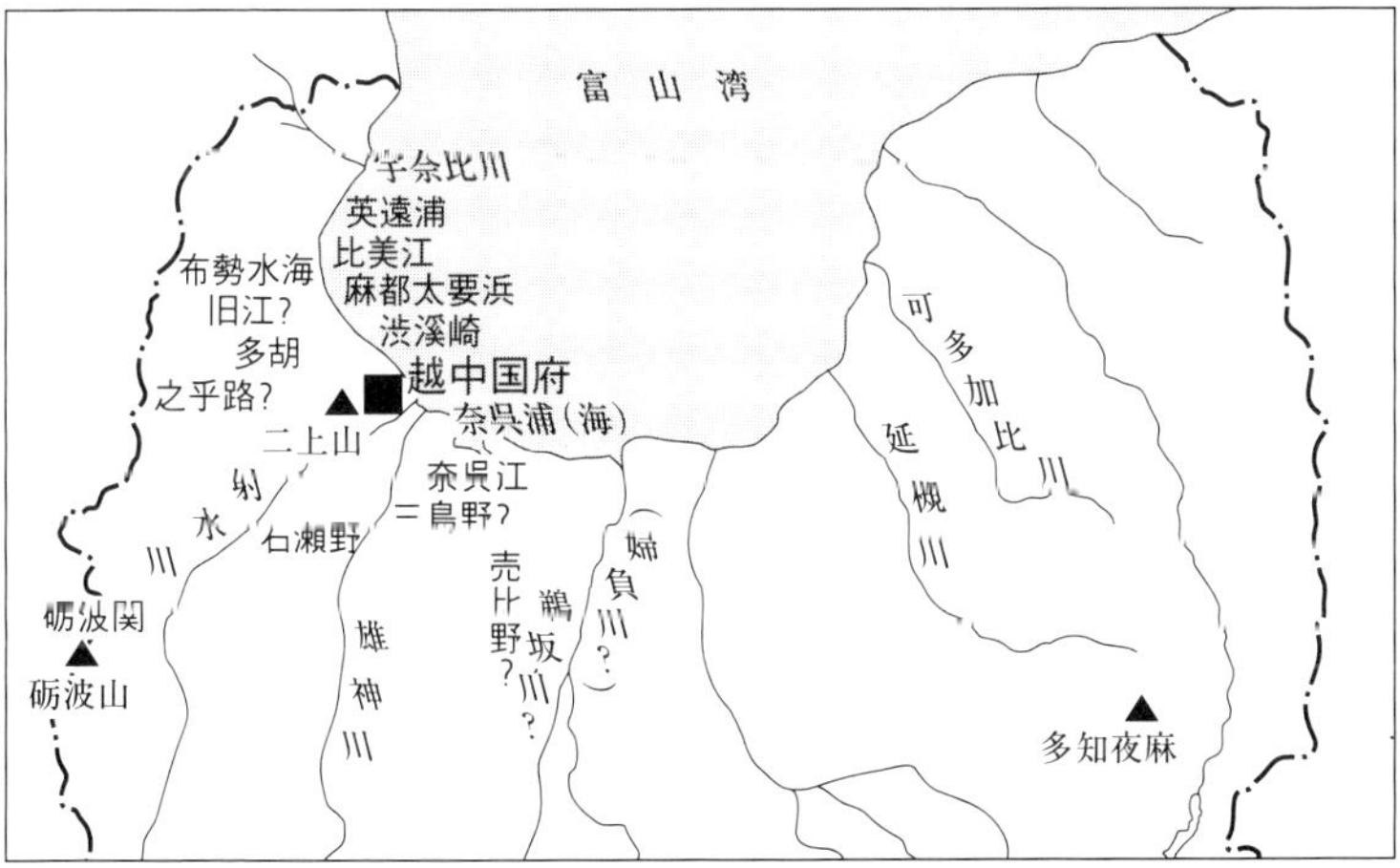

『万葉集』によまれた越中の地名(高瀬保編『図説富山県の歴史』による)

その悲しみのなかで、家持はよむ。

真幸《まさき》くと　言ひてしものを　白雲に　立ち棚引くと　聞けば悲しも　（三九五八）

かからむと　かねて知りせば　越《こし》の海の　荒磯《ありそ》の波も　見せましものを　（三九五九）

荒磯とは、国庁北方の富山湾岸、渋谿崎の辺りの海のことである。

越中の冬といえば、雪を無くして語ることはできないが、赴任後はじめて迎える冬に雪をよんだのが次の歌である。

庭に降る　雪は千重《ちへ》敷く　然《しか》のみに　思ひて君を　吾《あ》が待たなくに　（三九六〇）

家持は、中国文学の長編の韻文《いんぶん》である賦《ふ》にならい、みずから賦と名づけた長歌をよんだ。その一つ、現在氷見市の十二町潟に痕跡をとどめる「布勢の水海」に遊覧したさいの長歌《ちょうか》をつぎにあげよう。近隣の情景が巧みによみこまれた秀歌である。

物部《もののふ》の　八十伴《やそとも》の緒《を》の　思ふどち　心遣《や》らむと　馬並めて　うちくちぶりの　白波の　荒磯に寄する　渋谿の　崎徘徊《たもとほ》り　松田江《まつだえ》の　長浜過ぎて　宇奈比《うなひ》川　清き瀬ごとに　鵜川《うかは》立ち　か行《ゆ》きかく行き　見つれども　そこも飽かにと　布勢《ふせ》の海に　船浮け据ゑて　沖へ漕《こ》ぎ　辺《へ》に漕ぎ見れば　渚《なぎさ》には　あぢ群騒き　島廻《しまみ》には　木末花《こぬれ》咲き　許多《ここばく》も　見の清《さや》けきか　玉匣《たまくしげ》　二上山に　延《は》ふ蔦《つた》の　行きは別れず　あり通《がよ》ひ　いや毎年《としのは》に　思ふどち　かくし遊ばむ　今も見るごと　（三九九一）

雨晴海岸の付近からは、富山湾越しに立山の雄姿を遠望することができる。三〇〇〇メートル級の高山を海越しにあおぎみるのは、世界でもあまり例がなく、越中の代表的な情景として現在なお観光写真によく用いられるが、家持もまたその情景に感動し、立山を題材とした歌を多くよんだ。

天離《あまざか》る　鄙《ひな》に名懸《か》かす　越《こし》の中《なか》　国内《くぬち》ことごと　山はしも　繁《しじ》にあれども　川はしも　多《さは》に行けども
すめ神の　領《うしは》き坐《いま》す　新川《にひかは》の　その立山《たちやま》に　常夏に　雪降り敷きて　帯《お》ばせる　片貝川《かたかひがは》の　清き瀬に
朝夕《よひ》ごとに　立つ霧の　思ひ過ぎめや　あり通ひ　いや毎年に　外《よそ》のみも　振り放《さ》け見つつ　万代《よろづよ》の
語《かた》らひ草《ぐさ》と　いまだ見ぬ　人にも告げむ　音のみも　名のみも聞きて　羨《とも》しぶるがね　（四〇〇〇）

家持は天平二十年、春の出挙に際し、国中を巡行し、九首の歌をよんだ。当時は能登四郡も越中国に属していたため、能登半島にも赴いたが、つぎにあげるのは、新川郡をめぐったときに立山をよんだ歌である。

立山の　雪し消《く》らしも　延槻《はひつき》の　川の渡瀬《わたりぜ》　鐙浸《あぶみつ》かすも　（四〇二四）

ここにいう「延槻川」とは、現在魚津《うおづ》市を流れる早月《はやつき》川のことである。

家持が越中国守として赴任していたころ、中央では聖武《しょうむ》天皇の発願にかかる大仏造立が進められ、東大寺が建立された。天平感宝元（天平勝宝元＝七四九）年には、陸奥国から大仏に塗る金が見つかって献上され、越中の家持もまた、それを言祝《ことほ》ぐ歌をよんでいる。

天皇《すめろき》の　御代栄えむと　東《あづま》なる　陸奥《みちのく》山に　黄金《くがね》花咲く　（四〇九七）

同じ年、諸寺の墾田地の面積が規定され、東大寺には四〇〇〇町という広大な墾田地が保証された。さきに述べたように、同寺の墾田（荘園）は北陸地方に多く設営されたが、その選定には当然国守家持もかかわることとなる。天平勝宝二年二月、墾田地を検察するために礪波郡に赴き、同郡の主帳多治比部北里《たじひべのきたざと》の家に泊った家持は、風雨により国庁に戻ることができなくなり、つぎの歌をよんだ。

荊波《やぶなみ》の　里に宿借《か》り　春雨に　隠《こも》り障《つつ》むと　妹に告げつや　（四一三八）

家持の歌には、山野河海の地形や気候だけでなく、花鳥を題材としたものも多く残されている。そのなかでも、越中の草花を代表する存在としてよく取りあげられるのが、堅香子《かたかご》の花である。

物部の　八十少女《やそおとめ》らが　汲《く》みまがふ　寺井の上《うへ》の　堅香子の花　（四一四三）

天平勝宝三年七月、家持は少納言に遷任された。翌月、越中を去るにさいして、介の内蔵忌寸縄麻呂の館で家持の送別の宴が開かれたが、これは同月四日に家持がよんだ歌である。

しな離る　越に五箇年《いつとせ》　住み住みて　立ち別れまく　惜しき宵《よひ》かも　（四二五〇）

翌日国庁を出立した家持に対し、射水郡大領の安努君広島《あぬのきみひろしま》の門前の林で、やはり送別の宴がもよおされた。家持はつぎの歌を残して越中に別れを告げた。

玉桙《ほこ》の　道に出で立ち　行くわれは　君が事跡《ことと》を　負《お》ひてし行かむ　（四二五一）

2章

中世社会の成立と展開

倶利伽羅合戦(『平家物語絵巻』)

1 王朝社会と越中

越中の国衙と国衙領支配●

十世紀から十一世紀は古代律令《りつりょう》国家から中世国家への過渡期であり、王朝国家時代とも称される。律令制の中央集権支配は大幅に後退し、国内の地方行政をゆだねられた国司《こくし》は、国内の田数に応じた官物を徴収・上納する徴税請負人化していた。国司の遙任化《ようにん》も進み、目代《もくだい》が留守所《るすどころ》あるいは国司の館《たち》で、恣意《しい》的にあるいは国司の家政《かせい》のように政務をとるふうがみられ、国衙《こくが》機能は縮小したが、国司の苛政《かせい》が行われる傾向が強まった。そうした状況下で、射水《いみず》氏らの地方豪族たちが、在庁官人として国衙行政事務を担当した。

越中《えっちゅう》国衙跡は現高岡《たかおか》市伏木《ふしき》の小矢部《おやべ》川河口左岸台地に所在する浄土真宗勝興寺《しょうこうじ》境内にあった。その南の小矢部川左岸入江部はかつての国府津《こくふつ》であった。勝興寺の東には東館《ひがしたち》・串ケ館《くしたち》・岸ケ館《きしたち》の、北には大立《おおたち》・片原立《かたはらたち》・五平立《ごへいたち》の小字名《こあざ》が残っているが、国司や在庁官人らの館跡であったとみられる。片原立には明治年間（一八六八〜一九一二）まで土塁《どるい》が残っており、地籍図《ちせきず》には明確な方形プラン跡をとどめている。

国司制度や国衙支配の変質につれて、十一世紀中ごろ、国衙財政を再建するために課税対象地をふやそうとし、開発領主層の私領形成が推進された。国衙は公領を郷《ごう》・保《ほ》という徴税単位に再編し、開発領主たちを郷司《ごうし》・保司《ほうじ》に任じて経営させていた。公領は国衙領とよばれ、郷司職や保司職は世襲され、開発領主たちは国衙在庁官人でもあったのである。越中国衙領の郷・保司の出自をみると、古代郡司などの系譜を引く国郷司の例に下鴨《しもかも》神社領射水郡倉垣荘《くらがきのしょう》の設立にかかわった寒江《さむえ》郷司射水氏があり、国司とともに京都から下向した下僚《かりょう》家で、そのまま在国するようになった京保司の例として宮道《みやじ》氏系太《おお》田《た》・蜷川《にながわ》一族などがある。

荘園と国衙領の展開●

まず国郷司の例をみる。古代豪族射水国造《こくぞう》を祖とした射水臣氏は射水郡を中心に越中各地に勢力を広げていた。『除目大成抄《じもくたいせいしょう》』の康平二（一〇五九）年に越中大掾《だいじょう》射水宿禰《すくね》好任《よしとう》がみえ、また久安三（一一四七）年の「越中国留守所下文《くだしぶみ》」に射水宿禰の署判があり、在庁官人となっていたことがわかる。また『拾遺往生伝《しゅういおうじょうでん》』などには越中介《すけ》射水親元《ちかもと》が康平年間（一〇五八～六五）に没したときの記事があり、浄土教に深く帰依した人物として知られている。同書を編んだ三善為康《みよしためやす》も寒江郷近辺の射水氏一族の出身だといわれ、治暦三（一〇六七）年に上洛したという。

この寒江郷の別名《べつみょう》として開発され、下鴨

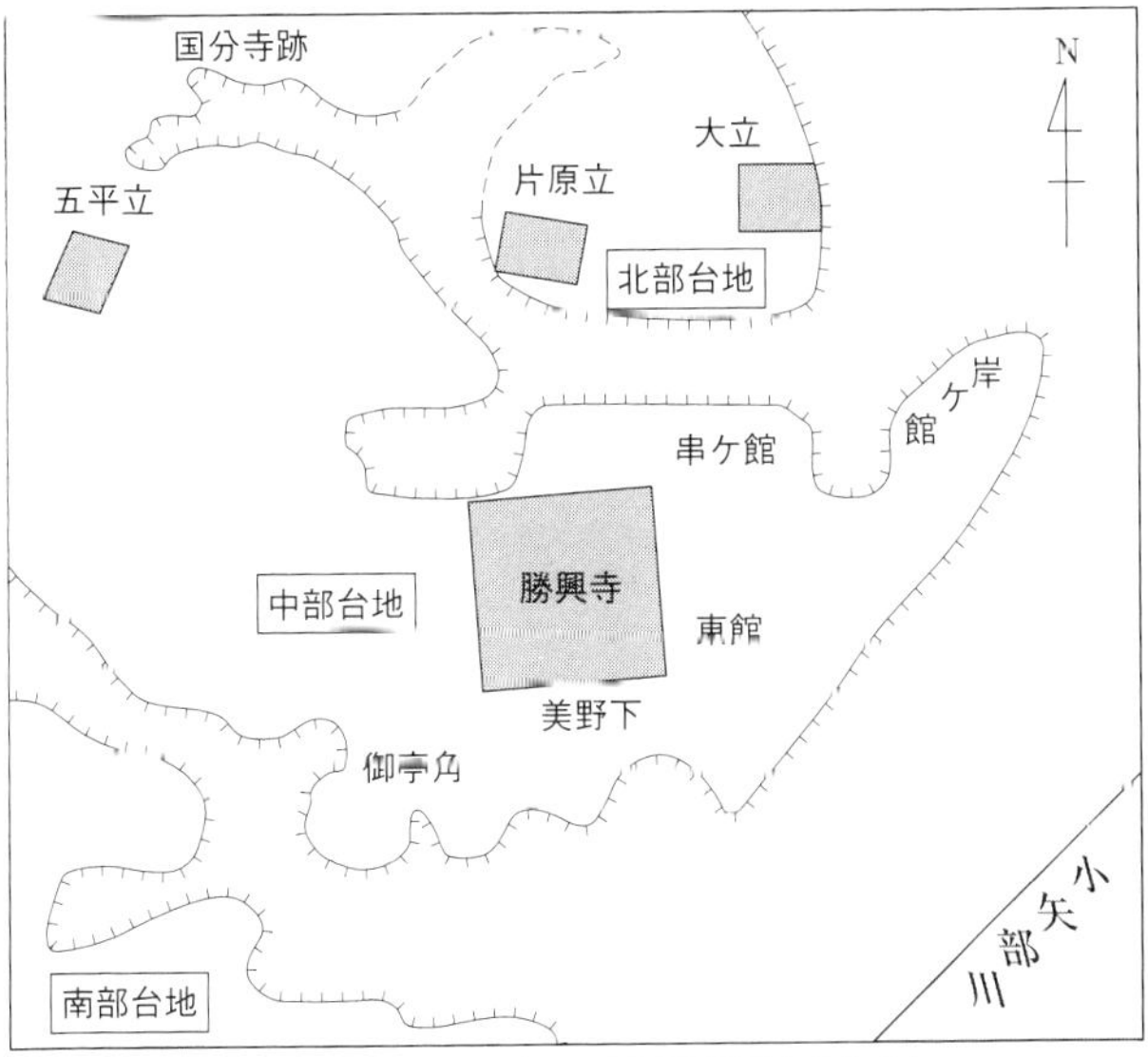

伏木台地上の「館」「立」地名分布図(高岡徹原図より作成)

神社領荘園《しょうえん》として設立されたのが、開田面積三〇町歩の倉垣荘である。上・下賀茂神社は平安京《へいあんきょう》の地主神としてとうとばれてきたが、律令制度の弛緩《しかん》と社会経済体制の変質に伴い、あらたな財源として荘園を給付してほしいと朝廷に要望していた。また供祭人《くさいにん》とよばれた賀茂神人は、漁猟、海上交通上の特権を保障され、日本海などの海上交通において活発に活動していた。倉垣荘の惣社《そうじゃ》とみられる射水郡下村（射水市）加茂神社は、社伝では治暦二年創立といわれているが、そうした活動の結果、下鴨神を勧請《かんじょう》し、創建されたのであろう。

やがて寛治三（一〇八九）年に、上・下賀茂神社が御供料所《ごくうりょうしょ》の寄進を願い、寄進をうけたい所々を申請したとき、倉垣荘もその一所に加えられ、翌年には立券荘号《りっけんしょうごう》の手続きがとられた。この間、越中守として立荘事務を進めたのは、白河院《しらかわいん》院司でもあった清原定俊《きよはらのさだとし》であった。このように荘園設立に際しては、在地の郷司・保司層の開発行為と、本家・領家側の立荘欲求と、それを認可する朝廷・国衙側の理解など、それぞれの考えが一致しなくてはならなかったのである。

つぎに京保司がかかわった例をみてみよう。宮道氏は元来京都山科《やましな》の豪族であった。その祖、弥益《いやます》の娘が藤原北家《ふじわらほっけ》の高藤《たかふじ》と結ばれ、そのあいだにうまれた胤子《たねこ》が宇多《うだ》天皇のもとに入内《じゅだい》し、やがて醍醐《だいご》天皇の母となった。こうして宮道氏は藤原高藤の子孫、すなわち勧修寺《かじゅうじ》流藤原氏の家司《けいし》となった。白河院政期に勧修寺家の為房《ためふさ》・顕隆《あきたか》父子が登用されると、同家の子弟は院分受領《いんぶんずりょう》国越中の国司に任じられ、宮道氏も国衙在庁官人として越中に下向し、やがて一族のうちに土着する人びともあった。

たとえば康治元（一一四二）年に散位《さんみ》宮道季式《すえのり》は、子孫の下司職保有を条件としながらその私領（のちの祇園社《ぎおんしゃ》領堀江《ほりえ》荘）を顕隆の弟である松室法橋《まつむろのほっきょう》に寄進している。ここに領家職・本家職の関係がようかがえる。なお堀江荘は富山市水橋《みずはし》地域から滑川《なめりかわ》市にかけての広域荘園である。同様に宮道氏は常願寺《じょうがんじ》川左岸の広大な扇状地上に広がる国衙領太田保（富山市南部地域・大山《おおやま》町〈現富山市〉）の開発にかかわり、土着して太田・蜷川などの一族を繁茂させた。宮道氏一族は熱心な浄土教信仰者であったらしく、法然《ほうねん》の一周忌に阿弥陀如来立像《あみだにょらいりゅうぞう》（滋賀県玉桂寺《ぎょくけいじ》蔵）を造立したさいの勧進名簿「越中国百万遍勤修《ごんしゅ》人名」に、一六人の宮道氏の名がみられる。

以上のように、国郷司・京保司の例をみると、越中国衙が荘園と国衙領の展開に深くかかわっていたことが知られる。能登国の例では、十三世紀初めまでに開かれた国内の総田地のうちの七〇%強が荘園化していたが、そのうちの四分の三の地域は十二世紀前半の鳥羽《とば》院政期に立荘されている。越中では史料を欠いているが、同様の傾向がみられたと思われる。鎌倉期に所在した荘園として、射水郡の荘園には、倉垣荘のほかに近衛《このえ》家領阿努《あぬ》荘や勧修寺家領の浅井《あさい》・広上《ひろかみ》などがあり、礪波《となみ》郡には白河院の御願寺円宗寺《ごがんじえんしゅうじ》領石黒《いしぐろ》荘、徳大寺《とくだいじ》家領般若野《はんにゃの》荘、妙法院《みょうほういん》領福田《ふくだ》荘、松尾《まつお》神社領松永《まつなが》荘や、皇室領の安楽寿院《あんらくじゅいん》領高瀬《たかせ》荘、室《むろ》町《まち》院領糸岡《いとおか》荘、蓮華王院《れんげおういん》領吉岡《よしおか》荘があった。婦負《ねい》郡には徳大寺家領宮河《みやがわ》荘、伊勢神宮《いせじんぐう》領鵜坂御厨《うさかみくりや》、新川《にいかわ》郡には祇園社領堀江荘、三条家《さんじょうけ》領高野荘、東大寺領入善《にゅうぜん》荘、伊勢神宮領弘田《ひろた》御厨があり、また皇室領として安楽寿院領日置《ひおき》荘、長講堂《ちょうこうどう》領新保《しんぼ》御厨があった。

一方、国衙に近い現高岡市南部の千保《せんぼ》川流域には、その名のとおり国衙領が集中していた。また加賀国境に近い礪波郡西部丘陵地帯にも国衙領が多かった。さらに国衙工房の所在が指摘されている射水郡山麓部、婦負郡の呉羽《くれは》山丘陵以南の山麓部一帯、新川郡では富山市南郊の太田保や北部の米田《よねだ》保のほか、白岩《しらいわ》川・黒《くろ》川（上市《かみいち》川）・角《かど》川・布施《ふせ》川流域など水運が発達していたと思われる河川の結接点周辺に国衙領が

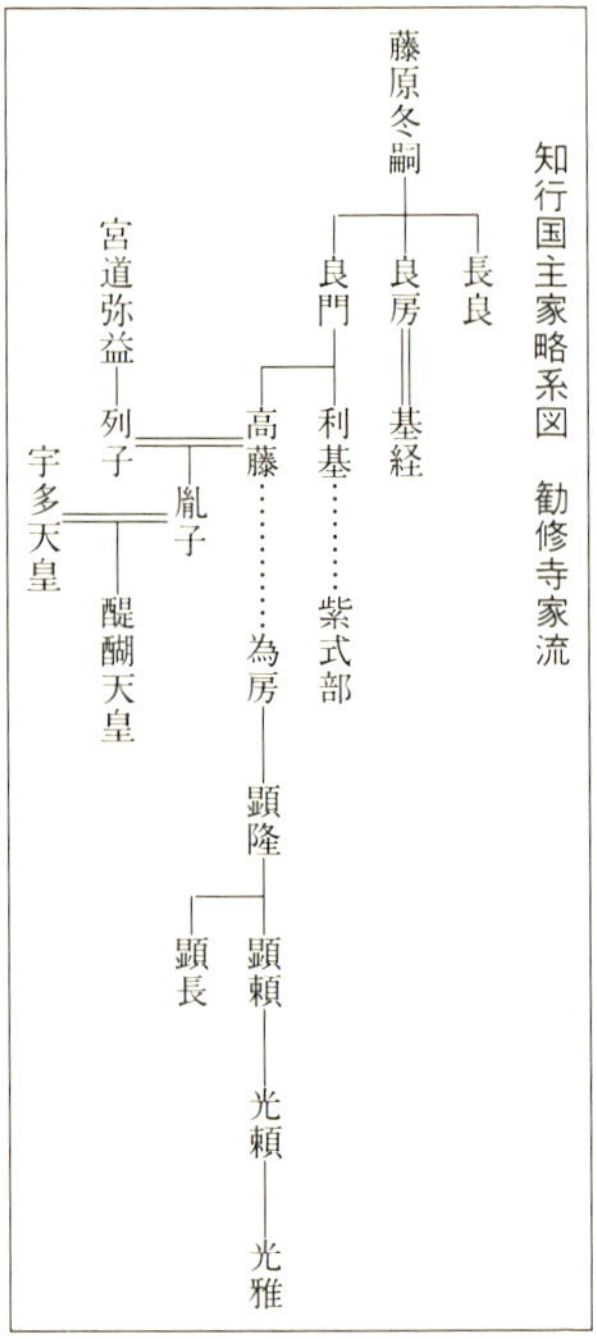

多い。さらに上市町から立山《たてやま》町にかけての山麓部は、越中の信仰の核である立山の参詣路であるため、国衙支配下におかれていた。そのほか内蔵寮《くらりょう》や穀倉院《こくそういん》などの官司領や壬生《みぶ》官務家領も点在していた。

院近臣と女性知行主●

越中における中世荘園のほとんどは、皇室領や御願寺領を始め、摂関家《せっかんけ》領や、院政期にその対抗者として取りたてられた閑院流《かんいんりゅう》藤原氏の三条家・徳大寺家、あるいは勧修寺家などの院近臣家領である。諸荘は十一世紀末からの一世紀間、つまり白河・鳥羽《とば》・後白河《ごしらかわ》の三代の院政下で設立された、中世荘園としての由緒《ゆいしょ》正しさを示す「三代御起請符地」であったとみられる。必ずしも史料にめぐまれていないので、その設立経過はあきらかではないが、いずれも院宮分国《いんぐうぶんこく》制を背景として登場してきた慣例的な知行国《ちぎょうこく》制のもとで、越中国衙支配への関わりを契機として立荘されたのであろう。

知行国主の地位を得た上流貴族は、子弟や近親者を国守としたり、代官として国務を掌握し、定量の公納物を進済すれば、それ以外の国衙領からの収益をみずからの家の得分として恣意的に運用できた。そうした状況下では国衙領を割《さ》いて知行主の家領荘園に組み込まれることも多かった。ことに荘園整理政策を放棄した鳥羽院政下で進展したのである。そうした手法は、承久《じょうきゅう》の乱《らん》後の例だが、後掲する九条《くじょう》家への四カ保寄進問題において具体的にうかがうことができる。

越中国の知行主の実質的初例は白河院政末期の徳大寺家の藤原実能《さねよし》である。実能は妹の待賢門院璋子《たいけんもんいんたまこ》の

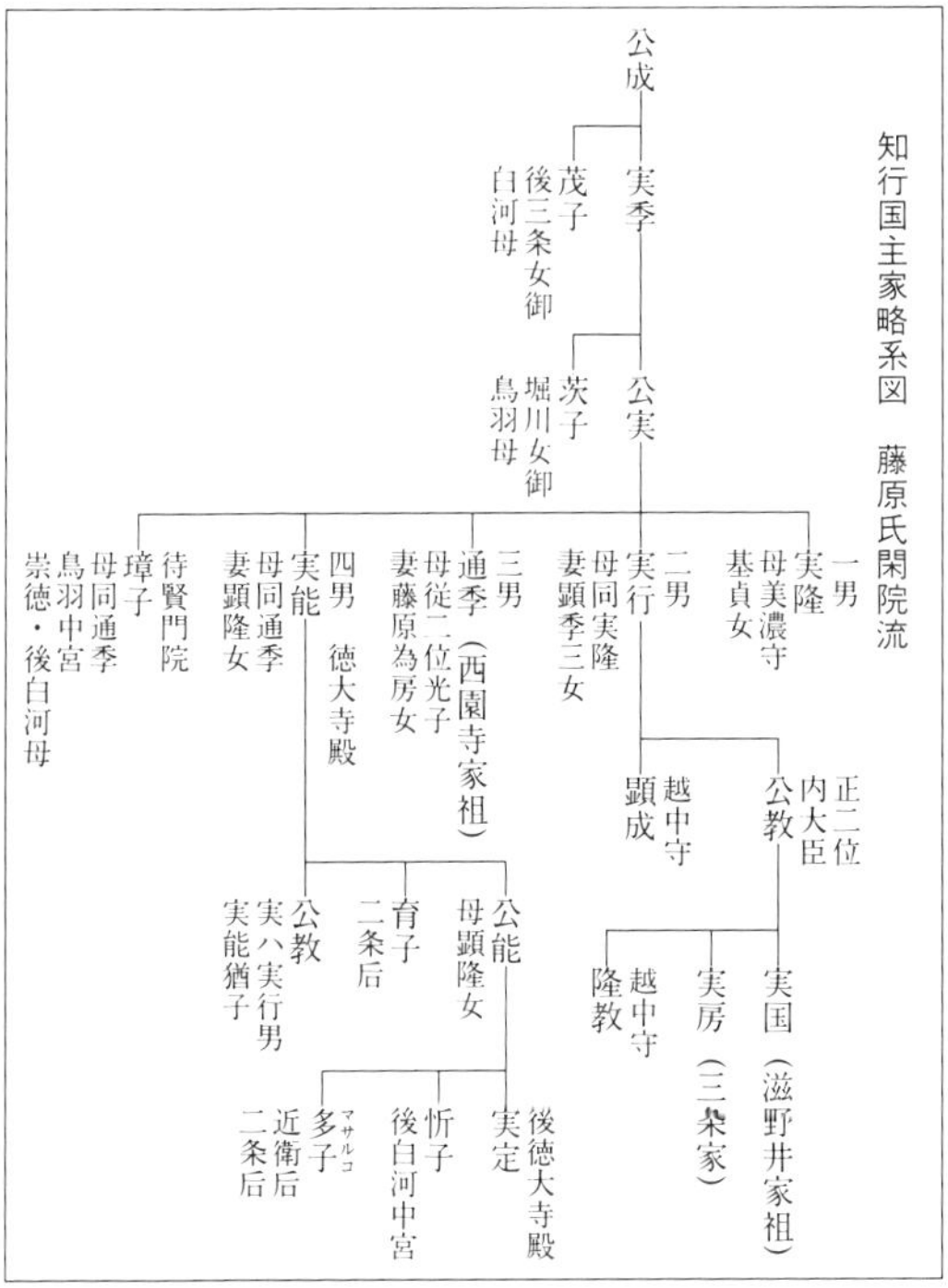

女院別当《にょういんべっとう》であったので、女院分国越中の国務をゆだねられ、大治元（一一二六）年に子息で一二歳の公《きん》能《よし》を越中守《かみ》に任じている。同四年に白河院が崩じたのちは、国守《こくしゅ》はやはり若年の勧修寺家藤原顕長《あきなが》にかわる。女院分か鳥羽院分かは判明しないが、この時期に勧修寺家の越中進出が進んだとみられるので、実質的には勧修寺家の知行国化していたのであろう。さらに源資賢《みなもとのすけかた》を経て、三条家の藤原実行《さねゆき》が知行主となり、その子顕成《あきなり》が守に任じられている。後白河院政期には同院の女御《にょうご》忻子《よしこ》（徳大寺公能の女《むすめ》）の母豪子《かっこ》が知行主とされ、その甥にあたる壬生家の藤原光隆《みつたか》の兄弟らが守に登用され、また文治元（一一八五）年には藤原光隆が源頼朝《よりとも》の推挙をうけて知行主となっている。

このように越中の知行国主にはおおよそ徳大寺家周辺の人びとがついている。したがって同家が国衙支

待賢門院藤原璋子絵像

配を行うために派遣した目代以下の家司《けいし》層も少なくなかったであろうが、勧修寺家の場合の宮道氏のような明確な例は判明していない。しかし徳大寺家はその家領とした般若野荘を根本所領とし、末代まで領有にこだわったのである。四〇〇年を経た天文十四（一五四五）年に徳大寺実通《さねみち》が同荘を直務支配しようとして下向し、現地で殺害されたのは、同家と般若野荘との由緒関係を反映した事件であったといえる。

後白河院政中期の平氏《へいし》政権下では、安元元（一一七五）年ごろから寿永二（一一八三）年までの越中守は平氏家人《けにん》であった。砺波《となみ》山麓を中心に平家伝承も濃厚であるから、越中が平氏知行国であったかのように思われがちであるが、越中に平氏方荘園がみあたらないことからすれば、知行国であったとはいえない。越中国衙の支配体制は徳大寺家など院近臣が知行主であったときとほとんどかわることはなかった。平氏政権の独裁化に対しては院近臣層の反発が強まった。養和元（一一八一）年に平氏知行国能登国《のとのくに》留守所《るすどころ》から目代が放逐《ほうちく》され、配下の郎党が殺害されるという事件がおこった。同時に越中国衙は越中守平業家《たいらのなりいえ》方の支配権を排し、文書発給に平氏政権下の新年号養和《ようわ》を用いず、旧年号の治承《じしょう》五年を使った。

このように鎌倉期初頭まで越中国衙支配には院近臣層が深くかかわり続けていた。そうした国衙支配機構を介した交流により、都《みやこ》の文化や宗教が越中に浸透し、また越中の風土や人びとの習俗が都の人びとに影響をあたえることもあったのである。

浄土信仰と立山●

立山は火山活動の名残をとどめ、硫黄《いおう》の悪臭をただよわせ、轟音《ごうおん》を立てて熱湯・熱泥がふきあげている。平安初期に行われた立山の仏教的開山以来、立山は山中地獄の所在地として知られるようになり、『今昔《こんじゃく》物語集《ものがたりしゅう》』には「日本国ノ人、罪ヲ造テ多ク此ノ立山ノ地獄ニ堕ツ」と記されるようになった。こうした立山山中地獄説話は、すでに長久元（一〇四〇）年にできていた『本朝法華験記《ほんちょうほっけげんき》』以下に収載されている。ことに立山地獄におちた女性亡者の救いを求める声と、地蔵菩薩《じぞうぼさつ》の代受苦《だいじゅく》の霊験を語る説話は、延好《えんきょう》という名の園城寺《おんじょうじ》系の法華経持経《ほけきょうじきょう》の立山修験者を介して都の人びとに伝えられた。ついで京都大原《おおはら》の浄源《じょうげん》らにより浄土教による供養《くよう》の必要性を説く法話として重用され、地獄の所在地は一転して浄土《じょうど》往生《おうじょう》の機縁の場とされた。鎌倉期になると住吉慶恩《すみよしけいおん》作『地蔵菩薩霊験《れいげん》絵巻《えまき》』にも描かれるなど、立山が地獄と浄土兼備の山であるとの主張はいっそう顕著になっている。

『梁塵秘抄《りょうじんひしょう》』の「験仏の尊きは」に観音霊場《かんのんれいじょう》が列挙され、まず立山があげられている。平安期の説話文学に描かれている立山地獄の救済仏は観音菩薩であり、また地蔵菩薩であった。そうした信仰は俗信として長く残り、立山禅定道《ぜんじょうみち》の脇に立つ石仏のほとんどは観音と地蔵の姿である。しかし仏教教団活動の法話の世界では変化し、鎌倉初期の『伊呂波字類抄《いろはじるいしょう》』十巻本

立山地獄(『地蔵菩薩霊験記絵』法然寺旧蔵)

などの立山開山縁起以降には、阿弥陀如来が救済者とされている。

十一世紀後半には、真言宗や法然ともかかわった俊乗房重源《しゅんじょうぼうちょうげん》が立山禅定をし、その修行のようすを「南無阿弥陀仏作善集《さぜんしゅう》」に書き残している。立山には天台宗系のみならず真言宗系や浄土宗系がかかわり、また曹洞宗関係では眼目山立川寺《さっかさんりゅうせんじ》（立山寺）の龍灯鬼《りゅうとうき》伝承や道元禅師《どうげんぜんじ》の藤橋伝説などがあり、さらに持光寺《こうじ》村大徳寺《だいとくじ》（魚津《うおづ》市）が立山との縁をもつなど、浄土真宗寺院も深い関係を示している。このように立山信仰は宗派・教団にとらわれなかったが、中世には時代の流れとして浄土信仰の影響を大きくうけていた。またそれと結びつきながら、熊野信仰・修験《しゅげん》との関わりも強かった。後白河院政期には立山外宮《げぐう》が新《いま》熊野《くまの》神社領とされており、立山開山縁起《えんぎ》の様式や岩峅寺《いわくらじ》・芦峅寺《あしくらじ》を中核とする立山信仰組織のありさまも熊野の影響をうかがわせている。

そうした立山の発展を背景として、南北朝《なんぼくちょう》期には立山権現《ごんげん》が越中一宮《いちのみや》を称するまでになった。古代の国衙神は気多《けた》神社（高岡市伏木）であった。だが鎌倉期にはいって国衙支配権がゆらぎ、ことに当時の海退現象ともかかわって小矢部川河口部の湊《みなと》・津《つ》機能が衰退し、守護所が放生津潟《ほうじょうづがた》辺に移ったので、気多神社の威信は薄らいだ。かわって他地域の有力神が一宮を僣称《せんしょう》する事態も生じた。新川ではなによりも立山権現だったのである。しかもさきにみたように立山信仰は京都の貴顕《きけん》にも浸透しており、国衙も立山信仰の組織的保護・管理にかかわっていた。鎌倉期の守護所に近い東条保などの村々が立山の「鍵取」役をつとめ、立山入山のさいに山銭を免除されたとの伝承が残っているのも、国衙関係者の立山への関わりを示すものであろう。

当時の立山登拝は山麓に沿ってとおっていた修験者の通路を利用したと思われる。たとえば重源が修行しつつ進んだ「善光寺道《ぜんこうじみち》」がそれである。それは室町期以後のように富山を起点としたものではなかった。森尻《もりじり》（上市町）辺りから白岩川・栃津《とちづ》川筋をたどり、あるいは常願寺川右岸の上段《うわだん》段丘上を進んで岩峅寺にはいり、また芦峅寺に至ったのであろう。また熊野《くまの》川筋をたどる方法もあった。いずれも国衙領地帯であり、登拝路はその地の官人層によって維持され、また国衙により統轄されていたと思われる。

『伊呂波字類抄』以下の立山開山縁起類には、慈興上人《じこうしょうにん》が常願寺川の北に麓の大宮岩峅寺（前立社）、芦峅寺（中宮）、その他を建立したと記されている。のちに立山頂上に社殿（峰本社）が建立され、立山は三社を軸とする信仰組織が構成された。また常願寺川の南にも薬勢《やくせい》上人により本宮《ほんぐう》・光明山《こうみょうさん》・報恩寺《ほうおんじ》の三社を建立したとされ、本宮には立蔵《たちくら》神社が鎮座している。なお芦峅寺・岩峅寺と同じ峅字を用いる船峅《ふなくら》（富山市）も立山にゆかりをもつ集落である。また岩峅寺・芦峅寺とともに、森尻（上市町）、日中寺《にっちゅうじ》（立山町日中）・大伝寺《だいでんじ》（立山町米道《よねみち》）・文殊寺《もんじゅじ》（富山市文殊寺）・千坊ヶ原《せんぼうがはら》（富山市原《はら》）が立山七末社の地であった。いずれも国衙領地帯であった。

国指定重要文化財とされている立山神像は寛喜二（一二三〇）年鋳造《ちゅうぞう》の唐衣唐冠の帝釈天《たいしゃくてん》様の立像であり、「立山禅頂」「太田寺奉鋳」などの刻銘がある（口絵参照）。同じく鎌倉初期鋳造とみられる地蔵菩薩立像（小杉《こすぎ》町蓮王寺《れんおうじ》蔵、県指定文化財）もある。また鋳造年代は室町期以降だが、開山伝説に基づき左胸に矢疵《やきず》の穴をうがった阿弥陀如来像も知られる。

2　関東になびく越中武家

木曽義仲と越中武士団●

後白河法皇と平清盛《きよもり》との対立が深まり、清盛が法皇を鳥羽殿に幽閉したのは、治承三（一一七九）年であった。しかしその結果、平氏の独裁に対する反発が強まり、翌年五月、法皇の皇子以仁王《もちひとおう》が諸国の源氏にむけて平氏追討の令旨を発した。以仁王は同月、宇治において敗死したが、八月には伊豆《いず》で源頼朝が挙兵し、翌月には信濃で源義仲《よしなか》が挙兵した。鎌倉にはいった頼朝はひそかに法皇と交渉を重ね、源氏の正嫡としての立場を確認されていた。一方の義仲は、頼朝と不和になった甲斐武田党《かいたけだとう》をかばいつつ、頼朝に対抗するためにいちはやい入洛をめざした。

翌治承五年六月、義仲方が信濃《しなの》の千曲川《ちくま》横田河原《よこたがわら》の戦いで越後《えちご》の城助職《じょうすけもと》を破ると、北陸の国衙在庁層は平氏方排除に動きはじめた。平氏知行国能登の留守所から目代が追放され、越中でも同様に越中守平業家の支配権が排除され、平氏政権の新元号「養和」を用いず、ことさら「治承」元号を使い続けている。

寿永二（一一八三）年四月、平維盛が率いる一〇万の大軍が北陸道に派遣された。加賀《かが》の富樫《とがし》・林《はやし》や越中の石黒ら北陸諸国衆は越前燧城《ひうちじょう》でこれを阻止しようとしたが、やぶれた。ここに至り、越後国府《こくふ》にいた義仲が今井兼平《いまいかねひら》に六〇〇〇騎をあたえて越中にむかわせ、般若野に陣をしいていた越中前司《ぜんじ》平盛俊《もりとし》の五〇〇〇騎を五月九日の戦いでやぶった。般若野は徳大寺家領荘園だったが、当時徳大寺実定《さねさだ》が平清盛への接近をはかっていたから、平氏勢は同所に陣をとったのであろう。一方、諸戦で平氏に勝ったので、義仲の本隊は越中国府に立ちより、着到を報じたうえで般若野に進み、越中衆を含めて軍議を開いた。軍議で越中の石黒・宮崎勢の献策が採用され、その結果同十一日に加越《かえつ》国境砺波山での山岳・夜襲戦、つまり倶《く》利伽羅《りから》合戦（七一頁写真参照）が行われた。

ここでも勝利した義仲方は、平氏を追って加賀にはいり、篠原《しのはら》合戦に勝った。この戦いで平盛俊の子高《たか》橋長綱《はしながつな》を討ちとったのは宮崎党の入善小太郎《にゅうぜんこたろう》・南保家隆《なんぼいえたか》であり、両者がその功名を争ったことが『平家物語』などに伝えられており、恩賞を期待して出陣している武家の姿がうかがえる。般若野での軍議に参加した越中衆の動員兵力は五〇〇余騎にすぎず、義仲の主力であった信濃衆の動員兵力にくらべて、格段の相違があった。この時点で義仲に従った越中衆は石黒・宮崎らの在地土豪《どごう》層だけである。国衙在庁層などのおもだった武家層は、平氏政権に反感をいだきつつ、源氏《げんじ》嫡流と認められていない義仲方にはいまだ与《くみ》していなかったのである。

北陸での勝利を背景に、旭《あさひ》将軍源義仲は平氏に対して軍事的に優勢になった。ただしそれだからすぐに上洛できたのではあるまい。この間に義仲は上洛するための名目として格好の珠《たま》、以仁王の子北陸宮《ほくりくのみや》を掌《て》にしていた。もっともそれが本物の以仁王の子であったかどうかには謎が残るが、義仲方は軍事的優勢だけでなく、後白河院と平氏以後を話しあう政治交渉の場にのぞむための切札が用意されたから上洛したのである。義仲本人は政治性のとぼしい人物であるといわれる。しかし側近には右筆《ゆうひつ》の大夫房覚明《たゆうぼうかくめい》という当代きっての政略家が加わっていた。その働きにより、都落ちした平氏方安徳《あんとく》天皇にかわる新天皇の座に、北陸宮を擁立しようとしたのである。

結果は後鳥羽天皇が即位し、北陸宮の登位はならず、義仲は追いつめられた。そのため寿永二年十一月、

❖コラム

平家・義経伝承の展開

民俗学者柳田國男は『物語と語り物』の自序に、「記録に扶《たす》けられない前代の文化が、まだ一筋は北国に伝わっている」と書いて、同書発刊により出版社を創設した富山出身の角川源義を激励した。同書には能登境に近い宮島に伝わる俊寛伝説を引いて、往時の熊野信仰との関わりを指摘している。角川は晩年に至り『語り物文芸の発生』を上梓してこれにこたえたが、ことに「『義経記』の成立」の稿は愛着の深いテーマだったと思える。

北陸道には点々と義経伝説が残っている。角川があきらかにしたのは、『義経記』における義経北国落ちのコースが、熊野修験者や時衆などがたどった道筋であって、彼らによって語られた北陸路をたどる義経物語が書物の形になるのは、義経らの死後二〇〇年あまりを経た室町期になってからだと、いう点にある。倶利伽羅―如意《にょい》の渡《わたし》―六渡寺《ろくどじ》の渡―岩瀬《いわせ》の渡―宮崎―岩戸崎《いわとさき》（新潟県上越市居田《こた》）という義経がたどる道筋は、北陸の幹線道路であるとともに、室町時代に多かった出羽羽黒山《でわはぐろさん》などに至る天台宗系の熊野修験者の道でもあったのである。

延徳三（一四九一）年三月、室町幕府前管領細川政元《ほそかわまさもと》が北陸路を越後へと旅立った。同行した歌人冷泉為広《れいぜいためひろ》の日記によれば、加賀では謡曲「安宅《あたか》」の場面を思い、越中では源平古戦場や埴生《はにゅう》八幡宮、あるいは義仲にかかわる葵塚《あおいづか》などにふれている。『義経記』では安宅行きの場面はなく、弁慶《べんけい》の義経打擲《ちょうちゃく》の場面は如意の渡で行われているなど、為広の記述との違いがみられる。義経北国落ちのコース一つにしても、当時からさまざまに創作されていたのであろう。

法住寺《ほうじゅうじ》殿に住む後白河院を襲撃するという軍事的事件をおこした。ついには軍事的にも鎌倉方の源義経《よしつね》にやぶれ、近江《おうみ》国粟津《あわず》で落命する。最後まで義仲につきそった巴《ともえ》は、『源平盛衰記《げんぺいせいすいき》』によれば越中石黒に出家して尼となり、九一歳まで生きたという。この後日譚《ごじつたん》をからめて、巴の戦場離脱は以後の義仲伝説の成立に重要な役割を果たしたようである。

「巴」画像（尾竹国観筆）

武家支配の成立●

『平家物語《へいけものがたり》』にも登場する清和《せいわ》源氏土岐《とき》流の検非違使尉《けびいしのじょう》源光長《みつなが》は、以仁王挙兵のさいには微妙な動きをしていた。だが直後には伊豆国に走って源頼朝に与力《よりき》し、養和元（一一八一）年三月に解官されている。その後義仲方に加わり、寿永二（一一八三）年七月に入洛した。しかしまもなく義仲と対立し、同年十一月十九日の義仲の院御所法住寺殿襲撃のさい、子息光経《みつつね》ともども後白河法皇方についたが、やぶれて五《ご》条河原《じょうがわら》に首がかけられた。やがて孫光助《みつすけ》が越中国に下向し、婦負郡長沢《ながさわ》に土着して長沢氏を名乗った。国衙領長沢は婦負郡衙所在地だったとみてよい要地である。同氏の動静は、史料のない鎌倉期については不明だが、『太平記《たいへいき》』には建武《けんむ》政権期に中核的越中武家として活動したことが描かれている。

　鎌倉時代の北陸支配は、まず木曽方《きそがた》滅亡後の戦後処理からはじまった。頼朝方が接収にのりだし、元暦元（一一八四）年四月には比企朝宗《ひきともむね》が頼朝の代官として北陸道勧農使《かんのうし》に任じられ、国衙の協力を取りつけて、源平争乱期に荒廃した農業生産力の再建に取りくんだ。また朝宗は翌文治元（一一八五）年十一月には国地頭《くにじとう》とされた。翌月には頼朝の推挙を得て藤原光隆《みつたか》が越中国知行主に任じられた。

　だが、それで越中の大勢が一気に鎌倉幕府方となったわけではない。先記のように越中国衙は京都の朝廷との結びつきが濃かったし、いちはやく義仲に与した過去をもつ石黒氏のような国人土豪層がすぐに頼朝方に鞍替《くらが》えできるものでもなかった。また頼朝の死後の建仁三（一二〇三）年に比企能員《よしかず》の乱《らん》がおこり、比企氏が排除されるなど、幕府内の混乱も手伝って幕府の北陸支配の確立は遅れた。むしろ徳大寺家が所

土岐流長沢氏略系図

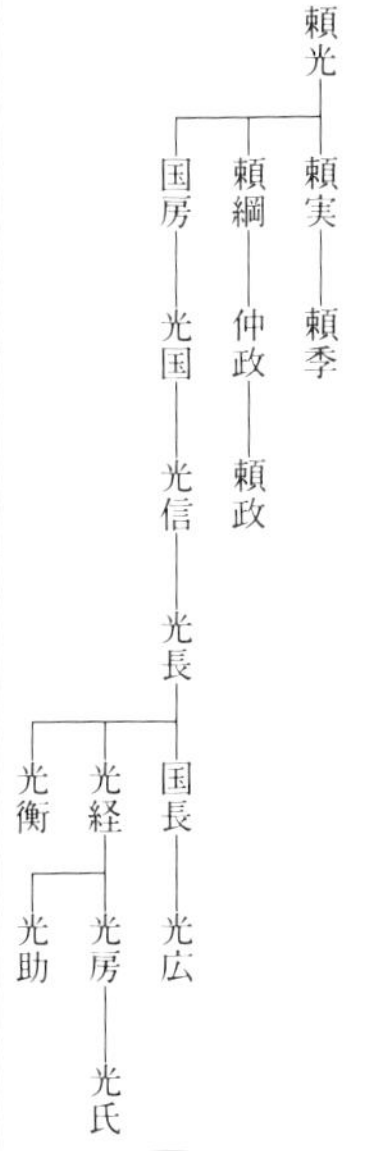

領般若野荘に対する国地頭の行為を荘務違乱として訴えたことを端緒として、文治二年には国地頭制度そのものが停止に追いこまれている。鎌倉方の支配権確立は一朝一夕《いっちょういっせき》にはならなかったのである。

長沢光助の入国もそうした状況下で、国衙在庁官人への任命を機に行われたのであろう。婦負郡山間部の野積《のづみ》保などの国衙領地帯にはいった渡辺氏も同様であろう。越中は東西の両権力のもとで混乱していたけれども、こうした例にみられるように、越中には由緒格式ある在京源氏系の軍事貴族階層が進出し、越中の武家を束ねていくあらたな動きが進んでいた。ただしこうした動きを内包しつつ、結局越中勢が完全に幕府支配下に組み入れられるためには、つぎの承久《じょうきゅう》の乱《らん》の終結を待たなければならなかった。

承久の乱のさいに鎌倉方として北陸道に進軍したのは北条朝時《ほうじょうともとき》であった。このような事情で京方に与していた越中の石黒・宮崎党がやぶれると、越中の在地領主層はあっさりと鎌倉方に転じ、朝時に地頭職を寄進し、みずからは代官職をのぞみ、朝時の被官《ひかん》となろうとした。たとえば京保司系の有力在庁官人であった清原氏の末裔岡成《おかなり》氏らの伝領地射水郡西条《さいじょう》郷岡成名も、北条氏の姻戚足利《あしかが》氏の所領となり、岡成氏らは地頭代となっている。この例のように、越中の守護支配は在庁官人層をも朝時の子孫守護《しゅご》名越《なごえ》氏の地頭代化・家人化することによって進展したのである。宮道氏の末裔太田氏や蜷川氏も同様の例であろう。

越中の在地領主・武家にとって、名越氏の家人化することは、一歩進めて幕府御家人《ごけにん》化の歩みであったと思われる。そうした趨勢をみて、以仁王につながる長沢氏らの諸家も御家人化し、その由緒を背景に越中武家が棟梁化したのであろう。越中における武家社会の構成はこのようにして形成されていったと考えられる。こうした動きの結果として、越中が名越氏の守護国となるとともに、国衙支配機構そのものが名越家に掌握されていった。したがって国衙領のなかには実質的に関東御領化する例もあったと思われる。

越中守護家の立場●

京都の朝廷内の親幕府勢力であった九条道家《みちいえ》は、承久元（一二一九）年に幼少の四男頼経《よりつね》を幕府将軍の後継として鎌倉に送った。承久の乱を経た嘉禄二（一二二六）年、ようやく将軍として就任し、しだいに将軍としての力量をそなえていった。しかし幕府政治は北条泰時《やすとき》らに占められ、不満をつのらせていた。そうした頼経のもとに接近したのは、兄泰時と対立することの多かった名越朝時やその子どもたちであった。

暦仁元（一二三八）年十一月、越中国衙近隣の東条《とうじょう》・河口《かわぐち》・曽禰《そね》・八代《やしろ》の四カ保の地頭らは、九条家の菩提寺である東福寺《とうふくじ》の惣社成就宮《じょうじゅみや》の神用にあてるため、京上《きょうのぼり》年貢一〇〇石を地頭請所《うけしょ》の契約条件をつけて寄進した。翌月には国司庁宣《ちょうぜん》により、国使入部《こくしにゅうぶ》と勅院事《ちょくいんじ》以下国役が停止され、国免荘《こくめんのしょう》の権利をあたえられた。この寄進は頼経の将軍権力を背景として、越中国衙・越中守護名越氏・諸国衙領地頭らの協力関係のうえに行われたのである。

さらに九条家は越中一宮気多神社の別当慶高寺《けいこうじ》を法成寺《ほうじょうじ》末寺とし、越中一宮を管理していた。鎌倉前期にあたる当時、越中守護所はまだ国衙のもとにおかれ、国内の武士は国の鎮守である一宮気多神社の神前で、奉公や忠誠をちかったと思われる。このような結集をみせた諸勢力が反北条執権《しっけん》の傾向をおびていたのだから、泰時の目には容易ならざることとうつったであろう。翌延応元（一二三九）年に国府から近い国吉《くによし》名の地頭五十嵐《いがらし》惟重《これしげ》が名越朝時の家人小見《おみ》親家《ちかいえ》の押領《おうりょう》を訴えたさいに、泰時は小見・朝時方をきびしく処断したが、そうした背景があったからであろう。したがって以後、泰時の子孫である北条嫡流得《とく》宗家《そうけ》は名越家や藤原将軍家に対してきびしい抑圧をもってのぞんだ。やがて建長四（一二五二）年に藤原将軍家が廃されると、九条家・東福寺領としての越中四カ保も廃されたようである。

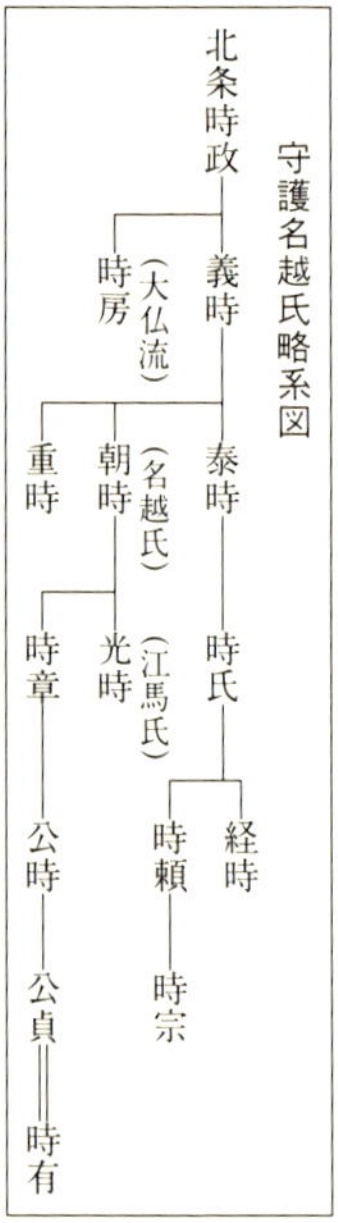

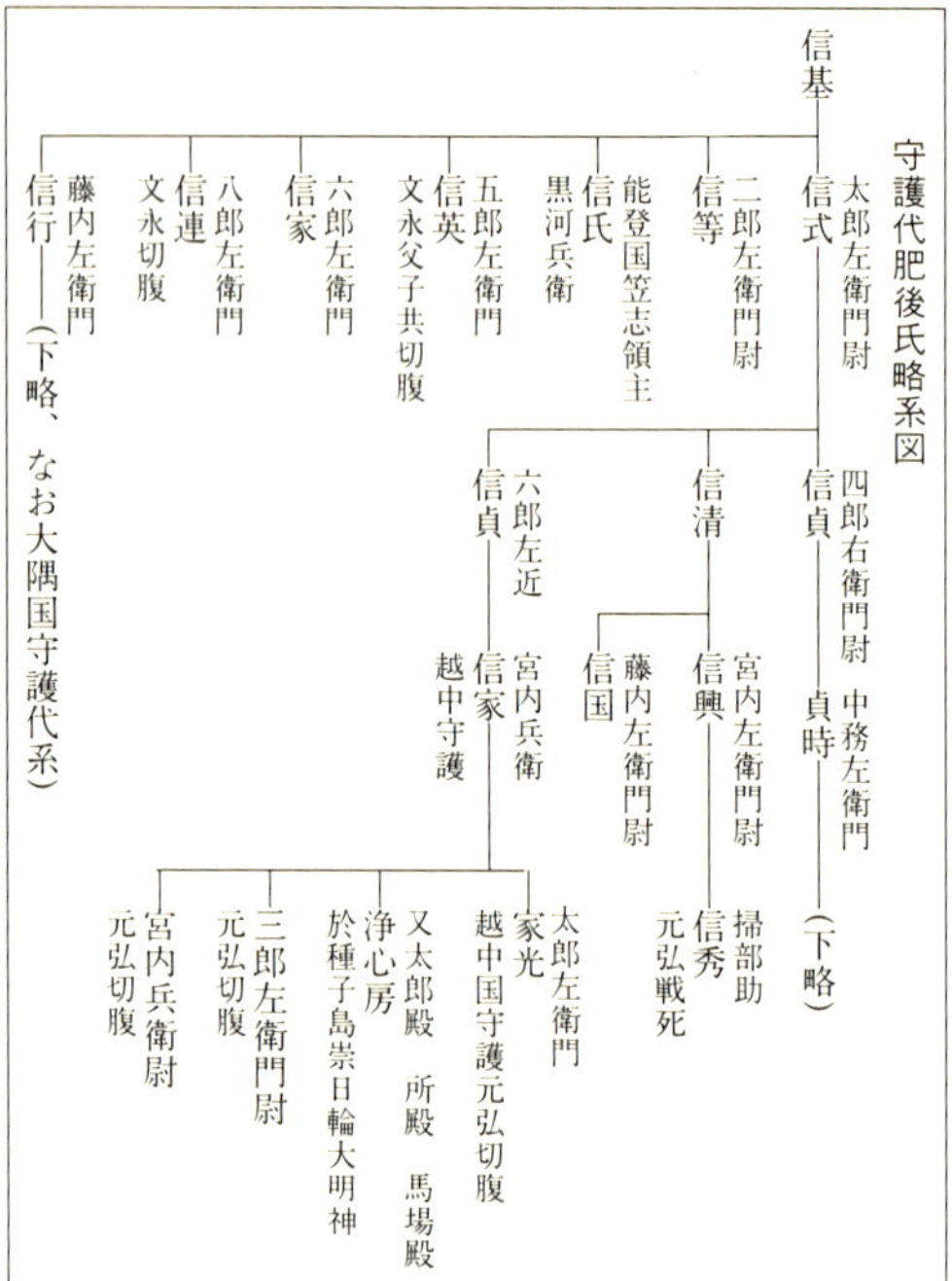

五味克夫「名越氏と肥後氏」『鹿児島中世史研究会会報』30による。

顚末はともかく、九条家の越中支配実現にかかわった四カ保の地頭は、国衙・守護側の中心的な人びとであったとみてよい。名越氏は幕末まで越中・越後など北陸諸国守護職の座にあったが、同時に幕府政務の重職もにない続けた。そのため守護正員および守護代は鎌倉を離れられず、越中現地の国支配は又守護代にゆだねられていた。おそらく右の四カ保の地頭こそ又守護代だったと思われる。それは名越氏滅亡後に建武政権より越中守護に任じられた井上《いのうえ》（普《ふ》門《もん》）氏であろう。

井上氏は越後国大面荘《おおものしょう》にも地頭職をもち、名越氏の北陸支配のもとで広範に活躍していた。一国の武家を統率するには長沢氏のような軍事貴族の由緒などが要求されたろうが、源頼信《よりのぶ》の子孫井上氏は、頼季《よりすえ》以後信濃に住み、木曽義仲に属した光盛は頼朝に討たれたが、承久の乱時に北陸道を進んだ北条(名越)朝時に従い、やがて越中にはいったのであろう。越中又守護代家がそうした信濃系井上氏であった可能性は小さくないと思われる。

守護所放生津●

平安後期以来、北陸道諸国の海辺には海商的性格をもった賀《か》茂《も》・鴨社《かもしゃ》供祭人や日吉社《ひえしゃ》大津神人《おおつじにん》が、諸国国衙在庁官人らと結びつつ活躍していた。それは荘園公領制の展開に対応した動きであり、あらたな湊《みなと》・津《つ》が開発され、従来の国定の物資運送路と異なる経路が開かれた。鎌倉期には北条氏がそうした海上交易の掌握に積極的にのりだした。それは守護支配の強化と、京方の支配権の退潮を示している。同時に、おりからの寒冷化の気候変動によるバリア海退といわれる現象なども加わり、十三世紀には射水川河口部にある越中国府津《こくふつ》の湊津機能が劣化したのに対し、放生津潟と海を結ぶ内川《うちかわ》沿岸の湊津機能は向上した。その結果守護所は放生津に移り、同所

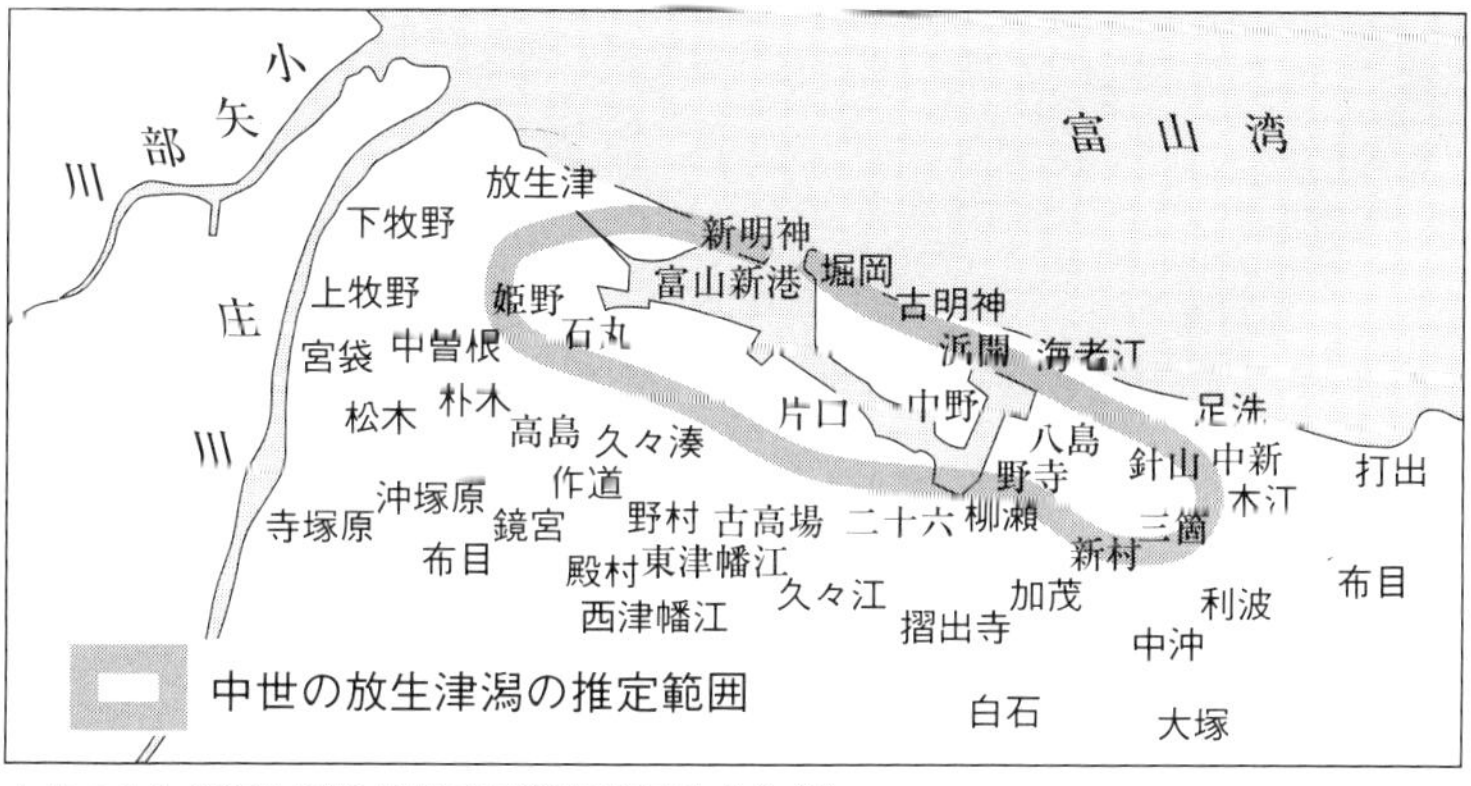

中世の放生津潟と周辺村落図(高瀬保原図より作成)

の八幡宮が武門神として崇敬を集め、また日本海沿岸交易の活動拠点として発展しはじめた。

鎌倉後期になると放生津を含む日本海沿岸部各地の要湊の多くは、北条得宗家によって掌握されていった。正和五（一三一六）年に確認される「関東御免津軽船二十艘」というのがそれであり、諸国の湊津への自由入湊が許されていた。その一艘の大船は越中国大袋荘《おおいのしょう》東放生津住人本阿《ほんあ》の持船であった。そうした大船をもつ廻船人は北陸道から津軽《つがる》にいたる湊・津に散在し、北条得宗家に組織されていたのであろう。

守護名越家はもともと反得宗勢力の中心であり、鎌倉後期に発生した諸政争にかかわることが多かった。蒙古《もうこ》襲来後、得宗家の外戚《がいせき》である有力御家人安達泰盛《あだちやすもり》が中心となり、御家人保護と一定度の商業抑制策を講じる弘安《こうあん》の改革を行った。守護名越公時《きんとき》はそれに協力的な立場であり、弘安八（一二八五）年の霜月《しもつき》騒動により泰盛が滅ぼされると、公時に対する得宗方の圧力もより強まったらしい。得宗方の大仏《おさらぎ》流佐介宣房《さすけのぶふさ》の子時有《ときあり》が越中守護名

他阿の越中国放生津での教化（『遊行上人縁起絵巻』）

越家を継ぐこととなったのである。

　こうした守護家の立場の変化は守護所放生津をより発展させ、その都市景観にも影響をあたえた。富山湾に北面する放生津は、東の潟から西の湊へと内川がつうじ、その北には守護館や放生津八幡宮があった。潟と館とのあいだの東放生津地区には廻船商人が多くなったようであり、遊行二祖《ゆぎょうにそ》他阿真教《たあしんきょう》の賦算《ふさん》以来、そこには時衆《じしゅう》の影響が強くおよんでおり、時宗《じしゅう》道場報土寺《ほうどじ》などが設立されていた。一方、内川の南西部には、得宗方の進出に伴い善興寺などの西大寺流律宗《りっしゅう》寺院が創建され、黒河宝薗寺《ほうおんじ》（射水市）や長沢弘《こう》正院《しょういん》（富山市）・野尻聖林寺《しょうりんじ》（南砺市）などとともに厚く保護を加えられていた。また法燈派《ほっとうは》の臨済宗《りんざいしゅう》寺院興化寺《こうげじ》なども建立されていた。

名越氏の滅亡●

鎌倉末期になると守護名越氏および守護代肥後《ひご》氏は任国越中に下国していた。広範な交易・流通網のうえに成り立った得宗支配体制を維持発展させていくためには、彼らの在国が不可欠となったのであろう。しかし彼らの下向は、鎌倉における得宗被官層と御家人層との対立を地方において再生産する側面をもっていた。実質的に地域支配者化していた又守護代らも歓迎していなかったであろう。

　こうした緊張関係が生じていたころ、京都の後醍醐天皇の周辺で討幕運動がはじまり、正中《しょうちゅう》の変《へん》・元《げん》弘《こう》の変がおきた。その要《かなめ》の位置に文観《もんかん》がいたといわれる。当初西大寺の真言《しんごん》律僧であった文観は、やがて醍醐寺流の真言密教《みっきょう》を受法し、後醍醐天皇の祈禱《きとう》僧となった。後醍醐の討幕計画は、山伏《やまぶし》姿で廻国した日野俊基《ひのとしもと》がかき集めた不満分子を結集して進められたともいわれるが、その背景をなすのはこうした文観にかかわる各地の兵僧勢力であったと思われる。当時石動山《せきどうさん》を始めとして加越能《かえつのう》国境の山麓部に真言宗寺院が多く所在し、また文観に関係の深い真言宗立川流《たちかわりゅう》が越中に濃厚に展開していたことが「宝鏡抄《ほうきょうしょう》」に指摘されている。後醍醐方はそうしたところに影響力をおよぼしていた。ことに建武政権下での越中国司は中院定清《なかのいんさだきよ》だが、その父で護良《もりよし》親王近臣の中院良定《よしさだ》（定平《さだひら》）も能登国司であって、後醍醐天皇方はこの一帯の兵僧勢力を大きなよりどころとしていたようである。加えて、さきにみた源氏の流れを引く長沢氏が、正中の変にあたって後醍醐方に立った美濃《みの》土岐《とき》氏本流至近の一族であったこともみのがせない。彼らは北条氏専制下にあって、めぐまれず鬱屈《うっくつ》した状態にあり、潜在的に反北条の立場に立つ可能性をもっていたのである。

元弘の乱後、幕府は後醍醐天皇を隠岐《おき》に流し、大覚寺門跡恒性法親王《だいかくじもんぜきこうしょうほっしんのう》を射水郡二塚（高岡《たかおか》市）に配した。後醍醐の隠岐脱出・挙兵と足利尊氏《たかうじ》の六波羅《ろくはら》攻撃という状況のもとに、守護名越時有は法親王を殺害し、二塚に越中・能登の幕府御家人を集めた。しかし六波羅陥落や東国勢蜂起の報《しら》せをうけた御家人ら一万余騎は反旗を翻し、名越一族をおそった。名越氏は放生津館に火を放って滅び、のがれた女子供も奈呉《なご》の浦《うら》沖で入水《じゅすい》し、一族七九人は滅びさったのである。反乱をおこした御家人勢の中心人物は、又守護代であったとみられ、足利尊氏により守護に任じられる井上（普門）俊清《としきよ》であったと思われる。

3　国人と足利政権の葛藤

越中武士団と南北朝抗争●

建武政権は成立後まもなく破綻し、反乱がおきはじめた。建武二（一三三五）年、北条政権の再興をはかる北条時行《ときゆき》の中先代《なかせんだい》の乱《らん》に連動して、北陸では名越時兼《ときかね》が蜂起した。さきに越中守護家を滅亡させた御家人らも時兼方に加わり、京都へむけて進軍した。この軍勢は、越前《えちぜん》にかけくだってきた越中国司中院定清率いる大和《やまと》の僧兵高間《たかづま》行秀《ぎょうしゅう》勢に、あっけなくやぶれたけれども、中先代の乱を平定した足利尊氏が鎌倉で反旗を翻し、諸国武家に呼応を求めると、ただちにそれになびいた。ふたたび普門のもとに結集した越中勢は、今度は能登境の石動山に立てこもった中院定清を攻め滅ぼした。ついで足利政権が成立すると普門俊清は守護に任じられたが、越中武家は尊氏と主従関係を結んだわけではなく、天下の情勢変化をながめつつ、それぞれの所《しょ》領《りょう》経営の拡大安定をめざして勤《いそ》しんでいたとみられる。

後醍醐方の軍事力を代表したのは新田義貞《にったよしさだ》であった。義貞は恒良《つねよし》親王・尊良《たかよし》親王を奉じたが、

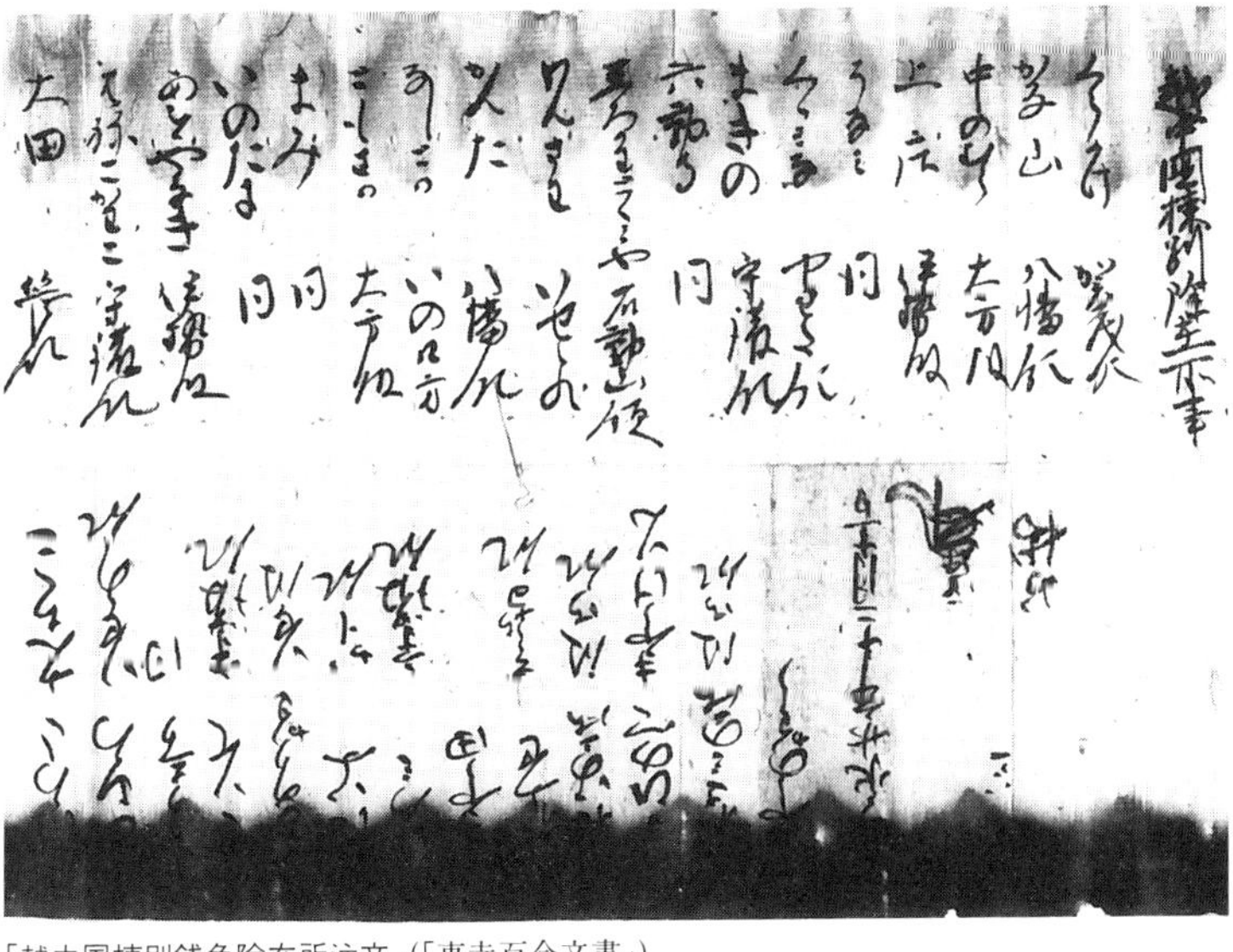

「越中国棟別銭免除在所注文」(「東寺百合文書」)

建武五年に越前藤島《ふじしま》で敗死した。しかし新田勢は越後《えちご》に勢力を維持しており、たえず京都方面への進軍の機をうかがっていた。また渡辺氏の動きとも重なっていたようである。そうした動きを背景に、後醍醐の子で歌人の宗良《むねよし》親王が康永元（興国三＝一三四二）年に越中に入国し、二年あまり滞在して南朝方の強化に挺身した。宗良はおもに射水郡の国衙領給主層へ働きかけたらしく、その一端は歌集『李花集《りかしゅう》』にうかがえる。だが、その一帯は守護所放生津至近の地域である。結果的には成功しなかったにしても、働きかけは群小土豪だけでなく守護井上氏周辺にもおよんでいたのであろう。けれども働きかけをうけた井上氏らは、中央の政争の局外にあって、傍観的だったこともうかがえる。なお宗良ら南朝方の活動は遊行派などの時衆あるいは真言念仏の信徒の活動ともかかわっていたようであり、射水平野部の石黒氏らの土豪らのあいだで支持されていたようである。現在浄土宗寺院となっている極楽寺《ごくらくじ》（高岡市）系統の寺院にそうした伝承が残されている。

この間、足利政権は尊氏の弟直義《ただよし》の執政下にあった。尊氏が将軍として侍所《さむらいどころ》、恩賞方《おんしょうがた》を管轄し、守護の補任《ぶにん》と諸国武士に対する新恩《しんおん》の宛行《あてがい》をおもにつかさどる一方で、直義は引付方《ひきつけがた》を管轄して裁判権を掌握し、大小の政務を親裁した。主従制的分野を担当した尊氏に対し、直義は統治権的支配権を分担し、鎌倉幕府的な秩序を重視した。そうした直義執政下でありながら、守護井上は東大寺領高瀬荘に対する地頭の違乱《いらん》排除を命じた幕府通達を執行しようとせず、地頭層の在地領主権拡大を容認していたようである。そうした結果、康永三年に井上は守護職を罷免され、数年にわたる抵抗戦を経て、直義系武将桃井直常《もものいただつね》にかえられた。こうして越中にようやく足利政権の直接支配がおよびはじめたのである。なお井上はそれ以上追討されることなく、在地にとどまっていたらしく、やがて再度越中守護に登用される機会を得ている。

観応の擾乱と桃井直常●

こうした直義執政は、東国武士や寺社本所《ほんじょ》権力の支持を得たけれども、荘園領主と衝突せざるをえない畿《き》内《ない》近国の急進的な武士層は、その保守路線に失望し、尊氏の執事高師直《こうのもろなお》に望みをつないだ。こうした直義と師直の対立は直義と尊氏の軍事抗争に発展し、観応《かんおう》の擾乱《じょうらん》が勃発した。桃井直常は直義派の重鎮《じゅうちん》として勇戦し、文和元（正平七＝一三五二）年二月に直義が毒殺されて以後も、越中を拠点とする反幕府闘争を続けた。だが越中の諸武家が反幕府の立場に結集したのは、反尊氏・義詮《よしあきら》という桃井の私怨《しえん》的な旗印に共鳴したからではなく、まして南朝支持ということではない。それは鎌倉期以来つちかってきた井上・長沢・波多野《はたの》・野尻・土肥らを中心とする国人武家支配体制の存続をかけた、多少時代錯誤的な地方の反権力的闘争であった。そうした勢力にささえられた桃井の拠点は、太田氏の本拠布市《ぬのいち》（富山市）辺りだったと思われる。

幕府はその中核的軍事力集団である細川《ほそかわ》氏を守護とし、さらに斯波《しば》氏をもってかえ、また能登守護と国《こく》人《じん》も加勢させ、越中勢の討伐にあたらせた。応安四（建徳二＝一三七一）年、桃井・越中国人勢は長沢合戦などで斯波義将《よしまさ》に完膚《かんぷ》なきまで打ち破られ、追討された。その結果、従来郷・保の名をもち、在地領主層に経営されてきた国衙領開発領主職・地頭職の多くは没収され、闕所地《けっしょち》として処分された。あらたに将軍家御料所《ごりょうしょ》、管領《かんれい》細川家領、守護斯波家領、幕府奉公衆《ほうこうしゅう》領、五山《ござん》・禅院領、将軍家菩提寺領、石清水《いわしみず》八幡宮領などとしてうまれかわった。だが桃井方に与した旧主方との争いが再燃する場合もあった。桃井方が細川家領となった太田《おおた》荘（保）を出撃拠点としたため、細川氏排斥をねらう斯波氏は、それを口実として永和三（天授三＝一三七七）年太田荘に派兵した。これは細川頼之《よりゆき》と斯波義将との幕府を二分した抗争になる危険性さえはらんでいた。
　このように政治状況は創設期の不安定な幕府の動静に左右されることが多かった。ことに幕府の「桃井討伐」が以後の越中の歴史におよぼした影響はきわめて大きい。先記のように桃井の与党には越中の伝統的な在庁官人層や国衙領給人層が多かった。だが敗者の歴史は伝えがたい。それは当事者の滅亡によるとともに、国衙の焼亡などにより、彼らの伝来を証明すべき史料群が一挙に失われたからである。富山県内所在の最古の在地文書が立山町芦峅寺の雄山神社に伝えられた正平八年五月二十五日の桃井直常裏花押《うらかおう》の桃井直信《ただのぶ》軍勢催促状であり、それ以前のものが皆無であることは、桃井討伐の歴史的な意味をもっとも雄弁に語っている。

放生津の焼失と復興●

さきにみたように放生津に守護所がおかれた時期はあきらかではない。だが十三世紀前半の九条家の四カ保支配の時期には、国衙支配と守護支配は一体と

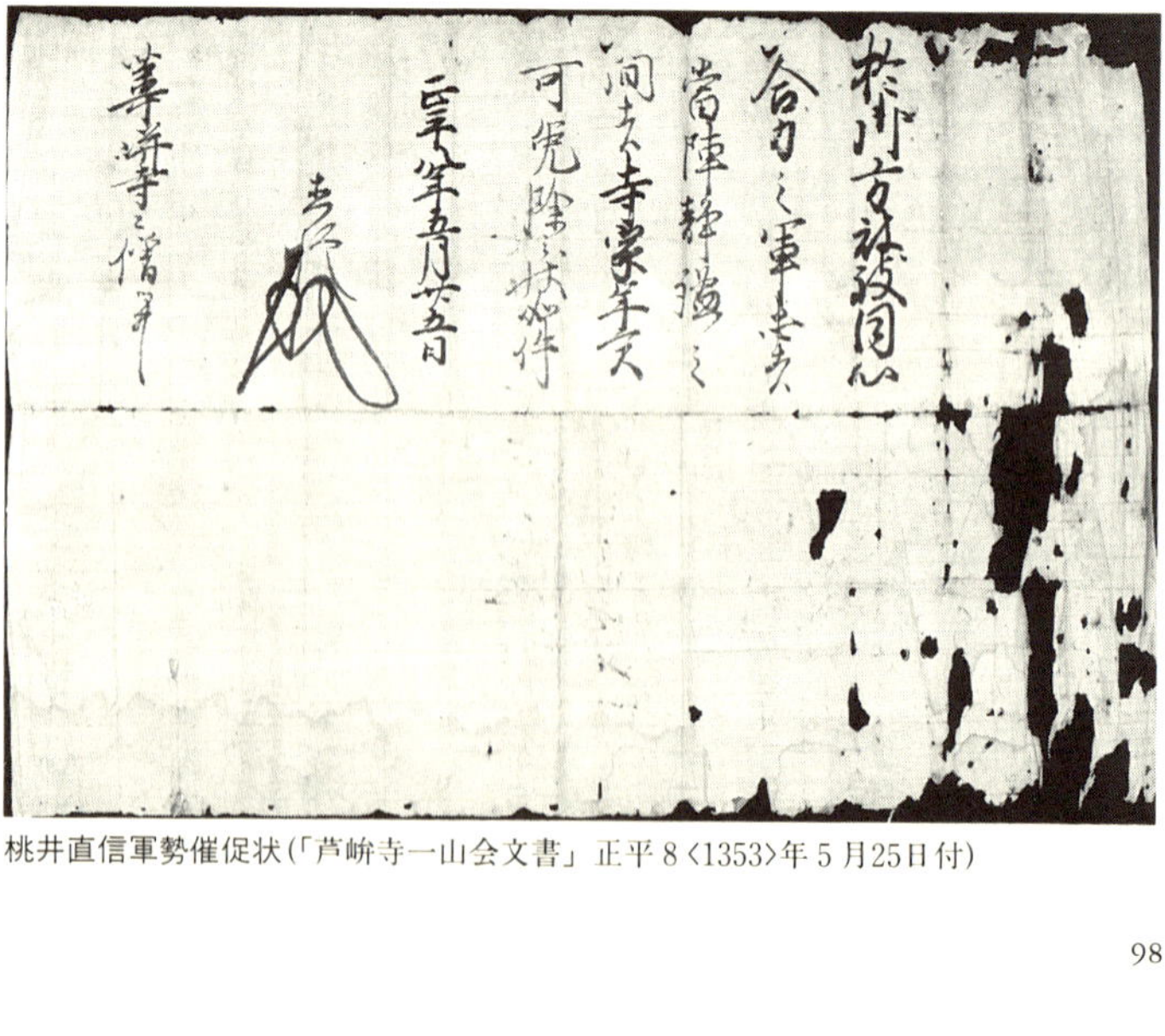

桃井直信軍勢催促状(「芦峅寺一山会文書」正平８〈1353〉年５月25日付)

して国府の地で行われていた可能性が強い。また霜月騒動以後に得宗家の越中支配がおよんできたことを考慮すると、放生津への守護所移転は十三世紀末近くであろう。放生津城址は放生津小学校の地とみられ、寛文十（一六七〇）年「加越能古跡」には本丸・二ノ郭《くるわ》の概況が記されている。発掘調査の結果、現海面下七〇センチ辺りから、南北朝期にさかのぼる陶器類や漆塗り椀などが出土している。以後たびたびの焼失にもかかわらず、戦国期の神保《じんぼ》氏のころまで、館の位置は大きくかわっていないのであろう。

守護名越氏が滅びたさいに放生津館は焼失したが、支配機構は変化しなかったから、守護館もまもなく再建され、井上・桃井の両守護時代が経過したことであろう。しかし観応の擾乱以後の桃井直常の反幕府抗争の段階で、放生津はふたたび焼けおちた。律宗寺院曽禰《そね》善興寺《ぜんこうじ》の存在などを考慮すると、焼失は貞治三（正平十九＝一三六四）年以後である。おそらく足利義詮が貞治五年に斯波高経《たかつね》を追討したさいに、越中守護に直常の弟直信を登用したが、翌年高経が死去すると嗣子《しし》義将を幕閣に復帰させ、直信は罷免され、直常らは再度反旗を翻した。このとき放生津が焼失したのであろう。

つぎの守護斯波義将が小矢部川沿いの守山《もりやま》に守護所をおかざるをえなかったのはそのためであろう。だがつぎの畠山基国《はたけやまもとくに》の支配期となった永徳二（弘和二＝一三八二）年には放生津湊船の課役が石清水八幡宮の進止《しんし》とされ、その港湾機能が再興され、応永九（一四〇二）年以前には興化寺も再建されている。現在の放生津の信仰拠点である放生津八幡宮の成立は、少なくとも石清水との関係が確かめられるこの時期にはさかのぼれる。十月一日の秋季大祭には、境内で築山《つきやま》とよばれる舞台がかざられる。これは曳山《ひきやま》の原形を伝える古い様式を残した民俗行事として貴重である。ともあれ十五世紀において三管領家として台頭著しかった畠山氏の守護支配のもとで再興された放生津は、京都および同氏の管国である河内《かわち》・紀伊《きい》の人びとの往来および物資の流通だけでも少なくなかったと思われる。

守護畠山氏のもとで放生津に居館を定め、守護代として射水・婦負両郡を倒置したのは神保氏である。幕府が分裂した応仁《おうにん》の乱《らん》発生のころには、神保長誠《ながのぶ》がその一方の勢力の旗頭として有力であったから、連《れん》歌《が》の宗祇《そうぎ》ら、文化人で放生津の神保館を訪れるものも多かった。それは放生津にかぎらず、遊佐《ゆさ》氏の蓮沼《はすぬま》、椎名《しいな》氏の魚津らも同様であった。室町期の幕府管領家畠山氏を守護とした状況のもとで、越中の人びとは広域的な経済活動と文化活動にかかわるようになっていった。ただしそうした結果をうみだした南北朝期の抗争により、越中から追われた国人層も少なくなかったことを忘れたくないものである。

なお放生津潟はしだいに干拓され、後背地の中小河川の流域に開けた農村部の集落形成が進んだ。交易活動の活発化に伴い、時衆とその道場が増加した。また従来の加茂社の分布地域の外側に八幡社がふえていった。また射水丘陵部から婦負郡山麓部一帯には地域開発の進展に伴って熊野信仰が浸透していたようである。そうした異なる信仰圏の形成はそこに住む人びとの生業の違いを反映しているとみてよいだろう。放生津が守護所所在地として政治の中核となり、また流通・交易活動の拠点として繁栄をとげるにつれて、後背地では八幡信仰圏が拡大していったのであり、そこに時代の進展を読みとることができる。近年放生津後背地一帯の村落遺跡の発掘例がふえつつある。遺跡からその住民の宗教性を判断する例はまだないようだが、国内産陶器類の出土例が多く、日常生活面での広範な流通・交易活動の波及をうかがうことができる。

3章

戦国乱世の到来

妙勝尼画像

1　畠山氏の領国

三守護代家の成立●

斯波《しば》氏の越中《えっちゅう》支配は桃井《もものい》討伐の進展に伴い東部におよんだ。鎌倉以来の守護所放生津《しゅごしょほうじょうづ》は戦乱により荒廃しており、斯波氏の守護所は庄《しょう》川流域の守山《もりやま》（高岡《たかおか》市）におかれ、義将《よしまさ》の弟義種《よしたね》が守護代として派遣された。幕府有数の軍事力をほこる斯波氏は、そうした軍事力を背景に越中の再編に取りくんだ。その過程では郡界線が移動するなど、支配基準に多少の異動がみられた。ただし京都に近い越前《えちぜん》への復帰を願う斯波氏は、越中支配を途中にして強引に畠山《はたけやま》氏と管国を交換し、康暦元（天授五＝一三七九）年に越前に去った。こうして以後の室町時代の越中は畠山氏の支配下に属することになった。

斯波氏の設けた支配基準を踏襲したとみられる畠山氏は、家宰《かさい》で本拠河内《かわち》守護代でもある遊佐《ゆさ》氏が礪波《となみ》郡を管掌していたが、旧守護所放生津を含む射水《いみず》・婦負《ねい》両郡には神保《じんぼ》氏がはいり、新川《にいかわ》郡では有力国人《こくじん》から登用された椎名《しいな》氏が守護代となった。だが新川郡内でも、熊野《くまの》信仰の影響をうけていた霊山立山《れいざんたてやま》の山麓部は、紀伊《きい》の守護代でもあった神保長誠《ながのぶ》の管掌下におかれるようになっていく。また新川郡内では、畠山家中で雑掌の立場を得た土肥《どひ》氏が広域を領し、御料所《ごりょうしょ》や禅宗《ぜんしゅう》寺院領、管領細川家《かんれいほそかわけ》領が設定され、守護代権のおよぶ範囲は相当限定されていたようである。

以後畠山氏は斯波氏にかわり幕府内で台頭した。だが十五世紀なかば、将軍足利義教《あしかがよしのり》の守護大名家家督権への恣意《しい》的介入を機に、畠山家中も混乱し、やがて畠山持国《もちくに》の後継をめぐって義就《よしなり》派と義富《よしとみ》・政長《まさなが》派に分裂した。越中勢は神保長誠を中心として政長を擁立し、応仁《おうにん》の乱《らん》を引きおこし、細川勝元《かつもと》とくんで東軍を構成した。諸荘園《しょうえん》ではそうした混乱を背景に守護請《うけ》が増加し、また新川郡高野《たかの》荘のように細川方が代官支配した例もみられる。

応仁の乱後の政局は細川勝元の子政元《まさもと》と畠山政長を中心として動いた。両者の協調関係は延徳三（一四九一）年に政元が歌人冷泉為広《れいぜいためひろ》を伴い越中を経て越後《えちご》へ旅したことにもあらわれている。だがその関係は明応二（一四九三）年にくずれた。足利義材《よしき》を新将軍とした政長に対し、不満な政元はひそかに義澄《よしずみ》を招いていたからである。同年三月、政長は対立する畠山基家《もといえ》追討のため、義材を擁して河内正覚寺《しょうがくじ》に出陣すると、京都に残った政元は義澄を擁立し、政長を急襲して自刃《じじん》させ、義材をとらえて幽《ゆう》

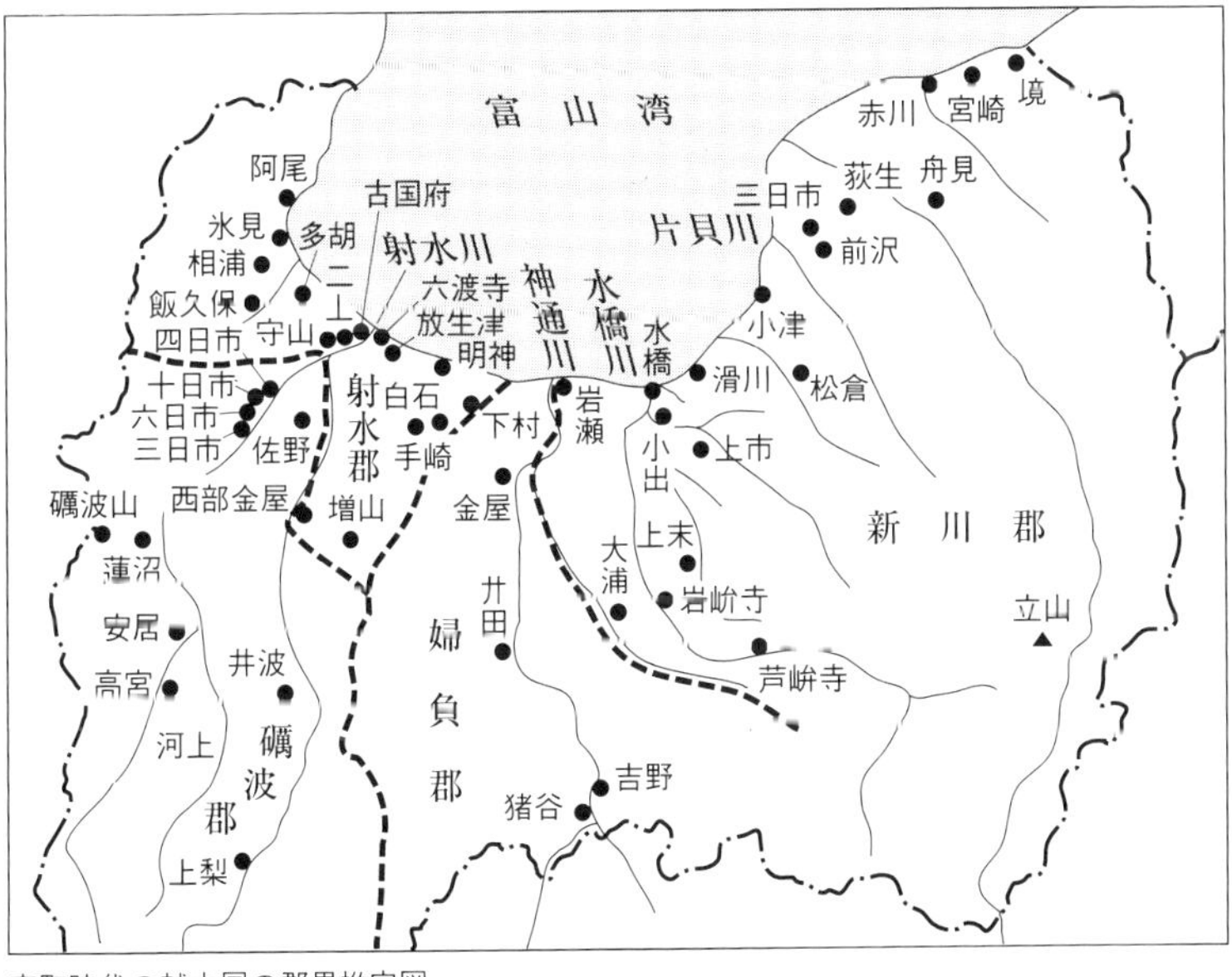

室町時代の越中国の郡界推定図

閉《へい》した。だが義材は越中に残留していた神保長誠の手で救出され、放生津に移された。以後明応七年まで滞在し、越中公方《くぼう》と称されたのである。

都《みやこ》からは義材派の奉公衆《ほうこうしゅう》や奉行人《ぶぎょうにん》、あるいは公家衆《くげしゅう》も下向し、小さいとはいえ幕府の形態もととのえられた。しかし義材は再上洛と将軍職への復帰を強く要求した。そこで紀伊に逃亡して再挙していた越中守護家畠山尚慶《ひさよし》（尚順《ひさのぶ》）と連携しつつ、おりから勘合船《かんごうせん》派遣をめぐって細川氏と対立関係にあった周防《すおう》の大内《おおうち》氏を始めとする全国各地の守護大名を糾合し、細川政元の在京政権に対する包囲網を構築しようとした。京都を舞台とした応仁の乱は、戦国時代の始まりだといわれるが、明応《めいおう》の政変《せいへん》により事態は両管領家細川対畠山の抗争を頂点として、京都対地方という争いの形をとり、まさに全国をまきこんだ戦国時代へと展開することになった。

足利義材は明応七年に越前朝倉《あさくら》氏のもとに移り、翌年には上洛軍を挙兵するに至ったけれども、その結果は敗北におわり、周防の大内氏のもとにのがれることになった。義材の再上洛は一〇年後の永正五（一五〇八）年を待たねばならなかったのである。

永正三年の一向一揆と戦国抗争●

越中では文亀三（一五〇三）年に神保長誠が没し、慶宗《よしむね》が家督をついでいた。また大内氏も代替りしたため、義材方の反攻軍編成は遅れた。しかし大内・畠山方の包囲網が形成されたため、京都諸権門の荘園知《ち》行《ぎょう》は困難になっており、荘園より上納される得分に依拠してきた諸家の不満が増大していた。そこで細川政元は事態の打開をはかるため、永正三（一五〇六）年春になって、本願寺実如《ほんがんじじつにょ》に対して加賀一向一揆衆《かがいっこういっき》に隣国越中を攻めさせるよう要求した。長享二（一四八八）年加賀一向一揆が幕府・守護体制から敵視されたさい、将軍義尚を宥《なだ》めて宗門の危機を救って恩を売ってあったからである。加賀一揆の越中乱入は、畠山尚慶方の拠点を壊滅させようという秘策であった。実如はこれを断われず、宗内の畠山派である大坂《おおさか》坊《ぼう》を討伐し、畠山方を仏敵として、同年三月に出勢した。不意をつかれた越中勢は越後・飛驒《ひだ》境から外に追いだされてしまった。

一向一揆の蜂起は細川方にとって事態打開策として有効だったのだろうか。守護人名にとって一揆は不《ふ》倶戴天《ぐたいてん》の敵だったから、周辺諸国の反発は激しかった。越後守護代長尾能景《ながおよしかげ》はただちに鎮定軍を越中に派遣し、それにささえられて越中勢はあいついで帰国した。一揆勢引込みは戦国抗争の解決策とはならず、より激しくしたようである。だが一揆勢を統率する本願寺方の坊官下間《ぼうかんしもつま》一族のなかには神保氏と姻戚関係を結んだものもあり、守護方軍の反撃も不徹底になった。そのためだろうが、礪波郡堺の芹谷野《せりだんの》において長尾能景は戦死し、越後勢はしりぞけられた。以後の礪波郡は一揆方によってかためられ、たてまえはともかく、実質的には徐々に本願寺・一向一揆の影響下におかれるようになっていった。

永正五年、細川政元が暗殺され、それまで統一されていた細川家中も分裂した。その機に足利義材が上洛し、細川高国《たかくに》・畠山卜山《ぼくざん》（尚慶）・大内義興《よしおき》の三者に擁立されて将軍職に復帰し、逆に足利義澄は追われた。北陸の情勢力は融和し、越中情勢も混沌とした状況を残しながらも神保慶宗を中心にまとまり、諸荘園の知行も原則的には回復された。しかし安定した情勢は長続きしなかった。本願寺・加賀一向一揆内部に主導権争いが発生し、周辺守護方勢力とかかわったからである。

加賀では長享《ちょうきょう》一揆以来、一揆勢の中核を構成する在地の有力者たちが経済力・軍事力をたくわえ、いっそうの勢力拡大の動きをみせていた。しかし安定状況下に門徒《もんと》支配体制を構築し、統制を強化してきた若松本泉寺《わかまつほんせんじ》蓮悟《れんご》など本願寺実如の兄弟たちは、周辺諸大名らとの摩擦を生ずることをきらっていた。それは越中在地情勢の安定を意図する神保氏らと、幕府支配体制の護持を第一とする守護畠山卜山および越後守護代長尾為景《ためかげ》との相違でもあった。永正十二年、為景が一揆平定のために越中に出勢すると、思いがけず細川家領太田《おおた》荘国人らの越中衆は反撃した。そこで為景方は紀伊の卜山や京都の高国との連携を再確認し、さらには本願寺方の不介入の約束を取りつけたうえで、同十六年に大挙して入国し、神保らの越中勢に対して攻撃を加えた。同年末には神保方の二上《ふたがみ》城は落城寸前となっていたが、おそらくは勝興寺《しょうこうじ》とか

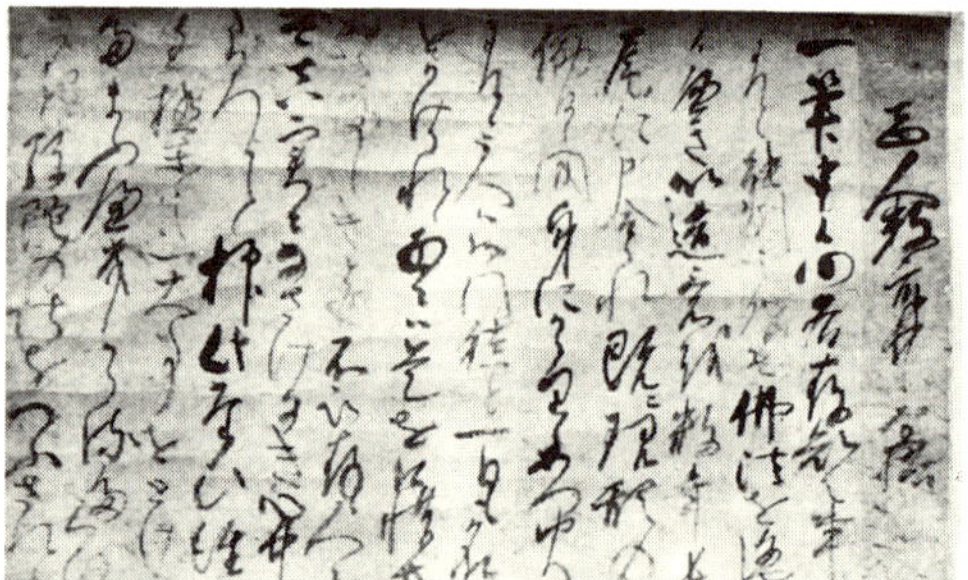

本泉寺蓮悟書状(「乗誓寺文書」横須賀市, 年不詳 3 月23日付)

かわる一揆勢が蜂起し、神保勢を救った。だが為景は翌十七年に再出馬し、十六年出陣のさいの約束に従い、越中守護の卜山から新川郡守護代職を給された為景は、新庄《しんじょう》城の戦いで神保・椎名・土肥らを破り、彼らを滅ぼした。

越中平定後の大永元（一五二一）年二月、為景は越後領内に一向一揆禁止令を布告し、ついに加賀攻撃に出勢したが、翌二年七月に卜山が死去すると一揆方と停戦し、三年春には和睦《わぼく》した。こうして結ばれた守護方と本願寺・一向一揆方との和議《わぎ》は、当然相互に権限を承認しあう内容であったとみられ、越中が畠山氏の分国《ぶんこく》であることが再確認され、以後の基本約定となったのである。

浄土宗と浄土真宗寺院の展開●

立山信仰との関わりにみられたように、十二世紀ごろの越中には浄土《じょうど》信仰が浸透していた。十三世紀初頭の法然《ほうねん》の念仏宗《ねんぶつしゅう》（浄土宗）の普及も同様であったが、信仰は国衙《こくが》支配組織を介して在庁官人層などへ広まったようである。法然晩年の弟子で京都知恩寺《ちおんじ》を創建した勢観房源智《せいかんぼうげんち》が中心になって勧進して造立された阿弥陀如来立像《あみだにょらいりゅうぞう》（滋賀県玉桂寺《ぎょくけいじ》蔵）の胎内《たいない》には、およそ四〇〇〇人もの勧進応募者が署名した「越中国百万遍勤修《ごんしゅ》人名」という名簿がおさめられていたが、勧進活動もそうした階層を対象として行われたのであろう。現在の富山県内の浄土宗寺院の分布をみても、おおよそ二つの都市グループになる。一つは極楽寺《ごくらくじ》を中心にした高岡市・新湊《しんみなと》市（射水市）一帯の群であり、宗良《むねよし》親王伝承などを伝えている。また黒部《くろべ》市西徳寺《さいとくじ》や魚津《うおづ》市西願寺《さいがんじ》には永海《えいかい》（栄海）伝承がみられ、右の「人名」に登場する人物と一致する可能性がある。このように浄土宗は支配者階層の居住する都市部に広まる傾向が強かったようである。

いま一つは富山市の光明山来迎寺《こうみょうさんらいごうじ》の例である。旧房舎は立山の麓の現富山市原《はら》地区にあったといい、やはり立山信仰との関係が知られる寺院である。そして開祖林海《りんかい》は、親鸞《しんらん》編の法然書簡集「西方指南抄《さいほうしなんしょう》」所収「越中の光明房に答ふる書」の光明房、その人といわれている。その書簡で法然は多念義《たねんぎ》念仏の功徳《くどく》をよしとしている。同寺は中世には熊野信仰と習合《しゅうごう》し、立山の称名滝《しょうみょうのたき》が遥望できる富山市婦中《ふちゅう》町 萩《はぎの》島《しま》の地にあったと伝えられている。

こうした浄土宗の展開のうえに、鎌倉中期から時宗《じしゅう》や浄土真宗《じょうどしんしゅう》が広まりはじめた。越中の時宗は正応五（一二九二）年に他阿真教《たあしんきょう》が放生津に賦算《ふさん》したことにはじまり、射水平野部や小矢部《おやべ》川流域に道場が開かれ、水運や流通業者のあいだに広まった。江戸時代以降、その存在感は薄れているが、中世においては社会的に大きな影響力をおよぼしたようである。

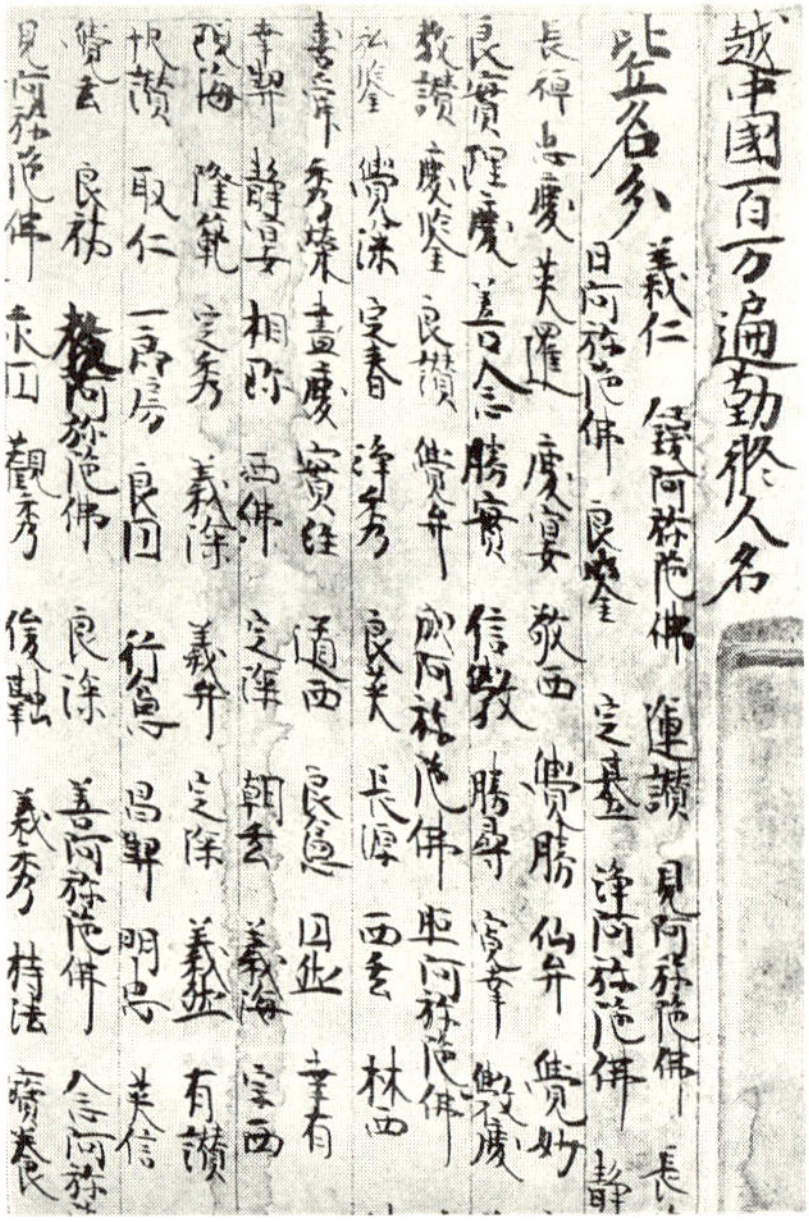
越中国百万遍勤修人名

「越中国百万遍勤修人名」（「阿弥陀如来像胎内文書」滋賀県信楽町玉桂寺蔵）

一向一揆をおこすなど越中において大きな宗教勢力となる浄土真宗は、法然の弟子親鸞を開祖とする。法然が土佐《とさ》に流罪《るざい》にされたさいに親鸞も越後に配されたといわれ、配流の途中の親鸞にであって教化され、浄土真宗寺院を開いたという伝承が富山県内各地で語られている。ことに元禄七（一六九四）年に黒部市願楽寺宗誓《がんらくじそうせい》が書いた『親鸞遺徳法輪集《しんらんいとくほうりんしゅう》』には、親鸞に面会した越中三坊主（教順房《きょうじゅんぼう》・願海房《がんかいぼう》・持専房《じせんぼう》）のことが記されているが、それぞれ極性寺《ごくしょうじ》・願海寺・持専寺の祖である。由緒書《ゆいしょがき》によれば、極性寺は下《げ》条《じょう》館（富山市水橋《みずはし》）の、願海寺は小出《こいで》保曲淵《まがりぶち》（富山市水橋）の出身であり、持専寺は山号《さんごう》からみて加積《かづみ》郷梅沢《うめざわ》（滑川《なめりかわ》市）の出であろう。いずれも中世の水橋川流域である。浄土真宗と越中の関係を示す最古の史料は、延文五（正平十五＝一三六〇）年の越後国柿崎《かきざき》に「越中国水橋門徒」が存在するとした『存覚袖《ぞんかくそで》日記《にっき》』の記事だが、越中三坊主もそれと関係するのであろう。もとは関東系の浄土真宗の法門に属していた水橋門徒だが、本願寺三世覚如《かくにょ》の長子存覚により本願寺系に加えられたのである。なお水橋門徒は親鸞の妻で越後に残った恵信尼《えしんに》の系統に関係するかもしれない。

十六世紀における極性寺門徒の分布は、東は椎名氏支配下の角《かど》川流域（魚津市）、西は神保氏支配下の堀岡《ほりおか》（射水市）、南は友杉《ともすぎ》（富山市）辺りにおよんでいる。新井山《あらいさん》の山号をもつ願海寺は栃津《とちつ》川流域（立山町）などに門徒が多い。持専寺の門末は存覚の子孫である常楽寺に吸収され、太田保内の熊野川流域（富山市）などに末寺《まつじ》群がみられる。

平安時代以来の越中の浄土信仰は鎌倉期には法然の浄土宗の影響下にあったといえる。しかしその受容層は、さきにみたように南北朝期に桃井氏に与《くみ》して足利尊氏《たかうじ》方に対し徹底抗戦したため、その敗北後には衰退していったと思われる。一方、浄土真宗は在地寺院の積極的活動によって発展しはじめていたのである。

本願寺教団の進出●

越中の浄土真宗寺院のうちで、本願寺と直接的な血縁関係をもち、越中真宗教団の中核としての由緒をもっているのは瑞泉寺《ずいせんじ》（南砺市）と勝興寺（高岡市）の両寺である。

瑞泉寺は十四世紀末に本願寺第六世綽如《しゃくにょ》によって創建された。真宗教学がまだ不十分であったから綽如は浄土宗深草《ふかくさ》派檀林《だんりん》で学んだといわれるが、瑞泉寺創建のさいの勧進状を分析すると、その同学者の助力も大きかったようである。

砺波平野に現庄《しょう》川の流路はまだできておらず、扇頂部（南砺市）から西におれ、いくつもの流路となって、小矢部川にそそいでいた。井波への通路は小矢部川水運の要《かなめ》の位置にある野尻《のじり》・川崎《かわさき》（南砺市）への流れにそっており、初期瑞泉寺門徒もその辺りに形成された。本願寺七世巧如《ぎょうにょ》が立ちよることもあったが、瑞泉寺は基本的には綽如三男の越前荒川《あらかわ》の玄真周覚《げんしんしゅうかく》の子孫に継承さ

勝興寺(高岡市)

れた。また留守は在地門徒杉谷慶善《すぎたにけいぜん》の娘の元時衆《じしゅう》があずかっていた。野尻には時衆が多く、瑞泉寺に深く関係していたようである。同寺につどう与力《よりき》の坊主・門徒は河上衆《かわかみしゅう》といわれるが、小矢部川上流部の人びとの結衆《けっしゅう》が同寺をささえていたことを示している。

こうした成立経過はその後の瑞泉寺の経営のありかたにも大きな影響をおよぼした。永享十（一四三八）年に瑞泉寺は玄真の娘勝如《しょうにょ》の婿如乗《にょじょう》（巧如の三男）にゆずられたが、如乗は嘉吉二（一四四二）年に加賀国境の二俣《ふたまた》に本泉寺《ほんせんじ》を創建した。おりから瑞泉寺周辺に一揆蜂起のきざしがあり、それは如乗の門徒教化方針と異なっていたので、如乗は瑞泉寺の経営を同寺の御堂衆《みどうしゅう》の竹部《たけべ》氏らにゆだね、みずからは本泉寺にとどまるようになった。文明年間（一四六八〜八七）になると加賀では守護富樫《とがし》方と一向一揆との争いが顕著になり、騒乱のたびに破れた一揆衆は瑞泉寺に逃げこんだ。そこで文明十三（一四八一）年、富樫方と親しい礪波郡福光《ふくみつ》城の石黒《いしぐろ》氏と天台《てんだい》系の医王山惣海寺《いおうぜんそうかいじ》衆らは瑞泉寺襲撃を企てた。だが田屋河原《たやがわら》合戦などで破れ、逆に壊滅的打撃を受けたのである。こうして礪波郡南部での瑞泉寺の立場は強化され、宗教面にとどまらず、世俗的領主権の面でも大きな権限をふるうことになった。

寛正元（一四六〇）年の如乗死去後、勝如尼は娘如秀《にょしゅう》の婿に蓮乗《れんじょう》（本願寺蓮如の次男）を迎え、さらに瑞泉寺と本泉寺の中間にあたる加越《かえつ》国境に土山坊《どやまぼう》を設置した。子のなかった蓮乗は、土山坊を弟蓮誓《れんせい》に、本泉寺をその弟蓮悟にあたえ、瑞泉寺には荒川興行寺《こうぎょうじ》の蓮欽《れんきん》に妹了如《りょうにょ》を娶《めあ》わせていれた。これにより瑞泉寺が玄真系寺院であることが再確認され、土山坊などとの違いをうむことになった。

土山坊はのちの勝興寺である。文明十一年に入坊した蓮誓は、谷筋をくだった高木場《たかきば》（南砺市高窪《たかくぼ》）に坊舎を移し、同十七年以前に高木場坊を次男の実玄《じつげん》にゆずり、自身は加賀山田光教寺《やまだこうきょうじ》に転じた。ここに高木場坊は瑞泉寺系と異なる寺院として自立をとげた。蓮誓のあと光教寺をついだ長男顕誓《けんせい》が記した「反故裏書《ほごうらがき》」には、土山坊は「越中国坊主衆与力として出入りあるべき」坊舎とされ、与力圏は現在の礪波郡北部と射水・婦負郡に広がり、瑞泉寺と河上衆との関係に対応している。

また「下間家系図」によれば、本願寺の坊官下間家の庶子助縁《じょえん》が土山坊蓮誓に付されたことが知られ、土山坊が本願寺一門寺院として待遇されていたことがうかがえる。「蓮如上人塵拾鈔《れんにょしょうにんじんしゅうしょう》」に「同国（越中）所々有坊、皆近代明応（一四九二～一五〇一）以来事也」と記されるのはこうした事態をさしているといえるだろう。

勝興寺の成長と越中衆●

永正三（一五〇六）年一向一揆の越中席巻《せっけん》過程の十一月十五日、本願寺実如は越中坊主衆の活躍をほめ、一揆衆にはいっそうの奮戦を督励している。その指導者は加賀若松に拠点をすえた本泉寺蓮悟であって、越後長尾氏を主力とする守護方勢と抗争しつつ、越中神保氏とは友好関係を維持していたようである。永正十年ごろには、本願寺に随従するようになっていた興正寺《こうしょうじ》（西本願寺脇門跡《わきもんぜき》）方の端坊《はしのぼう》が放生津・射水平野や小矢部川流域に進出している。布教のさいに光明本尊を配付するとともに、堺《さかい》商人と結託して経済的利潤も求める方法で時衆商人を真宗門徒化していったとみられる。永正十年前後の越中は、そうした時衆道場の真宗寺院化、興正寺末寺化の動きが進んだ時期だったのである。なお江戸時代初期の京都西本願寺が門末寺院に下付した木仏《きぶつ》本尊の記録「木仏之留《きぶつのとめ》」によれば、越中の興正寺末寺院は一九カ寺を数える。

また呉羽《くれは》丘陵部一帯の婦負郡では違った動きがみられた。永正三年一向一揆は、越中のみならず、越前の大名朝倉氏の領内へも進撃していた。そのため越前において勢力を張っていた本願寺系の藤島超勝寺《ふじしまちょうしょうじ》や和田本覚寺《わだほんがくじ》は朝倉方に追われ、越前から退去せざるをえなくなっていた。本覚寺は越中五箇山にあらたな門徒衆をつくりあげていくが、やがて二次的には婦負郡にも進出していく。そうした動きをになったのは友坂金乗坊《ともさかこんじょうぼう》(光明寺、富山市)や中堂寺《ちゅうどうじ》(同市)である。

こうした動きは神保氏の支配領域である射水郡や礪波郡北辺および婦負郡、つまり土山坊(高木場坊、以下勝興寺の寺号で記す)与力の坊主・門徒衆である越中衆の圏内で進んでいた。それにあわせて勝興寺もみずからの末寺形成にのりだし、さきに建立されていた中田坊《なかだぼう》に加え、婦負郡域からさらに新川郡にはいり、打出坊《うちでぼう》、赤田坊《あかだぼう》をおいた。しかしこうした越中における門徒拡大の動きは本願寺にあらたな問題を投げかけることになった。一つは加賀周辺諸国大名方に対し、一向一揆の拡大運動とうけとられ、敵対行動とみなされるからである。本願寺実如およびその兄弟として加賀一揆の上に君臨している若松本泉寺蓮悟らには、彼らの地位を不安定化する要因としてさけたいことであった。いま一つの大きな問題は、本願寺一門の新坊建立が在地寺院勢力と競合することによって、両者のあいだに門徒獲得をめぐる対立抗争が発生し、本願寺領国《りょうごく》が分裂解体する危険が生じてきたからである。この結果、永正十五年ごろには本願寺一家衆寺院による新坊建立は停廃された。

だが、こうした発展を抑制するような措置は勝興寺や超勝寺・本覚寺方に忍耐を強《し》い、不満を募らせた。永正十六年の越後長尾為景勢の神保攻撃のさいに蓮悟らが非介入の立場をとったことも、勝興寺らには納得しかねる方針だったに違いない。同年の神保方滅亡の危機がせまった戦いの最終局面で高木場(南砺市)の勝興寺坊舎は突然焼失する。それは為景と共同出兵していた守護方が暴走したためであり、それが越中一向衆の蜂起を引きおこしたと考えられ、結果的には一年だったが、神保慶宗を延命させることになったのであろう。こうした経過をたどったことで、越中衆と勝興寺との関係はより緊密になり、同寺を中心に結束しつつ、加賀衆からの自立を希望するようになっていったとみられる。

大小一揆と勝興寺●

大永五（一五二五）年二月、本願寺実如が没し、孫の証如《しょうにょ》が住職を継承した。それに伴い、本願寺では世代交替が進み、証如の母方の祖父である顕証寺《けんしょうじ》蓮淳《れんじゅん》（実如弟）一族がにわかに台頭した。勝興寺実玄の妻妙勝（北向《きたむかい》）や超勝寺実顕の妻（杉向《すぎむかい》）は証如の母慶寿院《けいじゅいん》の姉であったから、従来忍耐を強いられてきた実玄らがあらたに主流派となった。一方、従来実如の兄弟として主流派であった若松本泉寺蓮悟らの加賀衆の立場は後退した。ことに越前を追われて以来苦難の道をあゆまされてきた超勝寺実顕が権勢をふるったので、新旧両派は寺内外で対立するようになった。本願寺内で権力をにぎった新派を大一揆、しりぞけられた旧派を小一揆という。

こうした本願寺内の状況は、本願寺領国である加賀の支配をめぐる抗争に結びついた。勢力拡大の道を閉ざされ不満をつのらせていた国人門徒勢を、小一揆方がきびしく抑圧した結果、大一揆方の意向をくんだ本願寺の坊官下間頼秀《よりひで》（実英《じつえい》）兄弟らは、享禄四（一五三一）年に他国衆の軍事力を動員して加賀の小一揆勢を破り、北陸一揆を掌握した。これまで小一揆方と協調関係を維持してきた周辺諸大名方は、こうした大一揆方の動向に危険を感じ、加賀に出勢した。ようやく衰退状況を脱しようとしていた神保氏も加賀堺の太田（石川県津幡町《つばた》）において大一揆方とたたかったが、大一揆の勢いは強く、やぶれた。やぶれてよりどころを失った小一揆方の人びとは、以後各地を流浪するなど末路は哀れをとどめたのである。こうした加賀の本願寺・一揆方抗争を享禄《きょうろく》の錯乱《さくらん》といい、また大小一揆という。

なお大一揆方を軍事的にささえた下間頼秀らについて、小一揆方の中心人物顕誓（勝興寺実玄の兄）は回想記「今古独語《こんこどっこ》」において、「享禄初《はじめ》の比《ころ》より、実英加州の所領の義あつかはれ、剰《あまつさ》へ越中太田保知行あるべき企ていできたる。……すでに越中の諸侍、神保・椎名領中までその望をなす族《やから》出る。これによて隣国の武士いよいよあやぶみをなし、諸州穏《おだやか》ならず」と記している。越中太田保は細川管領家領であったが、内部対立が激しくなっている細川家では、政権の座にあった高国に対し、阿波《あわ》衆や摂津《せっつ》衆を擁

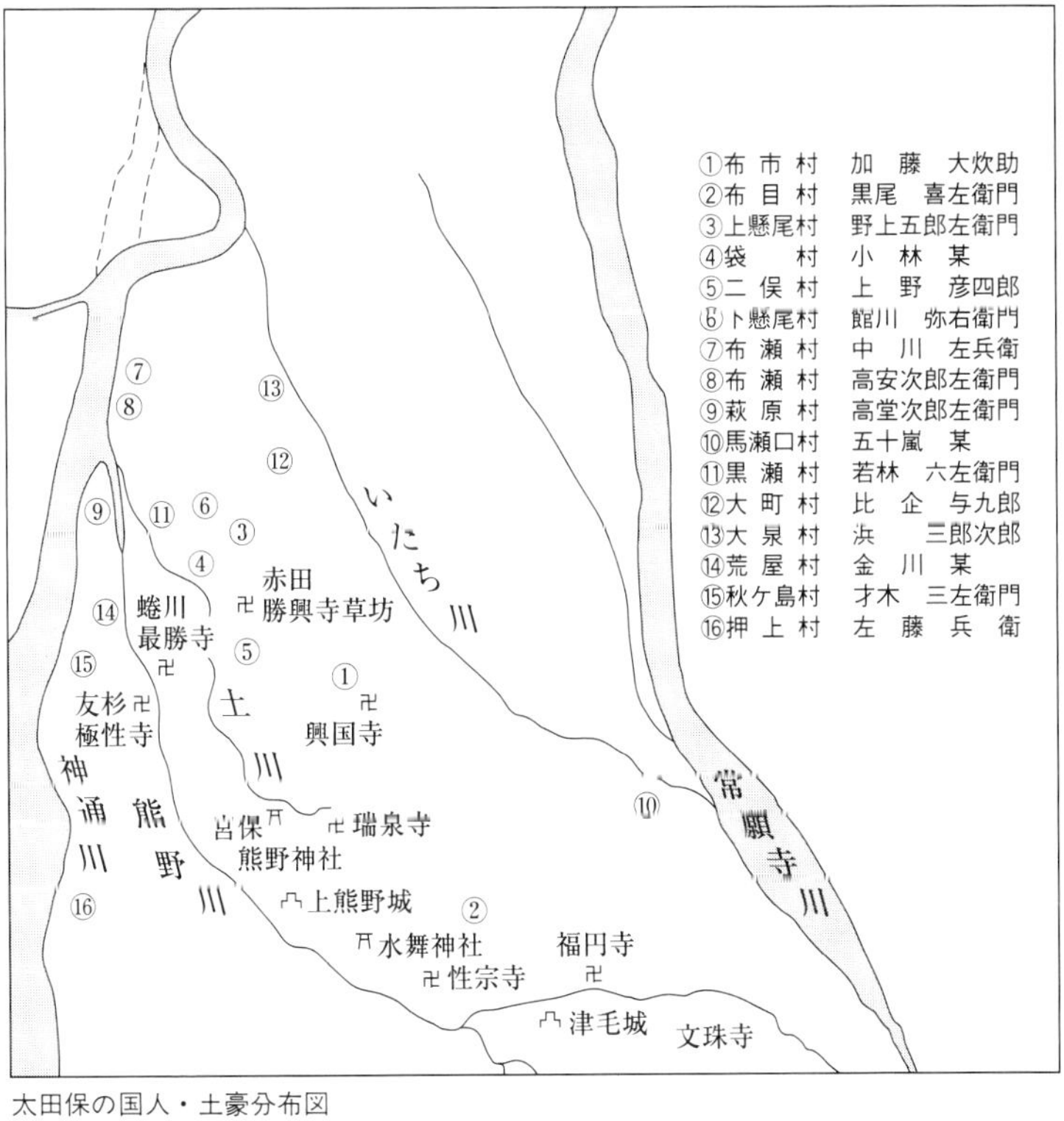

①布市村	加藤	大炊助
②布目村	黒尾	喜左衛門
③上懸尾村	野上	五郎左衛門
④袋村	小林	某
⑤二俣村	上野	彦四郎
⑥卜懸尾村	館川	弥右衛門
⑦布瀬村	中川	左兵衛
⑧布瀬村	高安	次郎左衛門
⑨萩原村	高堂	次郎左衛門
⑩馬瀬口村	五十嵐	某
⑪黒瀬村	若林	六左衛門
⑫大町村	比企	与九郎
⑬大泉村	浜	三郎次郎
⑭荒屋村	金川	某
⑮秋ケ島村	才木	三左衛門
⑯押上村	左藤	兵衛

太田保の国人・土豪分布図

した細川晴元《はるもと》が進出してきていた。下間実英らはこの晴元方と結ぶことによって、高国方の所領の知行権を手にいれようとしていたのである。だが本願寺を戦国抗争と連動させることは本願寺の存亡にもかかわることだったから、結果的に実英らはしりぞけられた。そして本願寺証如は以後、守護畠山領国としての越中の在地紛争・知行問題に対し非介入の立場をとり、門徒への口添え要請を謝絶するようになる。

本願寺の対外方針がほぼこのように定められていった天文七（一五三八）年、加賀一揆の指導者下田長門《しもだながと》が成敗された。それについての通達は勝興寺・瑞泉寺・蟹谷《かんだ》・五箇山《ごかやま》・河上十郷《かわかみじゅうごう》の五カ所に宛てられている。蟹谷は勝興寺与力の越中衆をさし、河上十郷は瑞泉寺与力の河上衆をさす。このことから、越中の本願寺末組織が勝興寺と瑞泉寺を頂点として編成されていたが、五箇山は両寺に属さない特別な地域であったことが知られる。

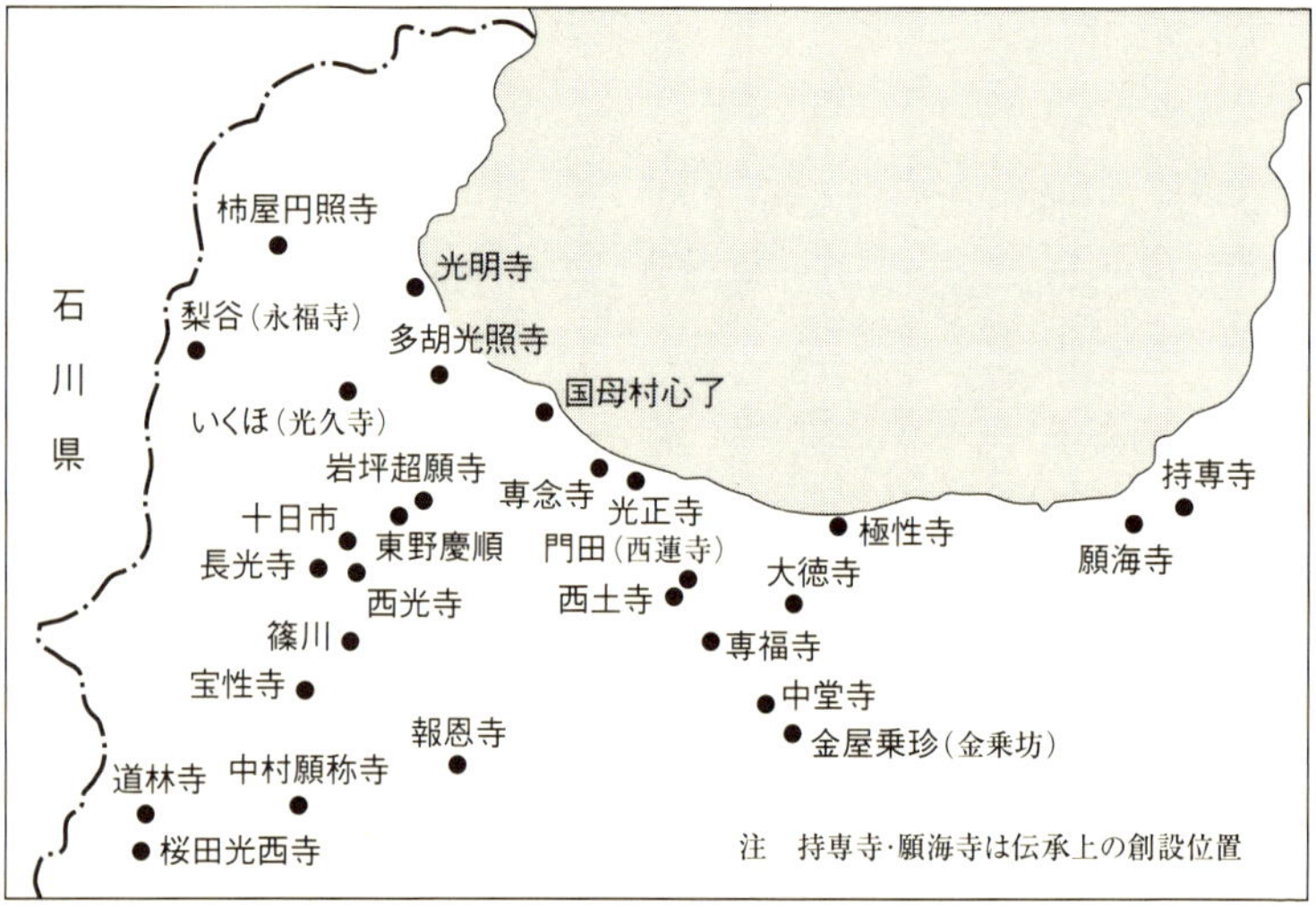

「本願寺番銭帳」掲載の寺院道場（『富山県史』通史編より作成）

天文十一年から越中衆・河上衆・五箇山衆が単位となり、本願寺への番銭《ばんせん》上納と三十日番役《さんじゅうにちばんやく》と称される御堂仏事役を勤仕するようになった。ただし当時番役をつとめた坊主衆のなかには新川・婦負郡のものはみえない。新川郡は椎名氏が実質的に支配しているとはいえ、守護代は一向衆を敵視する長尾為景であったからである。また婦負郡南部地域には飛騨の聞名寺《もんみょうじ》の勢力がはいりこみはじめていたり、その他の諸大寺の草刈場的状況にあるなど、情勢も不安定だったからであろう。なお飛騨衆聞名寺の本願寺上番は天文十年からである。同寺の越中八尾《やつお》定着は永禄六（一五六三）年を待たねばならない。

証如の時代の勝興寺はこうして北陸を代表する有力寺院として安定を加えていった。つぎの顕如の代になると、永禄二年十二月十五日に本願寺は門跡に列せられたが、それに伴って翌三年十二月には勝興寺顕《けん》栄《えい》（実玄の三男）が院家八カ寺の内に数えられるに至った。こうして以後江戸時代において権威を誇示した勝興寺の立場が確立したのである。また勝興寺を奉ずる与力衆組織も確立する。永禄七年の段階ではまだ新川郡の椎名支配下にはおよんでいないが、同年の本願寺三十日番役にあてる費用をわりふった番銭帳（「長光寺《ちょうこうじ》文書」）によれば、射水・婦負両郡の寺院・道場衆は一単位最大五〇〇文を最高として、それぞれの構成員からの拠出でまかなっていることが知られる。またこうして組織されていた郡単位の坊主・門徒衆が、ちょうどそのころから激しくなってくる上杉謙信《うえすぎけんしん》方との抗争に参陣するさいの構成員にもなっていくのである。

2　戦国抗争の展開

天文の越中大乱と法華宗●

天文十一（一五四二）年ごろ、越後在住の新川郡守護代長尾為景が没した。そのため為景の下で越中東部を掌握してきた椎名長常《ながつね》の影響力に陰がさしはじめたのに対し、神保長職《ながもと》がこの機をのがさずに勢力を拡大しようと、翌十二年には積極的な軍事行動に打ってでた。両者の接点である現富山市一帯はにわかに騒然とした状態になってきた。

永正十七（一五二〇）年末、放生津を拠点としてきた神保慶宗が為景に滅ぼされた。以後の神保氏は慶宗の遺児と思われる長職をもりたて、おもに婦負郡富崎《とみさき》（滝山）城（富山市）辺りを拠点として再興につとめていたようである。大小一揆があったとはいえ、それは一向一揆方との親交によって順調に運んだのであろう。だが周辺は反一向衆勢力に取り囲まれていた。なによりも為景の一向宗禁止令の影響は越中にもおよんでいたであろうと思われる。極性寺の門徒形成の様相をみると、浄土真宗系在地寺院の活動はそうした状況下でも続いていたようだが、貞享二（一六八五）年「寺社由緒書上《じしゃゆいしょかきあげ》」によってみてもこの間の創建寺院はなく、少なくとも本願寺系寺院の進出はおさえられていたのである。

しかし長尾為景の死を聞いた神保長職は、ただちに行動を開始したようである。細川家領太田保の国人層に真宗は浸透しており、長職はそうした門徒国人と提携しつつ、婦負・新川両郡の境界域であった熊野川流域を越えて富山郷にはいり、築城したのである。おりから、もとは新川郡井見《いみ》荘辺りに拠点をおいていた土肥氏が、永正十七年の越中勢敗北以降、為景と結ぶ椎名長常により排除され、立山山麓の池田城辺りを確保していた神保氏被官《ひかん》の寺嶋《てらしま》氏のもとで堪忍していた。だが土肥氏は守護畠山氏の雑掌《ざっしょう》であったためか、守護請代官《しゅごうけだいかん》となることも多かったらしく、富山郷に得分権を得ていた。神保氏はそうした土肥氏の存在を利用して富山の地に進出し、さらに築城したのであろう。『越登賀三州志《えっとがさんしゅうし》』は富山築城について、為景没後の天文十四年に水越勝重《みずこしかつしげ》が行ったとしているが、神保被官水越が奉行として推進したと解すれば、年次をのぞいておおむね誤りではなさそうである。

天文十二年、神保方が越境して新川郡域に築城したことに対し、椎名方は当然反撃し、富山城をめぐって抗争が発生した。大永三（一五二三）年和議をくつがえしかねない状況であったので、当時河内に在住していた守護畠山稙長《たねなが》も解決のため能登守護家畠山義続《よしつぐ》に仲介を要請した。義続は十二年十月に家臣と石《せき》動山天平寺《どうさんてんぴょうじ》方《かた》使節を富山に派遣し、両者の調停にあたった。一方、本願寺証如からは門徒非介入の解答を引きだした。その結果、椎名方も神保の富山入城を認めるという内容で和睦したようである。この和議の成功により、褒章として、義続を河内の畠山宗家《そうけ》の家督に迎えるという噂《うわさ》も流れた。けれども神保・椎名の争いはそれだけではすまなかった。周辺国人層をまきこんで拡大し、「越中大乱」と称される状態になっていた。

その一つが楡原《にれはら》保の城尾《じょうのお》城（富山市）による斎藤氏の問題である。この地域には早くから日陣門流の法華宗が進出しており、黒瀬谷《くろせたに》には旧国宝第一回指定をうけた法華経曼荼羅図《ほけきょうまんだらず》を所蔵する本法寺《ほんぽうじ》があったが、斎藤氏はそれを奉じ、さらに陣門流本山越後三条の本成寺《ほんじょうじ》と結びついていた。陣門流は本成寺が為景支配下に属し、また京都に本禅寺《ほんぜんじ》をおいて権門《けんもん》層に近づき、さらに三河《みかわ》方面に展開し、能登畠山城下の七尾にも進出していたから、越中は中継地点として重要であった。この時期の本成寺住職日覚《にちがく》は、天文九年に同寺をしりぞいて斎藤氏の居城城尾城下の井田菩提心院《いだぼだいしんいん》に隠居した。天文五年の天文法華《てんぶんほっけ》の乱《らん》後、法華諸流寺院は洛中から追放されたが、日覚の運動が功を奏し、天文九年に他寺にさきがけて本禅寺の洛中再興が認められたというから、井田はそうした交渉の拠点になったのであろう。なお菩提心院はのちに妙《みょう》法寺《ほうじ》と改まる。

こうした立場にあった斎藤氏は、越中大乱のさいに城尾城において年余にわたる籠城戦を余儀なくされた。「僧正山妙法寺縁起《そうじょうさんみょうほうじえんぎ》」ではそれを天文十四年のこととし、日覚もそれにたえたというが、同縁起の年記はいささか誤りもあるから、天文十二・十三年のこととみられる。このとき城尾城を攻めていたのが

本法寺法華経曼荼羅図

誰かを明記した史料はないが、状況からみて当然神保氏であろう。つまり一向一揆方と結ぶ神保氏と法華宗と結ぶ斎藤氏との宗教戦争の一面をもっていた。そのため籠城戦をたたかいぬいた斎藤氏領内は強固な「堅法華」地帯となった。神通峡谷《じんづうけいこく》の細入村楡原の全戸が陣門流法華宗寺院上行寺《じょうぎょうじ》檀家となったのは、おそらくこの籠城戦を契機としたのであろう。

なお一向一揆一色に塗りつぶされていたかと思われる礪波郡においても、古代豪族礪波臣《となみのおみ》氏の系譜を引く石黒氏の一流が法華信徒であったことが知られる。現在金沢市にある顕本法華宗長遠山《ちょうおんざん》本長寺《ほんちょうじ》は、永正元年に京都頂妙寺《ちょうみょうじ》日祝《にっしゅう》が、礪波郡木船《きふね》（高岡市）に創建した長寿院《ちょうじゅいん》の末寺である。畠山尚慶も日祝の信徒であるが、同様に長寿院は木船（あるいは蓮沼）の石黒又次郎の菩提寺であった。石黒又次郎は一向一揆方にとりつつまれる状況にたえていたようである。本願寺が小一揆方に統制されていたあいだは石黒氏の領主権は保障されていたようである。だが大一揆方支配が確定した天文十年になると、石黒氏は本願寺に対し門徒になりたいと要望し、さらには礪波郡を加賀と同様、本願寺・一向一揆支配下に組み入れてもよいとの書を送っている。結果としては石黒氏が一向一揆方に軍事的に打倒されることはなかったけれども、本願寺に保護を願わなければならないほど、当時の石黒氏はおびえていたのであろう。

曹洞禅の展開●

さきにみたように国衙支配層の影響力の大きかった鎌倉期には、平安期以来の浄土信仰の流布を背景に、浄土宗も浸透しはじめていたものの、立山を始め、医王山や石動山、また二上山《ふたかみさん》などによる天台・真言宗の勢いがまだまだ強く、東部の山麓部にもそうした寺院群が点在していた。だが南北朝期以降の越中の支配階層の宗教はおもに禅宗となった。ただし守護支配層により五山系臨済禅が招来されたのに対し、国人・土豪層のあいだには曹洞禅《そうとうぜん》が浸透していた。

越中の禅宗寺院でもっともはやく成立したのは、鎌倉時代の末に鉄庵道生《てつあんどうしょう》が開いた瑞井山金剛寺《ずいせいざんこんごうじ》(元富山市小出《こいで》、廃寺)であり、国衙官人系に出自する御家人小出氏が鎌倉より招来したのであろう。このように歴史の古い金剛寺は室町期には守護畠山氏の外護《げご》をうけ、京都建仁寺《けんにんじ》系への出世寺として発展し、五山文学《ござんぶんがく》に名を残す僧も少なくなかった。ことに戦国期には細川氏との関係を生じ、荘園支配の上での役割もみすごせないようである。

ついで南北朝期の越中に進出したのは、曹洞禅が加賀・能登に拠点をおいたことも原因となって、両宗を兼修しつつ、しかも真言宗や時宗とかかわる熊野信仰に習合した、紀伊の由良興国寺《ゆらこうこくじ》を拠点とする法燈派であった。恭翁運良《きょうおううんりょう》は放生津に越中の甲刹《かっさつ》となる興化寺《こうげじ》(廃寺)を創建し、一方、慈雲妙意《じうんみょうい》は二上山中に国泰寺《こくたいじ》(高岡市西田《さいだ》)を開いた。慈雲妙意の師孤峰覚明《こほうかくみょう》は南朝方としての

国泰寺景観図

活動が知られるが、慈雲にもそうした傾向があったようである。また一説には越中安国寺《あんこくじ》に指定されたともいわれるが、疑問が残る。戦国期には興化寺と国泰寺とのあいだに住僧の交流もみられたが、守護所近くに立地した興化寺が五山との結びつきが強く、建仁寺などへの出世寺であったのに対し、国泰寺は土豪層との結びつきが多く世にあらわれることの少ない林下《りんか》的傾向をおびていたようである。国泰寺は室町期に神通川《じんづう》上流部の飛驒高原川《たかはら》流域に進出し、末寺を形成していることも知られる。

その他臨済《りんざい》宗系寺院は数多いが、ここではぶく。ただ戦国期以降、こうした寺院は多くが廃絶していった。ただ国泰寺末となって残った例もある。国泰寺は江戸期には妙心寺《みょうしんじ》末になったり、由良興国寺末となって普化宗《ふけしゅう》となったりしている。なお椎名氏が松倉《まつくら》（魚津市）に守護畠山基国《もとくに》の法号にちなむ長禅寺《ちょうぜんじ》（廃寺）をいとなみ、土肥氏が吉祥寺《きっしょうじ》（黒部市、廃寺）に深くかかわるなど、守護代層の外護のようすもうかがえる。禅僧の往来が室町文化にあたえた影響も大きかったと思われる。

越中における最初の曹洞宗寺院は、加賀大乗寺《だいじょうじ》（金沢市）を拠点とした瑩山紹瑾《けいざんじょうきん》の弟子珍山源照《ちんざんげんしょう》が元亨三（一三二三）年に開いた手洗野《たらいの》の国上山信光寺《こくじょうさんしんこうじ》（高岡市）である。同寺は倶利伽羅《くりから》峠を経て加賀へつうずる道筋にあるとともに、氷見《ひみ》の池田紹光寺《いけだしょうこうじ》（瑩山の弟子壺庵至簡《こあんしかん》開創）を経て能登酒井《さかい》の永光寺《ようこうじ》に至る街道沿いに位置している。永光寺は越中と能登国堺にあり、所領は阿努《あぬ》荘（氷見市）にもみられる。瑩山の弟子で峨山韶碩《がさんじょうせき》とともに曹洞禅を二分した明峰素哲《めいほうそてつ》系の中心寺院であり、氷見光禅寺《こうぜんじ》や富山海岸寺がその系列である。海岸寺月庵光瑛《かいがんじげったんこうえい》系には化蟹《ばけがに》退治伝承が伝わり、分布は能登半島から神通川をさかのぼった宮川水系におよんでいる。この伝承のように、曹洞禅は従来真言宗などに属していた土俗的な密教的呪力を吸収しつつ、発展していったようである。

古代の官道は直線的につくられていたという。また近年の「歴史の道」調査により紙上に復元された近世の主要道も、公権により整備され、集権国家体制をささえていた。だが五〇〇年間の中世には、越中を東西に抜ける要道でも古代とも近世とも異なることが多く、今はすでに復元しがたい部分も多い。

九〇〇年ごろに仏教的に開かれた立山は、それ以後に立山七末社所在地などの山麓部に位置する国衙領給主らにより登拝路が整備されたであろう。また堀江荘《ほりえのしょう》の四至《しいし》表示に「東限横路」とあり、荘園・公領の境界域をめぐってつくられた、あらたな社会関係を反映した新しい道であった。また戦国期の射水郡願海寺《がんかいじ》城へはいる道はまがりくねっていた。中世の道は私権にささえられた道だったのである。

北陸道は、永正十五（一五一八）年に伊達家臣頤神軒存奭《いじんけんぞんせき》が書き綴った「算用帳」によれば、小矢部川舟運や富山湾沿岸部の舟運が積極的に用いられ、水陸両交通路が補完しあっていたことが知られる。ある僧の「永禄六年北国下り遣足帳」によれば、北陸道を東行した往路には伏木あたりから海路魚津へ進んだが、復路には陸路をとって三日市・魚津・某所・新庄・舟峅・横山と宿泊している。このことから当時も富山が北陸道と飛騨道との分岐点となっていたことがうかがえる。

富山平野には急流河川が多いが、水量豊かにゆったりと流れている河川も多く、交通路となっていた。途中で庄川水系をあわせ、河口近くで射水川となった小矢部川は、中流域に市《いち》を形成し、交

❖コラム

易活動をささえ、また時宗などの宗教活動の動脈となった。合流地点であった野尻や川崎には、瑞泉寺系などの浄土真宗の寺院・道場が建立されていた。富山市東部の白岩川流域も同様であり、物資が舟運により河口部の水橋に集積されるとともに、越中最古の本願寺門徒衆水橋門徒が居ついた。一方、流罪になり越後にくだる親《しん》鸞《らん》との出会いが創建の機縁となったと伝承する真宗寺院が多い。その一つがこの地からでた越中三坊主であり、水橋門徒ともかかわる。持専《じせん》寺《じ》・願海寺は、白岩川・常願寺川流域からさらに熊野川流域に進出し、山麓部の奥深くにも末寺を形成している。また極性寺《ごくしょうじ》も北陸道に沿って広く門徒を形成し、さらに上流に遡っている。こうした状況は真宗だけでなく他宗にもみられることである。南北の流れには中世の越中の歴史がやどっているのである。

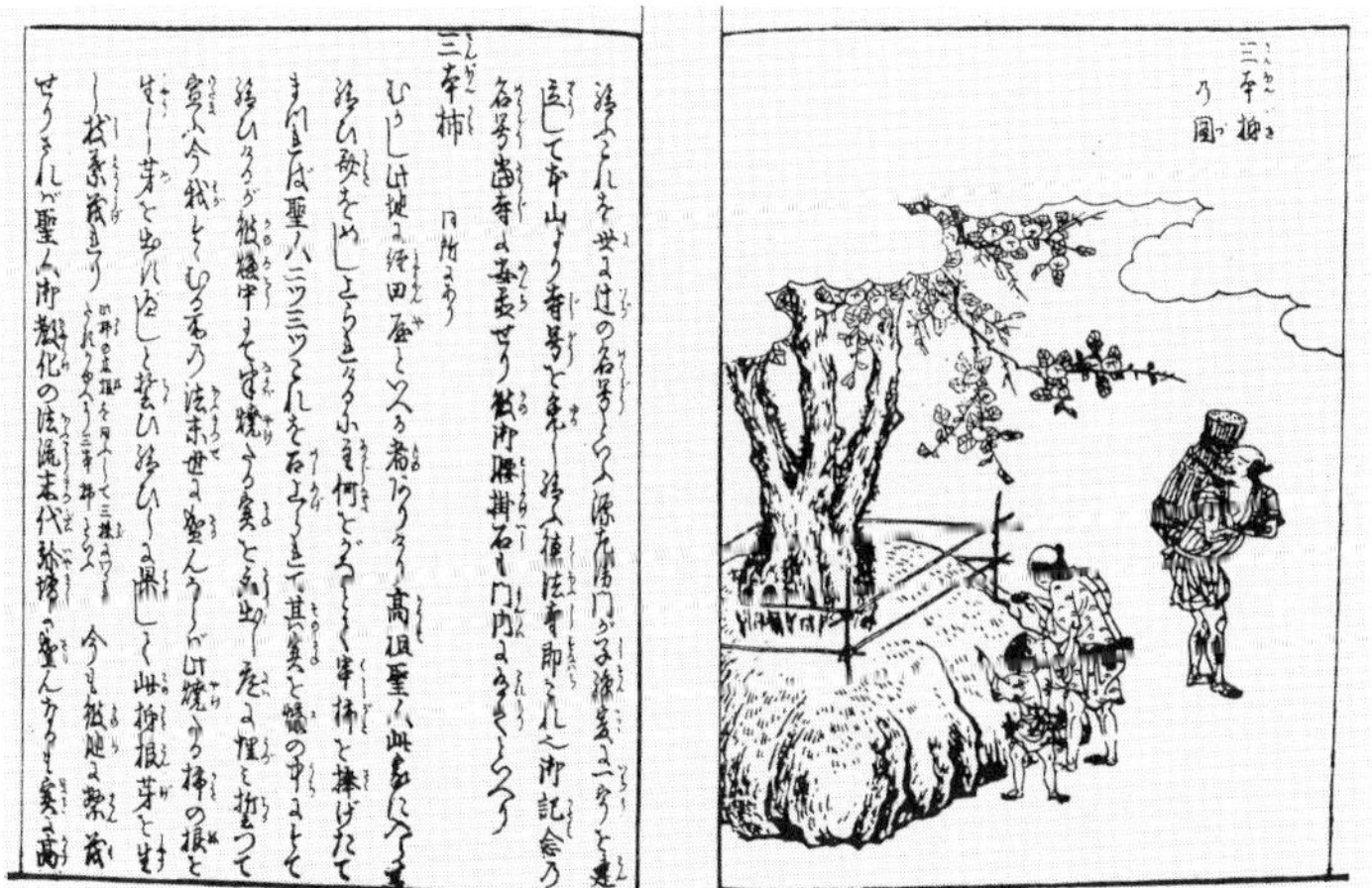

三本柿の図(『二十四輩《にじゅうよはい》順拝《じゅんぱい》図会』)

曹洞禅の主流派となる峨山門派は能登半島先端部に近い総持寺《そうじじ》（輪島市）によって大きくなっていった。南北朝末期に大徹宗令《だいてつそうれい》が眼目《さっか》立山《りゅうせん》（川）寺《じ》（上市町）を開き、新川郡から婦負郡山麓部にかけて末寺を展開していった。だが峨山系曹洞禅が越中で大発展したのは、それからほぼ一世紀を経た十五世紀末以降であった。一つは神保氏と結ぶ流派であり、一つは椎名氏と結ぶ流派である。

神保氏は応仁の乱以前から曹洞禅と接していた。それは越前国宅良慈眼寺《たくらじげんじ》を拠点とする天真自性《てんしんじしょう》の法系である。この一流は細川管領家領太田保の国人のあいだに浸透しており、その影響下に神保氏も保護を加えるようになったのである。この法系の旗雲祖旭《きうんそぎょく》は武蔵国の有力者成田《なりた》氏とも結びつき、龍淵寺《りゅうえんじ》（熊谷《くまがや》市）を創建するとともに、神保氏に招かれて守山山麓（高岡市）に光厳寺（富山市）を建立した（二世）。三世は神保氏出身の東海周《とうかいしゅう》洋《よう》で、「光厳東海和尚語録」を残している。神保

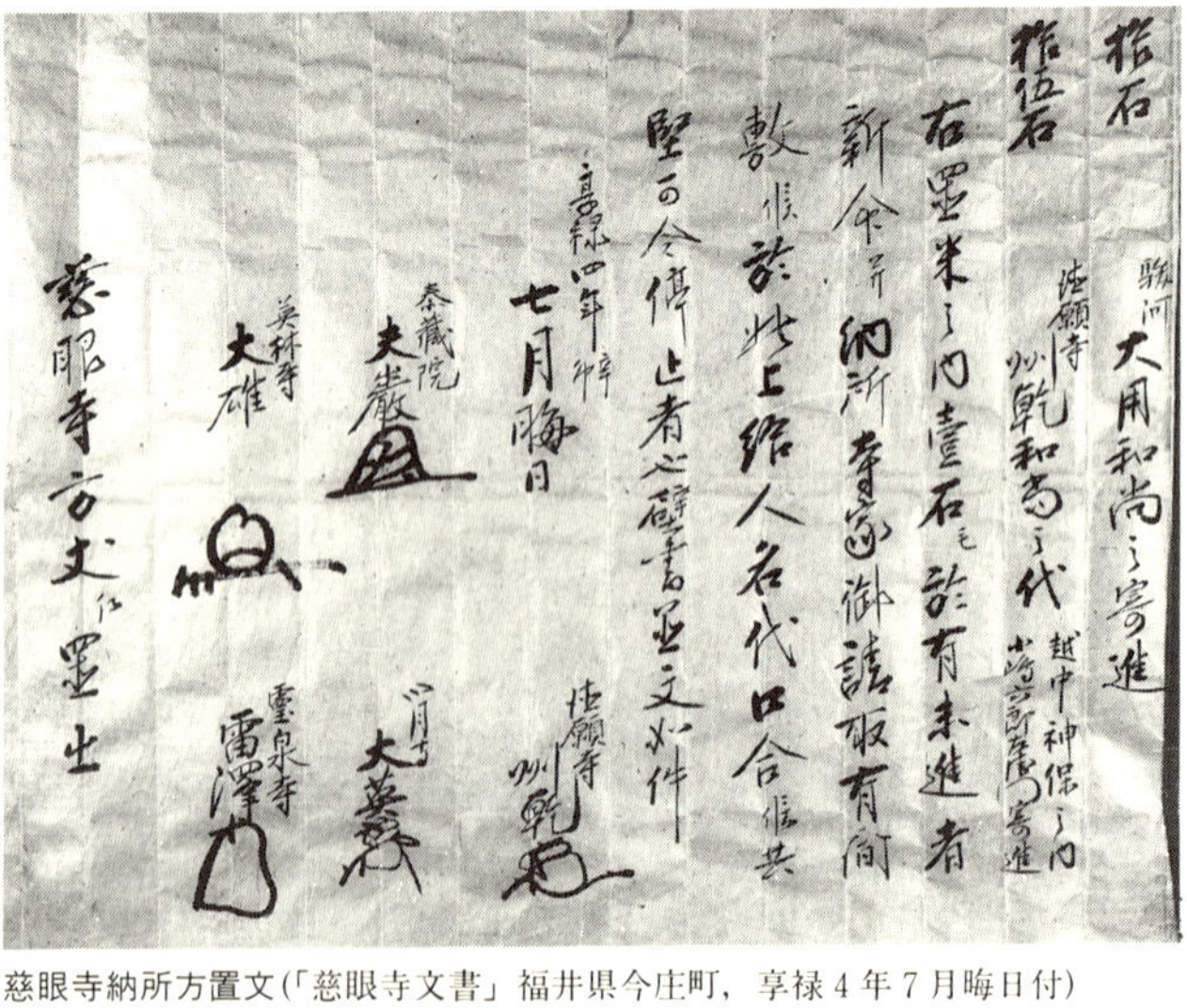

慈眼寺納所方置文（「慈眼寺文書」福井県今庄町，享禄４年７月晦日付）

氏のみならず越中の武将と曹洞禅との親密な関係をうかがうことができる。なお享禄四（一五三一）年に神保氏重臣小嶋六郎左衛門尉《こじまろくろうさえもんのじょう》が慈眼寺に米を寄進している。

椎名氏と曹洞宗の関係は、永正十七（一五二〇）年に神保慶宗と結んだ椎名慶胤《よしたね》が越後長尾為景勢に討たれて以降である。おそらく椎名長常は、大永六（一五二六）年に片貝《かたかい》川上流の東山に雲門寺《うんもんじ》を創建し、越前朝倉氏と縁の深い心月寺《しんげつじ》の大雄亮𪎌《だいゆうりょうどん》を住持として招いた。この法系も越前慈眼寺系であるが、常陸《ひたち》の結城《ゆうき》氏や会津《あいづ》方面とかかわる動きが知られる。ことに朝倉氏との関係は、沈静期にあるとはいえ、加賀一向一揆と敵対する北陸守護方勢が提携を深めるために、宗教を介した連絡網を準備していたのではないか、と推測させる事態である。

椎名長常のあと、康胤《やすたね》が椎名氏を率いた。その代には雲門寺に対する保護は薄れ、その什物《じゅうぶつ》は母方江《え》上《がみ》氏の菩提寺常泉寺《じょうせんじ》（魚津市）に移され、今日に伝えられている。

能登勢の越中進出●

天文十二・十三（一五四三・四四）年越中大乱の影響は氷見方面にもおよんでいた。ことにそれは能登の政治状況と連動し、激しくまた長期にわたった。

さきにみたように、永正十七（一五二〇）年の抗争により射水郡守護代であった神保慶宗が越後長尾為景の軍勢に破れた。長尾軍は越中守護畠山卜山の要請をうけて出勢し、同年十二月に新川郡守護代の地位をあたえられた。卜山は紀伊の広《ひろ》城にあり、越中に出陣することはできないので、同族の能登守護畠山義《よし》総《ふさ》に加勢を要請した。出陣した義総は年末に神保の詰城二上山の城をおとしたので、新庄城攻撃で破れた神保慶宗は退路を断たれ、厳冬期の射水湿原で自刃し果てた。義総は二上山の北麓の多《た》胡に陣をしいており、卜山にかわり為景の戦勝報告をうけたようである。

それにさきだつ同年八月に広城を追われていた卜山は、翌大永二（一五二二）年七月に淡路島で没した。一方、嫡子稙長は広城内にとどまっていた。混乱していた当時の同家には、越中に配慮する余裕はなかったとみられる。そのため以後も越中に対する畠山義総の守護代行機能は継続されたのであろう。そのもとで射水郡に神保氏にかわる守護代が補任された形跡はない。神保氏の再興は暗黙の了解が得られていたのであろう。敗北により壊滅状態にあった神保氏と家臣団には、能登守護家は再興を黙認する存在であるとともに、一方では制約する存在であったとみられる。本来氷見は神保氏の支配領域の射水郡に含まれる。だが能登畠山家の進出により、神保氏を再興した長職方の氷見支配は困難であり、二上山城に神保方の守将がいても統制力は弱く、能登とかかわる国人勢力が自立の道をさぐっていたようである。

中世初頭以来、氷見には十二町《じゅうにちょう》潟《がた》など広大な内浦を含む近衛《このえ》家領阿努荘が広がり、山麓部の国衙領地帯は国人的給主の経営下にあった。だが南北朝期には南朝方についたり、桃井直常《もものいただつね》方に与したりして幕府方の能登勢とたたかったから、戦後に闕所《けっしょ》地として処分され、かわって幕府奉公衆らに宛《あて》行《が》われ、阿努荘の大半も幕府御料所とされた。そのため室町期には神保氏の守護代支配圏に属し、同氏も阿努荘に代官としてはいることはあったが、守護統制はむしろゆるやかだったであろう。神保氏はそうした荘園支配の関係を介し、貴顕《きけん》との交わりの機会としたとみられる。ことに神保能登守氏弘《うじひろ》は連歌《れんが》をよくし、その作品は『新撰菟玖波集《しんせんつくばしゅう》』にもとられている。

氷見から能登羽咋《はくい》へ抜ける要路に面した地を本拠とした鞍河《くらかわ》氏は神保氏の有力被官人であった。永享初（一四二九）年当時、神保国宗《くにむね》配下として紀伊などの郡代として名がみえるが、まもなく越中にはいったと思われる。長禄・寛正（一四五七〜六五）ごろには御料所阿努荘で押領《おうりょう》行為を働いたとして訴えられているが、そのころまでに氷見において所領形成したのであろう。応仁の乱の時期の氷見は、東軍の神保支配下とはいえ、西軍の能登畠山方の影響をうけていたため、文明四（一四七二）年に鞍河が西軍の畠山義就《よしなり》方に寝返ったこともあった。これは延徳元（一四八九）年に上杉定正《さだまさ》に褒賞されているところだが、わずか三〇〇余の軍兵のみで下国した神保長誠によって鎮定された。以後の氷見は神保氏の下で安定していたが、明応二（一四九三）年からの越中公方足利義材の越中滞在期には、鞍河は神保方の道中《どうちゅう》奉行的な役割をにない、たびたび畿内《きない》に赴き、義材の再上洛のために諸方面との交渉にあたった。さらに鞍河は明応七年夏、越中に下向した連歌師猪苗代兼載《いなわしろけんさい》を邸に招いて連歌会をもよおしたりしている。

永正十七年に放生津神保慶宗が討たれたあとも、鞍河と能登畠山との関係は回復されたらしく、鞍河は氷見にとどまっており、また神保氏との関係も維持されていたのであろう。ことに天文十二年に長職が富山に築城したのちは、「富山之記」によれば富山城の東勝寺口《とうしょうじぐち》警備を担当したようである。だが天文十九年には能登七尾《ななお》城内で畠山家中の重臣遊佐続光《つぐみつ》と温井総貞《ぬくいふささだ》との抗争がおこり、翌年春まで攻防が続いた（石塚《いしづか》合戦）。越中の神保家中もその影響をうけ、小矢部川北岸地域をおさめていた重臣寺嶋と氷見の鞍河とが抗争状態にはいり、鞍河が七尾城に籠城する遊佐方につき、寺嶋は温井方に与したようである。この間の事情が陣門法華宗日覚関係の書状にくわしく記され、また温井・寺嶋がともに親一向宗勢であったことを考慮すれば、鞍河は法華宗などに親しかったのかもしれない。だが「越登賀三州志」などによれば鞍河父子は敗死したといわれるから、鞍河はこの戦いの段階で滅亡したのであろう。

能登情勢と上杉謙信の越中出馬●

天文十三（一五四四）年、能登畠山義続の仲介により成立した越中大乱の和議は、長尾為景の支えをなくした椎名長常にとっては不満の残るものであった。一方、正式に再興を認められた神保長職は、弓庄《ゆみのしょう》土肥氏支援を理由に、太田保から常願寺《じょうがんじ》川方面へとさらに進出したであろう。立山山麓の池田城を保ち、永正十七（一五二〇）年以降その下流地域から追われた土肥氏を扶助したのは寺嶋であった。寺嶋は神保家中で台頭し、一向一揆勢とかかわり、小矢部川北岸から神通川に至る海岸線の交通網も掌握したが、紺《こう》屋《や》などの活動に密接にかかわったことは、真宗《しんしゅう》極性寺（富山市）所蔵過所札《かしょふだ》などにうかがえる。

　こうした状況下に土肥一流の真景は礪波郡五位《ごい》庄辺りに所領をきずき、勝興寺など真宗寺院や一向一揆方とも交渉を重ねていた。それは能登畠山家中の騒動ともかかわっていた。まず天文二十二年大槻《おおつき》合戦では、守護代の家系の反一揆派遊佐続光が、親一揆派の温井紹春《しょうしゅん》（総貞）にやぶれた。だが弘治元（一五五五）年に紹春が畠山義綱《よしつな》に殺害されると、温井は加賀に出奔《しゅっぽん》して遊佐が復帰し、一時衰退していた守護家が権威を回復した。続いて温井派がまきかえして能登侵攻を企てたので、畠山・遊佐方は七尾城に籠城した。情勢がこのようにめまぐるしく変化したため、氷見は能登勢の基地化し、混乱にまきこまれた。籠城した守護方は事態打開をめざし、越後の長尾景虎《かげとら》らに援軍派遣を求めた。そこで弘治三年六月の湯山《ゆやま》（森寺《もりでら》）城の戦いで守護方が温井派にやぶれると、長尾方からは新川郡の椎名宮千代《みやちよ》の手である八代俊盛《やしろとしもり》が援軍として海路派遣された。その結果温井方はやぶれ、永禄三（一五六〇）年ごろからは畠山義綱の専制的支配が行われたのである。

　ところで神保方の対外折衝を担当したのが寺嶋職定《もとさだ》であったように、天文期の椎名方でその立場にあったのは小間常光《こまつねみつ》だったとみられる。常願寺川上流有峰《ありみね》に伝えられた「小間常光書状集」には、年賀の記事を内容とする二九通の書状案文《あんもん》が書き連ねられている。それをみると椎名方の対外関係の一端がうかがえるが、寺嶋とは対称的である。神保方の窓口としての寺嶋三郎（職定）宛もあるものの、おもに越中・能登の反一向一揆方武将や寺社に宛てられている。だが当時の椎名は、一向一揆と対決する長尾のもとにあり、長尾との一体化に存立基盤をおいたのだから、交渉相手もそうした階層にかぎられたのである。

　それにしても一向宗勢力と結んだ神保長職の勢力拡大は、椎名康胤にとって大きな不安だったであろう。だが天文十八年に兄晴景《はるかげ》にかわって越後守護代となった景虎が着々と越後再統一を進め、弘治三年には上杉憲政《のりまさ》から関東管領《かんとうかんれい》職《しょく》をゆずられ、永禄二年に再上洛して将軍から許可された。康胤は神保勢打倒の期待を膨らま

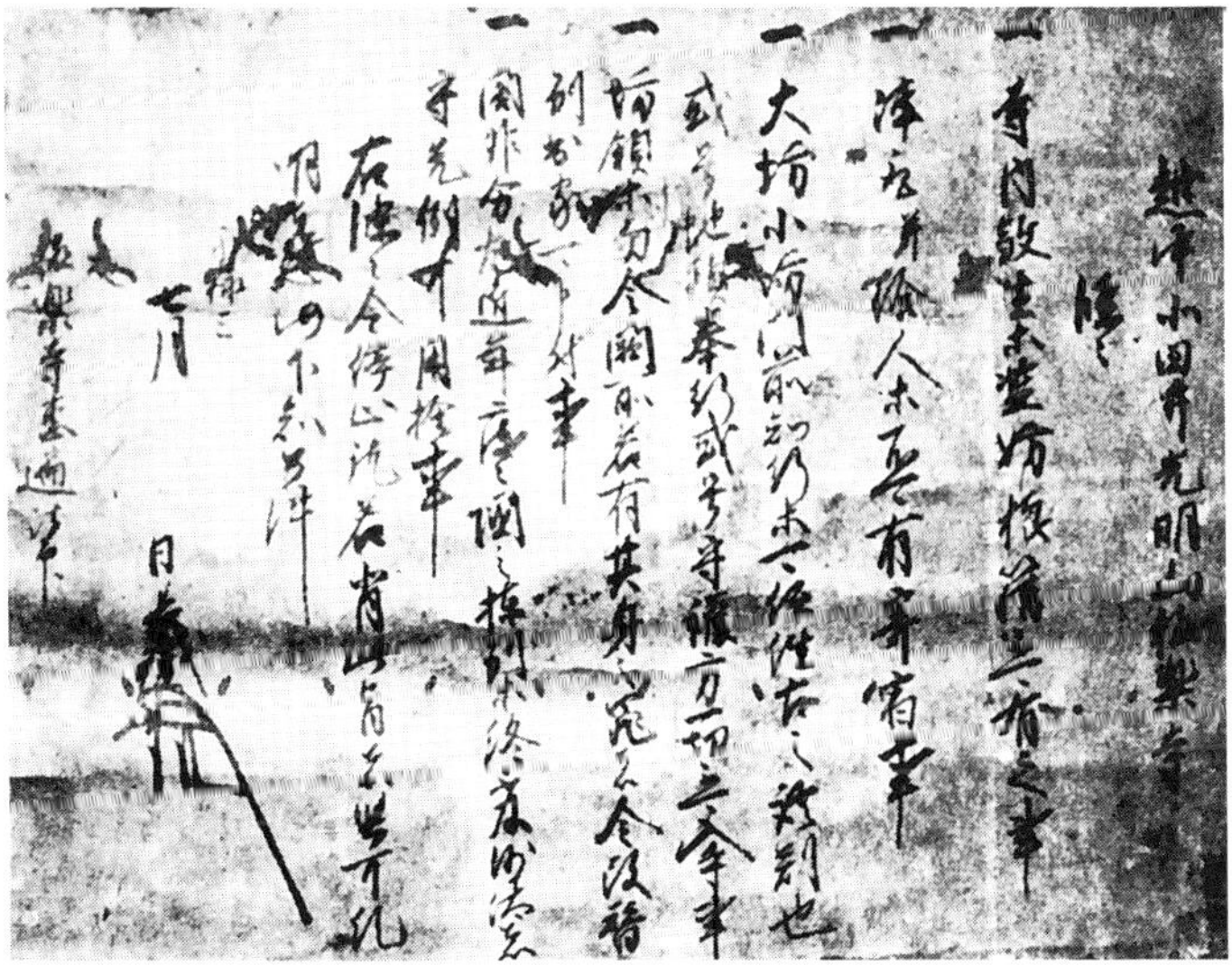

神保長職禁制(「来迎寺蔵文書」永禄３年７月日付)

せる。天文十三年の神保再興については、守護の畠山稙長とその代行者である能登の畠山が認めたにせよ、長尾方は合意していなかった。長尾が神保を討っても、筋目として幕府・守護体制を逸脱してはいない。また神保は温井方に与同したらしく、景虎の敵武田《たけだ》信玄《しんげん》と結びながら、景虎の指示で能登畠山を援助した椎名康胤の領内に攻めいった。康胤の出勢要請をうけ、永禄三年に景虎は越中に初出馬したのである。

景虎（永禄五年に上杉輝虎《てるとら》と改名し、元亀元〈一五七〇〉年末に謙信《けんしん》の法号を称する。以下便宜により謙信と記す）の猛攻により神保長職方はたちまち居城富山城を追われ、さらに逃げいった増山城も制せられ、長職は行方《ゆくえ》をくらませた。だが謙信が帰国すると、長職はただちにまいもどり、呉羽丘陵に陣を張って再挙したので、椎名は謙信に再出馬を要請した。永禄五年の二度の謙信の攻撃により、長職はその軍門にくだった。その結果、謙信は長職の越中中郡（射水市・富山市）支配権を安堵し、神保滅亡の事態をさけた。それは長職が畠山義綱《よしつな》に服従をちかいつつ謙信への降伏の仲介を依頼したからであろう。関東管領となった謙信は、室町幕府体制の遺児である能登守護の要請を拒否できなかったのであろう。

おそらくこうしたころに畠山義綱は子弟を上杉家と神保家に送りこんだようである。一人は上条政繁《じょうじょうまさしげ》（義綱の弟義春《よしはる》）であり、一人は守山城に迎えられたと思われる神保安芸守氏張《うじはる》である。氏張は「寛政重《かんせいちょう》修諸家譜《しゅうしょかふ》」に畠山義隆《よしたか》二男とし、「北越軍談」は畠山義綱の兄としており、詳細は不明である。文書史料上では天正五（一五七七）年以後に登場する。

神保氏と一向一揆の離反●

関東管領となった上杉謙信に対してもっとも強く反発していたのは甲斐《かい》の武田信玄と小田原《おだわら》の北条氏康《ほうじょううじやす》であった。本願寺顕如はそうした関東情勢をふまえ、加賀・越中の一向一揆にとって脅威である謙信への対抗策を打ちだした。こうして永禄八（一五六五）年二月二十七日、顕如と信玄は二カ条の対上杉攻守同盟を結び、大永三（一五二三）年以来の北陸諸大名との和平方針を変更した。信玄は永禄七年に飛驒へ進出し、江馬時盛《えまときもり》と結んで北陸との交渉路を確保したうえで、勝興寺・瑞泉寺や越中一揆方との提携関係を強化した。一方、謙信は江馬輝盛と結んだ。

また永禄八年五月、三好党《みよしとう》が将軍足利義輝《あしかがよしてる》を攻め滅ぼした。後継将軍争いに名乗りでた足利義昭《よしあき》は朝倉義景《よしかげ》の一乗谷《いちじょうだに》にあり、謙信に上洛軍編成を要請したので、謙信はそれにこたえようと意欲的であった。また能登では義綱の専断に反発を強めて幼子義慶《よしのり》の擁立をはかる長続連《ちょうつぐつら》らが、永禄九年九月に能登守護畠山義続・義綱父子を国外に追放した。謙信の加賀進出をおそれる本願寺・一向一揆方はこの能登騒動を歓迎し、温井が能登に復帰したので、謙信の上洛作戦の大きな障害となった。そのため幕府体制の守護神毘沙門天《びしゃもんてん》を自負する謙信は、まず畠山義綱方の能登復帰作戦を準備し、永禄十一年五月ごろに実施される予定となった。だがそれをさまたげるため、武田信玄が策動し、椎名康胤を上杉方から一向一揆方に寝がえらせた。

従来は曹洞宗雲門寺を菩提寺としてきた椎名氏だったが、康胤は一歩退いて、雲門寺の什物などを母方江上氏の菩提寺である常泉寺に移し、永禄七年八月、同寺に領地を寄進した。そのうえで信玄の調略をうけいれ、一揆方とつうじ、謙信との長年の関係を断った。時は永禄十一年五月の義綱復帰作戦実施前、謙信が越中に入国した三月末ごろである。寝がえり工作は隠密裏に進められ、一揆派の温井も気づいていなかった。椎名康胤離反の理由は、畠山義綱・上杉謙信体制では神保長職が重用され、椎名の支配を維持できないから、謙信に見切りをつけたのであろう。

一方、当時射水・婦負両郡堺の増山城（砺波市）を居城としていた神保長職は、義綱が能登から追放されて自己の存立基盤がゆらいだため、義綱帰国作戦の中心となって働いた。そうした長職のもとで台頭した家臣は曹洞宗などと関わりのあった小嶋職鎮《こじまもとしげ》である。それに対し、従来から本願寺・勝興寺・一向一揆方と懇意な関係を維持してきた神保家臣団の中心にあって、一揆方との交渉を担当してきた一方の重臣寺嶋職定は、義綱復帰作戦には消極的だった。永禄十一年三月、義綱帰国作戦準備のため謙信が海路より新庄城にむかったさいには、職定は芦峅寺《あしくらじ》（立山町《たてやま》）衆徒百姓を率いて新庄に赴く準備をしている。義綱帰国作戦はともかくも進められ、謙信は神通川を越えて神保家中の反上杉分子を追放した。だがここで椎名謀反がおこったために、謙信の軍勢は松倉《まつくら》城に手を割《さ》かれ、また信玄の策動により越後で本城《ほんじょう》氏が反乱をおこしたため謙信は帰国してしまい、作戦は不完全なままになり、信玄の狙いどおりになった。

このように義綱帰国作戦の実施は、越中の支配層に二者択一をせまる事態であった。ことに神保家臣団の選択は越中惣国《そうこく》の行方をきめる重要性を帯びていたから、一向一揆方などがその推移をあやぶみながらみているなかで、神保家では父子間に反目が生じ、ついに翌永禄十二年にかけて家中内紛状態になった。畠山義綱能登復帰策を継続しようとする老齢の長職は、その過程で実権を失いつつ、反一向一揆派である小嶋に擁せられるようになった。ここに神保氏は従来の親一揆の立場をすて、反一向一揆の上杉謙信の一翼としての立場にかわり、一揆方と敵対することになった。

長職と争った嫡子神保長住《ながずみ》は、ここで神保家中から離脱して京都に浪々し、おりから足利義昭を擁して上洛した織田信長《おだのぶなが》に扶持されることになった。一方寺嶋職定は、椎名・一向一揆方に与したらしい。翌春には職定方旧領が謙信により神保覚広《ただひろ》に宛行われた。また寺嶋氏の名跡は、天正五（一五七七）年十一月段階で謙信方に属し、のちに加賀藩に帰属する寺嶋牛助《うしのすけ》に継がれた。

さて反謙信に動いた椎名方に対し、謙信は魚津城に龍臣河田長親《かわだながちか》をいれ、椎名康胤の松倉城の抑えとした。謙信・職鎮方に与する飛騨の江馬輝盛は、被官の河上氏を有峰を越えて常願寺川辺まで進出させ、芦峅寺の対岸中地山城《なかちやま》（富山市）を拠点とし、永禄十二年九月には芦峅寺衆徒が椎名・寺嶋方に与しないよう牽制《けんせい》している。また神通川辺の猿倉城《さるくら》や栂尾城《とがのお》（同市）には飛騨の三木良頼《みつきよしより》の臣である人野郡の塩屋秋貞《しおやあきさだ》がはいり、被官牛丸備前守《うしまるびぜんのかみ》は富崎城《とみさき》（同市）近辺で所領を得た。謙信は家臣団分裂により弱体化した神保方を補強するため飛驒衆を登用したのであろう。

越中一向一揆の攻防●

神保長職方は対一向一揆関係をみなおし、永禄十一（一五六八）年十月に一揆勢の拠点であった西条《さいじょう》（高岡《たかおか》市西部・同市福岡町《ふくおか》辺り）を攻撃した。それに対し、勝興寺顕栄は一揆衆に五位庄への集結を命じた。こうして越中一向一揆は戦国末期の激烈な軍事抗争にかかわっていくことになった。松倉城を去った椎名康胤は一揆方に加わって蓮沼《はすぬま》（小矢部市）にあったといわれるが、元亀元（一五七〇）年六月の朝倉義景・浅井長政《あざいながまさ》と織田信長の姉川《あねがわ》の戦いを前にして、警備のためであろうか、加賀衆を率いて石山《いしやま》（大坂）本願寺に赴いている。元亀二年三月になると、謙信が越中に出馬し、小矢部川近くまで鎮定するとともに、新川郡支配の由緒をもつ椎名氏の名跡をつがせた一族の長尾小四郎景直《こしろうかげなお》を、新庄城においた。

一方、謙信と結んだ神保長職は入道して宗昌《そうしょう》と名乗り、同年末までの生存は確認できるが、ほどなく死亡したようである。それに伴い神保家中には再度の混乱がみられたが、家督は長城にゆずられたようである。元亀三年には上杉方と結ぶ神保家臣団の神保覚広や小嶋職鎮が射水郡日宮城《ひのみや》（射水市）によっていた。一揆方と結ぶ寺嶋・水越らは滝山城《たきやま》（富崎城・富山市）にいたようである。同年五月には、椎名康胤と結んで入国した加賀一揆勢は、礪波郡河上・五位庄の両方から日宮城を攻撃し陥落させた。小嶋らは日宮とかかわる能登堺の石動山に逃れることを認められた。以後神保方の一部が一揆勢に加わり、「増山衆《ますやましゅう》」とよばれていることも知られる。勢いを得た一揆勢はさらに五福山《ごふくやま》や神通川舟着場などで上杉方の鰺坂長実《あじさかながざね》勢を破り、富山城に入城した。だが八月に謙信が新庄城にはいり、戦況は膠着《こうちゃく》状態になっていった。

この時期の富山城一揆軍の主力は、金沢御坊《かなざわごぼう》の杉浦玄任《すぎうらげんにん》の指揮下にある加賀の北二郡の門徒衆であり、入城当時は三、四万人と称された。だが北陸一向一揆は近江における織田信長との戦線にも対処せねばならなかった。そのために一揆衆を割いた結果、九月中旬には富山城衆は三、四千人に減ってしまった。謙信の出陣にさいして、杉浦は金沢御坊の責任者坪坂伯耆守《つぼさかほうきのかみ》に加賀南二郡衆の派遣を要請していたが、援軍の派遣は無理であり、五カ月の籠城を経て城を開いてしりぞいた。しかし謙信が帰国の途につくとただちに、武田信玄の使僧長延寺実了《ちょうえんじじつりょう》の策謀により再入城して抵抗を続けた。謙信は富山城周辺の稲荷《いなり》・岩瀬《いわせ》・本郷《ほんごう》・二宮《にのみや》・押上《おしあげ》に向城をきずいて鎮定策を講じている。こうして孤立した一揆方はやぶれたが、神通川以西はなんとか確保していた。

だが天正元（一五七三）年四月、武田信玄が病没した。また七月に将軍足利義昭を河内に追い払って幕府を消滅させた織田信長が、八月には越前にはいって朝倉義景を滅ぼし、ついで近江の浅井を討った。こうした越前情勢との関係もあり、越中の一揆衆は弱体化していた。九月に再征した謙信は一揆方の本拠である加越国境の末友安養寺《すえともあんようじ》（勝興寺）まで占拠してしまった。幕府体制にこだわる謙信だったが、このさいは信長との接触をさけるかのように、一揆方と和睦しただけで帰国している。ともかくも越中の一向一揆勢は拠点を失い、しばらくは越中情勢は大きな動きのないまま、上杉支配下に推移するのである。

謙信は村田秀頼を越中にいれ、河田長親とならぶ代官の地位につけ、太田保を関東管領料所（上杉家領）とした。それはかつての細川家領太田保の継承を意図したものだが、同時にこの地域が元亀三年一向一揆方との重要な攻防の地であり、それを掌握することが謙信の越中支配の要《かなめ》だったからである。太田保では百姓の逃散《ちょうさん》がみられるなど、一揆方の上杉方に対する敵対行動は続いていた。そこで太田保国人に対して、所領安堵《しょりょうあんど》などの対策を講じていることが知られる。たとえば天正元年三月、謙信は熊野川西岸の婦負郡宮川郷のうち秋ケ島《あきがしま》、友杉《ともすぎ》、松木《まつき》名の三郷を二宮にあたえている。その文面には「神保が先忠を覆し候はば、相当に替地を出すべく候」とあり、旧の地域支配者である神保の存在に配慮しながらも、太田保の人びとを上杉方に引きいれ、地域支配の安定をはかっている。

天正三年八月、信長は越前に再征して一揆勢を破り、さらに加賀攻撃に着手した。それまでの信長と謙信の協調関係はくずれ、翌年五月には謙信と本願寺が和議を結び、ともに信長にあたることになった。四年、さらに五年と出馬した謙信は、五年九月には能登七尾城を攻略した。それは畠山家中において信長と結んで専横《せんおう》をほこる重臣長続連一党の排除を名目とした軍事行動であった。

こうして両越能を制覇した謙信は、天正五年十二月二十三日、明春の関東動員のために管内将士の名簿「上杉家《うえすぎけ》家中《かちゅう》 名字尽《みょうじづくし》」を作成したが、そこには土肥親真《ちかまさ》・小嶋職鎮・神保氏張・石黒成綱《なりつな》・斎藤信利《のぶとし》・寺崎盛永《もりなが》・小嶋甚介《じんすけ》・寺嶋牛助らの武将とならんで瑞泉寺・勝興寺が書きあげられている。一揆勢は軍事指揮権を上杉方にゆだね、その被官的立場に甘んずるようになった。だが天正六年三月九日、謙信は脳溢血死した。

天正四年四月以来、信長は石山本願寺を攻めており、以後五年にわたる石山籠城戦がはじまっていた。門徒は金銭・食糧を石山に送り、「血染めの名号」に死をちかって籠城軍に加わった。そうして戦死をとげた専立寺《せんりゅうじ》（富山市新名《しんみょう》）法順《ほうじゅん》にちなんだ「石山合戦絵図」には、戦いのようすが具体的に描かれている。同様に上杉方の支配下に属するようになっていた太田保の諸真宗寺院にも、合戦への参加伝承が伝えられている。

だが謙信の死により上杉方の退勢があきらかになると、織田信長はただちに家臣佐々長穐《さっさながあき》をそえ、神保長住を飛驒経由で越中に送りこんだ。神保氏の射水・婦負両郡支配の由緒を利用し、越中支配の手がかりとしようとしたのである。長住は帰国直後の五月十七日、二宮氏に宮川下三郷の知行を安堵している。神保長住の帰国も上杉方にとって衝撃であったが、織田方はさらに河田長親に織田方への帰属をすすめ、また越中国人へも働きかけた。飛驒口に位置する斎藤信和（利）はいちはやく織田方に属し、以後織田方の越中平定に力を尽くしていく。こうした織田方の攻勢に対して、上杉景勝もただちに二宮に旧領安堵状をだし、太田保国人を上杉方につなぎとめようとしていた。太田保は軍事境界に位置していたこともあって、その所属は上杉、織田双方から重視されていたのである。

佐々成政の越中支配●

天正六（一五七八）年九月、織田勢の強化のため、信長嫡男信忠《のぶただ》の家臣斎藤新五《さいとうしんご》が送りこまれ、太田本郷城にはいった。織田・上杉両軍は月岡野《つきおかの》でたたかい、織田方が勝利した。その後、織田方では荒木村重《あらきむらしげ》の反乱がおこり、斎藤は美濃へ戻り、一方、上杉方では御館《おだて》の乱《らん》があって、越中情勢は膠着《こうちゃく》状態が続いた。

中世から近世への変化

平安時代の『今昔物語集』などに登場して以来、山中地獄があると喧伝された立山は、近世的世界の広がりにつれ神秘性を薄れさせていった。文明十八（一四八六）年の道興准后《どうこうじゅごう》は『廻国雑記《かいこくざっき》』に立山地獄への恐れを示すが、天和三（一六八三）年の俳人大淀三千風《おおよどみちかぜ》『日本行脚《あんぎゃ》文集』にはそれがうかがえず、文政十一（一八二八）年の十返舎一九《じっぺんしゃいっく》の『諸国方言金草鞋《しょこくほうげんかねのわらじ》』では地獄は茶化《ちゃか》しの対象としておとしめられている。そうした意識変化はすでに室町期から徐々に進んでいた。

謡曲『善知鳥《うとう》』は生業として魚鳥を殺生《せっしょう》せざるをえず、死後に立山地獄におちた猟師の物語である。舞台では立山地獄に対する畏れが限りなく膨らみ、観客は宗教的緊張に苛《さいな》まれる。だが狂《きょう》言《げん》では対極的である。『大蔵虎明《おおくらとらあき》本狂言集』の「地獄僧」では、浄土教的な救いが広がり地獄が飢饉になったと設定されている。閻魔王《えんまおう》が六道の辻へ出張って亡者を地獄に追いおとそうとするが、結果的には僧侶の読経の力にやぶれ、閻魔自身が極楽往生させられそうになる。『善知鳥』の立山地獄観をパロディの手法でからかい、中世の仏教的権威に疑いを投げつけているのである。

山麓の立山衆徒はすでに鎌倉期から檀那《だんな》を集めて団体的な立山登拝をいざない、渡世の方便《ほうべん》としていた。『鬼《おに》の継子《ままこ》』では衆徒の一人芦峅の藤五三郎を笑いとばす。それは世俗的笑いの世界の広がりである。戦国の笑話を集めた『醒睡笑《せいすいしょう》』に、家臣のあなどりに対し折檻《せっかん》を加えようとしていっそう愚かさを露呈した、立山下の井見庄殿《いみのしょうどの》（土肥政繁《まさしげ》か）といううつけ大名が登場する。無遠慮に世俗権力をも笑いとばす人びとの息吹《いぶき》がそこにあふれている。

そうした状況のもとで越中中央部では神保長住支配が続いており、信長は太田保における知行宛行の条件を示し、御館の乱で景勝に敵対した椎名駿河守《するがのかみ》（景直か）を誘うなど、織田勢の強化をはかった。その結果、おおよそ越中東部は上杉方、西部は織田方がおさえたが、信長と石山本願寺との戦いはまだ続いており、五箇山《ごかやま》方面を中心に一揆衆が勢力をもっていた。

天正八年閏三月、本願寺は信長と和睦し、四月に顕如が石山本願寺を去った。だが長子教如《きょうにょ》は石山籠城を決意し、その旨の激文を諸国門徒に発した。だが軍事力の差は大きく、八月に雑賀《さいが》に移るとともに石山本願寺は焼亡し、十一月には金沢御坊が開城したが、越中では上杉勢と結んで織田方に抵抗していた。そこで信長は九月に「助勢」として佐々成政《さっさなりまさ》を派遣することが伝えられた。成政の正式な越中分封は天正九年一月から二月にかけての時期である。だが分封直後に、信長の馬揃え参加のために成政や長住が越中をあけると、上杉勢は即刻《そっこく》新川郡小出城を包囲した。だが急を聞いて成政が帰国し、柴田勝家《しばたかついえ》・前田利家《まえだとしいえ》の援軍とともに反撃したため、上杉景勝はただちに撤収した。おりから河田長親が急死したので、魚津城には須田満親《すだみつちか》がかわりにおかれた。この上杉方再挙のあいだに、願海寺城の寺崎氏や滝山城の寺嶋牛助・小嶋甚介らが上杉方への復帰をはかった。だが織田勢の反転により寺崎はとらえられ、近江佐和山《さわやま》に送られて切腹を命ぜられ、寺嶋らは五箇山方面にのがれ、一揆勢に合流したようである。

ところで能登でははやくから長連竜《つらたつ》が信長方と結んでおり、天正八年九月には信長から鹿島半郡《かしま》をあたえられている。この連竜と結んでいたのが越中守山城におかれていた神保氏張である。天正五年の「上杉家家中名字尽」にその名を連ねてはいるが、やはりはやくから信長方につうじていたのであろう。そこで佐々成政に重く用いられ、氏張の嫡男氏則《うじのり》は成政の娘を妻としている。のちに成政が豊臣秀吉《とよとみひでよし》により肥後《ひご》に転封されたさいには随従し、その後は徳川家康《とくがわいえやす》に取りたてられ、幕府旗本《はたもと》となった。

こうした織田方の浸透により一揆方制圧の体制はととのってきていた。だが織田勢が攻撃する前に、「勝興寺伝」では、天正九年四月（一説に六月）礪波郡木舟城《きふね》（高岡市、廃）主石黒左近《さこん》成綱が一向一揆の拠点末友安養寺所在の勝興寺堂舎を焼討ちしたという。そのため勝興寺顕栄は紀伊鷺森《さぎのもり》本願寺に身をよせた。だが成綱は七月に信長によびだされ、謀殺されている。一方瑞泉寺も同年九月、成政の攻撃により焼失し、前野小兵衛《まえのこへえ》に占拠された。瑞泉寺顕秀は五箇山に逃げいり、十年三月にはこの地にいた教如の督励もあって、上杉景勝と結んで抗戦を続けている。それは旧神保・上杉方の小嶋職鎮・唐人親広《からとちかひろ》らとも連動しており、富山城を急襲して神保長住を城内に幽閉し、上杉方に与した。だが織田方はたちまち富山城を取りかえした。信長の勘気をうけた神保長住は失脚し、越中から放逐《ほうちく》された。本能寺の変後の翌十一年、長住は伊勢神宮に越中還住を祈願したがかなわず、神保氏の越中支配の歴史はここにおわった。

本能寺で信長が倒れたのち、越中の諸将のうち弓庄城《ゆみのしょう》（上市町《かみいち》）の土肥政繁や城尾城（富山市）の斎藤信和は上杉景勝と結んだ。成政や柴田らは上杉方が拠点としてささえてきた魚津城を八〇日間包囲し、六月三日におとし、七月から八月にかけて弓庄城・城尾城を攻略した。なお六月三日は本能寺の変の報が成政らにとどけられる前日であった。信長の死去の混乱により、須田満親の魚津再入城、土肥政繁の上杉方復帰もみられた。だが十一年に成政は再度魚津城をおとし、須田を越後に追った。同年四月の羽柴《はしば》秀吉の柴田退治のさいに、成政は柴田方についていたが、戦後には秀吉から越中一国の領有を承認され、ここに成政は正式に富山を居城とした。

天正十二年になると秀吉と徳川家康・織田信雄《のぶかつ》との対立が越中にも波及し、成政も挙兵した。九月には前田利家方の末森《すえもり》城を攻めたが、敗退した。だが家康・信雄方が秀吉と和したため、成政は冬の立山越えを敢行し、浜松《はままつ》の家康、三河吉良《みかわきら》の信雄を訪れ、対秀吉戦の継続を説いたが、うけいれられなかった。十三年、秀吉軍が越中に進攻すると、八月二十九日、成政は剃髪して秀吉の本営呉羽山を訪れ、降参した。秀吉は越中四郡のうち三郡を前田利家にあたえ、新川郡のみを佐々領とし、成政は家族ともども人質として大坂に送られた。その居城であった富山城は破却された。天正十五年、秀吉の九州出征に従軍した成政は、五月三十日に肥後国の大半を付与され、越中から隈本《くまもと》に転封となった。だがその直後の六月、成政の検地《けんち》断行を機に肥後全土に国人一揆がおこった。このため秀吉にきびしく問責され、翌年閏五月十四日、摂津尼崎法園寺《あまがさきほうえんじ》において切腹を命じられた。

成政転封後、新川郡は前田利家に属した。それは秀吉からの預り領的性格のものであったが、文禄四(一五九五)年には新川郡検地をするなど、実質的に領有するに至っている。他の三郡では天正十三年の〝差出〟、慶長九(一六〇四)〜十年の〝実検〟検地が知られる。なお越中では一反は旧のまま三六〇歩である。

なお成政の越中支配によって一向一揆は動きをおさめた。成政は秀吉・前田利家との抗争を前に、一揆方の支持をとりつけようとし、天正十二年十一月に勝興寺に伏木古国府《ふしきふるこくふ》の地をあたえ、勝興寺の復興に助力するなど、懐柔策を行った。ついで前田家の治世には、本願寺の東西分派問題がおこった。前田家は文禄・慶長期には顕如・准如《じゅんにょ》(のちの西本願寺方)と懇意だったが、徳川家の江戸幕府支配下では、教如系(東本願寺方)への帰属をすすめることが多くなっており、加賀藩では東本願寺優勢の状況がみられる。

4章

藩社会の確立

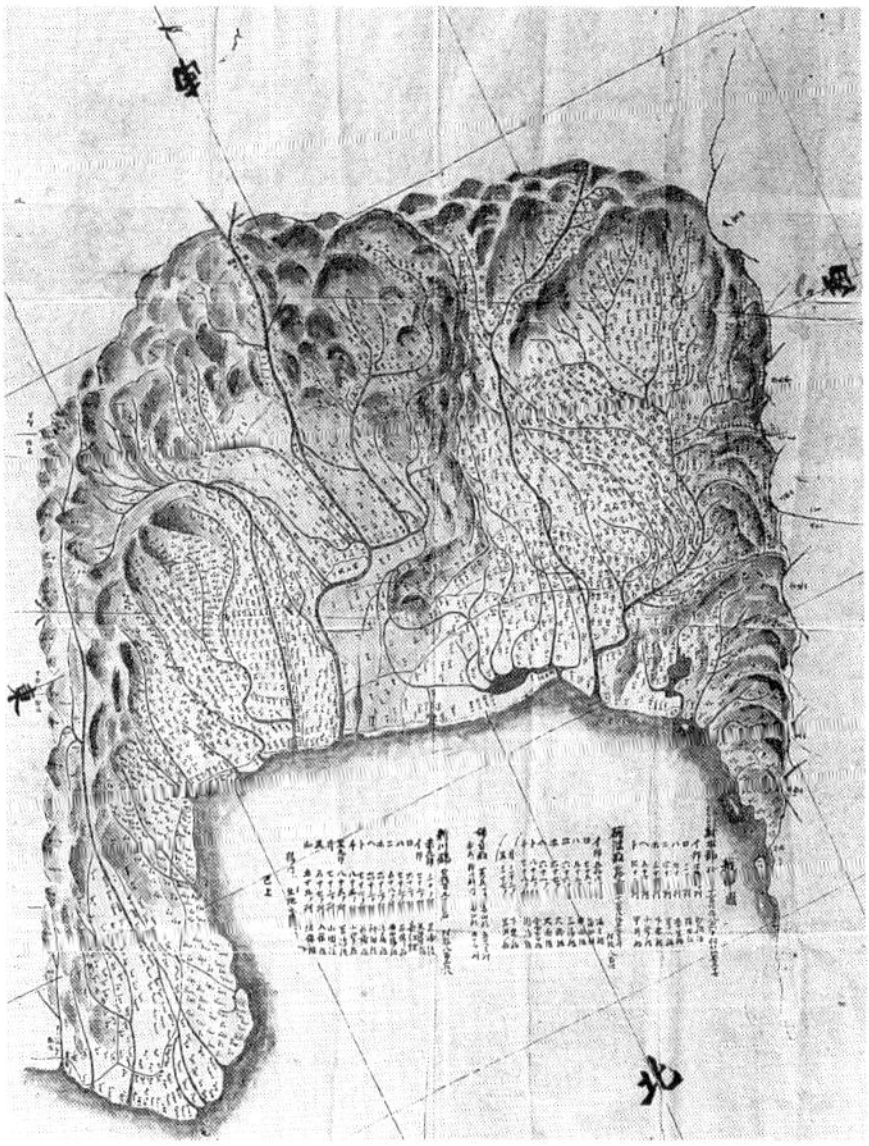

越中国絵図

1　加賀藩支配の確立

初期の越中支配●

近世の越中国《えっちゅう》は、前田利家《まえだとしいえ》を藩祖とする加賀《かが》藩とその支藩富山藩により支配された。前田利家は、織田《おだ》信長《のぶなが》により越前《えちぜん》国北庄《きたのしょう》の柴田勝家《しばたかついえ》の与力《よりき》としてはじめは越前府中《ふちゅう》に、のちに能登《のと》に配されていた。天正十一（一五八三）年の賤ヶ岳《しずがたけ》戦後に豊臣秀吉《とよとみひでよし》にしたがった利家は、能登に加え加賀の石川・河北《かほく》両郡を領地にあたえられた。同十二年八月に利家は、秀吉から離反した佐々成政《さっさなりまさ》を末森《すえもり》合戦で破り、また翌年に秀吉が越中に出陣し佐々氏を降伏させた。この結果、佐々氏に残された新川《にいかわ》郡をのぞく越中の領地が利家の長男利長《としなが》にあたえられている。その後天正十五年に、肥後《ひご》へ転封された佐々氏の元領地新川郡が利家にあずけられ、さらに文禄四（一五九五）年に新川郡も利家に領地としてあたえられ、ここに前田氏は加賀・能登に加えて越中一円を領有することになった。

加賀・越中など前田氏の領地は、真宗《しんしゅう》の勢力の大きい地域で、中世後期には一向一揆《いっこういっき》の勢力が強かった地域であった。このため加賀藩やその後成立した富山藩は、「一揆の国」として領民に対する警戒心を強くもち続けた。天正十五年の秀吉による九州征討のさいの前田家の出陣中には、有力な門徒や勝興寺《しょうこうじ》の娘が人質にとられている。

領地支配の基礎となる土地調査のために実施される検地は、前田氏が越中をはじめて領有した翌月の天正十三年九月に氷見《ひみ》地域ではやくも実施された。しかし、越中で広域におよぶ総検地《そうけんち》が実施されたのは、慶長三（一五九八）年に利家の跡をついだ利長の時代の慶長十年のことであり、礪波《となみ》・射水《いみず》・婦負《ぬい》の各郡が対象となった。この総検地では、他大名の領地でみられるような検地水帳が作成されず、年貢を負担する基準高の草高《くさだか》（村高）を示す検地打渡状《うちわたしじょう》が各村へあたえられただけであった。この検地は、耕作者を土地保有者とする一地一作人などの太閤《たいこう》検地の方針を採用していたのではなかった。加賀藩は村内の土地所有関係に介入せずに、村高を増加させて年貢増徴のみを果たそうとしたのであった。これは有力農民を刺激して一向一揆を再発させることを危惧し、年貢増徴をはかるという実をとったものと考えられる。なお、その後の元和年間（一六一五〜二三）に行われた加賀・能登の総検地では一反三〇〇歩制が採用されたが、越中ではふたたび総検地が行われなかったために、全国的にも珍しい一反を三六〇歩とする中世の遺制が残ることになった。

前田利長肖像

領地の支配は、公領とよばれる前田家直轄地と、家臣にあたえられた知行地の給人知（給地）に区分された。大藩の加賀藩は一万石を超える家臣がいるなど、給人知はわずかな領地ではなく、しかも給人知は分散してあたえられ、公領と混在した。郡奉行のもとで領内農村支配の要《かなめ》となる十村《とむら》が慶長九年に能登ではじめて設定され、その後の同十二年には越中でも神通《じんづう》川以西で十村組が設けられた。公領の年貢《ねんぐ》取立ては代官が行うが、給人知は年貢徴収を給人が派遣する下代《げだい》が行った。また、給人が年貢率も決定する地方《じかた》知行《ちぎょう》であった。このため村のなかでも年貢率は、公領や給地が異なると違いがみられた。

年貢米は、公領では御蔵へ納入され、寛文二（一六六二）年までの給人知では有力農民がつとめた蔵宿《くらやど》へおさめられた。年貢米以外の夫役《ぶやく》・小役の負担は元和三（一六一七）年に廃止されて、かわりに夫銀《ぶぎん》が徴収されることになった。このほか農民には御用材木の村送りや用水普請・道橋普請の人足づとめ、そして伝馬《てんま》のつとめがあった。また、元和二年には十村の役料として鍬《くわ》役米が徴収されることになった。年貢の支払いができない農民は、地域の有力農民などから借米をすることになるが、藩もまったく無関心でいたわけではなく、城米を貸しだして彼らの救済にあたっていた。しかし、重い年貢と役負担のために年貢滞納や借財を累積させる農民が増加していった。

改作法実施と藩体制●

近世初めの農民にはすでに重い負担が賦課されていたが、寛永期（一六二四〜四四）にはさらに年貢率増加の増免が行われた。藩直轄地の場合と違って家臣の知行地では、不作のさいの検地引き高や年貢率の一部を引く用捨免の実施がしにくく、農民負担を削減させにくいうえに、窮迫した給人は給地農民に対して未納年貢と貸付け米銭の利息を高利にした。このため給地農民の暮らしが大きく圧迫され、没落した農民の負担が村の他の給地農民に転嫁され、さらに彼らの窮乏を増すことになった。こうした領民窮迫の事態は寛永十七・十八（一六四〇・四一）年の凶作・飢饉《ききん》でいっそう、悪化させられることになった。

　加賀藩は、藩支配を確固とするためにも給人財政と領内農村の建直しをする必要にせまられた。このため三代目藩主利常《としつね》が企図したのが、初期藩政改革の代表的政策といわれている改作法《かいさくほう》の実施であった。利常は寛永十六年に隠居をしたが、その後小松《こまつ》城を本拠にして諸種の調査を手がけたうえで、慶安四（一六五一）年より明暦二（一六五六）年にかけて改作法を断行した。

　改作法で改革された農政の内容は、あらましつぎの通りのものであった。まず、地方知行といわれる家臣の給地支配を形骸化して、給人が直接知行地から年貢をとることを廃止し、そして各村の年貢率の村免を同じにして、同じ村内の給地も藩直轄地も年貢率を同一にした。つぎに、年貢負担の基準となる村の草高と村免を増加申告する手上《てあげ》高・手上免を村へせまって草高・村免を上昇させた。また、年貢増加を固定化させるために定免《じょうめん》制を採用し、各村へは以後の村の年貢割付高を示した村御印《むらごいん》といわれる文書を明暦二年に発給した。この文書は寛文十年に再交付されている。藩は一方的に年貢収奪を強化する施策をとったわけではなく、負担増加の農民に対して保護策も用意した。まず藩は、村が藩におっていた負債の敷借《しきがり》米《まい》を免除し、また農民が町人などから高率の借米・借金をおわないように低利で貸しだす藩以外からの借財を一切厳禁する脇借《わきが》り禁止を命じた。さらに、困窮農民が農業経営をいとなむために必要な作食米《さくじきまい》・改作入用銀、また窮迫を救う拝借米の貸与も実施することにした。以上、藩の基本方針は、藩の農村直轄支配のもとに高率の年貢徴収をする体制をつくり、その体制を維持するために助成策もあわせ実施するものであった。

この体制確立と維持のために、藩は年貢を完納するために農業にいそしむ律儀百姓・精農とよぶ農民を確保しようとした。このため年貢をきちんとおさめない農民を惰農《だのう》とし、藩や村役人に対して反抗的な農民を徒《いたずら》百姓・蟠《わだかま》り百姓とよび、惰農らを村から追いだすことを諸法令で農民に示し、実際に彼らの追出しを行っている。たとえば、承応三（一六五四）年の礪波郡浅地《あさじ》村（小矢部市）では農家一五軒が追いだされている。利常は明暦三年二月に「青葉の御印」とよばれる、改作法の精神をよく示している文書（「折橋家文書」）をだしている。そのなかで「やくに立つ間敷《まじ》き百姓をは、早々入れ替え申す」ように命じている。ただし、「百姓気つまりに無く、ゆるやかにうき立つ」ようにし、また貸しつけた改作入用銀が不足することがないように貸与することも命じている。

農村統治の機構も改作法施行以降に整備・強化されていった。農村統治の要となる十村の官僚化のために、慶安四年には扶持《ふち》をあたえられる御扶持人十村が制度化さ

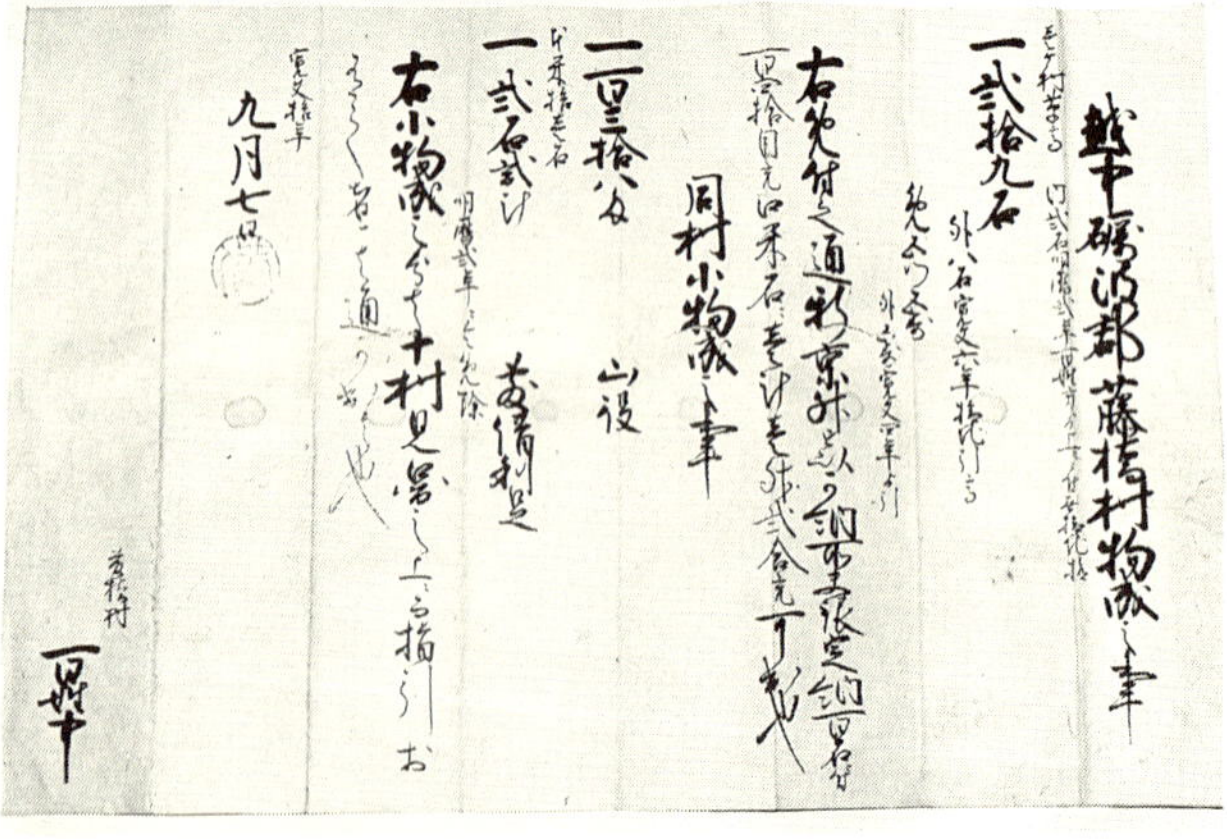
越中礪波郡藤橋村物成之事
同村小物成之事
九月七日

村御印

れ、また承応二年には十村代官制がはじめられ、さらに承応三年以降には在地支配強化のために引越十村の配置が行われて十村制度の強化がはかられた。年貢収納の体制整備も進められ、直轄地の年貢米を収納する御蔵の整備に加え、寛文二（一六六二）年には給人知の年貢米をあつかう蔵宿の指定が行われた。

農村支配は郡奉行が担当するが、改作法実施のために設置された改作奉行が寛文元年に常設化され、農政関係を専任して高支配にあたり、郡奉行は一般行政にあたる人支配にあたることになった。一方、寛文九年には若年寄《わかどしより》が設置され、藩の支配機構自体の改革も加えて藩政機構の確立をみることになる。その後、貞享三（一六八六）年十一月には、大年寄《おおどしより》（のちに年寄）・人持組頭・家老職・若年寄の職制が定められ、藩機構がいちだんと拡充整備されることになった。

改作法実施からそう年を経ないうちに、年貢負担にたえきれず離村する農民が増加し農村の社会構造にも変化が生じた。こうした事態への対応として、元禄六（一六九三）年に実施されたのが切高仕法《きりだかしほう》であった。切高仕法は、年貢を完納できる農民確保のために、あえて幕府の土地永代《えいたい》売買禁止令に抵触する土地売買を公認し、年貢完納が不可能な困窮農民の土地が、耕作余力のある中堅農民にわたるようにはかったものであった。しかし、実際には頭振《あたまふり》・非農民や二、三男農民が切高を取得し、零細農民を増大させ、以後の藩農政は改作法への復古を志向することになった。

藩境確定と領内自給体制●

加賀藩領・富山藩領の越中と飛騨・越後《えちご》との境目が確定するのは、寛文～元禄期（一六六八～一七〇三）であった。山間奥地の領境は長いあいだあやふやなままにされていたが、奥地の開発進行による領境争論の発生と、幕府の国絵図《くにえず》作成事業により、国境が明確にされたのである。飛騨と越中の境目については、寛文七（一六六七）年に両国の村民による争論がおこったが、延宝二（一六七四）年に幕府裁定により富山藩側の敗訴となり境域が確定した。もっとも富山藩は論争地の放棄をその後も認めようとしなかった。一方、越後との境目については、幕府による元禄年間（一六八八～一七〇四）の国絵図徴収を契機にして確定した。吟味により元禄十四（一七〇一）年に境《さかい》川の中間が国境に確定した。

　幕府による取りつぶしをたえず警戒しなければならなかった加賀藩は、藩領防衛のために領境の警戒を厳重にするようにつとめていた。国境の要路には関所となる口留番所《くちどめばんしょ》が設置され、領民の通行は改めによる規制をうけ、また、海岸の防衛についても、越中では主要な浦方《うたかた》が七浦《ななうら》とされて、軍用などに船が徴発された。飛驒との境界の川には舟橋《ふなばし》を架橋させず、籠《かご》渡しという危険な渡河を強《し》いられたところもあった。また、越後や信州と接した黒部《くろべ》奥山は防衛上重要地点のため、慶安二（一六四九）年に奥山からの侵入をふせぐために国境の七カ村へ鉄砲が下付された。また、警戒のために万治三（一六六〇）年に山廻りの職が設けられたが、彼らの警戒のもとに領民の奥山利用もきびしく規制されていた。

　さらに加賀藩は、重要な物資・商品の自給を前提とする体制をととのえようとし、この点でも越中の人びとの生活を大きく規制した。寛文八年に諸商品の領外への移出入を統制する津留《つどめ》が定められた。貴重な食料品の米・塩については、領内での自給体制を維持し、生産を安定させるために領外からの移入が禁止されたのである。魚についても、明暦から寛文の時期に、徴税の関係もかかわって金沢《かなざわ》中心の流通体制がつくられ、領外移出には規制が行われた。また、藩用、軍用の馬確保のために、寛文三年に領内産の馬を徴発して乗馬に用いる法が定められている。この馬とともに軍需品の鉛《なまり》は新川郡が産地で、寛文年間（一六六一～七三）に藩は鉛確保のために一時衰えていた長棟《ながと》鉱山を復興させた。火薬原料の塩硝《えんしょう》は初期から年貢として五箇山《ごかやま》で確保していたが、寛永十四（一六三七）年からは毎年買いあげる御召塩硝となった。塩硝だけではなく五箇山では、和紙・蓑《みの》、さらに山菜その他の食品類も、藩用をまかなう召上げの献上品となっていた。越中の他地域の特産品も藩用のために献上されており、たとえば氷見では初鰤《ぶり》、新川郡浦方も初鱈《たら》・初鰤が御用魚として献上され、この献上がおわってはじめてその魚の売買が許された。

2 富山藩の成立

宗藩との関係と家臣●

寛永八（一六三一）年に加賀藩は、藩存立をあやうくするような政治的危機に見舞われた。このとき将軍家光《いえみつ》の弟、忠長《ただなが》の乱心と大御所秀忠《おおごしょひでただ》の危篤とが重なり、幕閣は加賀藩による反乱に疑いをもったのである。加賀藩は老中《ろうじゅう》への弁明により危機を回避したが、藩主利常は相続などの争いを口実とする取りつぶしをさけ、藩を存続させるために子弟への領地分与、支藩創設を考慮することになった。また、藩体制確立のための改作法実施は、農民の強硬な反対を引きだす可能性があったために、不満を藩主からそらし、また改革実施に専念するためにも、利常は寛永十六年、四八歳の若さで隠居したとされている。ここに次男利《とし》次《つぐ》は越中を主に一〇万石、三男利治《としはる》は加賀を主に七万石を分与され、富山藩と大聖寺《だいしょうじ》藩が成立した。

富山藩前田家が分家・分藩し独立したといっても、支藩・宗藩としてのつとめを富山藩・加賀藩がそれぞれはたす必要があった。富山藩は軍用にさいして宗藩に加勢・助力し、宗藩前田家が跡継の男子にめぐまれないさいには、場合によっては跡継ぎをだす必要があった。もっとも宗藩前田家では、二、三男も藩主に取りたてることにしていたため、富山藩前田家から宗家の跡をつぐ者はなかった。一方、富山藩の場合は、十代藩主利保《としやす》と十二代藩主利声《としかた》との権力争いがからんだ事情もあるが、十三代藩主となる利同《としあつ》が宗家よりはいっている。
また、宗藩は支藩困窮のさいに援助する必要があり、成立当初より財政の苦しかった富山藩は、はやくから宗藩の援助をうけている。たとえば、二代正甫《まさとし》の時代となって間もない延宝三（一六七五）年に富山藩が宗藩から借用していた総額は銀一二二二貫匁余・金一万両であったが、そのうち銀六九〇貫匁余は利次時代の借銀であった。また、知行削減のために一部の家臣を宗藩に引き取ってもらっており、はやくも明暦三（一六五七）年には知行高七〇〇〇石分の家臣五人が本藩に引きとられている。富山藩は、こうした経済的従属性もあって、宗藩へ歳暮・年頭祝儀や暑気・寒気の見舞いの使者を毎年、宗藩へ派遣していた。

　利次にあたえられた領地は、婦負《ねい》郡とその周辺をおもに、新川郡や加賀国に飛地《とびち》領もあり、また、利次は当初百塚に城下をかまえる予定であった。新川郡には重要な鉱山があ

富山藩の江戸藩邸玄関　移築して山上御殿正面玄関となる。

り、礪波郡とその周辺は穀倉地帯という点で加賀藩は財政上手放せず、また新川郡には江戸方面に対する防衛上でも、手放せない土地であった。その後、万治三（一六六〇）年七月に、飛地領を交換することで、借地の富山城下を藩領とし、富山周辺に富山藩の領地がまとめられた。

利次が富山へ入封したさいに随従した家臣団は、御馬廻《おうままわり》以上三〇〇人、同跡目・御鉄砲者二四九人などで、扶持米などをのぞく俸禄高が八万三八七〇石余とされている。領知高にくらべて多数の家臣を召しつれたために、藩財政が大きく圧迫され、富山藩でははやくより禄高削減のための家臣召放ちが進められた。この結果、元禄三（一六九〇）年には、分限帳《ぶげんちょう》によると俸禄高が六万六八五六石に減っている。

藩の機構は軍務を基準とした藩士編成の番方と、領内支配のための諸役務つとめの役方の二重構成となっており、ともにその機構は加賀藩にならったものである。元禄三年の段階では、番方《ばんかた》は家老・年寄のほかに足軽頭《あしがるかしら》組・近藤主計支配・小姓組・馬廻組・児小姓組・入江権兵衛支配・三ケ　面々・手廻組・射手・異風・組外・歩行組・露地詰《ろじづめ》足軽水手者組・足軽組よりなっており、一方、役方は寄合所の指揮下に寺社奉行・勘定《かんじょう》奉行・郡奉行・町奉行などがあり、この役方の職務は家格に対応して任命された。そして、藩政の重要事項は寄合所にて家老・年寄と寺社奉行など若干名を加えて合議して決定された。

「万治年間富山旧市街図」（富山県立図書館蔵）をみると、万治・寛文期に再建された富山城内には重臣の屋敷が設けられており、このころはまだ有力家臣の藩主に対する力関係が決して弱いものではなかったことがわかる。天和二（一六八二）年に重臣石川与三左衛門が富山藩を脱藩したが、これは二代藩主正甫により登用された元下級家臣、小塚将監《こづかしょうげん》が藩内で力をふるうことに抵抗してのものであった。重臣と抜てき登用家臣とのあいだで軋轢《あつれき》が生じるものの、はやくから財政を逼迫させていた富山藩は人材登用をすすめねばならなかった。正甫は儒者の南部草寿《なんぶそうじゅ》・杏一洞《きょういちどう》など学芸者の新規召抱えに加え、役方での人材登用を積極的に進めていた。貞享三（一六八六）年には、二〇〇石取りの奥村平馬《おくむらへいま》が勘定頭、寺西源兵衛《てらにしげんべえ》が大目付《おおめつけ》、斉藤弥兵衛《さいとうやへえ》が郡奉行などをつとめ、一五〇石のものでも大久保兵左衛門が町奉行、多賀次郎右衛門《たがじろうえもん》が郡奉行などに任じられ、また一〇〇石でも吉田安兵衛《よしだやすべえ》が郡奉行となっている。そして、右の奥村平馬と吉田安兵衛は、元禄三年に寄合所加判の職についていた。

抜てき人事が採用されたとはいっても、藩士の家の家格は番方の所属先と知行《ちぎょう》高が示すことにかわりはなかった。『富山藩士由緒書』によると、藩成立当初こそ有力家臣は分家をだしたが、その後は分家を出さず嫡男が家督を単独相続し、一方、武家の女性の地位は低いものとなっていた。二・三男は養子先がなければ、部屋住みの生活となり、また家督をついだ嫡男も、ずば抜けた能力をもたない限り、家格に応じた藩の役職を経験するだけであった。

富山藩の支配と困窮財政●

富山藩の政治の基本となる法は、寛永二十一（一六四四）年から翌正保二（一六四五）年にかけて定められた。家臣に対するその法度《はっと》の第一条には、藩主の父利常が定める小松御条目を厳守することが規定されているように、富山藩の領内統治は宗藩にしたがい、準じたものであった。農村の支配機構は、郡奉行の下で十村が中心となってになったことは宗藩とかわらない。十村は数十カ村を管轄し、各村には肝煎《きもいり》・組合頭がおかれていた。この村役人に加え、有力農民が長百姓に選ばれ、肝煎・組合頭にかわらぬ権限をもった。なお、近隣五カ村を一組にした五カ村組を設け、吟味人をおき農村支配を徹底させる独自な点もあった。

❖コラム

江戸藩邸の発掘

近世史でも発掘の成果を無視できない時代になった。近年には木船《きふね》城下の発掘や城端《じょうはな》町の町並み遺構の発掘などが行われている。また、富山県内ではないが、加賀藩と富山藩の藩邸遺跡の発掘も行われている。江戸の遺跡とはいえ、本文で記したように、越中で生産された富の相当な部分が藩邸で消費されたことを考えると、藩邸の発掘の成果を無視できない。周知のように、加賀藩・富山藩の藩邸は東京大学の本郷キャンパス（文京区本郷）にあった。このキャンパスの整備に伴い発掘が進められ、明治以降のビル建築で遺構がまったく破壊されたと考えられていた同地区から、近年、大聖寺藩も含む各藩邸の遺構・遺物が発掘されたのである。この発掘では、初期の加賀藩の藩邸で、のちに大聖寺藩藩邸となった東大医学部付属病院地区から、加賀藩邸で開催された祝宴にかかわる遺物が多数出土している。また、初期の長屋の遺構・遺物なども発掘されている。富山藩の藩邸遺構も二、三カ所は発掘されているが、興味深い知見をあたえるような発掘は今後の発掘にゆだねられているようである。病院地区から発掘された祝宴関係の遺物には、寛永六（一六二九）年の招宴のゴミとしてすてられたものがあり、このなかに越中にかかわる木簡《もっかん》が含まれていた。この木簡は宴用食材の鯛《たい》・鱒《ます》などを国元から運ばせたさいの荷札である。地名記載のある木簡は「富山」「高岡」を記しており、右の魚が越中より供給されていたことをうかがわせる（『東京大学遺跡調査室発掘調査報告書』三）。なお、この発掘の副産物として、富山藩邸の建物の写真（一五二頁参照）が宮崎勝美氏によりみいだされている。これからも発掘は行われるので、その成果が期待できる。

当然に農政は加賀藩の改作法を見習った施政がとられ、承応四（一六五五）年に各村に村御印がいっせいに発給された。宗藩同様に以後の年貢割付けを定めた村御印は、定免制と一村一律の年貢率の村免制を採用するものであった。また、宝永五（一七〇八）年の法令「利興様御代御条数書」（「前田文書」）によると、年貢未納の農民は土地を取りあげ、村を追放することを定めており、惰農追放の宗藩の方針にしたがっている。なお、加賀藩のように切高の公認こそしなかったが、富山藩は田畑売買を黙認しており、盛んにその売買が行われている。

富山藩成立当初の財政は、加賀藩より分与された一〇万石（朱印高）のうち計九万石余も家臣知行高に割《さ》く必要があった。寛文四年の領地高は、この分に加え一万二五三五石余の余高と二万三九七九石余の新田高があった。多額の知行高をかかえる藩は余高・新田高で財政をやりくりしなければならなかった。藩財政運営のために新田開発をすすめる必要があり、この結果、明暦年間より元禄十一年（一六五五～九八）までに開発された新田は七七〇〇石となっていた。

年貢により賄われる財政の実態を、寛文の支出について下の図にまとめてみた。藩主は参勤交代《さんきんこうたい》により隔年富山に在住するために、二年分の支出を取りあげることになる。下の図にみるように、藩主の江戸

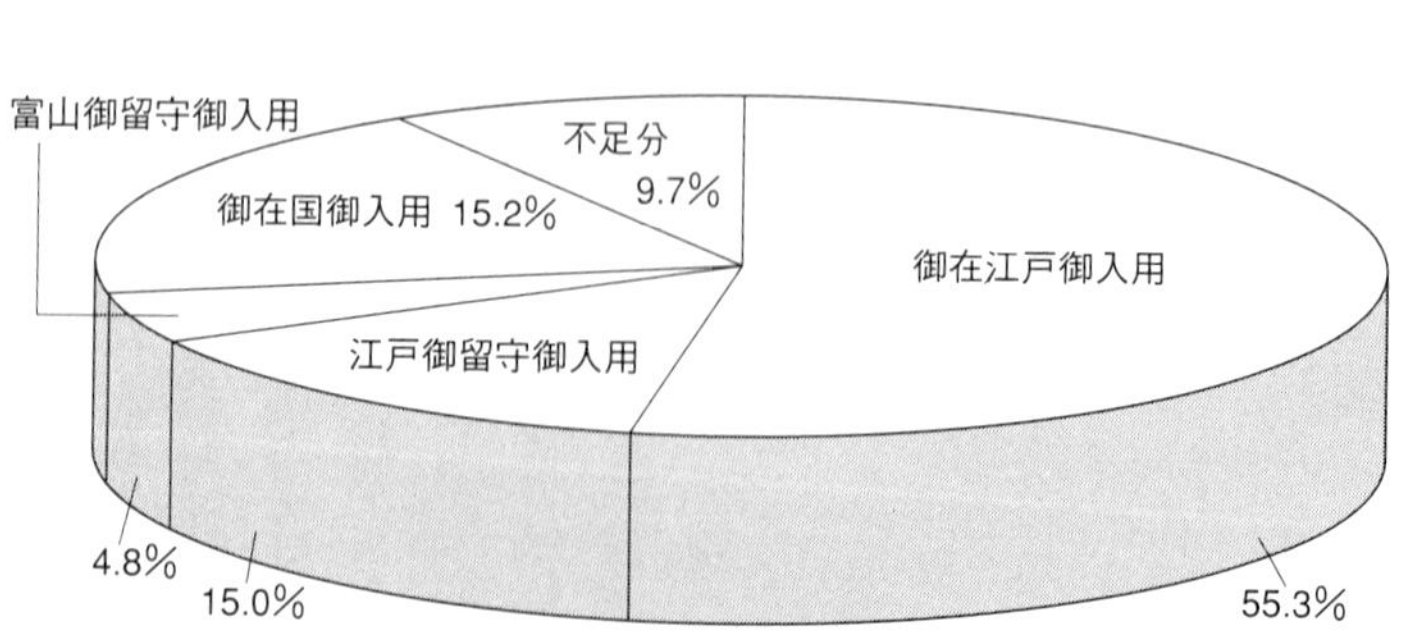

富山藩の支出内容(寛文 8 <1668>年ごろ 2 カ年分)

在住の年に必要となる領内入用分に倍する額がすでに寛文期に不足していたことがわかる。また、江戸での支出の占める比が圧倒的に高いこともわかる。年貢のうち相当の部分が江戸で消費されていたのである。ちなみに加賀藩も、延享四（一七四八）年の総入用銀一万三〇〇〇貫匁のうち六〇〇〇貫匁が江戸入用であった。

財政窮迫のために、富山藩は前述のように延宝（一六七三～八〇）ごろに宗藩より相当の借銀をしているが、こののちもたびたびの助成をあおぎ、また領外の飛驒や大坂などの商人からも借銀をすることになった。借銀に加え家臣の知行の一部を借りあげたり、大きな負担となっていた家臣の整理も、前項で記載した明暦以降にも積極的に進めている。『吉川随筆』によると、天和二（一六八二）年六月に家臣一八人と京役者三人、翌月に家臣三九人、元禄十六年には役者を含め三四人の召放ちが実施されている。しかし、このような施策では藩財政の困窮打開はできず、困窮財政の重石はいうまでもなく領民の肩にのしかかることになった。

3　村・町の形成と身分

近世村形成と身分●

初期総検地は、中世の地域支配の単位になっていた郷庄から、あらたに年貢負担の単位となる近世の村をつくりだした。この村切《むらぎ》りによりうみだされた村々は、単一の集落で構成されたものや、複数の小集落が一村にまとめられたものがある。この小集落には垣内《かくち》・坪《つぼ》などとよばれる小集落があり、複数の垣内などを基礎とした村が多い。垣内などは、集落住民が農業の共同作業をする基盤となる組織であり、また生活面での共同性をもつものであった。

近世農村の中心的階層は田畑を保持する農民である。初期総検地は彼らの土地保有を確認し、彼らが百姓身分であることも確定した。直接に百姓身分であることを確定する作業は、伝馬役や諸普請などの夫役を藩に対してつとめる役家の認定により実施された。たとえば、礪波郡の金屋《かなや》本郷《ほんごう》村では、慶長十四（一六〇九）年と元和四（一六一八）年に役屋を定めるために家読みの奉行が派遣された。彼らが村役人に指示して役屋《やくや》（家）を定めることにより、役屋とされた農民が百姓役を負担する百姓身分に認定されることになった。村には職人も田畑をもって居住していたが、大工や鍛冶などには藩の御用つとめのために百姓役を免除されるものが多く、免除された職人は百姓身分からのぞかれることになった。

近世初期に役屋として認定された農民が初期本《ほん》百姓とよばれる人びとである。改作法が実施されるころには、彼らの没落・交代などにより階層変動がみられ、彼らがつとめる夫役の多くが郡打銀に吸収され、用水普請人足も半分は草高割りでつとめるようになってくる。こうして田畑所持の高持《たかもち》が本百姓の資格となっていた。一方、無高の農民は頭振《あたまふり》とよばれた。頭振は諸役の負担や村民として必要な負担が特別なものをのぞいてなかったが、そのかわり一人前の村人としての扱いも村内でうけられなかった。

農民に対して、浦方の村々の漁民の場合も、高持は百姓、無高の場合は頭振として処遇された。山村居住の人びとも、田畑もちはやはり百姓身分として位置づけられた。一方、加賀藩・富山藩は村町の「非《ひ》人《にん》」や農民・町人の監視をし、また公事場・町会所の囚人をあつかうつとめを「藤内」とよばれる人びとに課した。藤内のほか、死牛馬処理を行い皮革業をいとなむ「えた」や、また農民のうち窮迫し没落して乞食などを行った「非人」の人びとが加賀藩の被差別部落民として村や町できびしい身分差別をうけてくらした。

村内の農民は、「二日読み」とよばれる、日常生活のさまざまな点について定めた法令のきびしい規制のもとにくらした。直接の各村の支配は、有力農民が肝煎・組合頭をつとめにない、一般の農民は五人組に編成され相互監督のもとにおかれた。越中の村々は家数の少ない小村が多いため、これらの村々を束ねる十村の役割が重要となった。改作法により藩は十村を重視して、侍代官にかわる任務をあたえ、一部の十村には槍《やり》などもあたえ、また一部の十村に扶持をあたえ優遇した。農村支配のために藩により重視されたた十村の各家は、その後、町方の有力町人の家も含めて、それぞれ婚姻関係で結ばれ、越中の庶民社会の頂点を形づくった。

村々では、高持の農地を定期的に交換する田地割《でんちわり》（基盤割）が寛永十九（一六四二）年以降に藩の認可により広く実施されるようになった。頻繁におこる自然災害が農作に打撃をあたえ、村の一部ないし多数の農家が年貢負担をできなくなることが多かった。しかし、年貢納入は藩が村役人に請けおわせた村請《むらうけ》制のため、未納分の年貢は村として負担しなければならなかった。このため不作地が特定農民に集中して年貢未納が増大しないように、村民の農地の条件を均一にして負担にたえられるように田地割が村々で実施されるようになったのである。田地割は、各農民の所持する農地の石高を変更することなく、農地交換を実施するものであり、高持の村民に村の農地は村のものという考えと、村民は同苗（同名）であるとの意識を植えつけさせることになり（村々に残る「田地割定書」参照）、閉鎖的な共同体意識をいちだんと強めさせることになった。

富山・高岡建設と町人●

城郭と武家地・町人地・寺社地が一体となった近世城下町《じょうかまち》の建設は、織田信長建設の安土《あづち》にはじまる。越中の近世城下町建設も信長家臣の佐々成政による富山建設を始まりとする可能性が大きいが、残念ながら佐々時代の富山については不明な点が多い。しかし、佐々のあとに富山にはいった前田利長が、慶長十（一六〇五）年に城下町再建を大規模に実施していることから、佐々時代の富山はまだ不十分なものであったとみられる。しかし、近世的城下町をつくったもののすぐに大火にあい、利長はあらたに慶長十四年に城下町を高岡《たかおか》に建設して本拠地とした。ともにきちんとした都市計画のもとに建設された都市であるが、一揆の拠点と

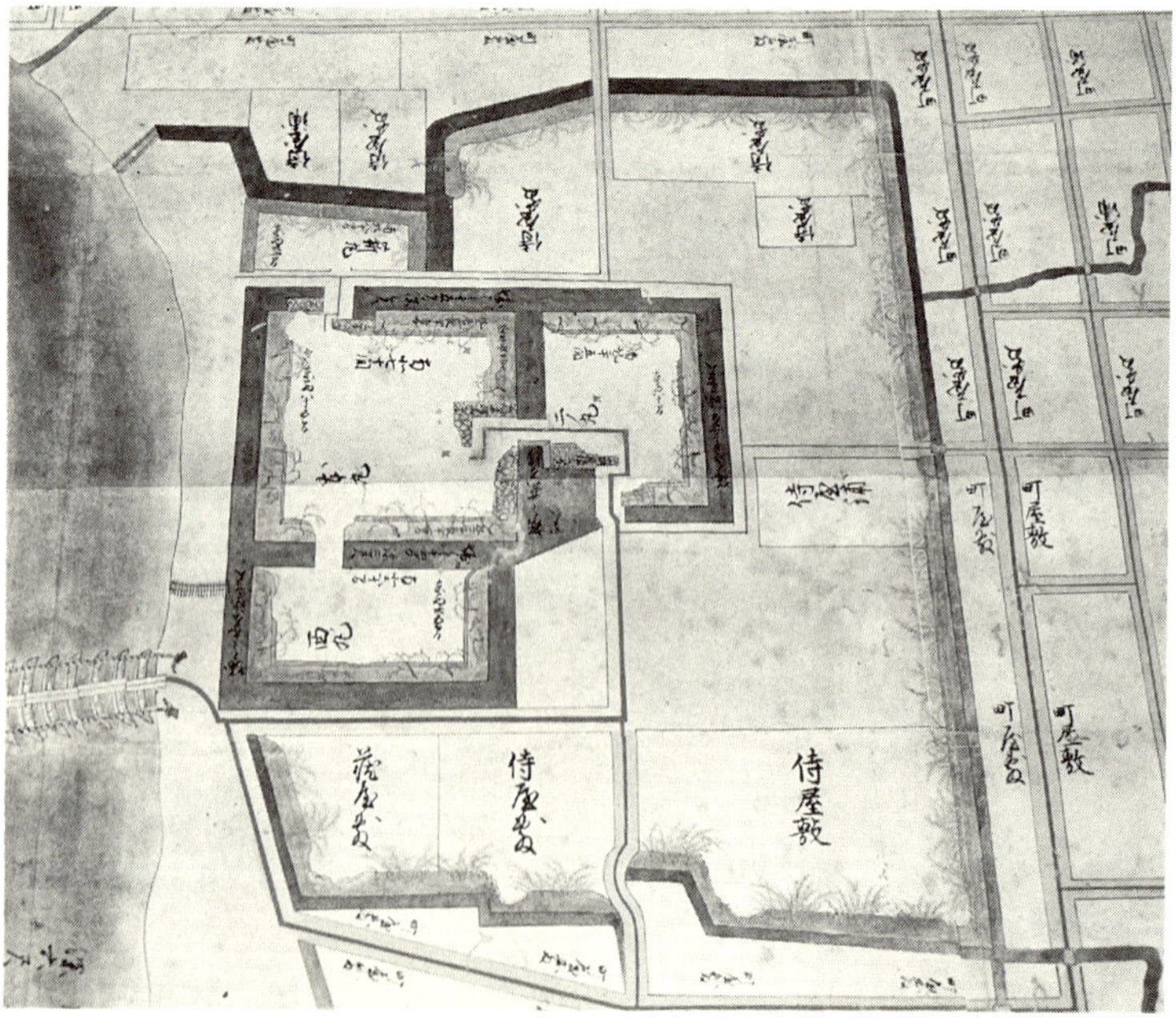

越中国富山古城絵図

なりかねない真宗寺院の配置をみると、高岡では城下の外側でなく、市街地内に取りこんでいる。富山も代表寺院の本願寺《ほんがんじ》末寺は、市街地内に配置されている。

中世後期の礪波地域の一向一揆の拠点となっていた寺内町《じないちょう》も大名支配に適合する町へとつくりかえられていた。城端や井波《いなみ》は、佐々支配の後には前田の家臣が派遣され、掌握されていた。近世の城端は大工町や出丸町をもち、町造りに枡《ます》形を設けた城下町的町づくりとなっているが、これは佐々時代の改造ではないかとみられる。佐々氏により焼失させられていた井波は、地域住民支配のためにも瑞泉寺《ずいせんじ》が前田氏により招致され、再建されたが、当初は町のシンボルとなるような場所から排除されて建設されていた。

富山・高岡を中核都市として、越中支配のために小城下町が魚津《うおづ》・増山《ますやま》・今石動《いまいするぎ》などに設けられたが、慶長十九年の利長死後に高岡の家臣は金沢に引きあげ、また元和《げんな》の一国一城令《いっこくいちじょうれい》により高岡・魚津・今石動などの城は廃止されたため、これらの都市は城下町ではなくなった。一方、寛永末年に成立した富山藩は寛文初年に城下町富山を再建したが、富山の町は神通川・鼬《いたち》川にほぼ三方を囲まれ、南側と西側に土居をきずき城下を囲む惣郭型といわれる形式でつくられていた（口絵「絵図」参照）。軍事的観点から近世初期に盛んに用いられた都市づくりが寛文期に実施されたのは、水害対策と幕府に対処する必要があるという、加賀藩支藩ならではの事情によるものであった。

富山や加賀藩領では高岡・魚津に町奉行が設けられ、今石動・城端・氷見は今石動奉行が町奉行として支配し、他の町場は郡奉行扱いとなった。町奉行支配の町は、郡奉行支配の町場と違って、主要道の町境における夜間の出入りを閉ざすために木戸を設けていた。町奉行支配地の町屋敷を所有する家持の住民は町役を負担する町人となったが、のちにできた町では町役をつとめず、かわりに地子《じし》負担をする町人となった。町人には家持のほかに借屋の階層もいたが、彼らは農村の頭振同様に町の正式な構成員にはなれなかった。

町行政は、町人自治を前提にして、町奉行支配下に有力町人がつとめた町年寄・町肝煎があたった。富山には設けられなかったようであるが、ほかには町財政を担当する専任の算用聞《さんようきき》がおかれた。都市規模の大きいところには、個別の町ごとに町役人が設けられた。富山の場合は丁　頭《ちょうがしら》と日行事《ひぎょうじ》がおり、高岡では、明和四（一七六七）年から町頭が設けられている。

元禄時代以前の富山や高岡では、町人上層には有力町役人のほか、藩御用をつとめるために特権をあたえられた町人が君臨していた。城下町富山では八人衆《はちにんしゅう》とよばれる有力町人が当初存在していた。利次の富山入封に伴い、吉野屋慶寿《よしのやけいじゅ》という高岡の豪商が利常の意向により随住している。『有坂吉野屋慶寿旧記』によると、慶寿は利次以来多額の御用金を富山藩へ調達している。彼は、天和二（一六八二）年の江戸藩邸類焼のさいには材木代三万六〇〇〇両、延宝九（一六八一）年の高田出兵には一万両も調達している。また、元禄七（一六九四）年の飢饉のさいには所持米一万五〇〇〇石を差しだしていることからすると、藩の年貢米の廻米を行う御用商人で初期豪商とよばれるタイプの商人である。彼は藩より町人惣禄の任命と町役免除をうけ、また屋敷地もあたえられている。

高岡では、天野屋《あまのや》三郎右衛門・横町屋弥三右衛門・越前屋甚右衛門がのちに町年寄となる宿老役をつとめ、町方訴訟を取りあつかったが、寛文元（一六六一）年に彼らは藩主御目見得《おめみえ》を許された由緒町人に定められた。天野屋は一町四方の屋敷地を拝領し、給人米売買場取捌きを命じられていた御用商人で、横町屋も材木を拝領して家建てをしたと伝えられている特権町人である。彼ら上層の町役人や御用商人の初期豪商は、十八世紀前期の元禄・享保ごろまで富山・高岡内で大きな勢力をもち、その後に問屋商人との勢力交代をみることになる。

礪波平野の町立てと元禄都市発展●

農民がくらしていくには、必需品を販売したり、余剰の生産品を販売する場が必要であった。城下町から遠い村々のためには、各地に市が開催されたり、常設店舗のある町場が必要であった。加賀藩は成立当初にこのような市町をあらたに各地に設定し、また市開設を認めていた。慶長十一（一六〇六）年に立野《たての》・

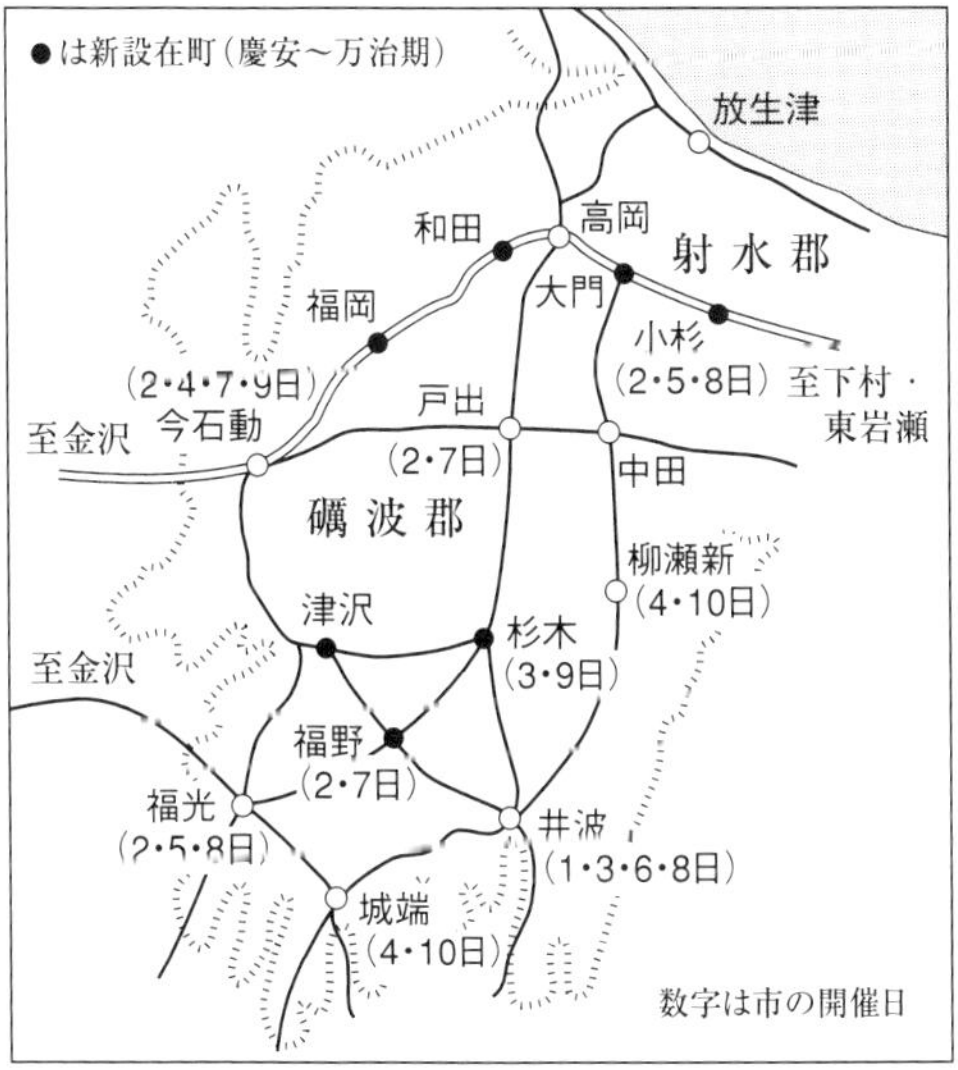

礪波地域の都市・在町

佐加野《さがの》、元和二（一六一六）年に安居《やすい》、翌年戸出《といで》新町の町立てを認め、市立てもあわせて許可している。

改作法が実施された十七世紀中ごろには、加賀藩のなかでも越中は、加賀・能登を大きく凌駕《りょうが》するほどの新田開発が進んだ。不安定な耕地の新田をかかえた新川郡と違い、礪波・射水両郡には新開地に多数の農家がうみだされることになった。しかし、両郡の従来の町場は平野周縁の山側に近い位置にあり、あらたにうみだされた農家や小村の人びとにとって市場へでるには不便であった。また、新田開発は小村と散在する農家による散居《さんきょ》的農村をうみだしていたため、市立てを行うような適当な集落がないこともあり、杉木《すぎき》新町（設立、慶安二〈一六四九〉年）・福野《ふくの》新町（同三年）・津沢《つざわ》新町（万治三〈一六六〇〉年）を始め前頁の図のような町立てが実施された。そして、この町立ては、今石動から高岡を経て下村《しも》・東岩瀬《ひがしいわせ》に至る街道の整備をするための町立ても含んでいた。今石動と高岡間の和田《わだ》新町（慶安二年）・福岡《ふくおか》新町（承応年間〈一六五二～五五〉）の町立て、高岡と東岩瀬間の大門《だいもん》新町（承応二〈一六五三〉年）・小杉新町（明暦四〈一六五八〉年）の町立てがその事例であるが、このときには下村の町並み整備も行われ、寛文二（一六六二）年に小杉新町・下村が宿駅《しゅくえき》に取りたてられ、従来の北陸街道にかえてこの街道が北陸街道となった。藩は以上の新町から役銀を取りたて、また周辺の耕地開発により年貢収入を増加させることができた。新町は年貢米の販売先にもなった。新町は商工業者が居住することになり、農村の二、三男の独立の場ともなった。小杉新町では近村から追いだされた、追出し百姓といわれる農民が新住民の半ばを占めていた。しかし、この追出し百姓は、この時期に田畑の荒廃により困窮していた分家筋の農民であった。

和田新町のような高岡に近いところはのぞいて、新町には市立てが認められた。礪波・射水の地域について、従来の町で開かれる市とともに、新町の市の開催日を前頁の図に示した。市はたえず地域の二カ所で開催されるようになっており、市商人がこれらの市をめぐり、農民は近くの市へでかけるようになっていた。

新町が建設されたころから元禄のころまで、既存の都市へ流入する農村の二、三男が増大した。城端では、西新田《にししんでん》町などが改作法実施期に町立てされたが、『組中人々《くみちゅうひとびと》手《て》前《まえ》品々《しなじな》覚書帳《おぼえがきちょう》』（城端町蔵）によると、その後も周辺農村から流入する人びとが増大していた。また、彼らは城端で請作や人足稼ぎをして暮らしを立てた。

城端以外の町奉行・町裁許の支配する町方《まちかた》でも、慶安から元禄のこの時期には戸口が増加し、散地や散町となる新町がつくられ、町域が拡大していった。氷見では慶安二年に朝日《あさひ》新町が町立てされている。魚津では金屋町・八幡《はちまん》町・新塩屋《しんしおや》町・出《で》町・新川原《しんかわら》町がこの時期につくられている。寛文期に再建された富山では、その後に田地方《でんちかた》の町の拡充や散地があらわれたが、城下の境界を明確にするためにも、元禄三（一六九〇）年に城下各口に門柵が設けられ、とくに舟橋《ふなばし》新町・御福《ごふく》新町のあいだと稲荷《いなり》町の町端には番《ばん》所《しょ》も付け加えられた。

十八世紀前期の元禄・享保期以降に、町人のなかでは初期特権町人にかわって、問屋商人の成長がみられるようになっていく。代表的なのが富山の薬種問屋である。元禄・享保期以降の富山では売薬業が盛んとなり、薬種を供給する薬種問屋が大きな勢力をもつようになる。その中核をになった薬種商茶木屋の場合をみると、同家は元々町年寄をつとめていたものの、吉野屋のように没落せずに薬種問屋として家業を発展させていき、町年寄もつとめて町方内に君臨していた。

元禄期の高岡・今石動では、蔵宿や材木商などとともに、周辺農村で生産される布をあつかう商人が経済的に勢力をもった。城端は五箇山を相手に貸し方をする判方商売に加え、絹生産と絹商いでも栄えた。この元禄期の城端を、前出『組中人々品々帳』にみると、多くの住民が絹織物に従事し、中心部の東町・西町には多数の絹商人が居住した。彼らの家では手代《てだい》・丁稚《でっち》の奉公人が雇用されるだけではなく、通《かよ》いの番頭もいた。

宿駅制・廻米制確立と通信●

加賀藩は領内支配のために、城下町と支城のある町や領内要所を結び、また江戸との参勤交代のために、北陸街道を中心とした主要街道を整備した。越中では北陸街道と氷見往来には伝馬《てんま》宿継ぎと宿泊業務をつとめる宿駅を設置し、徒歩でわたれない川には、渡し船や橋を設けて街道を整備した。慶長二十（一六一五）年に宿駅を定め、元和二（一六一六）年には各宿駅の伝馬役負担の割合を定めている。藩主が参勤交代や領内巡視を兼ねた鷹狩りのさいの宿泊施設としては、御旅屋《おたや》が設けられた。

藩政が確立する寛文期（一六六一～七二）には、中心街道の北陸街道の道筋の再編とともに、宿駅維持の体制や街道自体の整備も行われた。小杉新町・下村・東岩瀬が寛文二（一六六二）年に宿駅に指定されて、高岡・小杉新町・東岩瀬の道筋があらたな北陸街道となった。新川郡でも同年に、愛本《あいもと》橋を黒部川に架橋し、翌年には舟見《ふなみ》・浦山《うらやま》が宿駅に設定され、主として冬季利用の従来の魚津・入膳《にゅうぜん》・泊《とまり》の下街道とともに、夏季利用の上街道の北陸街道とされた。寛文六年に各宿がそなえていた馬数が常備馬数となり、その後馬維持のために宿相続銀《しゅくそうぞくぎん》が貸与されるようになった。なお、十七世紀後半の寛文・元禄のころには御旅屋にかわって、宿民に本陣《ほんじん》をつとめさせるようになった。

物資輸送で大きな役割を果たしたのは水運である。年貢米の最重要販売先は、大坂・京都の上方《かみがた》市場であったが、初期には海路の安全性が不十分であったために、領外へ移出される年貢米は北国海運により敦賀《つるが》・小浜《おばま》へ輸送し、同所から琵琶湖《びわこ》を経て京都・大坂へ輸送された。しかし、積替えや陸路の運賃経費がたいへんなために、年貢米のうち領内で地払いする分も三分の一におよんだ。高値販売のできる上方への輸送のために、加賀藩は寛永十五（一六三八）年に大坂への年貢米直送も試みているが、直送が定着するのは延宝期の幕府による下関《しものせき》廻りの西廻り海運の整備によるものである。これにより、加賀藩・富山藩は西廻り海運を利用して上方への年貢米輸送を行うようになった。

　廻米制が確立するには、領内での年貢米輸送機構の整備を必要とするが、これは改作法実施段階に整備されていった。年貢を保管する藩の御蔵が慶安（一六四八～五一）ごろより各所に設定され、御蔵へおさめられた年貢米は、川舟により川や用水を利用して廻米所に設定された諸湊へ運送され

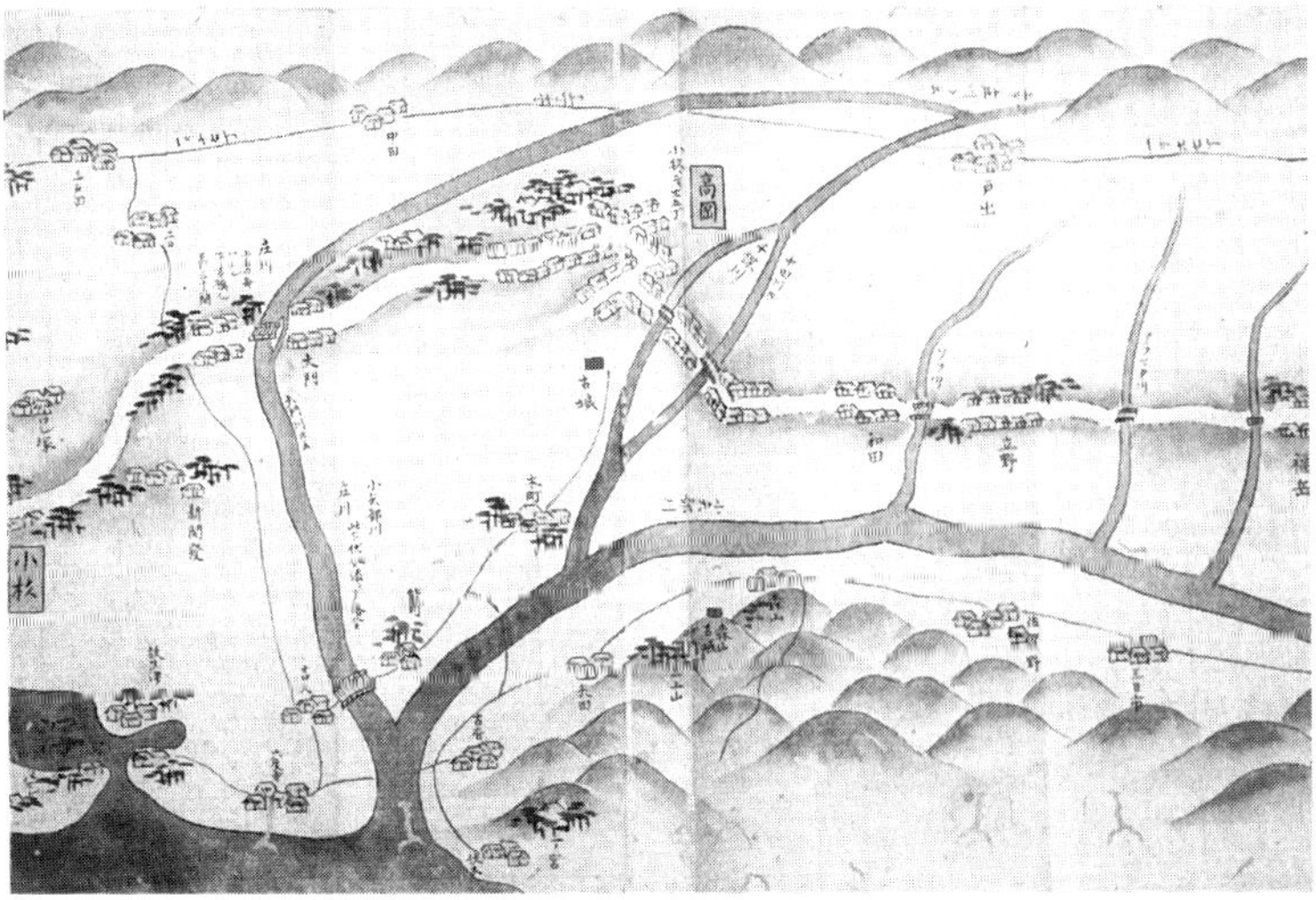

下通街道図

た。

　年貢米輸送のルートは商品物資の上下するルートにもなった。とりわけ小矢部《おやべ》川の舟運は活発で、小矢部川の水量が減少した寛文以降の伏木《ふしき》は年貢米積出しや商品物資の移出入の湊《みなと》として重要な位置を占めていった。寛文ごろまでの小矢部川は水量が多く、廻船が高岡の木町《きまち》まで遡航《そこう》したとされるが、その後は伏木から木町の長舟に積みかえ、商品物資を高岡や今石動まで輸送した。しかし、寛文五年に小矢部村の川舟も進出し、結局、延宝五（一六七七）年に木町舟方との積荷配分が定まり、小矢部舟方も木町より上流の輸送をになうようになった。また、今石動・高岡間では旅人をのせる舟も盛んに航行していた。一方、神通川では東岩瀬から富山まで富山木町の舟方などにより川舟で物資が運送された。飛驒送りの荷物は、富山からは馬・牛により付け送られた。

　情報の伝達は藩の領内支配のうえで重要であり、藩は宿駅制度を通信網としても利用した。藩の公用書状逓送のために、宿駅が宿継ぎによる継飛脚《つぎびきゃく》業務をつとめる継飛脚制度が設けられていた。承応三（一六五四）年七月に藩は、継飛脚の書状が遅滞なく継立てできるように今石動宿に命じ、入用銀も貸与していた。また、郡奉行所の御郡所や十村寄合所でも、城下町や領内要所への書状・書類輸送に飛脚を差したてたが、これはかかえた人足によるものである。

　藩外への通信は、加賀藩では足軽を使う飛脚により金沢と江戸・京都を定期的に結び、また富山藩も長柄《ながえ》の足軽を飛脚に使い、富山と江戸間を結んでいた。富山藩のこの飛脚は享保十年以前の定めで、中飛脚で夏季は五日半、冬季は六日余、早飛脚は夏季四日余、冬季五日余で富山・江戸間を結ぶことになっていた。加賀藩の江戸向け飛脚の江戸三度飛脚はのちに町人にまかされた。この金沢の江戸三度飛脚は越中の

❖コラム

富山の舟橋と鮎鮨

嘉永六（一八五三）年に刊行された歌川広重《うたがわひろしげ》の「六十余州名所図会」は、各国の代表的風景を一カ所選び、広重が描いたものである。越中の代表的風景として広重により選ばれたのが、富山城下の船橋《ふなばし》であった。この船橋は全国の代表的船橋としても葛飾北斎《かつしかほくさい》の「諸国名橋奇覧」に描かれ、黒部川に架橋されたハネ橋の愛本橋とともに全国によく知られた橋であった。このほか、富山を描く多数の絵画には、必ずといってよいほどに船橋は描かれ、富山城下のランドマークともなっていた。この船橋は富山城の裏手を流れる神通川に、富山城西脇の七軒町から対岸の船頭《せんどう》町、架橋されており、北陸街道筋をつなぐ重要な橋であった。船橋ができたのは慶長十（一六〇五）年の富山城下再建のときと考えられ、それまでは渡船により両岸をつないだ。船橋は六四艘の舟を鎖《くさり》でつないで、そのうえに板をならべてつくった。のちには五枚の板をならべ、幅二尺あまりになった。この船橋近くの茶屋は鮎鮨《あゆずし》を名物として繁盛していた。松浦守美《まつうらもりよし》の「越中富山神通川船橋之図」などに名物鮎鮨の記載があるが、十返舎一九《じっぺんしゃいっく》の『金草鞋《かねのわらじ》』（文政十一〈一八二八〉年刊）には挿《さ》し絵に船橋を取りあげるだけではなく、「名物の鮎のすしとて買ふ人の、おしかけて来る茶やのにぎはひ」という狂歌も記載されている。このように十九世紀には、船橋たもとで売られていた鮎鮨が当時の富山の名産の一つであった。現在は鱒鮨《ますずし》が富山名産の代表であるが、元来は鮎鮨が名産であった。この鮎鮨は享保年間（一七一六〜三六）に富山藩士がつくったものがはじまりとされている。この鮎鮨も富山藩から将軍家へ献上される美味なものであった。

人びとも利用したが、町人向けの京都への便はないため、京都中使《なかづかい》が登場した。高岡では、『越中高岡紀事・不歩記』によると、享保期に金沢を結ぶ金沢中使が毎月一〇回、定期的に信書・貨物の輸送を行った。また、高岡と富山・魚津・氷見・井波を結ぶ中使も設けられていた。

5章

藩社会の展開と動揺

黒部川(『二十四《にじゅうよ》輩《はい》順拝《じゅんぱい》図会』)

1　開発・災害と藩政展開

広がる新田●

近世にはいって全国的に沖積《ちゅうせき》平野の本格的な開発がはじまる。領主権力が強力でないと大土木事業はむずかしいために、越中《えっちゅう》でも佐々《さっさ》・前田《まえだ》両氏の入国以降にようやく大規模な開発が実施されるようになる。佐々時代には常願寺《じょうがんじ》川の馬瀬口《ませぐち》にある「佐々堤《さっさづつみ》」が建造されたといわれるが、この点の確証はなく、築堤・用水開削・新田開発の大規模工事が史料的に明確になるのは加賀藩《かがはん》統治以降であった。

加賀藩領の新田開発は、十七世紀前半だけでも次頁の表のように進行した。表からあきらかなように、越中の開発は加賀・能登《のと》にくらべて圧倒的規模で進んだ。開発される土地は、荒野や庄《しょう》川などの河川流域や旧河床が選ばれた。河川氾濫の被害をたびたびうけた越中では、新田高は大きいが水損地となるところも多く、越中でもっとも新田開発が進んだ新川《にいかわ》郡がその点で著しかった。

藩政初期には有力農民の願いによる地域の開墾が行われるようになり、また村々では田畑周辺の未耕地を田畑化する切り添え型の新田開発も進められていった。切り添え型新田開発はその後も行われていくが、同時に表のような大規模な開発も盛んに実施されるようになった。また、開発は潟《かた》・砂丘《さきゅう》でも進められた。放生津《ほうじょうづ》潟では、正徳元（一七一一）年までに開かれた久々江《くぐえ》野開《のびらき》などの新田開発がみられ、氷見《ひみ》の十二《じゅうに》町潟《ちょうがた》では寛文二（一六六二）年以降に干拓が実施され、古江《ふるえ》新村・中島《なかじま》新村などの新田がうみだされた。同じく現氷見市域の砂丘も元禄年間（一六八八～一七〇四）から開拓されていくが、この氷見地域や小杉《こすぎ》地域の山間地では溜池《ためいけ》造立により新田開発が実施されたことも見落とせない。

近世前期には、藩主導により用水開削を伴う新田開発が行われ、慶安（一六四八〜五二）以降には十村《とむら》主導や改作奉行《かいさくぶぎょう》も指導する新田開発が行われるようになった。藩主導の代表的な開発は、下村《しも》の長左衛門《ちょうざえもん》・八町《はっちょう》村の善左衛門《ぜんざえもん》・小竹《おだけ》村の久右衛門《きゅうえもん》の願いにより寛永元（一六二四）年から実施された、山田《やまだ》川・井田《いだ》川を利用した牛ヶ首《うしがくび》用水の開削とそれに伴う新田開発である。牛ヶ首用水は婦負《ねい》郡を貫流し、射《い》水《みず》郡の一部も含む地域の新田を開発するだけではなく、流域の低湿地の田地の排水をも実現させた。寛永九年には当畑直し分とともに新田は四四二〇石を数えたが、古田も一万九〇〇〇石ほどが用水の恩恵をうけた。その後、承応三（一六五四）年に八町村善左衛門らが富山藩の認可を得て、神通《じんづう》川から新江を掘削

新田開発の進行—正保3(1646)年新田高

国　名	郡　名	石高
加賀国	河北郡	石 3,888
	石川郡	3,833
	能美郡	2,753
能登国	羽咋郡	5,800
	鹿島郡	476
	鳳至郡	5,406
	珠洲郡	3,486
越中国	礪波郡	18,751
	射水郡	16,628
	婦負郡	6,748
	新川郡	26,174

ともに「越中国四郡高付帳」（加越能文庫），『富山県史』通史編3により作成。

新田開発の進行—おもな新田開発

新　田　名	年　　次	位　　置
牛ヶ首用水	寛永元(1624)年〜17(1640)年	富山市・婦負郡・射水郡東部
高原野	17(1640)年	常願寺川右岸
天神野	慶安5(1652)〜承応3(1654)年	魚津市
芹谷野	寛文3(1663)年	砺波市・射水郡
杉原野	7(1667)年	八尾町杉原
月岡野	8(1668)年	富山市月岡
山田野	延宝元(1673)年	城端町・福光町
外輪野	6(1678)年	婦中町音川
岩武野	天和3(1683)年	福野町
古沢野	宝永3(1706)年	婦中町
舟見野	〜寛政10(1798)〜享和2(1802)年	宇奈月町愛本・入善町舟見
塩　野	寛政12(1800)・文化3(1806)〜10(1813)年	大沢野町大久保
舟倉野	文化13(1816)年	大沢野町
東福寺野	天保10(1839)年	滑川市
十二貫野	天保9(1838)〜12(1841)年	黒部市

して牛ヶ首用水に導水したことにより、山田川・井田川からあらたに奥田《おくだ》新用水・杉原野《すぎはらの》用水・外輪野《そとわの》用水・岩屋《いわや》用水・古沢《ふるさわ》用水が開かれて、いちだんと流域の開発が進行した。

庄川の場合は、流路固定と用水利用による新田開発が行われ、砺波《となみ》平野や射水平野の開発に大きな役割を果たした。寛文十年から正徳四年にかけて、加賀藩により松川除《まつかわよけ》の堤防建設事業が進められ、庄川の流路がほぼ現在の形となり、旧流路周辺の開発も行えるようになった。松川除事業に伴い旧用水の整備に加え新用水開削も行われた。庄川西岸は旧用水の取水口の付替えが主であったが、東岸では寛文三年に芹谷野《せりだんの》用水が開かれ、芹谷野と射水平野へ水を供給した。享保二（一七一七）年には六カ用水が設けられ、これにより溜池による水確保が行われていた射水地域の新開がいっそう進められ、溜池も耕地となった。

小矢部川の場合は、寛文十三年の用水開削により山田野が開発されている。「山田野江出百姓覚」（「山田

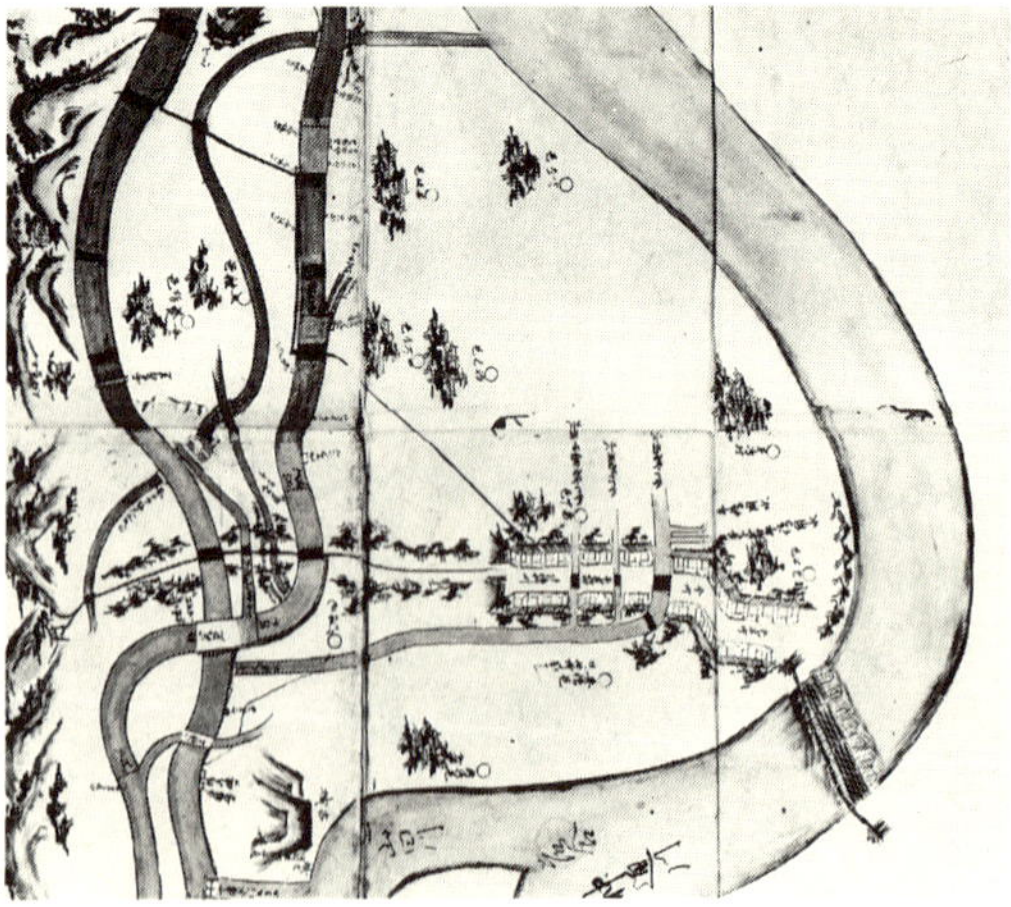

牛ヶ首用水通絵図(部分)

新田文書」）という史料によると、山田野には周辺地域の農家の二、三男が入植したことがあきらかであり、この時期の新田の入植者の主は農家の二、三男であったことがわかる。新田開発は、財政をうるおす藩にとってだけではなく、元禄六（一六九三）年より分割相続が禁止された農家の二、三男にも、彼らの自立にとってたいへんな救いとなり、新田開発が進んだ十七世紀後期以降には多数の農家が越中農村に形成されることになった。また、もともと小村を主とした砺波地域では、新開による農家形成が散村的景観を押し広げていったことも重要である。

十八世紀後期に新田開発は停滞したが、十九世紀以降にまた活発となり、とりわけ新川郡で盛んに実施され、大熊村（魚津市）の椎名道三《しいなどうさん》の活躍がめだった。道三の出願した東福寺野《とうふくじの》の開墾は、天保十（一八三八）年から藩費による開発が実施された。また、前年からの十二貫野《じゅうにかんの》の開発でも道三が用水掘立てについて担当している。この時期になると、入植者は近隣の難渋村や人口過剰の村の農民となっている。なお、十九世紀には町人開きもみられた。この事例としては、富山商人岡田屋嘉兵衛《おかだやかへえ》らにより文化三（一八〇六）年に着手された塩野開発があげられる。

さまざまな災害と保全●

凶作・火災・地震・風水害などさまざまな災害が、越中に生きた人びとの暮らしに大きな打撃をあたえた。射水郡三ケ《さんが》村のある有力農民が十八世紀以降の家の記録をまとめた『年譜』（「松長家文書」）をみると、村内や近在・遠隔地のさまざまな災害が丹念に記録されており、家の記録が災害記録となっている。つまり、大切な家の発展と永続をおびやかすものとして災害が強く意識されており、また実際にたえず災害により越中の人びとの暮らしがおびやかされていたことが『年譜』からうかがえる。

高い山々に取り囲まれた越中の河川は急流で、しかも多数の河川が国内に流れていたために、洪水などの水害にたえず人びとは悩まされた。初期には都市建設のために必要となった山林の伐採が水害を多発させた。また、物資搬入に便のよい川沿いの土地に富山・高岡《たかおか》は建設されたため、町人は水害によりたびたび、家財・商品を損失して苦しめられた。その結果、治水事業は新田開発と連動して実施された。前項で取りあげた庄川の松川除堤防の建設は、元来は高岡を水害からまもるためでもあったとされている。一方、常願寺川は天井川《てんじょうがわ》のため洪水を頻繁に引きおこした。しかし、下流の近域に富山があったため、富山藩は同川の治水に腐心している。明和六（一七六九）年には、丹波《たんば》から取りよせた松苗を上馬瀬口村と一一カ村入会地に植えて、下流の田畑や富山の洪水を防止しようとした。四十八ケ瀬《しじゅうはちがせ》とよばれるほど支流が多かった黒部《くろべ》川についても、加賀藩は霞堤《かすみてい》の川除を多数建造して流れを本流に固定させるようにつとめている。

越中ではフェーン現象がおこり、このときに火災が発生すると、強風と低い湿度の関係で大火になることが多い。フェーンがなくとも家並みの密集した町場では、消防力の低さから大火になった。利長は慶長十四（一六〇九）年の富山の大火後に、富山は火災に弱いとして、あらたに高岡を城下町《じょうかまち》として建設した。富山藩による富山再建後もたびたびの大火で町人は大被害をうけたが、とりわけ天保二（一八三一）年の大火は町の景況を悪化させ、町経済に大打撃をあたえた。十七世紀後半以降に建設・再建された町は防災の観点からの町造りを行い火災に対処している。たとえば、福野《ふくの》は町中央の道筋を屈曲させ、南北方向のフェーンの風の通り抜けを阻止し、享保年間（一七一六～三六）再建の泊《とまり》は防火用水を中心部に設けている。

村の農家では、防風と防火をかねた屋敷廻りの林がつくられた。加賀藩は屋敷廻りの樹木伐採を規制する七木《しちぼく》制度を寛文三（一六六三）年に設けた。七木制度は山林資源保護と治水、そして藩用の普請材木確保のために定められたものである。越中の場合は、松・杉・桐《きり》・槻《つき》（欅）・樫《かし》・檜《ひのき》・栗が七木に指定され、御用以外の伐採が禁止された。その後、正徳四（一七一四）年に栗は七木からはずされ、享保十一（一七二六）年三月には垣根《かきね》廻りや畦畔《あぜくろ》の七木などの伐採も禁止された。

富山湾沿いの町や浦方《うらかた》では、津波・寄り回り波の被害をうけていた。新川郡泊宿はたびたびの津波・高波被害により移転を繰り返した。享保二年の大波被害にさいしては、藩が宿駅《しゅくえき》維持のために海岸から遠方の土地への移転を求めたが、住民の漁民の反対により泊は若干海岸からはなれた現在地へ移転している。一方、富山藩領の西岩瀬《にしいわせ》では、寛延二（一七四九）年・同三年に新町へ海がはいりこむことに

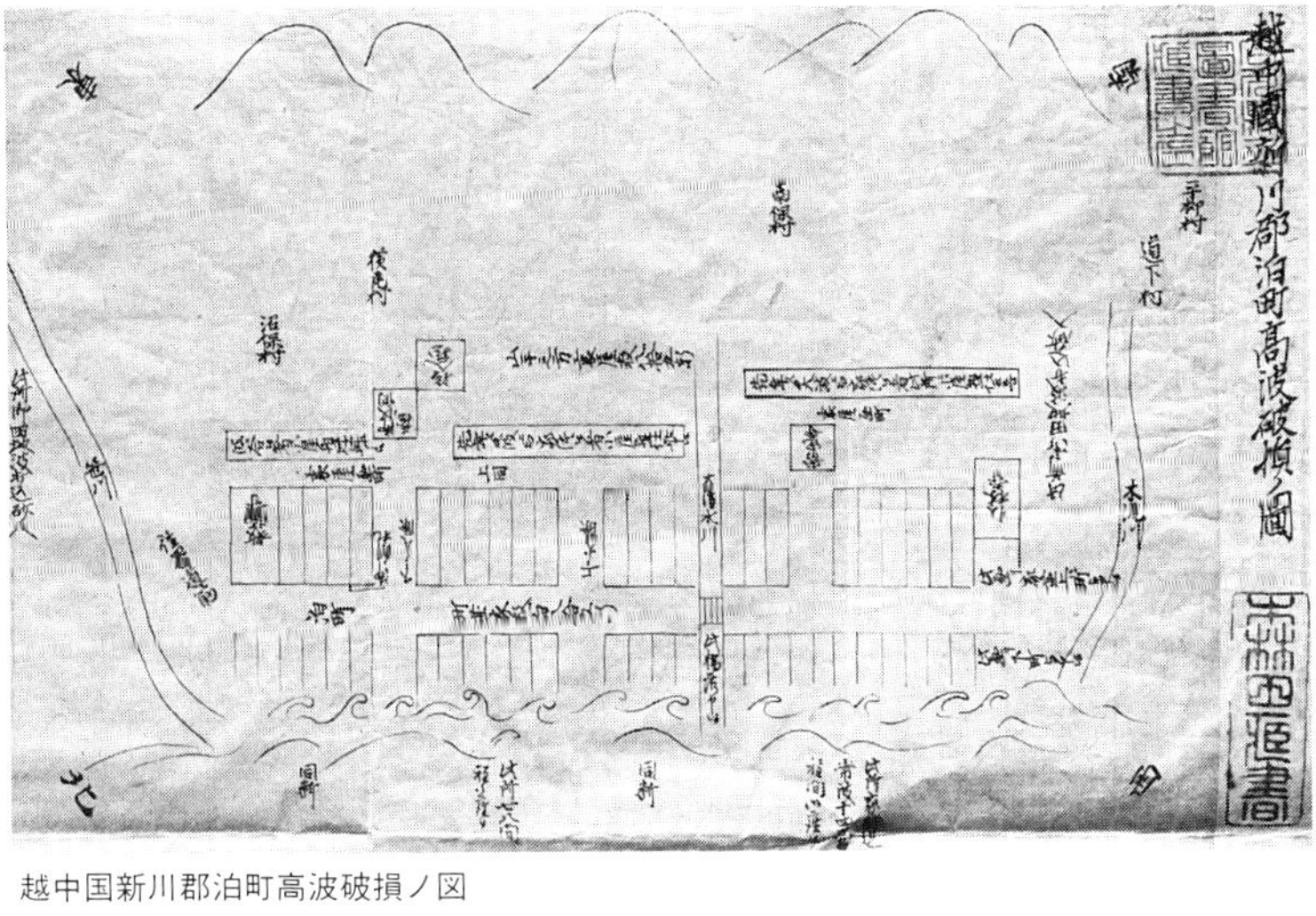
越中国新川郡泊町高波破損ノ図

なったので、汐除《しおよけ》土手《どて》を建設している。また、射水郡の海岸では波除護岸工事が天保十一年と安政六（一八五九）年に実施されている。さらに、氷見では防砂林の備えがみられる。他方、山間地では山崩れ・地滑り、また雪崩《なだれ》・大雪が人びとを苦しめた。山崩れ・地滑りは地震により触発されることも多く、天正十三（一五八五）年と安政五年の地震は大被害をもたらしたが、これ以外にもたびたび地震があったことは、前述の『年譜』にも記録されている。また、平地では特別な大雪の年以外は雪害がなかったようである。ただし、このようなときには稼ぎのできない零細な人びとが困窮した。

鳥獣による被害も農村では無視できないものがあった。山間地では猪《いのしし》・猿《さる》が出没し、また鳥による作物被害も大きいために、加賀藩も富山藩もとくにこれらの村には鉄砲の使用を許可した。また、藩主の鷹狩《たか》りのために鳥捕獲は制限されていたが、山方《やまかた》の村には鳥殺生御免札《とりせっしょうごめんふだ》・御餌指見合焼印札《おえさしみあわせやきいんふだ》を渡して鳥類の捕獲を許している。

産物方と反魂丹役所●

加賀藩は綱紀《つなのり》治世の元禄時代に多大な借財をかかえていたが、元禄十五（一七〇二）年の江戸藩邸への将《しょう》軍《ぐん》御成《おなり》で莫大な費用を支出し、さらに財政が悪化した。しかし、解決はつぎの藩主にゆだねられた。さらに享保期以降には年貢米の価格低下という事態を迎えることになる。このなかで六代藩主吉徳《よしのり》は大槻朝元《おおつきともと》の登用により財政再建を試みた。しかし、足軽《あしがる》から立身した大槻の重用に対する反発もあり、延享三（一七四六）年の朝元失脚よりはじまる加賀騒動が引きおこされ、財政解決への試みが挫折することになった。

成立当初より財政の苦しかった富山藩は、藩士の俸禄《ほうろく》削減や他領商人からの借金にたよった。この結果、元禄十四年には藩札《はんさつ》発行をはじめ、また享保十六（一七三一）年にも再発行するなどして財政をうるおそうとした。しかし、宝暦ごろに江戸での出費が相当かさむようになり、年貢米売買をゆだねている上方《かみがた》商人の蔵元《くらもと》に融通してもらっていた借銀が多額におよんだ。困窮した富山藩の財政担当者は、通例の年貢増徴や臨時の運上銀《うんじょうぎん》賦課《ふか》ではない、恵民録《けいみんろく》仕法《しほう》や人別銭《にんべつせん》という独自の施策を案出し、急場の乗切りをはかった。まず、宝暦十二（一七六二）年に、頼母子講《たのもしこう》方式を利用して蔵元に講銀《こうぎん》取りあつかいをまかせた恵民録仕法を実施した。同仕法は毎月一度、一〇一回にわたって藩士も含めて領民に富くじの札を強制的に引きうけさせ、困窮した藩士や領民には寄銀からの貸付けを実施するものであった。ところが、翌年二月に幕府より日光《にっこう》普請《ふしん》手伝いが命じられ、多額の入用《にゅうよう》をまかなう必要が生じた。このため藩は急遽、恵民録仕法を中止して多額の上納銀《じょうのうぎん》実施にふみきり、また飛騨《ひだ》・加賀・上方などの他領商人から借財を行い急場をしのいだ。しかし、明和二（一七六五）年には参勤《さんきん》入用すら不足する事態になったため、翌年十一月に藩は、すべての領民を対象とする人頭税の人別銭徴収を明和四年から実施することにした。これは一般の農民・町人だけではなく、藩士や無高農民・借家町人なども含めて賦課対象にしたものであった。

加賀藩は宝暦五年に財政再建のために銀札発行を行ったが失敗し、銀札をかかえた越中の加賀藩領の商人・農民も経済的打撃をうけている。そこで財政改善のために産業振興策がとられることになった。藩は安永七（一七七八）年に産物方《さんぶつかた》を設置し、領内の産物調査を実施した。同十年からは産物銀貸付けもはじまるが、結局、天明五（一七八五）年に、前藩主重教《しげのり》が勝手方《かってがた》の親政にのりだし、産物方を廃止して御改法という施策《しさく》を実施した。そこでは藩士や農民の借財を帳消しにする施策もとられている。その後、化政期になると十二代藩主斉広《なりなが》は、農本《のうほん》主義的政策をすてずに重商《じゅうしょう》的政策もとった。藩財政と農村のたて直しのために文化八（一八一一）年に改作法復古に取りくみ、文政二（一八一九）年には多数の十村を投獄・配流したうえ、同四年に改作奉行・十村を廃止する農政機構の改革を実施している。そして、一方では文化八年に産物調査を実施し、同十年に産物方を再開させるが、その後一年たらずで中絶させたものの、また文政元年に産物方を復活させている。なお、領内の主要産物が京都・近江《おうみ》両地商人の支配下に置かれた事態を改めるために、このとき産物方主付に登用されていた宮腰屋《みやのこしや》(一丸)甚六《じんろく》は、大坂や江戸の市場開拓につとめた。この結果、越中産物では城端絹《じょうはなきぬ》、新川木綿《にいかわもめん》などの木綿、五郎丸《ごろうまる》布などの諸商品が江戸市場へ送りだされている。

一方、富山藩では、産業方振興の専任役所となる産物方設置があきらかになるのは天保《てんぽう》の改革のなかであった。しかし、それ以前に産業振興の政策がなかったわけではない。当然ながら利益が大きく藩財政に多大な貢献をする売薬業《ばいやく》振興のための施策が実施されていた。藩は売薬の信頼維持のために薬種流通の統制を行い、また売薬業者への保護策を実施した。宝暦二年には、薬種仕入れ業務を薬種商から選んだ二人の仲買人にまかせることにし、薬種商以外のものが薬種売買にかかわることを規制した。明和二年には、売薬の品質保持を目的とした薬種改座を設置している。さらに文化五年には薬種吟味のために薬種業者に株仲間を結成させ、薬種持参の旅商人を薬種肝煎《きもいり》方に宿泊させ吟味をした。保護策としては、文化四年に、業者への資金援助実施に関して担保となる懸場帳《かけばちょう》の審査について規制をしている。

こうした施策と業者の努力により、富山売薬は全国へいちだんと浸透していった。文化十年ごろの富山藩領からはおおよそ二五〇〇人ほどの売薬商人が全国各地へでかけており、富山藩第一の産業として藩財政に大きく貢献していた。このため藩は文化十三年に、売薬業の統制と振興のために専任機関で奉行をおく反魂丹《はんごんたん》役所を設置した。反魂丹役所は売薬業者からの諸役金徴収や彼らの取り締まりを行うだけではなく、業者による頼母子を主催したり、場所帳面の預かりなどの共済活動を行った。

2 町・村の社会

町人の社会と家訓

富山・高岡は元禄時代以降、地域経済の中心として大都市へと発展していった。ともに町行政のための町会所が存在し、なによりもセリ場の市場のある町として栄えた。とりわけ高岡は、加賀藩領内でも特別に認められた米場と綿場が存在して、越中経済の中心地として発展した。米場は寛文（一六六一～七二）ごろ創設されたといわれるが、享保（一七一六～三五）ごろには確実に存在しており、その後の文政七（一八二四）年に中絶している。また、寛文十一（一六七一）年に締綿市場ができており、年次は不明であるが、商い高が年間一万駄にもおよんでいる。このほか魚問屋が鴨島《かもじま》町に設けられ、川原町が魚河岸として魚類取引を一手に引きうけ、また四十物《あいもの》町に四十物商が集住し、生魚も四十物もあつかっていた。富山の場合、米場は中《なか》町二丁目にあったが、青草市は荒町に、魚市は天保の大火までは東四十物町と西四十物町に交互にたっていた。寛政二（一七九〇）年には、袋町に市場立てによる諸物売買が許されている。

経済や娯楽面で地域の中心都市として栄えた富山・高岡には、手代《てだい》・丁稚《でっち》の奉公人がつとめる大店の商家を頂点に、さまざまな稼業の商職人が居住した。また、その日稼ぎの多様な人びとも借家・長屋に居住した。売薬で栄えた富山は、文化年間（一八〇四～一八一八）に訪れた修験者野田泉光院《のだせんこういん》が貧しい人びとが多数裏店に住んでいることをとくに『日本九峰修行日記《にほんきゅうほうしゅぎょうにっき》』に記したように、零細な人びとも数多くかかえられる都市として栄えていた。実際に泉光院はこの裏店居住の人びとが売薬で暮らしをたてていることを記している。

富山・高岡でいとなまれる町人生活は、同じ町内の人びとや同じ都市内の同職の人びとのつきあいによりささえられていた。都市支配の単位になっている町は、居住する家持町人の地縁的共同組織としての役割を果たした。町の祭礼が町人の結びつきを強めさせ、とくに高岡の御《み》車《くるま》山《やま》をだす町や、富山でも祭礼に山車《だし》をだす町はこの点がいちだんと強くなった。また、同じ町内でも富山・高岡では五人組《ごにんぐみ》・十人組の隣保組織があり、五人組でも向三軒両隣《むこうさんげんりょうどなり》の家のつきあいは、いちだんと強いものとしてあった。

商人・職人には仲間をとなえて活動する職種もあったが、仲間を公称しない場

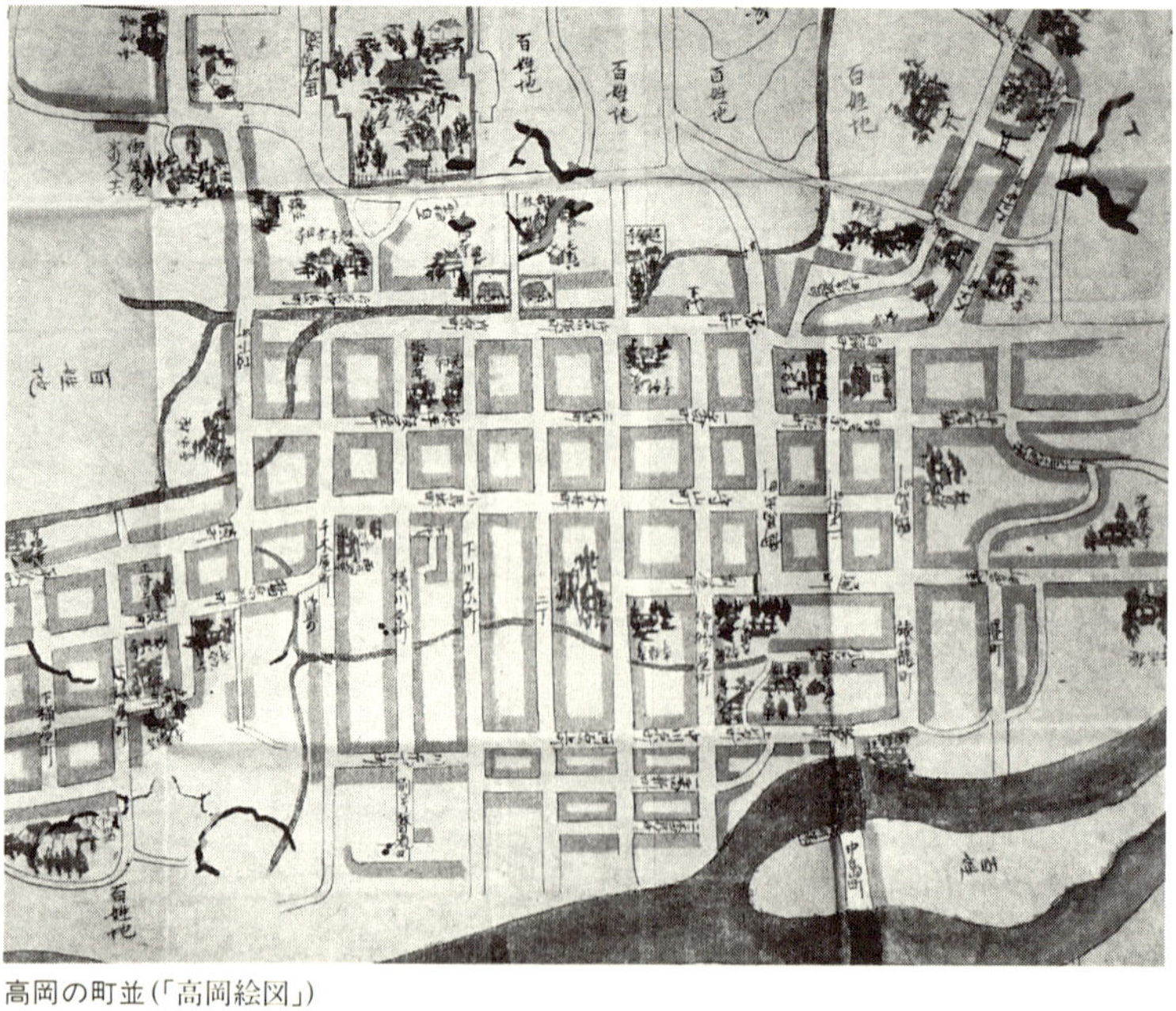

高岡の町並（「高岡絵図」）

合でも、それぞれ職種により同職集団としてのまとまりをもっていた。医師も高岡では研鑽と懇親のために神農講を結成していた。同職集団のなかには、営業を一部の同業者で独占する志向をみせることがある。たとえば、富山の鬢付煉屋《びんつけねりや》は、明和二(一七六五)年に領内での独占的な営業を出願して、役銀負担を条件に仲間を公認されている。富山の代表的商売の売薬商も、享保期以降には組を結成しはじめたが、藩が明和ごろに冥加銀《みょうがぎん》賦課のために売薬人数を株決めにしており、これにより組が株仲間《かぶなかま》としていっそう組織化されていったと考えられる。組は売薬先の地域ごとに結成され、年行事《ねんぎょうじ》がまとめたが、文化期には二〇組、安政期には二二組あった。売薬商は組の取決めの示談を作成して、仲間の営業の権利をまもり、発展をはかろうとした。

職人の場合も、営業権にからんで仲間結合の強化がみられ、とりわけ初期に特権をあたえられていた職人の場合、特権確保のための仲間結合強化をはかっている。高岡の鋳物師《いもじ》は、文政十年に定《さだめ》を設けて、このなかで毎月開いてきた職仲間寄合講《しょくなかまよりあいこう》への出席方厳守や、釣鐘《つりがね》・半鐘《はんしょう》の製作や鍋釜の価格・販売その他について規定している。

富山・高岡町人の暮らしは、基本的には本分家・別家と姻戚からなる親族組織によって維持されていた。有力商人は奉公人の別家独立を目標においた丁稚制度を採用しており、分家とこの別家による商家同族団とよばれる組織をつくっていた。富山の薬種商茶木屋では文化十二(一八一五)年に奉公人の勤務についてくわしい規定なども設け、奉公人雇用の強化を行っていた。また、有力商人は、町内や他町の有力商人と姻戚関係となって、社会的地位を確保していた。さらに、零細な商人・職人は出入りとして有力商人との結びつきで暮らすことができた。

町人の暮らしの核になっていたのが家《イエ》である。元禄時代の都市発展により、継承できる財産と家業をもつようになった上中層町人のあいだでは、まもるべき家というものが成立し、家業をおこした先祖の名前や家業を再興した当主の名前を引き継ぐ襲名を行う相続がみられるようになった。たとえば、寛文年間(一六六一～七三)に富山に移住して売薬商をはじめた、売薬商薩摩組の代表的な能登屋の場合、代々当主は林蔵を名乗っている。その後、家をまもり発展させることを中心にして家族の営みがみられるようになった。元禄をすぎると都市経済が停滞したために、商家経営に動揺がおこり、こうした事態打開のために、家をまもり、家業を引きしめるために家訓《かくん》を作成する商家があらわれた。さきの茶木屋《ちゃのきや》では、享保二(一七一七)年に家訓(『中田家譜』)を作成している。家訓では家業の勤め方や、商売方法、生活態度その他を定めている。家訓を定めない商家でも、家風・家のしきたりというものがうみだされ、当主のもとで家族は家による規制をうけながら暮らしたが、中継ぎ以外に家産相続を認められない女性の地位は、当然に低いものであった。一方、継承すべき家業・家産のない零細な住民の場合は、家というものは成立しがたく、また家計上の稼ぎに占める女性の役割が大きくなるため、彼らの家族のなかでは妻の地位はけっして低いものにはならなかった。

農村の暮らしと農業●

村で生きる農民の生活は、まず村と垣内《かくち》などとよばれる小集落の共同体に大きく制約された。年貢徴収と村支配のためにつくられた近世の村は、田植え・稲刈りや葬式などの助け合いを行う生活共同体である垣内の小集落同様に、農民にとって農業や日常生活維持のためにも大切なものであった。農業に必要となる用水維持は村として行われ、また牛馬の飼料や肥料の草、さらに燃料とする雑木などを確保するための入《いり》会地《あいち》・入会山をもつ村もあった。たとえば山裾の村の礪波《となみ》郡下向《しもむく》田《た》村（高岡市）には入会山があった。天明五（一七八五）年の同村では五位庄《ごいのしょう》用水・清水《しみず》用水を利用しており、村入用として用水関係費用や山番の費用を村民から徴収した。この下向田村には柏葉《かしわば》大明神が氏神《うじがみ》として存在した。このように各村には産土《うぶすな》の神社があった。こうした産土の神社が村内の寺院とともに村民の精神的紐帯《ちゅうたい》になったが、田地割《でんちわり》が行われた加賀藩・富山藩領の村々では、関東や畿内《きない》などの他地域の村とくらべても、村民の結びつきが非常に強かった。これは屋敷廻りをのぞく農民所有の田地はいずれ交換されることから、村の農地が共有的な意識をうみだすだけではなく、本百姓の村民の強い同苗意識をもうみだしていたためである。一族以外の村民も同苗とする意識は、村落共同体の強い結びつきをうみだし、他方では村の排他性をいちだんと強めさせた。

　村人の生活は、藩の法令だけではなく、村の慣習的なきまりにより規制されており、必要に応じて村掟が作成されることがあった。たとえば、正徳四（一七一四）年の礪波郡土屋《つちや》村（高岡市）では、持ち山の代理人による伐木や他人の田畑の草刈り禁止につ

田植え風景(『富山藩山方絵巻』)

いて定めている。年次は不明であるが、射水郡長江新村（高岡市）では、村方諸算用や年貢納入、用水さらい、田地割その他につき定書《さだめがき》を設けている。一方、村の治安維持・防災は村民があたらねばならない。安政二（一八五五）年五月に杉木新町近辺の村々（砺波市《となみし》）では、夜盗がでたさいに早太鼓・竹貝などをふきたて、なかには早鐘をついて夜中さわぎたてた村もあったという。

こうした共同体規制の強い村に住む農家は、親族関係と家によっても規制されていた。元禄六年に加賀藩により分割相続が禁止されたが、この分割相続禁止は家産を嫡男が単独相続し、襲名により家名もうけつぐ慣行を農民のあいだで定着させ、農民のあいだにも家というものを広く形成させるようになる。

一方、女性の場合、分割相続禁止後に相続から排除され、男性に対する地位は低いものとなった。また、際限なく分家がうみだされることもなくなった。しかし、それでも有力農民の場合は、切高により収得する田地をあたえることにより、入百姓として分家を立てることができた。藩は本分家の一類の家の承諾により相続することを定めていたが、家の継承と維持は、本・分家の親族関係の結びつきにささえられていた。頻繁に災害の影響をこうむるなかで、重い年貢を毎年完納しなければならないために、十八世紀前期をすぎると有力農民のなかにも、家存続のために家のきまり、家訓を設ける家があらわれてきた。たとえば元文（一七三六〜四〇）ごろの礪波郡安川村《やすかわむら》の久左衛門家では、子孫へ伝える伝書を作成し、まず律儀に家職にはげむことを定め、その後に公儀の法度《はっと》をまもること、家族和合して村民に対する礼儀をまもること、神拝・祭事・忌日などをおこたりなくつとめること、さらに相続人の資格などについても規定している。このように家の永続を願って勤勉に毎日をすごし、法令を遵守《じゅんしゅ》して村のつきあいを大事にし、また家族和合して、神仏をうやまい祖先を大切にして生きることが、農民の暮らしの根幹をなすことになった。

高持《たかもち》とともに村を構成する無高の頭振《あたまふり》は、小作のうえに日雇稼ぎや職人稼ぎ、商売をして生計を立てた。しかし、高率の小作料を負担するために生活はきびしく、暮らしを立てるためにも地主に依存した生活をしなければならなかった。一方で有力農民は大高持をめざして精励して稼業にはげみ　地主として村や周辺地域に君臨していった。

改作法《かいさくほう》により藩が確保しようとした農民は、わずかな田畑ではない大高持の農民であったが、実際には零細な高持の農民が多数を占めていた。寛政三（一七九二）年の段階における持高一〇石の小農民による経営をみると、礪波郡の場合、堅田《かただ》の土地の場合は男一人半、沼田《ぬまた》の土地は男一人・女一人の労働力が必要であり、夫婦のどちらかが健康を害すると経営がたちいかなくなった。里方《さとかた》の村ではエサの確保など馬を飼う負担が大きいために必要な時期に馬を借りたので、礪波を始め越中では山間地より馬を借りる貸し馬慣行が成立した。馬を飼えるのは、子弟が二、三人おり、ほかに請作・出作も多くあり、さらにほかの稼ぎがある農民の場合であった。

天明期ごろの越中の農業についてまとめられた農書の『私家農業談《しかのうぎょうだん》』は、このころの農具の多様化と、あらたな農具の出現について記している。たとえば、稲こきの道具は扱竹《こきだけ》から稲扱《せんばこき》となり、米とおしは千石簁《せんごくどおし》に、箕は唐箕《とうみ》にかわったことを記している。こうした農具の向上に加えて、農業生産をあげるために、十八世紀以降に購入肥料、金肥《きんぴ》の干鰯《ほしか》が広く使用され、天明七年には越中加賀藩領では二九万俵余も消費された。金肥は地味をおとすと初め反対した加賀藩も、文政初年には鯡《にしん》肥の使用を公認するようになり、その後は北海道産の鯡肥が盛んに使用され、また天保以降には石灰も使われるようになった。

浦方の世界と漁業●

山間村や農業中心の村方に対して、海岸地域の漁村は一般に浦方《うらかた》とよばれるが、とくに新川郡では行政区画として、浦方十村による支配が行われた。また、越中の町場には魚津《うおづ》・氷見や放生津、また宿駅の滑川《なめりかわ》・東岩瀬のように漁民が多数居住する町もあった。浦方では漁業が主として行われたが、例外的に新川郡境《さかい》村などのように製塩業が行われたところもある。また、漁業でも農業でもくらしがたいところでは、出稼ぎを行い、たとえば灘浦《なだうら》地域のように盛んに鏡磨《かがみとぎ》の出稼ぎを行うところや新川郡の高月《たかつき》・水橋《みずはし》のように売薬業を行うところがあった。後者はともにのちに町並みとして発展していった。水橋などは多様な稼業の人びとが生活する湊《みなと》町になったが、漁民集落の生地でも後期には商職人の居住が増加し、浦《うら》町のようになっていた。そして、この時期には北前《きたまえ》船の活動が活発化するなかで、放生津とその周辺の浦方や、東岩瀬などの新川郡の浦方は北前船の船頭《せんどう》・水主《かこ》も輩出した。

浦方の漁村の一部には農耕地のない無高のところもあるが、その他の浦方村では田地所有により身分・階層が定まり、高持であることで村の正規の構成員となれた。漁場が村・町総有の場合は、高持であることが漁業の権利に結びつくことになった。浦方の村や村の仲間が特定の漁場を確保している場合には、網場の権利をまもるために浦法となる定書がつくられた。灘浦では延宝六（一六七八）年に網場位置の協定を結び、享和二（一八〇二）年には四六人の網主が仲間をつくって鬮《きざ》で網場を決める定書を作成している。この鬮網《きざあみ》は氷見でも取りいれられているが、網場を毎年交換するもので、田地割と同様の方針のものであった。また、水橋・滑川・魚津には順番が決まった廻り網もあった。

漁民の集団をたばねる存在に、氷見では漁師頭、生地《いくじ》・浜石田《はまいしだ》では長《おさ》漁師というものがいた。また、彼らと別に船元《ふなもと》・網主《あみぬし》・納屋本《なやもと》などの網元がいた。大規模な網となると、単独での経営がむずかしいので、定置網の台網《だいあみ》は複数の網元が一統《とう》の網を経営した。宝暦十三（一七六三）年の魚津の夏引網《なつひきあみ》も、複数の納屋本が経営している。灘浦・水橋の台網では網仕入れ銀を問屋や納屋元よりだしてもらい、魚夫の水主を使用して網経営を行った。魚津の台網では納屋元に加えて網子《あみじ》が漁権者に加わり、さらに付舟《つけぶね》というものも加わって、臨時の漁夫のアンコ持も使用したが、上町・下町の引網《ひきあみ》（地曳網）の弁慶網《べんけいあみ》二統の場合も、鰺場歩持として上町・下町の漁師が権利をもっていた。

網元・納屋元には仲間をつくって権利を確保しようとする動きがみられた。氷見の鰤《ぶり》網の権利は宝暦以降に町が入札で決めたが、入札する漁師の鬮頭はほぼ定まっており、実質は仲間同然となっていた。一般の漁師も権利をまもるためにはまとまるが、放生津の四町の釣方漁師は元禄十六（一七〇三）年の金鯛《きんだい》献上を契機に、藩から富山湾一帯の釣り漁の権利を認められたために、この権

釣縄船

利をまもるために仲間の潤建《またて》をつくった。毎年各町の潤建が交代で「マタテの神様渡し」という祭礼を行っている。

越中浦方の漁場の概要と産額は下の図に示したようになっていた。加賀藩の場合、この魚の流通は問屋独占体制がしかれているために、新川以外の越中各浦の漁獲物は、高岡の問屋を経由することが決められている。網元の経営はこの点でおさえられ、また漁獲自体が不安定のために、その網元経営はむずかしく、台網経営に商人が進出してくることになった。灘浦では文政期ごろより商人資本が進出して、問屋として網仕入れ銀を貸与するようになっている。ただ氷見町の鰤台網の場合は、漁場が町のものであり、漁場使用権の入札権利もほぼ定まった網元により独占されたために、商人の進出はむずかしかった。

漁法は網漁・釣り漁などに分かれ、しかもそれぞれの漁法が魚種によりたいへんに工夫されたものとなっていた。富山湾内でももっとも重要な漁獲物の鰤の場合、

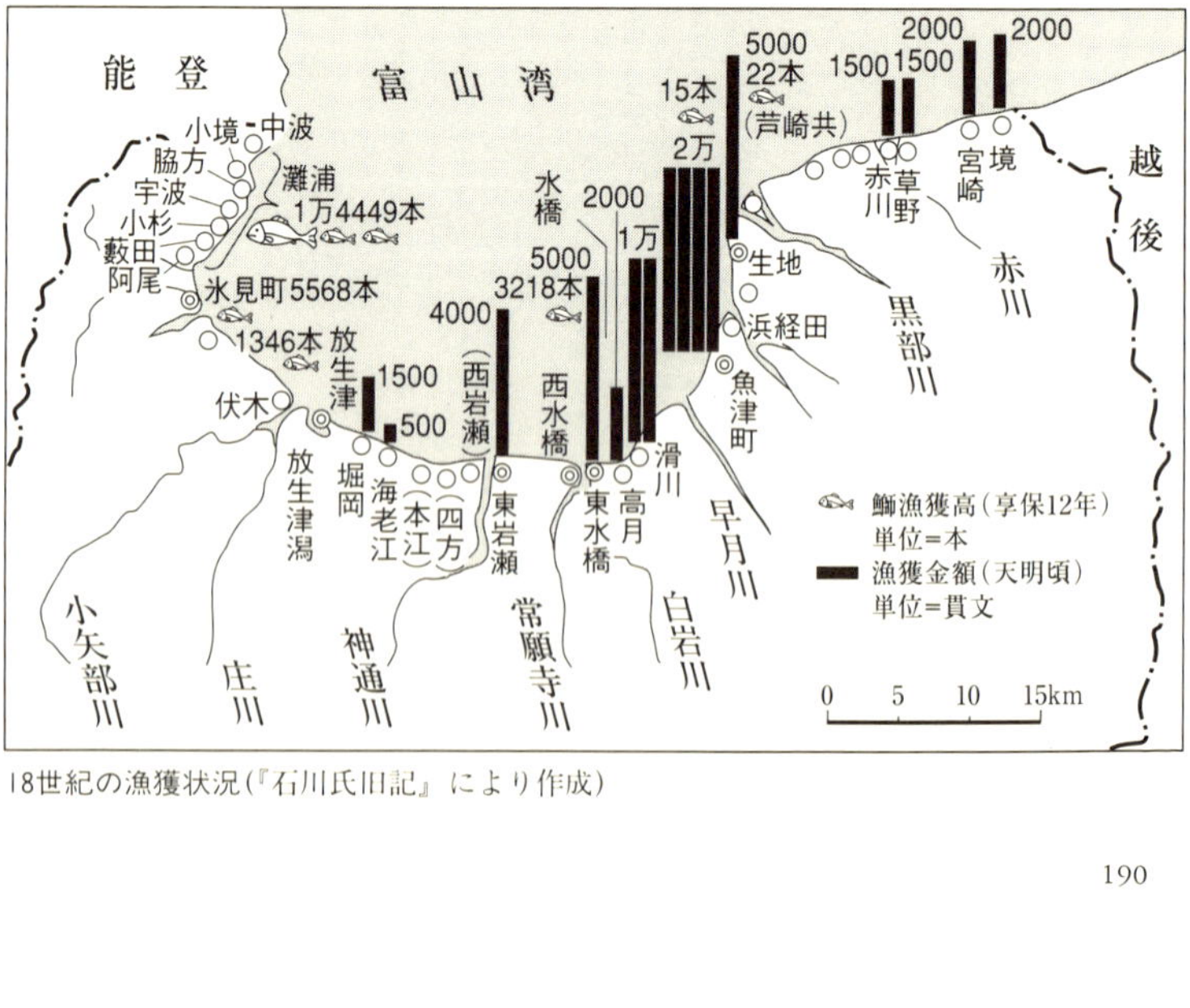

18世紀の漁獲状況(『石川氏旧記』により作成)

台網を使用した。氷見地域での台網の使用は中世にさかのぼると考えられている。長いあいだ藁《わら》を使用していたが、文久元（一八六一）年に灘浦の中波《なかなみ》村で麻苧による台網がはじめて導入された。麻苧台網は構造が複雑で、規模が大きな台網であり、経費も相当かかった。このため、すぐあとに小型の麻苧小台網がつくられ、急激に普及した。

文化十三（一八一六）年に新川郡浦方よりだされた漁業慣習報告によると、台網は先例により設置し、引網はその村の範囲で行い、釣り・指《さし》網・手繰《たぐり》網は台網・引網の支障のないところならどこでも可能なので、釣り漁などを行う漁師の場合はその持ち場所はないという。ただし、よい漁場は近い浦が優先権を得たため争論が発生したという。台網・曳き網はもちろん、ほかの網でも良質な場所には網統《あど》が定められていた。いずれにしても藩から権利を容認されてはじめて漁場の権利が発生した。網統は総有制・共有制・個人持ちに分かれる。浦の漁師全体が網統を所持する総有制の事例は、氷見浦・太田《おおた》浦（高岡市）・滑川浦（なかに個人のもあり）・高月・水橋浦などに広くみられる。もっともこれらの浦のすべての網が総有というわけではない。共有の事例には灘浦があげられる。なお、放生津の釣方漁師は藩から特別に広域の漁場を認められていたが、氷見の窪《くぼ》村・岩上《いわね》村の漁師も、利長《としなが》により認められたと伝えられる引網特権、旧氷見郡（高岡市太田地区を含む）の海岸全部を含む五里にわたる地域でもっていた。

七かね山と五箇山●

中世末の十六世紀後半から近世初期の十七世紀初めにかけて、日本各地でいっせいに金銀山が開発された。越中でも中世以来の松倉《まつくら》金山・河原波《かわらなみ》金山が盛期を迎え、さらに下田《げだ》金山（天正二〈一五七四〉年）・虎谷《とらだに》金山（元和元〈一六一五〉年）・吉野《よしの》銀山（天正元年）・亀谷《かめがい》銀山（天正六年）が開発され、また、遅く寛永ごろに銀銅も産出される長棟《ながと》鉛山も開発されている。これらの新川郡の鉱山は、七《なな》かね山《やま》とよばれる加賀藩の代表的鉱山で、盛期の慶長・元和のころには藩の重要な財源となった。このほか婦負郡には富山藩の片掛《かたかけ》・庵谷《いおりだに》銀山があった。また、藩財政には、採掘金銀だけではなく、鉱山とその町へ供給する年貢米の販売も大きく貢献した。

　産出量の豊かな鉱山は大きな鉱山町をうみだした。最盛期には松倉・亀谷・吉野は家数一〇〇〇軒余、長棟は一一〇〇軒余となっていた。鉱山労働者は山内《さんない》の山小屋に居住するが、長棟は山小屋をのぞく家数が三〇〇軒を数えた。亀谷の場合、各鉱口を引きうける山師をはじめ、彼らのもとで働く穿子・大工・下人が二〇〇〇人も数えたと伝えられており、このほかに金吹屋《かなふき》（六〇軒）・鍛《か》冶屋《じ》（五〇軒）もいた。さらに鉱山の必要物資を供給したり、鉱山労働者の生活をささえる商工業者も多数くらしたので、かね山には町奉行支配都市同様に町年寄もおかれていた。金銀産出量は藩の極秘事項のため、かね山

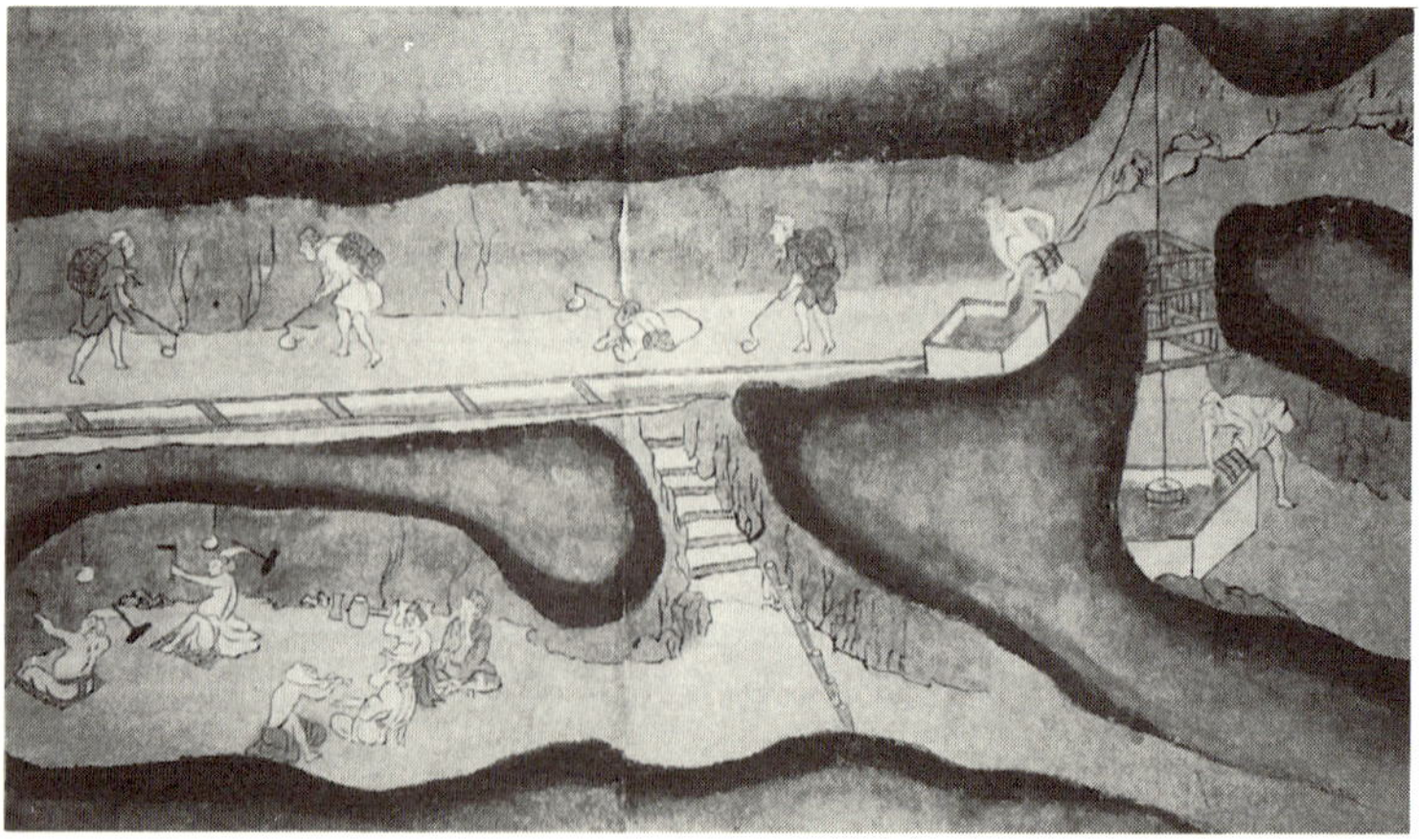

松倉金山採鉱の図

五箇山の塩硝生産

❖コラム

世界遺産に指定された相倉《あいのくら》と菅沼《すがぬま》の両合掌《がっしょう》集落のある五箇山《ごかやま》地域では、近世には塩硝《えんしょう》の生産が盛んに行われ、全国的にみても五箇山は塩硝の代表的産地になっていた。稲作のできない五箇山では、この塩硝生産が養蚕・製紙とともに住民にとり大切な生業となっていたが、火薬原料となる塩硝は、加賀藩にとっても欠くことのできない軍需品のため、藩は塩硝を五箇山で自給するようにした。このため五箇山全域で近世をつうじて塩硝生産が行われることになった。塩硝生産は中世末期に五箇山で行われており、これは一向一揆に供給する軍需用としてのものとされている。塩硝づくりは塩硝土の製造からはじまる。まず農家の床下に穴を掘り、そこで稗殻《ひえがら》と桑畑の水気のない土、蚕の糞に干して蒸した山草などを使用して、四、五年かけて塩硝土はつくられた。一年目からは稗殻のほかに煙草《たばこ》殻・蕎麦《そば》殻も用いられた。こうしてできた塩硝土を樽《たる》にいれて、水をかけて樽下からしみでた液を煮つめ、さらに灰汁《あく》を加え、また煮つめる作業を行う。煮つめた液を木綿布でこしてできるのが結晶の灰汁煮塩硝である。多くの農民がたずさわれたのはこの灰汁煮塩硝を製造する段階までであった。灰汁煮塩硝から純度の高い中塩硝、さらに上質な上塩硝を生産するのは一部の有力農民がいとなむ上煮屋《うわにや》であった。生産された塩硝は、慶長十（一六〇五）年から寛永十三（一六三六）年までは年貢として藩へ現物納入されたが、その後は代金納となった。もっとも代金納といっても、藩が毎年冬に塩硝を買いあげることにして決済《けっさい》した。このため藩が買上高をおさえた文化期には住民は困窮したが、海防が重要となった幕末に塩硝は増産されることになった。

は御密御用の場とされ、鉱山町の出入口は門と柵を設け、鉄砲・槍・弓をそなえた番所に派遣された藩役人が無用のものをいれないように警戒していた。

七かね山の鉱山町で発生する犯罪は、派遣されている藩役人が処罰できる定めとなっていたが、彼らが山師や鉱山労働者を勝手に処罰できるわけではなかった。鉱山には山師や鉱山労働者の集団の自律的世界があり、たとえば亀谷をみると彼らをたばねる親方が複数いた。このため藩役人は親方に無断で鉱山労働者をつかまえることなどはできなかったので、鉱山には他国者や逃亡犯罪者たちが流れこんでいた。ただ、元和四年の亀谷鉱山の定などによると、親方たちが手におえない労働者は藩役人があつかうきまりになっていた。

富山藩分藩にさいして、加賀藩は金銀山確保のためにも新川郡を手放さなかったが、万治年中まで鉱山の運上《うんじょう》銀は富山御会所へおさめた。寛文初年に富山町が正式に富山藩領となったので、新庄にあらたに金山奉行がおかれた。しかし、七かね山は寛永以降に衰退をみせるところが多く、長棟も正保から寛文のあいだは休山し、虎谷・吉野は寛文以降に衰微した。

七かね山周辺の山深い山村も、鉱山の精錬用の薪炭などの物資や労働力を提供し、経済的に大きな恩恵をうけていた。このため鉱山の衰微は周辺山村の経済を窮迫させた。享保十八（一七三三）年に新川郡有《あり》峰《みね》村は、長棟などの鉱山への矢留木《やとめぎ》販売が鉱山衰退によりできなくなり、またほかの木材関係商品価格の下落も加わり窮迫していることを十村へ訴えている。

一方、鉱山に依存できなかった山地のうち五箇山は、秘境の土地として江戸期の諸書で注目されていた土地であった。住民の畑地には、持ち高外に焼き畑の薙畑《なぎはた》があり、役畜に牛を使用して、麦《むぎ》・大豆《だいず》・

小豆《あずき》・稗《ひえ》・粟《あわ》・蕎麦《そば》・蕪《かぶ》と大根《だいこん》などが生産された。五箇山は、米で年貢をおさめられない土地のため、金納を藩から求められ、商品生産に依存しなければ暮らしが成り立たないようになっていた。この結果、五箇山は紙すき・養蚕・塩硝の生産が主産業になっており、また改作法の脇借《わきがり》禁令の例外地として認められた。このため城端・井波の判方商人が五箇山の人びとへ資金の前貸しや商品掛け売りを行い、その経済は麓の両町の有力商人に掌握されていた。

五箇山の山村でも田地割を行い、また高持住民は百姓身分となり、強固な同苗意識をもって村社会を運営していた。分家や入百姓によりあらたに村の成員になる場合には、同苗振る舞いを行った。これは村人の仲間となるために、村の戸主を招いて酒宴による振る舞いを行うものであった。住民はなかなか分家をだせないために、独立できない二、三男を家族にかかえた。富裕な家では多数の奉公人をかかえており、また里方と違って後年まで長年期の奉公契約が結ばれていた。たとえば、文政十（一八二七）年に田向《たむかい》村弥左衛門の息子は、一八カ年の年期奉公をさらに二年延長している。なお、里方から一部の婚外子が里子として五箇山の村へ送りだされてもいた。

一揆と多発する騒動

加賀藩が一向一揆《いっこういっき》の再発を警戒した越中では、領民が武装蜂起する土豪《どごう》一揆は発生しなかった。しかし、慶長から寛永年間（一五九六〜一六四四）のころは、過重な年貢・夫役《ぶやく》負担により村をすてる走《はし》り百姓が多出し、また村民がいっせいに村をすてる逃散《ちょうさん》もみられた。ちょうどこの時期に佐渡《さど》金山などの鉱山が栄え、一般の農民も稼ぎのために欠け落ちしたため、加賀藩は走り百姓の取り締まりを強化した。しかし、その後の越中では、領主に対する一揆や、農民・町人により引きおこされたさまざまな騒動が発生した。

越中のおもな一揆と騒動

年　　　次	発生地(原因・要求)〈一揆・騒動の形態〉
文禄4(1595)年	礪波郡才川七村。(検地反対)〈愁訴〉
元和3(1617)年	新川郡有峰村。(検地による年貢増徴)〈逃散〉
元禄3(1690)年9月	富山町。(米留めにつき町奉行宅押掛け)〈強訴・暴動〉
宝永2(1705)年10月	礪波郡福野町。(町役人不正)〈騒擾〉
正徳2(1712)年10月	礪波郡大西組。「大西騒動」。(減免)〈打ちこわし〉
享保17(1732)年4月	富山町。(米価高騰)〈騒動〉
元文元(1736)年5月	富山町。(藩札通用停止)〈騒動〉
宝暦6(1756)年2月	東水橋町。(貸し米引渡し)〈騒動〉
7(1757)年11月	礪波郡城端地域。「城端騒動」。(凶作)〈打ちこわし〉
明和4(1767)年12月	新川郡横尾村・沼保村。(借り方)〈打ちこわし〉
安永元(1772)年8月	富山町。〈打ちこわし〉
4(1775)年	高岡町「御車山騒動」。(曳山)〈騒擾〉
6(1777)年3月	氷見町「源太夫騒動」。(町対立)〈騒擾〉
天明元(1781)年5月	富山町。(米価高騰)〈打ちこわし〉
文化元(1804)年9月	富山町。(銭替え)〈騒動〉
3(1806)年1月	「三業惑乱」。(宗論)〈強訴〉
3(1806)年12月	婦負郡四方。(富山の漁価独占)〈強訴〉
10(1813)年10月	八尾・富山など。「農民惑乱」。(凶作)〈打ちこわし〉
10(1813)年閏11月	新川郡椚山村など。(十村手代の不正)〈打ちこわし〉
10(1813)年	新川郡滑川町。(万雑不公平)〈不穏〉
文政12(1829)年6月	魚津町。「八幡騒動」。(神社争い)〈不穏〉
天保7(1836)年8月	八尾町。(野積谷農民への貸方)〈打ちこわし〉
7(1836)年12月	礪波郡。(小作料引下げ)〈不穏〉
嘉永5(1852)年7月	東岩瀬・今石動その他。(米価高騰)〈打ちこわし〉
安政5(1858)年7月	高岡・氷見その他。(米価高騰)〈打ちこわし〉
明治2(1869)年	新川郡「バンドリ騒動」。(米価騰貴)〈打ちこわし〉

『富山県史』年表。青木虹二他編『編年百姓一揆史料集成』その他による。

代表的な一揆・騒動を前頁の表にまとめた。

領民の藩に対する基本的な要求は年貢の減免であった。加賀藩・富山藩では定免《じょうめん》制がとられていたために、検見《けみ》・見立ての見直しを要求する愁訴《しゅうそ》・強訴《ごうそ》がたびたび発生することになった。加賀藩の一例をあげると、正徳二（一七一二）年の大西《おおにし》騒動がある。これは礪波郡大西組の農民が検見を要求して金沢の算用場へ押しかけ、そののちに十村への打ちこわしを行ったものである。なお、身命を賭《と》して直訴《じきそ》を行ったものが、死後に義民《ぎみん》としてあつかわれている。たとえば、文化三（一八〇六）年に魚行商《ぎょうしょう》を禁止された富山藩四方《よかた》町の町年寄《まちどしより》栂野彦八《とがのひこはち》が禁止解除を求めて郡《こおり》奉行宅で自決し、そののちに彦八は義民としてまつられた。また、正徳五年に魚問屋の専横につき金沢へ越訴《おっそ》した放生津漁民の代表として処刑された佐賀《さが》野《の》屋久《やきゅう》右《え》衛門《もん》・四歩市屋四郎兵衛《しぶいちやしろべえ》も、その後の同地漁民に義民としてあつかわれている。

全領におよぶ一揆は、加賀藩では幕末の安政五（一八五八）年に発生した。これについては次章でくわしくふれる。一方、富山藩も文化十年に農民惑乱《わくらん》とよばれる大一揆が発生している。同一揆は年貢減免のための見立てを願い、塩野開発による労働力徴発などの反対を求めたもので、このときには塩野開発にかかわった富山と八尾《やつお》の商人らへの打ちこわしも行われた。なお、元禄二（一六九〇）年には富山町人が米の津留《つど》めを求めて町奉行宅へ押しかける町人一揆があった。富山県は米騒動《こめそうどう》の発生地として著名であるが、享保十七（一七三二）年にも富山で米留めを求めて騒動となったように、早くから米価高騰のさいには騒動が発生しており、さらに天明元（一七八一）年などには打ちこわしが行われている。また、富山では元文元（一七三六）年の藩札《はんさつ》をめぐる騒動などもみられる。売薬業により零細民も多数居住できた富山では、財政に苦しんだ富山藩が藩札発行や課役強化で町民生活をたびたび圧迫した。また、米産地ゆえに米騰貴下の米移出などが零細町人を大きく刺激し、騒動・打ちこわしを多発させたのである。

強力な藩支配下にあった越中では、大きな一揆はそう数多く発生したわけではなく、大一揆を経験せずに生きた人びとも多かった。しかし、越訴・強訴の一揆のほかにも騒動が多発していた。越中の特色ある騒動として、宗教・祭礼関係の席次・序列を争う町方の騒動があった。この場合の騒動の担《にな》い手は、零細住民ではなく、町をささえる家持住民であった。安永六（一七七七）年の氷見町では祭礼の席次をめぐる激しい騒動がおこり、また同四年には高岡が他町曳山《ひきやま》の大八車《だいはちぐるま》使用差止めをはかった御車山騒動や、さらに文政十（一八二七）年よりの魚津の八幡宮祭礼をめぐる騒動などもあった。このほか、町役人・村役人の不正をめぐった騒動も発生した。宝永二（一七〇五）年に福野で町財政をめぐる騒動がおこり、また宝暦六（一七五六）年の東水橋や、文化十年の滑川などで町役人不正の騒動などがあった。さらに、文化十（一八一三）年には、引き免算定の不満から新川郡入膳《にゅうぜん》組の農民が同組の手代《てだい》と書役の家を打ちこわしている。なお、安政五年の大一揆の諸町の打ちこわしのときに泊で小作米引下げ騒動がおこっているが、加えて天保七（一八三六）年の礪波郡で小作料引下げさわぎが発生しており、このことから天保以降に上層の農民・町人と貧農階層との対立が強まってきていることがうかがえる。

一揆・騒動に加わる農民は無統制に暴徒としてふるまうのではなかった。一揆・騒動にも規律があり、また参加する農民の装束にも特徴がみられた。宝暦の城端騒動では、指導者の頭取が火の用心を下知しており、また三〇人ばかりが斧《おの》やかけやなどを持参しているが、これは打ちこわしのさいに使用する道具となるものである。惑乱一件では、参加者が菅笠《すげがさ》に蓑《みの》のばんどりを着用していたが、明治二（一八六九）年の騒動がばんどり騒動と名づけられたように、一揆参加者はばんどりをまとって加わった。なお、越中・

加賀では騒動・一揆の初発時に、窮迫した農民・町人が窮乏を訴えるための声合せが行われることが多い。こうした声合せは現代のシュプレヒコールをあげるデモに対応するものであった。享和二（一八〇二）年十二月に小矢部《おやべ》川筋村々の人びとが声合せをしており、このときは翌日金沢へ乞食《こじき》へでる旨の立札が立てられたが、立札は一揆・騒動の意思伝達にも使用されたことがわかる。

3　稼ぎと交流・情報

新川木綿・井波絹と菅笠

元禄期（一六八八～一七〇四）の越中農村では、『元禄中農隙所作村々寄帳』によると、つぎにみるような自然産物以外の特産物の生産が行われていた。山間地の紙や炭《すみ》・蠟《ろう》生産をのぞくと、瀬戸焼《せとやき》（新川郡上下《かみしも》瀬戸《せと》村・同新瀬戸《しんせと》村）、塩硝（五箇山）、茣蓙《ござ》・筵《むしろ》（氷見庄の飯久保《いいくぼ》・深原《ふかはら》村など）、箕《み》（氷見庄論田《ろんでん》村）があった。織物関係では布さらし稼ぎがあるが、八講布《はっこうぬの》・五郎丸布の名称をもった布が礪波郡農村で産出された。また、在町・町方には城端の絹や富山の売薬業などもある。その後、商品経済が展開した文政期（一八一八～三〇）には、『諸産物盛衰書上帳』（「林家文書」）によると、五箇山の蠟や新川郡の瀬戸焼など一部の商品生産は衰微したが、五箇山の生糸・紙煙草《たばこ》入れの生産、礪波郡五位庄地域の笠縫《かさぬ》い、新川郡高月の売薬が盛んとなっていた。在町を加えるならば、戸出《といで》の八講布・縮《ちぢみ》・嶋《しま》、福光《ふくみつ》の生糸・真綿・生布、福岡の笠、和田《わだ》新町の紙・煙草入れの生産、そして新庄《しんじょう》新町・滑川・水橋では売薬稼ぎが盛んとなっていた。このほか城端と井波《いなみ》では絹織物、福野では木綿の桟留縞《さんとめじま》生産が行われている。また、天保元（一八三〇）

年の加賀藩産物調査によると、輸出高では松本行き木綿が京都問屋売りの絹紬《きぬつむぎ》類とならぶ最高額商品となっており、文政以降に松本売りの新川木綿生産が新川郡で盛んになっていったことも見落とせない。

こうした産物の生産は、売薬の反魂丹製法が備前《びぜん》の医師万代《ばんだい》常閑《じょうかん》により教えられたと伝承されているように、他国からの製法・技術の導入により発展したものが少なくない。織物でも、福野を産地とする木綿織の桟留縞は、福野村の源四郎《げんしろう》（縮緬生産者）が尾張《おわり》から熟練の職人を招いて、生産をはじめたものである。天保期に最盛期を迎えた井波の絹生産の中心となっていた柳絹の製法は、観寿《かんじゅ》という僧が文政年間に武蔵国小川から指導員を招いて普及させており、また彼は京都から染物師を招き、経糸《たていと》を紅染《べにぞめ》にする糸紬《いとつむぎ》生産をはじめさせている。さらに福岡周辺で栄えた菅笠生産も、一説では、慶長十三（一六〇八）年に伊勢《いせ》国から流入した大野源作《おおのげんさく》が笠の製法を教えたことにはじまるという。笠は流行に左右されるため、寛延元（一七四八）年には伊勢の人が伝えた製法を、宝暦二（一七五二）年には近江信楽《しがらき》の人、安永二（一七七三）年には越後《えちご》の人、寛政五（一七九三）年には加賀国江沼《えぬま》

木綿機巻く図『民家検労図』

の人が伝えた製法を取りいれたように、たえず新技法が導入されている。

藩の殖産興業政策も越中の特産物生産発展に大きな役割を果たした。安永年間（一七七二～八一）設置の産物方は、井波の絹織物業に天明二（一七八二）年に資金を貸与した。この結果、井波では移出用の緞《どん》子《す》・綸《りん》子《ず》・大紋《だいもん》の生産が行われ、絹織物を主産業とするようになった。井波絹業は文化十（一八一三）年以降に生産を拡大させ軌道にのるが、これには化政期の藩からの借銀も大きな役割を果たした。新川でも東岩瀬町が天明元年と翌年に木綿生産の資金を貸与されている。越中の繊維業の発展に大きな影響をあたえたのは、金沢の新興商人一丸甚六《いちまるじんろく》を登用した文政の産物方による施策であった。産物方は絹などの代表的産物が京都問屋や近江商人におさえられているために、これらの生産を上方資本から自立し発展させるために、江戸市場への販路拡大をめざした。新川木綿の発展もこのときの江戸市場進出が関係しており、文政十三（一八三〇）年には一〇〇万反もの生産をあげた。井波絹業は、江戸市場への進出とからんで文政末以降にさらに生産を増大させ、四万疋（八万反）もの生産をあげた。一方、福野の桟留縞生産も一丸の援助により生産がはじまり、当初は産物会所の買上げが行われた。

新川木綿の発展は、直接には松本地方の木綿需要に喚起されて発展したものであった。松本での木綿生産が衰えたために、肩代わりするように台頭し、新川郡は幕末以降に時的であるが全国の代表的木綿産地となっている。天保元年の場合、木綿は松本と江戸へ移出された。この年、城端絹・布類は京都問屋へ、苧《お》絈《がせ》は奈良・近江へ移出された。

主要な特産物には他国・他藩に原材料をたよる物がある。木綿の原料は上方・瀬戸内地域から高岡を通して移入されたものである。新川木綿の場合、あらたな製法技術の導入や開発が行われたわけではなく、その生産は郡内町場の生産地問屋の綿屋が掌握し、彼らが供給する綿を農家が家内副業として織り立てる綿替え制で行われていた。桟留縞は、金沢集荷の綿糸を使用したので、福野の寺嶋屋《てらしまや》が仕入れて近隣の農家や福野の住民へくばり、製品が集荷される問屋制がとられていた。布の場合、八講布は経糸《たていと》に上質の出《で》羽《わ》最上産の青苧《あおそ》を使用した。文政八年の場合、苧買い付け商人は、今石動《いまいするぎ》・高岡などにいた。しかし、このころから他国商人が苧を買いいれて、礪波郡へ売りさばくようになり、農民はこれを歓迎した。この八講布も副業による生産で、布屋から糸絈を買い、布を布屋へ販売したものであった。産地周辺で材料の菅草を確保できる菅笠も問屋が菅草を農家へ供給し、製品を集荷するものであった。なお、福光の曽代《そだい》糸などを使用する城端・井波の絹業では、女工を雇用して生産する機業者が存在した。元禄期の城端には機織女の下女一〇人をやとう絹屋もいたが、手間機《てまばた》といって下請けで機織りをする者も多かった。のちの天保九年の井波の場合、町続きの村も含めると織機を一〇台以上かかえる業者が一五人もいた。また、彼らのもとには懸機《かけはた》や煉屋・糸繰《いとくり》屋などの下請けの業者もできていた。

売薬・鏡磨と女性●

積雪地帯では冬季の稼ぎが制約されるために、越中も出稼ぎが盛んであった。ただ越中の場合は越後や北《ほく》信《しん》地域と異なり行商が盛んであったところに特徴がある。越中から他国への行商には、富山売薬のほかに氷見地域の小間物《こまもの》売り・鏡磨や井波・八尾《やつお》の蚕種の行商があった。売薬は富山・高岡・滑川・水橋・八尾・四方などの町場から専業的売薬人をだすほかに、富山周辺農村や射水農村の農民の出稼ぎが行われた。また、鏡磨・小間物売行商は氷見地域からでたものである。他国への行商や出稼ぎは、町場以外では耕地にめぐまれない浦方や水害常襲地帯の農村を中心に広まっていた。また、後期の浦方から盛んに輩出された北前船の水主稼ぎも、出稼ぎに違いはない。

富山売薬は、従来享保期以降に関東への売薬がはじまったといわれてきたが、実はそれよりはやく元禄末と正徳期より売薬人が津軽などへ進出していたことが同地に残る文書からわかる。井波の蚕種販売も元禄期には東日本一帯に進出していた。井波の蚕種は宝暦《ほうれき》の大火《たいか》を契機に、奥州《おうしゅう》と八尾の発展におされて衰えてしまうが、八尾の場合は化政期に一七カ国へ販路を拡大した。一方、売薬は享保以降に全国各地へ販路を拡大し、文化十（一八一三）年のころ、富山藩領だけで二五〇〇人余のものが行商にでている。鏡磨は小間物売りをかねた行商を行ったが、文政五（一八二二）年には氷見地域より一二〇〇から一三〇〇人ほどでていた（『越中志徴《えっちゅうしちょう》』）。

富山売薬の販売方法の大きな特徴は、薬を顧客にあずけ、使用後に代金を回収することにある。これは、立山御師《たてやまおし》が護符《ごふ》・経帷子《きょうかたびら》などを檀家へあずける方法を取りいれたものといわれているが、蚕種でも小間物でも同じ方法がとられていた。なお、売薬商は得意先の薬配置と使用を記載する懸場帳を基本帳簿として重視した。このため売薬業の権利売買は懸場帳の売買により行われた。

売薬・蚕種の行商発展は、関連する産業の発展を促した。売薬の場合、立山地域での薬種採取の稼ぎをうみだすとともに、売薬をつめる袋用の紙

薬種商看板「反魂丹《はんごんたん》」

生産を八尾の山地で活発化させた。また、売薬は土産品《みやげ》を重視したために、売薬版画製造という業種もおこした。一方、蚕種の場合は、大量の良質な桑を必要とするために、他地域での桑生産を活発化させた。井波では射水郡仏生寺《ぶっしょうじ》村辺（氷見市）や婦負郡から、また八尾では呉羽《くれは》丘陵から桑・蚕を買いいれたので、これらの地域での桑栽培を促した。

出稼ぎ行商にでずに田地耕作でなんとか暮らしを立てられる農家の場合でも、副業・余業により経営をささえていた。藩はこうした稼ぎに対して、小物成《こものなり》や商品へ課す運上《うんじょう》により徴税をした。農民にはこれらの稼ぎは大切な収入となっていた。たとえば、天明五（一七八五）年の新川郡米道村（立山町）では柴草を刈り、販売していたが、これには女性も動員されている。特別な商品生産の場合は女性もその生産に従事したが、そういう産物がない場合でも、農家では女性が農耕・家事労働以外の時間に換金産物生産に時間を割《さ》いて働いた。農家の女性が布・木綿を織りたてて、暮らしを助けるのは広くみられるところであるが、布や新川木綿の製造は、まさにこの女性労働によるものであった。

これらの副業発展は、零細な農民の家での女性の地位を向上させることは間違いないにしても、女性の労働加重を招く側面も見落とせない。行商・出稼ぎの家では、行商・出稼ぎが男性当主によりになわれたので、家をまもる妻の役割が当然に大きくなった。一方、絹生産には賃労働者の織子の女性を雇用する生産も行われたが、この労働には技術が必要なために賃金は高く、彼女らの地位は低いものにはならない。

移動と真宗移民●

技術や文化伝播を伴うことにもなる人の移動は、近世初頭の町場や鉱山を主にして全国各地で活発にみられた。前出『組中人々手前品々覚書帳《くみちゅうひとびとてまえしなじなおぼえがきちょう》』によると、天正期の城端には、前田氏に随従して尾張・越前《えちぜん》から移住してきた商人がいたが、領内農民の場合は佐渡《さど》や他領へ流出する欠落農民が十七世紀前期まで多かった。このため藩は農民を農村に固定化するための施策をとった。こうして、農民の他領への流出は抑制されたが、町場へ他国から転住してくるものもみられなくなった。享保十四（一七二九）年の調査によると、他国からの礪波郡移住者は越前出身三人・同飛驒《ひた》二人、同京都二人、同出羽一人にすぎない。

農家は移転の自由を奪われたが、家族が他所へ奉公にでたり、他村・他町の家へ嫁や養子へでることを否定されたわけではない。都市経済は農村からの奉公人供給によりささえられ、また町人の家自体が、健康で勤勉な農民の嫁や養子を必要としていた。礪波地域の農村からは、多数の子弟たちが近場の在町へ奉公にでていた。元禄期の城端には礪波地域農村から多数の子弟が奉公や嫁としてはいってきていた。また、のちの文化期以降の井波の人別帳（「井波町肝煎文書」）をみると、周辺の礪波農村から転入する二、三男の農民に加えて、奉公にも多数の農民子弟が井波にはいってきていた。井波の家の養子や嫁も同様な農村地域からきていたが、井波の家から他所へ嫁や養子へだす場合は、より都市的な場である城端・今石動へでていた。

金沢へは遠方の新川郡からも多数の武家奉公人がでていた。新川からの町屋への奉公となると、幕末の元治元（一八六四）年の場合はみられず、金沢の町屋奉公は礪波・射水の村々から行われていた。金沢商家へは比較的富裕な農家の子弟もでており、彼らのなかには奉公後に金沢にとどまり独立するものや、また見込まれて金沢の町屋へ養子にはいったり、嫁にはいるものも少なくなかった。文政期に金沢への流入規制が実施されたが、幕末まで一貫して金沢への流入はやむことがなかった。なお、売薬業で栄えた富山も領外から奉公にくるものが多く、たとえば十九世紀初めの放生津近辺のある村では、金沢とともに富山への奉公も同様にでている。

　奉公や養子・嫁入りによる変動があるとはいうものの、後期の北関東や東北が間引《まび》きや零細農民の江戸流出などにより人口を減少させていったのに対して、越中農村の人口は十八世紀前期以降も増加した。越中の加賀藩領人口は享保六（一七二一）年に二三万七〇〇〇余人であったのが、天保五（一八三四）年に三一万人余となり、嘉永五（一八五二）年には三二万四〇〇〇人余となっている。越中でも婚外子は間引きも一部で行われたようであるが、間引き・堕胎は一般化しなかったために、人口増加となった。しかし、増加する人口を養える農地はなく、十九世紀の越中農村に過剰な人口が滞留した。この結果、生活に窮した頭振や零細な高持農民のなかから他領へ流出する走り百姓がでたが、新川郡の十八世紀後半以降を「川《かわ》合留帳《いとめちょう》」（「川合文書」）にみると、とりわけ天保六年から八年の飢饉時に多数の走り百姓をうんでいる。

　こうした走り百姓のうちには、北関東・東北農村へ移住する者もいた。北関東・南東北の真宗《しんしゅう》寺院では、藩の援助をうけて檀家と領内人口の増加のために、越中農村からの移民の招致を実施したからである。もっともはやくこの移民招致を行ったのは、笠間《かさま》藩の稲田西念寺《いなださいねんじ》の僧良水《りょうすい》であった。良水は寛政六（一七九四）年にひそかに移民募集人を加賀藩領へ派遣して入百姓の招致をはかっている。また、相馬《そうま》藩は文化十三（一八一四）年の藩政改革で移民を招くことを決め、家老をやめた久米泰翁《くめたいおう》と真宗寺院により北陸移民の招致が進められた。この文化年間（一八〇四〜一八）には宍戸《ししど》藩の唯心寺《ゆいしんじ》が、また文政期には矢田《やた》部《べ》藩の正明寺《しょうみょうじ》と烏山《からすやま》藩の慈願寺《じがんじ》も移民招致を行っている。移民を希望する農民は、湯治《とうじ》・参詣を名目に村をでて、能登の天領《てんりょう》などの湊《みなと》町から船を利用したり、また夜間ひそかに越後との国境を越えて領外へでた。越中からの移民は勤勉に働き、農業経営を発展させた。しかし、越後出身者とは違い、加賀藩領からの移民は信仰の違いにこだわり、婚姻関係はもちろんのこと、祭礼その他で地元農民との交わりをあまりもたなかった。このため彼らは、地元農民から新百姓として差別をうけることになった。

北前船と新道●

宝暦期（一七五一～六四）以降の蝦夷地《えぞち》の開発進展は、蝦夷地の海産物・魚肥やさまざまな産物を上方へもたらし、一方、蝦夷地へは米穀や自給不能な商品が送りこまれた。この物資移送と商品売買をになう廻船として、北陸地域から台頭してきたのが北前船であった。北前船は船頭みずからが商品売買を行う商い船であり、上方と蝦夷地の地域間格差を利用して北前船主は莫大な利益をあげた。越中の場合、魚肥移入を認めたうえに、地船重視による領内廻船の奨励方針に藩が転換した文政期（一八一八～三〇）以降に北前船が多数登場するようになった。幕末に越中の代表的廻船主となっていた放生津の綿屋《わたや》彦九郎《ひこくろう》家は、文政四（一八二一）年に兵庫の船問屋北風《きたかぜ》家沖船頭として、北風の名前を借用して本格的に北前船活動にのりだした。また、船頭にはホマチという商いの特権が許されており、この蓄財をもとに北前船の沖船頭勤

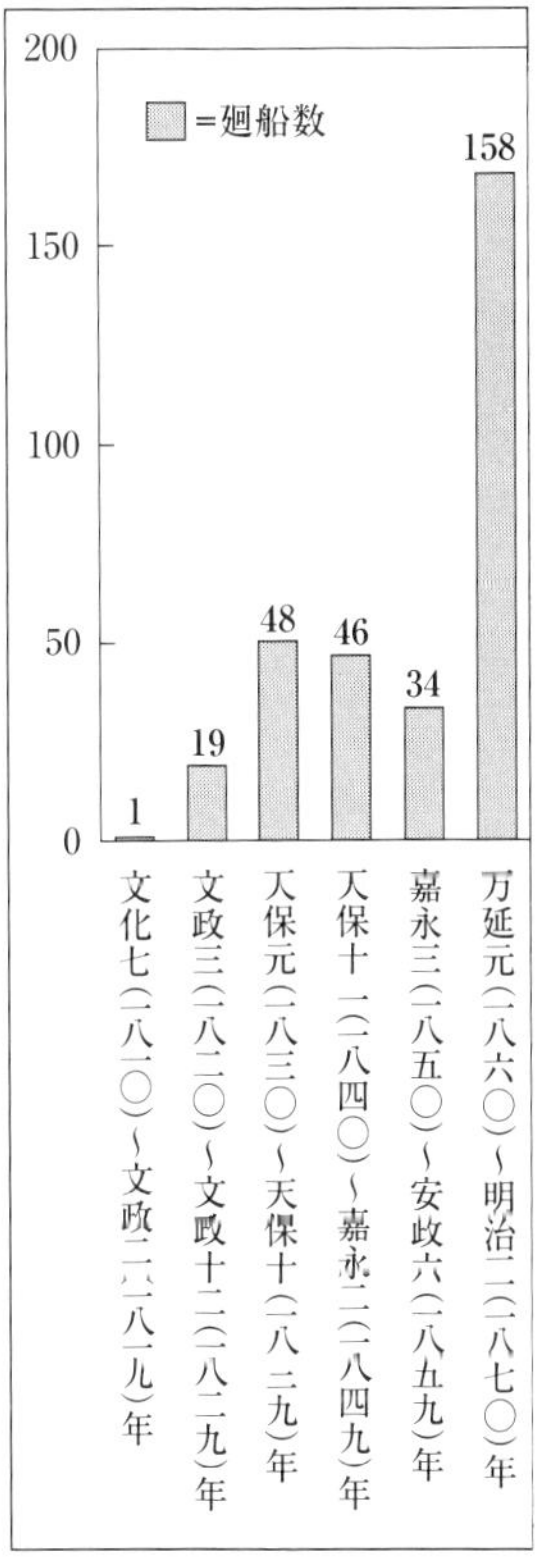

江差入津の越中廻船（「関川家文書」による）

長者丸漂流と薩摩藩・富山売薬の抜荷

富山の売薬商のなかで、薩摩《さつま》藩を売薬先とした薩摩組は、薩摩藩により何度も営業差止めをうけ、そのたびに薩摩組は営業再開にむけて多大な努力をした。文政期の薩摩藩では、調所広郷《ずしょひろさと》が財政たて直しに取りくみ、琉球《りゅうきゅう》を介した密貿易の抜荷《ぬけに》などを行った。彼の施策により立ちなおった薩摩藩は、これにより幕末の中央政局で活躍が可能となったのである。そして、薩摩組は薩摩藩で営業を行うために、この薩摩藩の活躍を縁の下でささえたのである。すなわち、薩摩藩による抜荷のための移出品となった昆布《こんぶ》を、売薬商が蝦夷地より供給したのである。この抜荷の昆布調達を行って難《なん》破《ぱ》したのが、著名な漂流記の『蕃談《ばんだん》』『時規物語《ものがたり》』に取りあげられた廻船の長者丸《ちょうじゃまる》である。長者丸は薩摩組の能登《のと》屋兵右衛門《やひょうえもん》の持ち船で、天保九(一八三八)年に蝦夷地から昆布を運送中に房総《ぼうそう》沖で難破したのである。幸い漂流した長者丸の乗組員七人はアメリカ船に助けられハワイへ着いたが、このとき船頭は死去し、残りの乗組員はカムチャツカへ移送され、その後はオホーツク・アラスカへまわされるなど長期間のロシア滞在後に、ようやく嘉永元年に日本へ帰国している。このときには乗組員は次郎吉はじめ四人になっていた。この翌年に薩摩組が組として昆布輸送を引きうけることになった。薩摩組は嘉永二(一八四九)年から同四年は各年金五〇〇両、同五年には六〇〇両を薩摩藩より拝借し、この段階にはその金で薩摩において抜荷品の唐薬種を仕入れ、富山などで売却したその代金により蝦夷地で昆布を仕入れた。組が雇った北前船が薩摩へ運んだ昆布は、一万斤が薩摩藩献上となり、他は藩買上げとなった。この唐薬種取引を隠すために符丁《ふちょう》が使用されたが(以上、

❖コラム

「密田家文書」)、薩摩組が抜荷取引に手をだす前に行われたときも同様であった。薩摩組がかかわらずに行った抜荷取引の実態は、文政十一(一八二八)年に石見国で難破した、放生津船籍の神速丸《しんそくまる》の一件から判明する。その抜荷取引は、まず、売薬商の契約した北前船が蝦夷地で昆布を仕入れ、薩摩へむかう途中の湊で売薬商をのせる。薩摩の湊へ着くと船問屋へ昆布などを売却して、抜荷品を購入するが、仕切りは符丁で品物がわからぬようにしてごまかした。帰りは難破したときにつかまらないように、途中のしかるべき湊で売薬商は下船し、このとき廻船問屋で一部の抜荷品を売却もする。売薬商下船後にふたたび越中へ北前船はむかい、売薬商指示の船問屋へ荷を積みこむというものであった。

『時規物語』 北前船長者丸が三陸沖で漂流した模様を伝える。

めから、一部ではあるが東岩瀬の宮城彦次郎《みやぎひこじろう》家のように北前船主となるものも出現した。蝦夷地江差《えさし》の船問屋関川《せきかわ》家へ入津《にゅうしん》した越中船は、二〇七頁のグラフのとおりである。グラフにみるように、文政以降に北前船は増加し、さらに幕末にはいちだんと増えていった。

越中の北前船が、蝦夷地の最大需要品である越中の主産物の米穀を蝦夷地へ運送し、帰りには鰊《にしん》肥などを越中へもたらした。この船はつぎに大坂へ米穀を運送し、その帰りに上方や瀬戸内諸港で綿や塩その他の産物を仕入れてくるという、越中・蝦夷地・上方を結ぶ航海を年二回ほど行い、日本海が荒れる冬季は活動を休止した。北前船の活動により、上方・蝦夷地を始め、全国各地の商品が越中へ流入するようになり、全国各地と越中の結びつきがいちだんと深まっていった。

北前船のほかに越中の中小廻船は、上越を中心とする新潟以西の湊と越中・能登を結んで、化政期以降にいちだんと活発に活動していた。これらの船が越中から能登へ米穀を運送し、能登から越後へは木炭・素麺《そうめん》・塩などを移出し、越後から越中へは干鰯《ほしか》や木材などをもたらした。また、越中から越後へ菅笠・茣座表《ござおもて》・魚などが、能登から越中へは塩・材木が運送された。富山湾沿いの避難港能登布浦《ぬのうら》に天保七（一八三六）年に入津した船は、『間所《ましょ》改控帳』（「海老名家文書」）によると、船籍が判明する船は越中船四五艘・越後船三艘・加賀船二艘・能登船一三艘であった。このように、右三カ国を結ぶ富山湾岸地域の地回り海運で大きな役割を果たしたのは、越中の能登通い船を中心とする中小廻船であった。一方、小矢部川・神通《じんづう》川の舟運も北前船活動に連動して、文政期以降にはいちだんと活発化していった。十八世紀の小矢部川舟運は木《き》町を主に福《ふく》町、伏木《ふしき》の川舟が特権的に活動したため、あらたに在村の農民の舟が物資運送で台頭するようになった。

陸上の輸送は、主要街道の場合、藩の設定した宿場の人馬利用を主にするように定められていたため、宿駅ごとの荷物積替えの必要がない間道を利用した輸送がはやくよりみられ、宿駅とこれらの運輸業者との対立を引きおこした。とりわけ越中から金沢への物資輸送には、宿駅輸送に対して小原越《おばらごえ》（津沢〜内山峠〜金沢）・二俣越《ふたまたごえ》（福光〜朴坂《ほおざか》峠〜金沢）を利用した輸送がはやくよりみられ、宿駅の反対をうけた。商品経済展開に伴う大量の物資の低賃金で迅速な輸送の要望は、さらに新道開削や通船路開削の計画を登場させることになった。信州と越中間の運送は山地のため容易ではないので、効率的な新道開発が十八世紀末から計画されるようになった。しかし、新道計画が実現性をもったのは幕末にはいってからであり、嘉永三（一八五〇）年に立山新道建設が出願されたが、その着工は明治にはいってからであった。安政三（一八五六）年には有峰《ありみね》新道の計画も認可されている。一方、越中・加賀間では、倶利伽羅《くりから》峠の障害除去のための通船路開削計画が、今石動町人と河北郡十村とが中心になって元治元（一八六四）年からたてられた。同計画は、小矢部川の支流、砂《すな》川を津幡《つばた》川の支流谷《たに》川と隧道《ずいどう》を掘って結ぶものであったが、かかる費用が膨大で結局実現はみなかった。

往来と情報●

越中からは多数の売薬商を始めとする行商人・出稼ぎ人が全国各地へ旅をしていた。マスメディアの発達していない江戸時代には、全国各地を旅する彼らのもたらすさまざまな情報は地域の貴重な情報となった。たとえば、安政の越中の大地震について瀬戸内海の大島の人びとが知ったのは、富山売薬商から聞いたことによるものであった。売薬商は、仲間や土地の人に不都合な情報を客へ流さないように仲間内で規制していたが、土地の人の参考になる情報を伝え、客との親密性を増すためのサービスとしていた。また、売薬商は三都の役者や各地の名所などを題材とする売薬版画という情報を客への土産に持参した。一方、売薬商を始め他国へ旅する人びとは、各地におきるさまざまな出来事や流行などの情報を越中へもちかえった。とりわけ風俗の伝播は領主による庶民生活の統制に反するところがある。このため富山藩は享和二（一八〇二）年に、売薬商ら旅出の人が諸国流行の風俗をもたらし風俗が悪化したことを理由に風俗を規制している。

越中の文化発展のうえで江戸や上方から、また金沢からくる文人たちの役割が大きい。たとえば、享和三年に伊能忠敬《いのうただたか》が測量のため越中にはいったさいに、射水郡の村役人石黒信由《いしぐろのぶよし》は忠敬をたずねて親しく教えをうけ、このとき見学した測量器具をヒントに新方式の測量具の磁石台《じしゃくだい》を考案している。元禄時代以降には芭蕉《ばしょう》を始めとする俳諧行脚《はいかいあんぎゃ》の人びとが多数訪れるようになるが、十八世紀後期以降には文人《ぶんじん》・墨《ぼっ》客《きゃく》が名所・旧跡見物もかねて、各地にいる同行の士をたずねながら盛んに旅をするようになっていた。国《こく》学者《がくしゃ》では荒木田久老《あらきだひさおい》が天明六（一七八六）年に、富士谷御杖《ふじたにみつえ》が文政四（一八二一）年に越中を訪れている。漢詩人・儒者では亀田鵬斎《かめだぼうさい》が文化七（一八一〇）年に、頼三樹三郎《らいみきさぶろう》・広瀬旭荘《ひろせぎょくそう》が幕末に訪れ、越中の人びとに大きな影響をあたえている。

十八世紀前期の元禄・享保以降に越中の農民・町人による参宮の旅が盛んに行われるようになった。十九世紀になると多数の町人・農民が、参宮・本願寺参詣以外にも二十四輩旧跡順拝《にじゅうよはいきゅうせきじゅんぱい》・善光寺《ぜんこうじ》参詣や西国《さいごく》寺社《じしゃ》参詣などへでかけるようになり、また、山中《やまなか》・和倉《わくら》・立山などへの湯治へもでるようになった。享保六（一七二一）年に婦負郡宮《みや》村の十村、内山仁左衛門《うちやまにざえもん》が参宮したときの『伊勢参宮道記《いせさんぐうどうき》』によると、伊勢以外にも奈良・吉野《よしの》をまわり一カ月ほどの参宮旅をしている。その後、寛政十二（一八〇〇）年に参宮の旅へ出た射水郡三ヶ村の開発屋与五郎ら一行の旅も、道中記によると西国の諸社寺を巡拝し、五〇日ほどの旅程を費している。両事例ともに京都・大坂で芝居などを見物し、また京都や帰途の金沢で書籍その他の土産を多数購入している。遠隔地への旅は、沿道・旅先でさまざまな情報や文物に接することができ、地域の産業振興にも参考となるような知識・情報や実物の収集にも役立つことになった。

化政期以降には寺社参詣や商用の旅をする人に書状をたくす幸便《こうびん》利用が盛んに行われるだけでなく、町《まち》飛脚《びきゃく》も発達して、彼らにゆだねられた書状によって、他地域の情報が大量に送られることになった。文政以降に越中で台頭した北前船の船頭や船主は、とりわけ各地の物価情報の迅速な入手が収益に直結するために物価情報には敏感であった。このため船頭は寄港先の湊町から、廻船の安否とともに商品価格の情報を飛脚便で船主へ送り、また各地の廻船問屋は商品価格を飛脚便その他で顧客へ通知した。たとえば、放生津の綿屋彦九郎家と分家に残された文書のなかには、文政期以降のこの書状・通知が多数残されている。

一方、医師坪井信良《つぼいのぶよし》の高岡にある実家佐渡家には、信良が江戸からだした書状が多数残されているが、彼の書状は江戸などの出来事や物価その他の情報をも伝えたものであった。また、文通により指導をうけることも行われ、江戸遊学から高岡へ戻った医師長崎浩斎《ながさきこうさい》と江戸の師、大槻玄沢《おおつきげんたく》とのあいだで文化十四年から文政九年に交わされた多くの書状が長崎家などに残されている。江戸・高岡間の通信に要する日数は、飛脚外にたくした幸便も含めると二〇日を数日前後する期日がかかるが、右両家の書状をみるかぎり、大幅に遅延することもあった。

坪井の書状は、ペリー来航以降の政治的激変に関する情報も頻繁に高岡の実家へ伝えていた。幕末の政治変動は、情報の活性化をもたらしたが、中央の政変に大きな関心をもっていた越中の尊皇《そんのう》家の人びとは、いちだんと政治情勢入手に力を入れた。このため高岡の逸見文久郎《へんみぶんくろう》は、加賀の在野の尊皇家小川幸三《おがわこうぞう》が京都にいたとき、しばしば文通を行うほか、江戸追放となり高田《たかだ》にいた尊皇家東条琴台《とうじょうきんだい》とも頻繁に書状のやりとりをして情報収集につとめていた。

6章

地域文化の開花と藩政終焉

高岡の御車山《みくるまやま》

1　教育・学問と文化の展開

広徳館・臨池居・広沢塾●

諸藩では、藩政建て直しのために人材育成の必要を感じ、宝暦（一七五一〜六四）ごろより藩士子弟の教育施設の藩校《はんこう》創設がみられるようになる。加賀《かが》藩ではこれより若干遅れた寛政四（一七九二）年に文《ぶん》学校の明倫堂《めいりんどう》と武《ぶ》学校の経武館《けいぶかん》が設けられた。一方、財政がきびしく藩校設立のたいへんな富山藩では、士風刷新の必要と、また藩政のための人材を必要とする度合いが高かったために、加賀藩よりはやく安永二（一七七三）年に藩校広徳館《こうとくかん》を設置した。広徳館は幕府の昌平黌《しょうへいこう》にならってつくられ、昌平黌から学頭に三浦平三郎《みうらへいざぶろう》を招いている。遅れて開校した加賀藩の明倫堂は農民・町人も学べたが、広徳館の場合は女性はもちろんのこと、町人・農民も受講できなかった。広徳館の講義科目はやはり、四書《ししょ》・五経《ごきょう》の儒学《じゅがく》中心であったが、午後には武術修行も行われ、文武両道にはげむようになっていた。三浦は徂徠《そらい》学派であり、広徳館では同派の儒学が教えられたが、寛政異学《かんせいいがく》の禁《きん》により、昌平黌派の朱子学《しゅしがく》者市川寛斎《いちかわかんさい》が招かれ、以来同派の朱子学が藩学となった。

十八世紀後半になると、上層町人や医師の子弟のために寺子屋《てらこや》以上の高度な教育をする施設の必要性が高まったが、越中《えっちゅう》では私塾《しじゅく》・郷学《ごうがく》の開設が少なかった。しかし、富山・高岡《たかおか》・魚津《うおづ》など町奉行支配都市では私塾が設けられている。富山では、藩が私塾を奨励したために、明和三（一七六六）年に漢学・習字の塾、臨池居《りんちきょ》が小西鳴鶴《こにしめいかく》によりはじめられ、文化二（一八〇五）年には漢学の岡田塾《おかだじゅく》が広徳館訓導《くんどう》岡田淳之により設けられた。また、安永八年に算学塾が藩士中田高寛《なかだたかひろ》により開かれた。一方高岡でも、町役人の子で、皆川淇園《みながわきえん》の門下であった富田徳風《とみたとくふう》が文化三年に修三堂を開き、このときは海保青陵《かいほせいりょう》も招かれ論語を講じている。また、文化十一年に長崎蓬洲《ながさきほうしゅう》が安乗寺《あんじょうじ》に講堂を開き、文政八（一八一五）年には町奉行大橋作之進《おおはしさくのしん》が敬業堂《けいぎょうどう》を設けた。また、弘化から嘉永の時期には加賀藩の儒者上田作之丞《うえださくのじょう》が桑亭《そうてい》という講堂を開いている。魚津でも文政十年に加賀藩士荒尾作左衛門《あらおさくざえもん》が漢学・書道の塾をはじめ、文久元（一八六一）年には町医阿波賀修造《あわがしゅうぞう》が漢学・筆道の塾を設けている。文政・天保（一八一八〜四四）ごろの氷見《ひみ》町を町役人の日記『応響雑記《おうきょうざっき》』にみると、常設の私塾ではないが、有力町人が資金をだしあい、上田作之丞を迎えて講釈をうけるほか、富山などの儒者も来訪して講義を行うなど、私塾がなくても町方の有力住民の漢学などの学問への熱意は大きかった。

一般の町人・農民を対象とする教育施設として寺子屋が各地に開かれた。八尾《やつお》などのように古く寛永期（一六二四〜四四）に寺子屋が開設された町もあるが、越中各地で寺子屋が多数開設され、庶民教育が浸透

広徳館孔子像図

したのは天保期であった。寺子屋では習字を重視する読み書きの教育を行ったが、越中では売薬などの行商《ぎょうしょう》が盛んであったために、初歩的な計算を重視するところが多かった。能登《のと》に近い浦方《うらかた》の姿村《すがた》（氷見市）では、天保年間（一八三〇〜四四）に広沢塾《ひろさわじゅく》が開設された。その『寺子中名簿』によると、慶応三（一八六七）年までの寺子一六一人のうち一四七人が男子で、しかも長男が中心となっていた。しかし、注目されるのは手本だけをうけとって自学する子どもが総数の三分の一を占めていたことである。二、三男もこのような形で学んだことは、江戸期の教育の浸透の深さを教えてくれる。

広沢塾で学ぶ女子は、一部の有力住民の娘であった。魚津でも富裕な住民の娘が学んだことがあきらかであるが、寺子屋のなかには多くの女子をかかえるところもあった。さらに町場のなかには、女子向けの寺子屋が開設されていたところもあった。高岡には天保十四（一八四三）年に山伏《やまぶし》の妻、神子たかにより女寺子屋が設けられ、やはり習字を中心に教えるとともに、女子教育として『女大学《おんなだいがく》』や『百人一首《ひゃくにんいっしゅ》』の素読も行っていた。このほか、戸出《といで》にも幕末に竹村屋長兵衛《たけむらやちょうべえ》の妻貞子《さだこ》が女寺子屋を開業していた。

実学の盛況●

越中の学問は、当初は富山藩が領外から招聘《しょうへい》した儒者らの学者によりになわれた。とりわけ二代藩主正甫《まさとし》は、藩の学術振興のために学者を招くのに熱心であった。京都からは儒者南部草寿《なんぶそうじゅ》、長崎から儒医杏一洞《きょういちどう》が招聘され、また元禄時代の代表的測量家で絵図作者の藤井半知《ふじいはんち》も藩医として召しかかえられている。

藩校広徳館の設立後は、広徳館が藩内儒学の拠点となった。また、後期には上層の町人・農民のなかから漢学を熱心に学ぶものがあらわれ、このなかから高岡に修三堂を開設した富田徳風のように、地域の学問をささえる人物もあらわれた。なお、国学《こくがく》の分野では、十村《とむら》の五十嵐篤好《いがらしあつよし》があらわれている。篤好は富《ふ》士谷《じたに》御杖《みつえ》に国学を学び、『言霊旅暁《ことだまたびのあかつき》』『臥牛斉詠草《がぎゅうさいえいそう》』など多くの著作を残している。

越中では、華厳宗《けごんしゅう》の鳳潭《ほうたん》、曹洞宗《そうとうしゅう》の月潤《げっかん》、真宗《しんしゅう》の宣明《せんみょう》など各宗派に教学面ですぐれた学僧を多数輩《はい》出《しゅつ》した。その一方では、医師に加え村役人の上層農民や町人が、算学・測量術・天文学・暦学・本草《ほんぞう》学などの実学の学問に取りくみ、すぐれた成果をうみだしており、このことが越中の学術の大きな特徴となっている。算学・測量術は元来、領主にとり、また上層の村役人らにとり必要な土木・治水技術の基礎科学として重要な学問であった。越中では、安永年間（一七七二〜八一）に中田高寛が関流《せきりゅう》算学の塾をはじめてから、町人・農民のあいだに算学が浸透していった。とりわけ農村では、田地割《でんちわり》実施の関係で肝煎《きもいり》・組《くみ》合頭《あいがしら》の村役人にとっても算学と測量術は身につけるべき重要な学問・技術となっていた。この結果、高寛のもとから石黒信由《いしぐろのぶよし》・高木《たかぎ》広当ほか多数の人材がうみだされた。また、信由・広当も多数の人に算学を

石黒信由画像

教え、関流算学が越中や隣国飛騨《ひだ》・能登へも広まっていった。しかし、和算《わさん》学・測量学などの学問となると、農民や富山以外の町人が主として活躍した。信由は射水《いみず》郡高木村の村役人で、和算家としてだけではなく、『三州測量図籍《さんしゅうそくりょうずせき》』や『加越能三州郡分略絵図《かえつのうさんしゅうぐんぶんりゃくえず》』を作成したように、測量家・地図作成者としても秀《ひい》で、また天文・暦学・航海術にもつうじていた。彼は測量術を金沢《かなざわ》の宮井安泰《みやいあんたい》から学び、さらに天文暦学を西村太冲《にしむらたちゅう》から学んでいる。信由のおもな弟子は村方の住人であったが、同家の『書籍出入留』（高樹文庫蔵）によると、弟子たちが石黒家の所蔵する算学書・測量書その他の専門書籍を盛んに借りうけ筆写して学んだように、石黒家は和算・測量学の地域の学術センターになっていた。石黒一門以外にも、東福《とうふく》寺野《じの》・十二貫野《じゅうにかんの》などの新川《にいかわ》郡の新田開発・用水開削に尽力した新田才許役の椎名道三《しいなどうさん》がいた。彼の学問については不明であるが、従事した事業からみてすぐれた測量技術を身につけていたのは間違いない。十村、五十嵐篤好も信由の弟子であるが、彼も『新器測量法《しんきそくりょうほう》』という測量書をあらわしているように、当時の村役人にとって測量術は必須の学問ともいえ、越中ではこの分野ですぐれた人材をうみだした。

十村ら村役人層は、当然ながら農学への関心が大きく、この分野でもみるべき成果があげられている。代表的なものは礪波《となみ》郡下川崎《しもかわさき》村の宮永正運《みやながせいうん》が寛政元（一七八九）年にあらわした、農書の『私家農業談《しかのうぎょうだん》』である。このほか彼は『養蚕私記《ようさんしき》』なども執筆している。五十嵐篤好は『耕作仕様考《こうさくしようこう》』などを書くほか、『口米考《くちまいこう》』『高免考《こうめんこう》』などの農政史の著作もまとめている。

天文学・暦学には西村太冲がでている。彼は城端《じょうはな》商人の子で、上京して西村遠里《にしむらとうさと》、その後大坂で麻田《あさだ》剛立《ごうりゅう》に師事し、寛政十一年に加賀藩の明倫堂に招かれ、天文学を講じた。一年余で城端に戻り、医業のかたわら研究に従事して『符天暦《ふてんれき》』『実符暦《じっふれき》』などを作成したが、文政四（一八二一）年にふたたび加賀

❖コラム

鳳潭・道印・信由

近世の越中の学問では、実学面にすぐれた人材をだしていた。なかでも、絵図・地図作成分野に関して、日本を代表するすぐれた人材をだしており、また代表的な絵図を作成した人物もでているところに大きな特徴があった。後者の絵図作成という点で取りあげられるのが鳳潭という僧侶である。彼は宝永七（一七一〇）年に『南瞻部洲《なんせんぶしゅう》万国《ばんこく》掌菓《しょうか》之《の》図《ず》』を刊行している。この絵図は、仏教的世界観により日本も描きいれた世界図を描いたところに大きな特徴があり、このような近世地図のなかでは代表的な作品として知られている。前者の代表的地図作成者としてあげられるのが、遠《おち》近道印《こちどういん》という人物と高木村の村役人、石黒信由である。遠近道印は貞享期に富山藩医となった藤井半知である。彼は、江戸と東海道のはじめての正確な絵図の『新板江戸大絵図』『東海道分間絵図』を刊行した、地図史上で重要な仕事を成しとげた人物である。道印は、交会《こうかい》法・道線《どうせん》法による西洋流の測量術を駆使し、元禄時代のわが国のトップに位置した地図作成者であり、のちに図翁《ずおう》と称していた。つぎに石黒信由は十九世紀の加賀藩を代表する地図作成者であり、代表作に藩命により作成した『加越能三州郡分略絵図』『三州測量図籍』がある。彼の作成した藩領絵図も、当時としてはきわめて精度が高いものであった。伊能忠敬《いのうただたか》が全国測量のさいに越中を訪れたおりには、信由は忠敬に教えを乞《こ》い、その結果、測量器具の強盗《がんどう》式磁石台を考案している。彼も伊能忠敬と同様に隠居後に学問に精進しており、現代の生涯学習の見本となる人物であった。彼とその子弟が残した絵図・地図などは重要文化財に指定され、新湊《しんみなと》市の高樹《こうじゅ》文庫に保管されている。

藩に召しだされた。つぎに本草学は、売薬振興のためもあり盛んであった。本草学の代表的な書物である稲生若水《いのうじゃくすい》の『庶物類纂《しょもつるいさん》』の完成には、富山出身の内山覚中《うちやまかくちゅう》も加わっている。覚中は『加賀藩産物志《かがはんさんぶつし》』や『薬草絵形帳《やくそうえがたちょう》』などをあらわしている。また、富山藩主のなかにも十代藩主前田利保《まえだとしやす》のように本草学者として一流の人物もでている。利保は売薬業振興のために薬草園を開設するだけではなく、本草書の『本草《ほんぞう》通串《つうかん》』『本草通串証図《ほんぞうつうかんしょうず》』をまとめている。彼は嘉永六（一八五三）年に富山藩薬品会を大法寺《だいほうじ》でもよおしたり、また江戸で博物品評会の赭鞭会《しゃべんかい》を開いたりしている。なお、医学でもすぐれた人材をだしている。代表的な人物に、新川郡黒川《くろかわ》村出身の幕末の蘭方医、黒川良安《くろかわりょうあん》や高岡出身の坪井信良《つぼいのぶよし》がいた。黒川は加賀藩ではじめて種痘《しゅとう》を行った人物で、坪井は幕府の奥医師となった人である。

文芸と謡・茶の湯

越中の文芸は、富山藩の武士と僧侶・医師を中核にして、町年寄《まちどしより》・町肝煎・十村ら上層の町人・農民がささえた。

大名には、諸大名との交流のためにも教養が求められたため、富山藩主や子弟、側室のなかに文芸に秀でた人をだしていた。和歌では二代藩主正甫とその子利郷《としさと》や六代藩主の側室自仙院《じせんいん》、また十代藩主利保が歌人として知られている。藩士のなかでは津田信大《つだのぶひろ》やその門人弘中重義《ひろなかしげよし》・岡正寛《おかまさひろ》らがいる。連歌《れんが》も盛んに行われ、赤尾清範《あかおきよのり》を始めとし、藩士のなかにたしなむものが多く、また漢詩も南部草寿らの藩儒《はんじゅ》や市河寛斎ら藩校の儒学者がいるために盛んであり、広徳館では教官の詩集をまとめている。一方、俳諧でも武家のなかから元禄・享保期（一六八八～一七三六）に活躍した二川《にせん》などがでている。

農民・町人の文芸活動は、上層の人びとにより行われたが、彼らのなかにも十九世紀には漢学を学び、漢詩に親しむものが多数あらわれてきた。高岡では松映房社《しょうえいぼうしゃ》・鳳鳴社《ほうめいしゃ》などの漢詩の結社が形成されるようになったが、外来の詩客の宿泊の施設として臨江亭《りんこうてい》・養老軒《ようろうけん》などの詩亭も設けられた。このほか、郡奉行所のある小杉《こすぎ》でも幕末には漢詩の結社、月三吟社が成立したとみられる。和歌でも上層の農民・町人にはすぐれた人がでており、たとえば十村の内山逸峯《うちやまいっぽう》や、彼の弟子宮永正運や、このほか五十嵐篤好などがいる。

漢詩・和歌と違って俳諧の場合は、在町も含む町場の住民へ広く浸透していった。松尾芭蕉《まつおばしょう》は、越中をとおりすぎるだけの旅をしたが、この元禄時代（一六八八〜一七〇四）の越中における町場の有力住民にも俳諧をたしなむ人が多いことは、当時の『卯花山集《うのはなやましゅう》』『喪《も》の名残《なごり》』などの俳書に彼らの作品が多数掲載されていることからわかる。元禄時代の代表的俳人には、芭蕉の弟子、井波瑞泉寺《いなみずいせんじ》仕職の浪化《ろうか》を筆頭に、同じ井波の路健《ろけん》や高岡の十丈《じゅうじょう》、氷見の路青《ろせい》らがいた。宝暦（一七五一〜六四）ごろには戸出の康工《こうこう》、福野《ふくの》の其汀《きてい》、滑川《なめりかわ》の知十《ちじゅう》がいる。

町人が俳諧に親しんでいたといっても、商人の場合は家業をかたむけさせないように、俳諧・茶の湯その他の芸事への深入りはつつしむべきこととされていた。藩役人との関わりをもたざるをえない富山商人も、この点を強く自戒しており、金沢商人とは異なっている。富山の代表的薬種商の茶木屋《ちゃのきや》をみると、享保二（一七一七）年に定めた家憲《かけん》で、俳諧その他何芸でも少しずつ修得するのが大事で、芸事へののめりこみは身代を潰《つぶ》すとしてきびしく禁じている。しかし、有力な町人・農民と、さらに武家や寺院と親交を結び、情報を得るためには俳諧その他の芸事も欠かせなかった。このため俳諧その他芸事は町方・在町住民のあいだに浸透した。化政期には俳諧が大衆化したために文芸的評価はあまりうけないが、越中でも町人・農民が活発に俳諧興行を行うだけではなく、その作品をまとめて俳書や刷物にまとめて出版するなど、俳諧文化が花開いていった。文政二（一八一九）年には、越中の出版業者によりはじめての俳書『葛《くず》の実《み》』がだされており、富山・高岡をはじめ越中各地における町場の俳人の作品が掲載されている。幕末の安政三（一八五六）年には、越中の名所を各地の俳壇が担当して詠んでまとめた『多磨比呂飛《たまひろひ》』越《こし》の部《ぶ》が富山で出版されている。また、社中により作品を額にして神社へ奉納された。なお、舞句などの雑俳も庶民のあいだで盛行し、神事・法事のさいに会がもよおされて、神社に額が奉納された。

芸能や茶の湯・生け花も町人や上層農民のあいだに浸透した。加賀藩では金沢の職人に演能を奨励し、また領民へ能を拝見させていた。このため越中の町人・農民のあいだでも謡曲の稽古にはげむものが多く、砺波・射水の町村には、金沢からわざわざ指導する人をよんで習うところがあった。高岡では、男子が交際上、謡《うたい》が必要とされるほどになっており、寺子屋で授業後に小謡《こうたい》を教えるところもあった。一方、茶道は道具に費用がかかるので、上層のあいだに広がるだけであったために、高岡の茶会でも参集者は少なかったといわれている。泊《とまり》の蔵宿《くらやど》小沢《おざわ》屋が開いた文化九（一八一二）年からの茶会記録『茶事会席帳《ちゃじかいせきちょう》』（「小沢家文書」）によると、参加者は、僧侶と武士・十村・蔵宿など上層住民であったが、越中での茶会はこうした上層住民のつながりを深める場としてあった。一方、生け花も町方の上層住民のあいだを中心に行われたが、天保期に開かれた氷見町の生け花の展示会は、『応響雑記』によると多数の人を集めている。

売薬版画と井波彫刻●

地域の絵師の中心になるのは、藩の御用絵師であった。後期には狩野《かのう》派の絵師、山下守胤《やましたもりたね》とその弟子松浦《まつうら》守美《もりよし》が富山藩御用を務めており、また幕末に狩野派の有力者となっていた木村立嶽《きむらりつがく》も富山藩御用をつとめている。守美は、守胤らとともに利保編纂の『本草通串証図』の挿し絵を描くほかに、富山売薬版画の原画も多数描いている。この絵師の世界の裾野《すその》には、塗師などの職人のなかから、たとえば城端の塗師、十一代小原治五右衛門《おはらじごえもん》のように絵にも力量を示すものがいたほか、町方・在町の有力住民のなかにも嗜《たしな》みとして絵をよくするものがいた。十九世紀の氷見の蔵宿田中屋権右衛門《たなかやごんえもん》は、人に頼まれて扇子《せんす》や屛風《びょうぶ》などにたびたび絵を描くほか、奉納絵馬なども描いている。なお、京都で活躍して岸《きし》派の祖となった岸駒《きしこま》は、母の実家のある東岩瀬《ひがしいわせ》で幼年時をすごしている。

越中美術の代表的なものの一つに売薬商人が客へ土産《みやげ》に持参する売薬版画がある。幕末の売薬版画は江戸から板木を仕入れて刷ったものではなく、越中の絵師《え》・彫師《ほり》・刷師《すり》らにより作成されていた。その絵は

売薬版画(松浦守美〈守義〉画「市川団十郎の松王丸」)

さきの守美や国春《くにはる》らも描いた。また、富山以外にも安政六（一八五九）年には「諸商売取調帳」（「杉木文書」）によると、東水橋《ひがしみずはし》に板木師一人、西水橋に錦絵摺商売二人が居住し、また滑川にも彫工二人がいたことがわかる。幕末に多数の売薬商がいた町には売薬版画関係の業者が居住していたことになる。その題材は芝居絵や武者絵が主であるが、売薬先の客の需要を考えて諸国名所風俗絵や信仰絵・教訓絵・童話絵などいろいろあった。

寺社の堂塔・社は建築の代表的なものとなるが、領主は城など諸普請と戦《いくさ》にそなえて大工や鍛冶《かじ》を確保し、彼らに屋敷地をあたえていた。加賀藩は城端・井波・大窪《おおくぼ》（氷見市）の大工に屋敷地をあたえていた。彼らは寺社の堂宮建築にも従事し、井波大工の場合、のちに堂宮の彫刻にも技術を発揮するものがでた。安永三年の井波の瑞泉寺再建に京都の大工とともに従事した井波大工は、京都の大工の技術を学び、これ以降彫刻の部門にも力をいれるようになった。この結果、番匠屋《ばんしょうや》守国《もりくに》・金剛寺屋《こんごうじや》理八《りはち》などがでて、今日の井波彫刻の基礎がつくられた。

井波彫刻など多数の伝統工芸をかかえる現代富山県のその土台は江戸期につくられた。漆器の城端塗は、十七世紀半ばに城端の塗師屋信好が密陀絵法《みつだえほう》に加えてあらたに白漆蒔絵法《しろうるしまきえほう》を案出してその基礎をつくり、のちに同七代治五右衛門が白蒔絵法を完成したものである。また、高岡漆器《しっき》には中期以降に名工が多数あらわれ、幕末に勇助塗《ゆうすけぬり》が石井勇助《いしいゆうすけ》によりはじめられている。一方、高岡の美術品としての銅器生産は、仏具生産と彫金技術を土台にしてうみだされた。安永年間（一七七二〜八一）に安川三右衛門《やすかわさんえもん》による銅器の彫刻がはじめられ、また文政二（一八一九）年に銅器問屋・地金問屋が藩から公認されてから、金屋《かなや》町の鋳物師《いもじ》のなかからも銅器生産に携わるものが多数でて発展していった。

こうした地域の工芸の粋《すい》を集めて越中の町場の曳山《ひきやま》は建造された。宝暦から化政期にかけてつくられた今石動《いまいするぎ》の曳山は、彫刻を井波の彫刻師、塗りを城端の塗師が担当している。城端では塗師小原治五右衛門や人形師和助《わすけ》、屋敷地拝領大工小平次《こへいじ》らが曳山建造にかかわり、歴代の治五右衛門が設計から装飾まで主導、製作したが、幕末には井波彫刻や高岡金具も取りいれるようになったという。曳山製造が越中の工芸技術を高め、近代に大事な地場《じば》産業となる美術工芸を育てる一翼をになったのである。

なお、陶磁器生産では初期に瀬戸焼、化政期以降に小杉焼・丸山焼などがはじまっているが、これらは近世には生活雑器の生産を主として行われたものである。雅物といわれる美術品生産の窯も埴生《はにう》焼・城端焼などがあるが、その生産は窯主《かまぬし》の個人消費としてのものであった。

2　信仰と生活文化

寺社の統制と動向●

幕府は、本寺《ほんじ》が末寺《まつじ》を統制する本末《ほんまつ》制度により寺社を統制し、また宗門《しゅうもん》改めによりキリシタン統制をはかった。加賀藩・富山藩も幕府の方針のもとで寺社統制にあたったが、とりわけ真宗寺院に対する警戒心は強く、越中を一揆《いっき》の国とする認識が両藩の藩士には強かった。しかし、真宗寺院がかえって、領民支配の押さえとなる役割を果たすとの老獪《ろうかい》な認識をもつ利常のような藩主もいた。加賀藩は各宗派の有力寺院を触頭《ふれがしら》にして末寺を統制することにした。一方、キリシタンについては当初の加賀藩は寛大なところがあり、キリシタン大名の高山右近《たかやまうこん》などをうけいれていたが、幕府のキリスト教禁令の強化により、加賀藩も寛永十五（一六三八）年十月にキリシタン訴人へ賞金をあたえる高札《こうさつ》を立てたり、万治二（一六五九）年六月にはキリシタン宗門の定を発布した。また、加賀藩は寛永十九年には宗門改奉行をおいており、宗門改めの実施に伴い誰もが檀那寺《だんなでら》を定めることになり、この寺請《てらうけ》制・檀家《だんか》制によりキリシタン統制を実施した。

藩は寺社統制のためにも寺社へ寺社地や領地をあたえ、二上山養老寺《ふたかみさんようろうじ》や能登境の石動山天平寺《せきどうさんてんぴょうじ》には、越中の村々から初穂米《はつほまい》の知識米《ちしきまい》徴収を特別に認めた。また、藩は祈禱所《きとうしょ》の寺社を定めて特別な保護をあたえた。立山《たてやま》の芦峅寺《あしくらじ》・岩峅寺《いわくらじ》の場合は、諸役免除と一〇〇俵の土地寄進の保護をうけていた。また、加賀藩は、安永二（一七七三）年に疫病除《よ》けのために、越中では埴生八幡に祈禱を命じているが、守札《まもりふだ》は新川・射水郡の村へわたされ、一方礪波郡は倶利伽羅不動《くりからふどう》の札があたえられていた。

有力な寺社のなかには、非常時の干損などのさいの雨ごいや、また特別に豊作祈願などの祈禱を行い、そのお札を売り広め、信仰を広めることにつとめているところがあっ

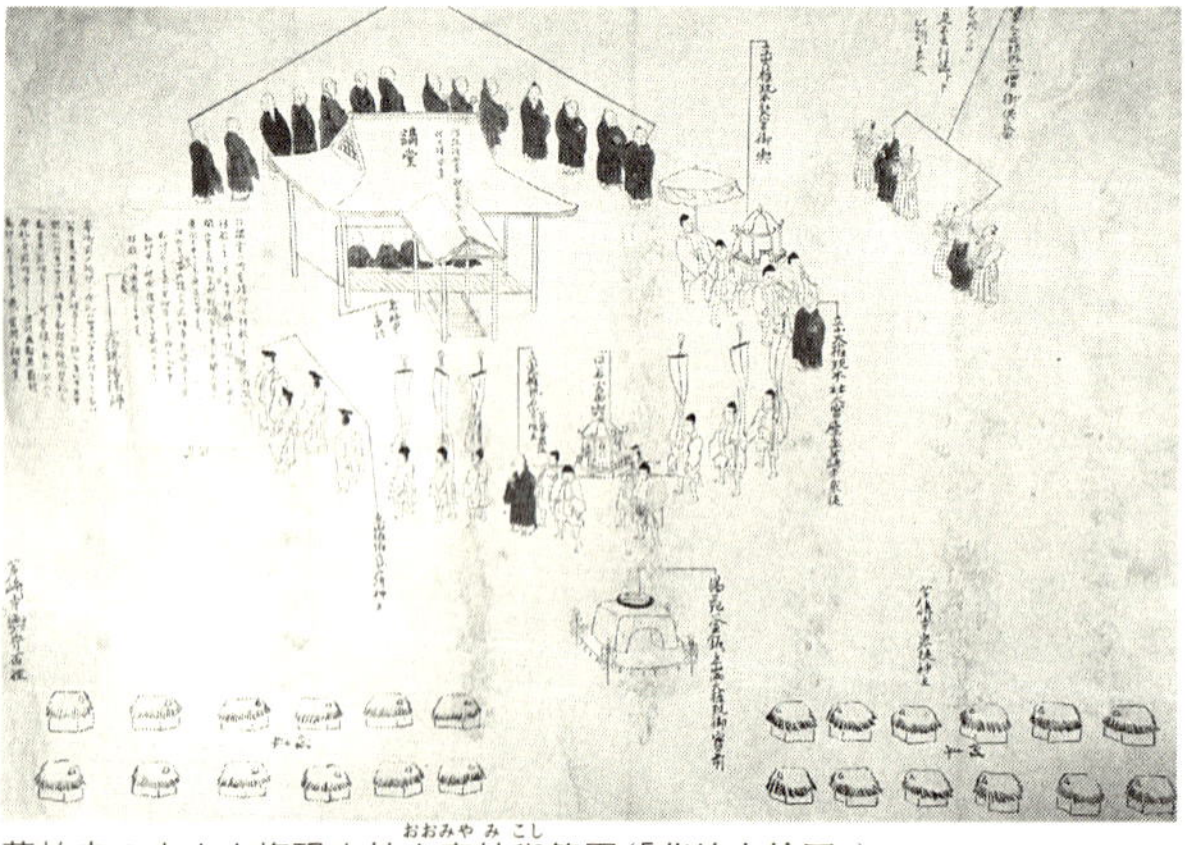
芦峅寺の立山大権現本社大宮神輿《おおみやみこし》等図(「芦峅寺絵図」)

た。石動山の天平寺は、享保十八（一七三三）年の凶作にさいして、虫除け祈念の札を越中の全村にくばり、また高岡の関野《せきの》神社も天明二（一七八二）年に、不作のため五穀成就《ごこくじょうじゅ》の祈禱を行い　参詣・守札配布を行っている。

越中の寺院のなかで多数を占め影響力が大きい真宗は、初期に東西に分かれ、越中では西派の触頭に勝興寺《しょうこうじ》、東派の触頭は善徳寺《ぜんとくじ》・瑞泉寺が交代でつとめることになっていた。西派では、全国の同派の寺院と門徒に大きな影響をあたえた三業惑乱《さんごうわくらん》とよばれる事件が宝暦三（一七五三）年に発生し、文化三（一八〇六）年まで続いた。この事件は、蓮如《れんにょ》の「御文章《ごぶんしょう》」の解釈をめぐる学林の新義《しんぎ》派（三業派）と在野学僧の古義《こぎ》派の争いが、宗主継承の教団内の勢力争いとからんで信者をもまきこんで発生した事件であった。この事件には、氷見の西光寺《さいこうじ》義霜《ぎそう》や古国府《ふるこ》の勝興寺闡郁らが新義派として活躍し、また新川郡浦山《うらやま》村の善巧《ぜんこう》寺《じ》僧鎔《よう》らは古義派に立つなど、越中の寺院・門徒も両派に分かれ対立し、越中の門徒にも大きな影響をおよぼした。幕府が解決のために勝興寺闡郁を文化元年に召還したさいには、彼の釈放帰国の仲介と江戸への出願のために、同三年に関所《せきしょ》手形発行を願いでた越中の門徒が一万人も金沢へでむく大事態が引きおこされている。幕府は両派関係者を処分し、このとき勝興寺を三〇日の閉門、義霜を僧籍剝奪・軽追放とした。しかし、彼は回心せず三業《さんごう》帰命《きみょう》の潜行運動を行い、最後は獄死している。

越中の寺社で真宗とともに見落とせないのが、立山信仰の芦峅寺・岩峅寺である。立山信仰の拠点の中《ちゅう》宮《ぐう》寺《じ》・立山寺《りゅうせんじ》は近世中後期には芦峅寺・岩峅寺とよばれるようになった。ともに無本山天台宗《むほんさんてんだいしゅう》の寺院として活動し、藩から特別な保護をうけ、宗徒《しゅうと》・社人《しゃじん》とよばれる人びとが信者の宿泊を行う宿坊《しゅくぼう》をいとなんだ。芦峅寺の衆徒は、享和元（一八〇一）年に三三坊、社人五軒と定められ、宗徒・社人は一山《いちざん》という組織をつくっていた。岩峅寺は近世をつうじ二四坊により構成された。芦峅寺の衆徒は立山曼荼羅《まんだら》を持参して、それぞれ全国各地の檀那場をめぐり布教した。岩峅寺の場合は近隣諸国を相手に布教していた。立山は他国からの参拝者だけではなく、越中内からも多数の参拝者を迎えており、とりわけ男子が一人前となるために登山する山としての役割も果たしていた。しかし、立山は霊山として女人禁制《にょにんきんせい》を実施しており、女性参拝者は奥山への登山は許されず、女性たちは芦峅寺の姥堂《うばどう》で立山を参拝することになっていた。

庶民の信仰●

真宗王国といわれる越中に真宗が広く浸透する基盤となっていたのが、真宗寺院のもとに組織された講《こう》と道場《どうじょう》であった。講も道場もともに近世以前から信徒の信仰を組織し、拡大する場としての役割を果たしてきた。講は一般に複数の村町の門徒により組織される信者組織で、なかには男性だけの男講や女性だけの尼講も存在し、また青年や子どもだけの講なども存在した。一方、村町の信者が地域の信仰の場として設けた道場は、近世には寺院化するものも多かったが、五箇山《ごかやま》などでは末寺寺院のもとに道場のままとどまったものが多かった。

門徒の真宗寺院への帰依心《きえしん》は強く、寺と信徒・檀徒の関係が強い。このため凶作で年貢がはらえなくなった村に対して、真宗寺院が本尊の仏様・絵像を質にだして年貢金の手当をすることもみられるほどであった。礪波郡壱歩弐歩村《いちぶにぶ》（高岡市）の法筵寺《ほうえんじ》は享保十七（一七三二）年と元文三（一七三八）年に仏絵を村のために質にだしている（「法筵寺文書」）。同様のことが小杉新町の久証寺《きゅうしょうじ》などにもみられた。

庶民信仰は真宗を中心とするものの、氏神ほかの神社や他宗派寺院への人びとの崇敬もあつく、また先祖への祭祀も重視されていた。真宗地帯の礪波の村にも氏神《うじがみ》・産土神《うぶすながみ》その他の神社が設けられているだけではなく、礪波郡頼成新《らんじょうしん》村（砺波市）が寛文五（一六六五）年に村立てされたときに神明《しんめい》を勧請《かんじょう》しているように、新村立てのさいに氏神が勧請されていた。農民・町人の各家では、先祖をとむらい、とりわけ門徒の場合は家族・自身の後生《ごしょう》のために仏壇を用意しておがんでいた。寛政八（一七九六）年に五箇山朴《ほう》峠の助右衛門《すけえもん》が仏壇を質にだした証文が残っている。これは高価な仏壇がこのころの五箇山にも普及し、仏壇が価値をもっていたことを教えてくれる。また、寛政十一年に闕所《けっしょ》になった井波町の一人暮らしのある女性は、わずかな家財のほかに箱の厨子《ずし》と一如上《しょう》人《にん》の石版の十字名号《じゅうじみょうごう》を所持しており（「井波町肝煎文書」）、高価な仏壇など買えない貧しい人びとには、彼らの信仰のために箱厨子と刷り物の軸《じく》が普及していたことがわかる。

現世利益のためのさまざまな神仏への信仰が越中でもみられ、数多くの山伏が活動していた。また、農漁民は豊作・豊漁やその他さまざまな願いのために神仏に祈った。『応響雑記』によると、天保飢饉《てんぽうききん》のときに氷見町では鰤《ぶり》・鰯《いわし》の不漁をたびたびみたために、そのつど恵比須《えびす》祭りを行

五箇山の道場

い豊漁を願っている。真宗地帯礪波郡の路傍でも石仏なども まつられ、人びとの信仰を集めていた。

神仏を崇《あが》め、信仰を大事にする気風が大きい越中では、寺子屋のなかにも姿村広沢塾のように寺子が諸宗派の行事や先祖の忌日に寺参りすることを奨励していた（前出『寺子中名簿』）。しかし、真宗信仰が強い地帯でも、老人ならばともかく信仰にのめりこむのは家業をおろそかにすることとして家訓でわざわざ禁止することがみられたことは注意しなければいけない。たとえば、元文（一七三六～四〇）ごろに礪波郡安川《やすかわ》村（砺波市）の久左衛門《きゅうざえもん》は、子孫への伝書（「貝淵家文書」）にて見仏聞法《けんぶつもんぼう》は家職に差しつかえのない程度にするようにと書き残している。

盆正月と曳山祭り●

村・町の人びとの生活は、さまざまな年中行事にいろどられていた。年中行事の日は人びとの大切な遊日、休み日となり、楽しみとなるものが多かった。とりわけ藩より律義百姓・精農としての日々の働きをきびしく求められた農民にとって、さらに彼らに雇用された奉公人にとっては、最少限度におさえられた休日は、掛けがえのないものであった。寛政十二（一八〇〇）年に、新川郡の農業奉公人の遊日・休日が次頁の表のように定められた。奉公人にとって、休み日の確保は大切な願いであり、彼らの要望をおさえきれなくなり、このころには一郡の奉公人の休日が公定された。この休日は一般の農民の休日にも対応するものであった。

奉公人には月一度の引込み日があるほか、年中行事の祭礼日を主とした遊日・休日の休み日が定められていた。年中行事の休みとは、正月と雛《ひな》祭りの日、春秋の彼岸中日・お盆に加えて、農業にかかわる種蒔込み盆・田祭り・風の盆・鍬仕舞《くわしまい》盆・皆済《かいさい》盆などの休み日であった。この結果、十一月・十二月以外は月

19世紀初頭，新川郡の村の遊日・休日

月	遊　日・休　日
正月	遊日(元日～3日，7日，15日，16日。朝拝は16日より家格の通り)。休日(なし)
2月	遊日(1日，15日，彼岸中日の1日。半かい講1日)。休日(なし)
3月	遊日(3日〈祭り1日〉，1日，24日)。休日(1日〈農仕事のことを考える〉)
4月	遊日(8日〈種蒔込み盆1日〉)。休日(2日〈同上〉)
5月	遊日(5日〈田祭り1日〉)。休日(2日〈同上〉)
6月	遊日(1日，7日，14日，晦日)。休日(なし)
7月	遊日(7日，14日～16日，27日)。休日(なし)
8月	遊日(1日，15日〈祭り1日〉。彼岸中日)。休日(なし)
9月	遊日(9日〈風の盆1日〉)。休日(なし)
10月	遊日(鍬仕舞盆1日)。休日(1日)
11月	遊日(なし)。休日(2日)
12月	遊日(皆済盆1日)。休日(なし)

ただし，奉公人は1月・7月以外，毎月1日を主人が指定した日に引き込み日として休める。寛政12年「村々奉公人定書」(「杉木文書」)による。

三、四日の休み日が設けられることになっていた。

村・町として、また各家で定める休み日のほかに、藩が命じた休日もあった。これは藩にとってめでたい、藩主前田家の祝いごとや、また藩主の帰国などにさいして、領内へ命じられた臨時的な祭日であり、盆正月・恐悦《きょうえつ》盆・殿様《とのさま》盆などともよばれた。十九世紀以降に加賀藩はたびたび盆正月を命じるようになるが、町方の場合はたいへんな賑わいの祭礼をもよおした。町側もこうした祭礼をのぞみ、藩へ盆正月の願いをだしている。たとえば、弘化二（一八四五）年に加賀藩主の病気回復にさいして金沢で盆正月が行われたので、氷見でも願いでて盛大な盆正月を実施した。

とりわけ寺社の祭礼は、当時の人びとの最大の楽しみであった。真宗の盛んな越中では、真宗寺院などの蓮如忌・報恩講などの年中行事が行われるほかに、春秋の定例の氏神祭りも行われたが、氷見では夏に疫病よけの祇園《ぎおん》祭りが行われた。祭礼のさいには富山・高岡を始めとする町方や、ほかの在町でも曳山《ひきやま》・タテモンを繰りだして祭りを祝い、町方の祭礼には近郷を始め各地から見物人が多数繰りだした。高岡ははやく慶長十四（一六〇九）年以降に曳山がつくられた。富山も宝永四（一七〇七）年には曳山があったというが、ほかの町方は享保から宝暦・明和のころにはじまっているところが多い。城端では不況打開を願い享保五（一七二〇）年に、氷見では悪疫除災を願い明和期に曳山がつくられ、享保以降経済が停滞した今石動では宝暦以降に曳山がつくられたように、不況打開や除災のために曳山を設けるところが多かった。一方、十七世紀中ごろ以降につくられた新町の場合は、多額の建造費を必要とする曳山を設けるところは多くなかった。杉木新町は蔵宿個人の負担で天明（一七八一〜八九）ごろに曳山を設けたという。福野は夜《よ》高《たか》を大型化し、また曳山をつくったのも幕末であった。

　これらの曳山は、利長《としなが》より拝領した大八車《だいはちぐるま》の御車山《みくるまやま》をもつ高岡のものと類似したものとしてつくられた。この山車《だし》を町の祭礼と繁栄の象徴とした高岡町人は、ほかの町の曳山祭りの盛大化が、領内での高岡の町経済の位置をおびやかすことと同質のことがらと考えた。このため高岡の山車町は、宝暦十二（一七六二）年に藩に訴えて高岡木町《たかおかきまち》の曳山建造の差止めを行った。また、同町は安永三（一七七五）年に今石動・放生津《ほうじょうづ》・城端の大八車を使用する曳山差止め訴訟も行い、さらに高岡町奉行所へ押しかけ騒動も引きおこすなどして、御車山類似の曳山禁止の要求をとおしている。

　近隣の寺社参拝や、さらに伊勢《いせ》参宮・二十四《にじゅうよ》輩《はい》旧跡巡拝など遠隔地の寺社への参詣、また立山温泉・山中温泉などへの湯治旅が人びとの大切な楽しみとなり、とりわけ十九世紀以降には多くの人びとが遠隔地へ参詣の旅へでかけるようになった。このほか、町方では芝居や各種演芸・相撲の興行が行われ、町の繁栄ももたらした。富山では全国でも珍しい常設の芝居小屋が、町続きの清水《しみず》村に安永十年から建てられており、多くの見物客を集めた。十九世紀以降には、領外から越中へ役者・浄瑠璃《じょうるり》語り・軍談語りなどの芸人や相撲取りたちがいちだんと数多くまわってくるようになり、仮設の小屋やまた座敷借りにより興行を行った。文政十一（一八二八）年の氷見では、軍書語りや芝居・地相撲・人形使いの興行が行われている。こうした芸能・演芸の盛行化と、人びとのあいだへのその浸透は、祭礼の出し物にも影響をあたえ、今石動や杉木新町では歌舞伎《かぶき》山車が設けられている。

庶民の衣食住と健康●

庶民の暮らしのうえで、とりわけ町方の商工業者の住居の場合は、都市の町並みの町屋に居住する点で、中世以前と大きな違いがあった。幕府や他藩のものに対する外聞《がいぶん》のためにも城下町富山では、大手口《おおてぐち》近くの北陸街道筋の建築が重視されており、富山藩は『富山町方旧事調理帳』（「前田文書」）によると、延宝年間（一六七三～八一）、一番町に助成して棟の高い家をつくらせていた。加賀藩も寛文期に外聞のために宿場《しゅくば》町の町並み整備を命じていたが、加賀藩

高岡の御車山の車輪

も富山藩も衣食住についての規制を実施しており、加賀藩では延宝六（一六七八）年九月に二日読《ふつかよ》みといわれる規制を定めていた。二日読みでは農民は二間梁《にけんはり》の家と定めたが、寛政三（一七九一）年ごろにおける礪波郡の小農民の場合を「旧記」（「菊池文書」）にみると、間口二間《けん》・奥行五間《けん》（一間＝約一・八メートル）の家屋で、これが一般の農家であった。もっともこのころには養蚕などの稼ぎのある家はさらに大きな家を建てていた。

食事については、三食の食習慣が江戸期に広まり、とくに町人のあいだで米食が広まった。安永十（一七八一）年閏《うるう》五月の富山の町触によると、下層の町人まで雑穀を食べずに白米を吟味して食べているとして、朝夕は雑穀を食べるように命じている。町人も農民も質素な暮らしを心がけたが、農民の普段の食事はいちだんと質素であった。延宝の「二日読み」の規定では、食べ物は雑穀とし、米をみだりに食べないように定められていたが、寛政三年ごろの小百姓の食事は前出「旧記」によると、里方・山方ともに農業にでる時期は、麦籾などの煎粉・動粉《ゆるご》団子を麹味噌《こうじみそ》などにて煎《い》り、菜《な》・大根《だいこん》・茄子《なす》・干芋《ほしいも》などありあわせの物をいれるものであった。米は赤米の大唐米《だいとう》を二、三日に一度食べるが、普通の米飯は盆正月祭礼に一度ずつ食べるにすぎなかった。魚はたまに塩鰯《いわし》や塩鮪《まぐろ》を食べるだけであった。

江戸期には、麻《あさ》と違い吸湿性と暖性にすぐれた木綿《もめん》の衣類が普及することになった。町人のなかには絹織物を着用するものもあらわれたとして、藩は「二日読み」できびしく規制した。この衣類も町人と農民のあいだでの差が大きく開いた。寛政のころの前記調査によると、農民は木綿を着用するようになっているというものの、普段は半切という作業着となる上半身分の上着か古木綿の布を縫いあわせた衣類を着用した。

当時の人びとの健康は、右にみた衣食住と遅れた衛生環境のために簡単に蝕《むしば》まれた。宝暦五（一七五五）年に加賀藩は医者の村方居住を禁止しているので、このころにようやく村方にも医者があらわれるようになったことがわかる。寛政三年ごろの礪波では、「旧記」によると、富裕農民は近場の町の医師を招き治療をうけ、町方より遠方のものは村方居住の医師に頼んだ。しかし、彼らは藪《やぶ》医師といわれ、町方の医師より能力がおとるとみられていた。もっとも未発達の医療水準のもとでは、町方の医者にも治せない難病が多く、患者は同時に数多くの医者にみてもらい治療をうけた。文政五（一八二二）年に射水郡三カ村（射水市）の松永素元《まつながそげん》が難病にかかったさいには、高岡や近隣村の多数の医者にかかっているが、たまたま高岡にきた京都の名医の診療をうけて快癒した。町方の医師の診療水準も三都の名医にくらべるとかなり低かったようである。

零細な農民となると医者にもかかれず、売薬などにたよるしかなかった。元禄・享保以降の売薬の発達が越中農民にとり大きな救いとなったことは間違いない。もっとも売薬を入手できるのは有力農民クラスであった。寛政ごろの礪波の零細農民は、有力農民から売薬を分けてもらって治療にあたったが、やはり金銭的都合から長期間の服薬はできないというのが現状であった。

以上のような医療状況のもとでは、乳幼児の場合、病気になると死亡することが多かった。とりわけ凶作・飢饉のときは、栄養不足や伝染病の流行により乳幼児や老人・病人が多数死亡した。射水郡のある寺院の檀家死亡記録によると、毎年大人に対して子どもの死亡者数が多く、とくに天保飢饉の天保八（一八三七）年とそのすぐあとの天保十二年には多数の子どもがなくなっていた。

3　揺らぐ藩支配

天保の改革●

元禄・享保期以降に農村の社会構造は大きく変容していき、零細な小農民がいちだんと増大していった。一方、有力農民や在町など町場の商人は千石地主をめざし土地集積を進めた。たとえば、十八世紀の小杉新町では、三代目開発屋《かいほつや》太郎兵衛《たろべえ》が千石地主となることを目標にして、刻苦勉励して家業をつとめていた。寛延四（一七五一）年に父から五八九石の田地を引きついだ太郎兵衛は、「松長家文書」によると農村相手の肥料販売・酒売買・取替方（金融）の商売により、天明八（一七八八）年の隠居時には一三〇〇石の高をもつ千石地主となっていた。凶作・飢饉が農民の窮乏を促進し、彼らの持ち地の切高《きりだか》により売られた土地は主として近在町場の商人らに集積されたが、村内でも一部有力農民が大高持となった。化政期の農村の田畑所持状況を次頁の表に整理した。表からわかるように、一石未満の農民が村に多数おり、また五〇石以上の高持も一部に存在する村落構成となっていた。この場合の射水郡の事例から判明する村外高持の多数は町場放生津の住民であった。こうした町場住民による土地集積に対して加賀藩は、寛政十二（一八〇〇）年と享和元（一八〇一）年に高方《たかかた》仕法を実施し、町人による土地購入を禁止し、また農民がすべての持ち地を切高することも禁止している。

加賀藩は前田斉広《なりなが》が十二代藩主となってから、改作法復古に取りくむ一方で産物方を設置した。斉広死去後に十三代藩主斉泰《なりやす》が年寄奥村栄実《おくむらひでざね》を重用した。奥村が藩政を掌握していた天保八（一八三七）年より

村内持高構成

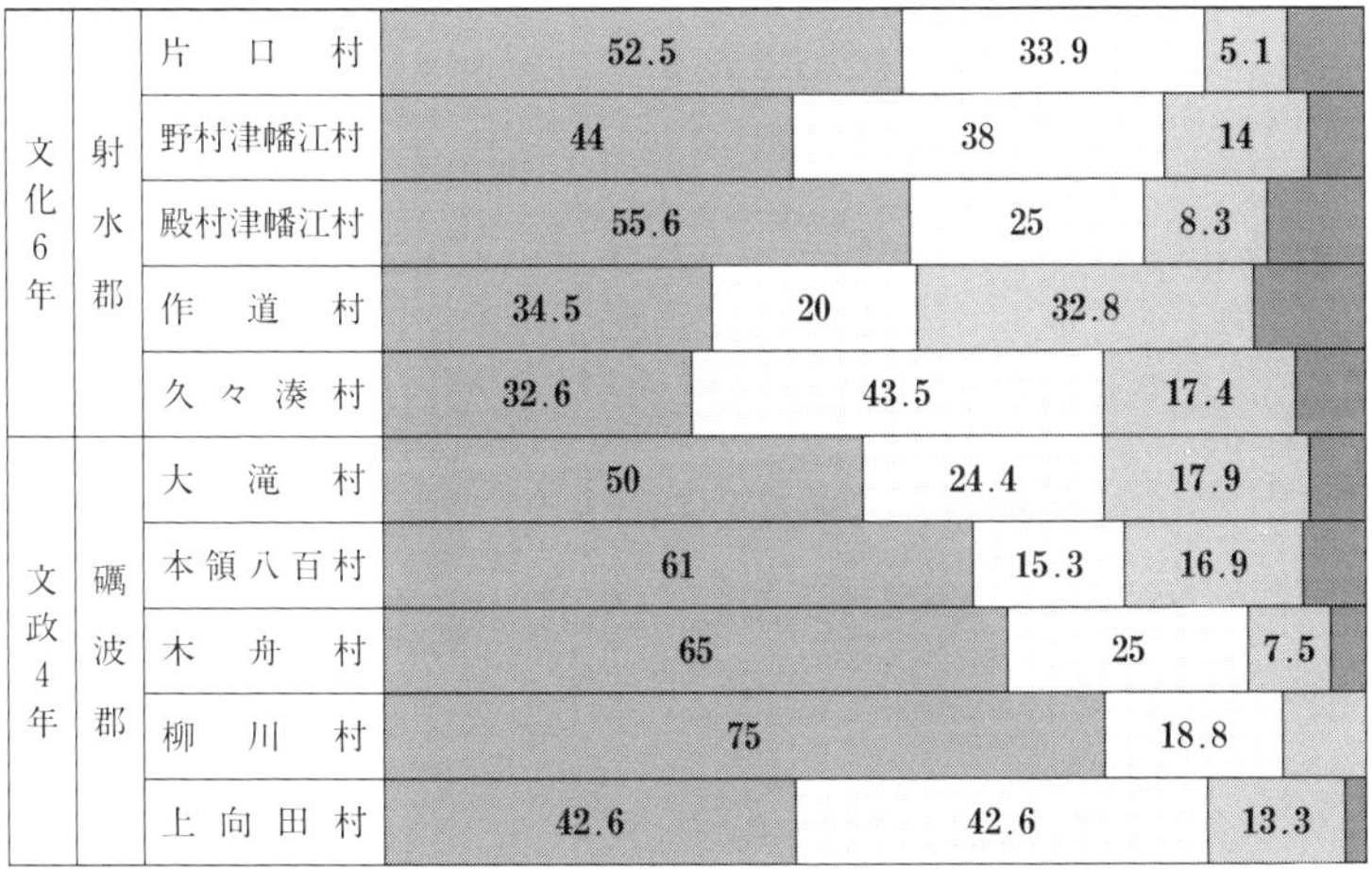

▒は1石未満，□は1～10石未満，▒は10～50石未満，▒は50石以上。単位は％。『富山県史』通史編Ⅳと『福岡町史』による。

翌年にかけて天保の改革が実施されている。これは天保飢饉による藩と領民の窮迫という事態を打開し、藩政を立てなおすために行われたものであった。しかし、その改革は保守的な老臣によるため、徳政的施策に加えて、農民からの年貢増徴をはかる内容をもった。この改革では、領民の債務破棄を認める借財方《しゃくざいかた》仕法と、質入地と切高地の返還を求める高方仕法という、藩権力の脆弱《ぜいじゃく》な富山藩のような小藩にはとても不可能な施策が実施された。また、物価引き下げのための物価方役所設置や年貢増収を目的とし、手上《てあげ》高・手上免や引き免立帰りなどを行う地盤詮議も行われた。とりわけ高方仕法では、享和二年以降に寺社・町人が買得した高を没収し元の持ち主に返還させ、また在町商人らが集積した他村持ち地の懸作高も有償返還させたために、とくに高岡・今石動などの町方の商人は経済的大打撃をうけた。高岡の手崎《てさき》屋《や》彦《ひこ》右《え》衛門《もん》の場合は七一七石もの高を取りあげられている。なお、天保十年一月には文政四年に実施された農政を改める改作方復元潤色《じゅんしょく》が実施され、十村制度が復活している。また、改作奉行の再設置や、能登・越中の郡奉行の在地常駐も行われた。

一方、天保初年の富山藩では、不作や富山大火の災害が領民の生活を窮迫させ、藩財政をいっそう悪化させたが、天保四年の凶作は不穏な空気を城下にうみだした。藩は窮民救済と藩財政補塡につとめたが、金繰りがどうにもならず、借財高が三〇万両になるほどであった。やむなく藩は、天保四年十月に西本願《にしほんがん》寺《じ》御用人格の石田小右衛門《いしだこえもん》を招聘し、彼の手による財政改革を実施した。石田小右衛門は諸藩の財政改革を成功させた、財政建て直しの専門家であった。彼はこの十月以降、翌年四月、同六年二月に来富して改革にあたった。彼の手法は、領内を巡回して、領民に藩主の恩を自覚させ、質素倹約により藩への献金・献米を求める演説を行うものであった。しかし、宗教的雰囲気のなかで進められたこの演説は絶大な効力を発揮して、多額の献金・献米をうることができた。さらに、こうしたなかで同五年四月には藩士の半知《はんち》借上《かしあげ》も実現させている。

小右衛門の改革が行われているさなかの天保五年十月に権力闘争も発生している。これは藩札《はんさつ》発行をめぐって、勝手方《かってかた》主付の家老蟹江監物《かにえけんもつ》や勘定奉行《かんじょうぶぎょう》・御勝手方頭取など多数の藩士が処分された事件である。以後、蟹江の対立者の家老近藤丹後《こんどうたんご》が御勝手方・御改革方の主付となり、財政建て直しにあたるが成功しなかった。その後、天保六年より藩主になった利保は、自身が直接監督する産物方を設置し、領内の産業を興し、藩財政を建てなおす施策を実施している。そして、改革の成果をあげられなかった家老近藤丹後や近藤主馬《しゅめ》は、天保九年正月に処分されている。

加賀藩管理の富山藩●

天保以降の富山藩はいちだんと窮迫した財政を再建するために改革をよぎなくされた。このため改革は推進勢力に対する反対派をうむだけではなく、両者間の激しい政治抗争を引きおこすことになった。しかも財政難は宗藩《そうはん》加賀藩も同様であったことから、改革は宗藩依存から脱却する方向をめざさざるをえないことになり、幕末の富山藩内の政治抗争に加賀藩を関与させるだけではなく、藩政の宗藩管理という事態を招くことになった。

弘化三（一八四六）年に十代藩主利保は隠居し、また後継の藩主利友《としとも》は嘉永六（一八五三）年に二〇歳で死去したため利友の弟利声《としかた》がついだが、この時期の藩財政はいちだんときびしいものになっていた。嘉永元年に金札を発行したが、安政二（一八五五）年の富山大火で金札の信用が失墜し、発行停止に追いこまれている。藩は翌年八月に開物方《かいぶつかた》を設置し、無尽講《むじんこう》の名目で知行借上を実施したが、同期の藩政を推進する利声と江戸詰家老富田兵部《とみたひょうぶ》らの江戸派と、彼らの政策に反対する利保や富山派との対立が激化することになった。

利保は、加賀藩主斉泰に対して直書を提出し、この結果、加賀藩は富山藩の内情探索を行うことになった。斉泰は安政三年十二月に江戸在住の利声に対して教諭を行い、また翌年三月に利声の蟄居《ちっきょ》を命じ、利保が政務をとることになった。そして、この四月には江戸派の中心人物富田兵部が江戸から召還されたが、兵部は自刃し、このとき江戸派の大量処分も実施された。兵部一件の背景には、藩政運営につき積極的改革を進める江戸派とその反対派である富山派との対立があり、借知実施などは両派の激しい対立をもたらした。安政三年に老中《ろうじゅう》阿部正弘《あべまさひろ》の娘を利声の夫人に迎えることにしたが、兵部ら江戸派は幕領飛騨を富山藩預かりとすることをめざすために幕閣に接近する行動をとっていたといわれている。利声・江戸派が財政的な援助をうけにくくなっている宗藩から自立した藩政運営をめざしていたために、宗藩の介入による大量処分が行われ、そしてそののちに宗藩による富山藩政干渉が行われることになったのである。

利声のあと、一時利保が政務をとったが、後継藩主にはじめて宗藩前田家から養子として三歳の稠松《しげまつ》が迎えられた。彼は利保死去の安政六年に利同《としあつ》と改名して藩主となり、政務補佐のために加賀藩から家老津《つ》田内蔵助《だくらのすけ》が派遣された。津田は藩の最高の意志決定機関である寄合所の会議に出席して、その内容を加賀藩へ報告することになっていた。このことは、加賀藩が富山藩政を管理・掌握したことを示している。加賀藩からの富山詰家老派遣は文久二(一八六二)年まで続き、その後は年一、二度の見回りとなった。

在町発展とにぎわう湊町●

化政期以降の商品経済展開のもとで、町奉行支配の都市に対して、郡奉行支配の在町や湊町が賑わいをみせていった。市場町の在町は元禄時代以降に周辺農村の商品流通の結節点として発展していき、多様な稼《か》業《ぎょう》が可能となるため頭振《あたまふり》を増加させた。また、井波や福光《ふくみつ》などのように一部の在町では無家の借家人も居住するようになった。在町では米取引を行う蔵宿の住民が最有力住民であったが、のちには地域のほかの生産商品をあつかう布・絹・木綿関係商人や肥料商が、また浦方であれば廻船関係商人が富商へ成長していった。

地域の商品集荷において、在町商人は買付けの他領商人と直接結びつき、従来の今石動・城端などの町方商人の取引を蚕食《さんしょく》した。礪波郡の重要商品の布は、文政以降にあらたに福光が産地として台頭するだけではなく、その売買でも福光商人が直接生産者から買いつけて領外商人へ販売し、今石動・高岡・戸出の取引を圧倒していった。このほか、町方や一部の在町では町続き家並みとなっている村の商家活動の展開が町方の商業に影響をあたえた。新川郡泊町は、町続きの沼保《ぬまほ》・荒川《あらかわ》新村両村（朝日町）の商売差止めについて宝暦八（一七五八）年と文化年間（一八〇四〜一七）に藩へ訴え、認められている。天保九（一八三八）年に、藩は田地をつぶす家建てや高持百姓の商売を禁じたが、その後、町並み化した村に対応して弘化三（一八四六）年に藩内の宿立・町立の町を定めている。このときに町のあつかいをうけられなかった高岡・魚津・今石動・城端・氷見の町続き家並みはようやく明治四年に各町に編入された。一方、これまで村扱いの在町は、商売を行うようになった村家並みに対して上位にたち、商業上の権利を確保するために、町としての呼称の認可を藩へ求めていった。福野は天保六年に町呼称を願いでて翌年に許されたが、弘化二年の戸出の町呼称の願いは認められなかった。

しかし、天保の改革により持高没収をうけ大打撃をうけた町方だけではなく、在町商人も持高を有償返還させられ、多くの在町もこの天保以降に経済的停滞をみせていく。このため過重な宿役負担を果たす宿駅の場合は、町経済振興を宿役負担の再編とからめて行おうとした。布取引減少の上に大火の打撃をうけた今石動は、寛政二（一七九〇）年と同五年に宿続《しゅくつづき》仕法を立て、藩からの貸し米助成などをもとに、罹災町屋復興と宿馬補充による宿再建をはかった。小杉新町の場合は、天保十二年に宿方永続仕法を実施し、さらに安政四（一八五七）年には町経済振興のために年貢米収納の蔵を誘致しようとしたが、結局誘致できず、町経済は停滞したままであった。

多くの在町の停滞に対して、新川木綿の発展にささえられた新川郡の上市《かみいち》・三日市《みっかいち》などの在町や、福光のような織物の生産と取引で栄えた礪波郡の一部の在町、とりわけ北前船と地回りの廻船の発展にささえられた諸湊町は、天保以降にも戸口を増大させ、いちだんと賑わいをみせていった。湊町では、越中西部では伏木《ふしき》、同東部では売薬業も発展させた東岩瀬・滑川・東西水橋などがとりわけ栄えることになった。安政五年「越中・加賀・能登湊々高数等取調理ケ條書」(加越能文庫蔵)によると、家数八七二戸を数えた東岩瀬には、前年に一六三艘の他国廻船が出入りし、また、越中西部の単独の移出入物資の出入り口、伏木の場合は家数五二四戸であるが、前年に東岩瀬を圧倒する一五〇三艘もの入津他国船があった。この年の東岩瀬には諸廻船問屋二〇軒・渡海船主二五軒・川船持ち一八軒・渡海船稼ぎ三五軒・船大工五軒など多数の廻船関係業者がいたが、船問屋七軒と水主宿の小宿が存在した伏木も、売女なども含めた海運関係業者を多数かかえて繁栄をした。なお、伏木以上の家数をかかえた東岩瀬は、宿場として旅籠屋《はたご》・茶屋などの

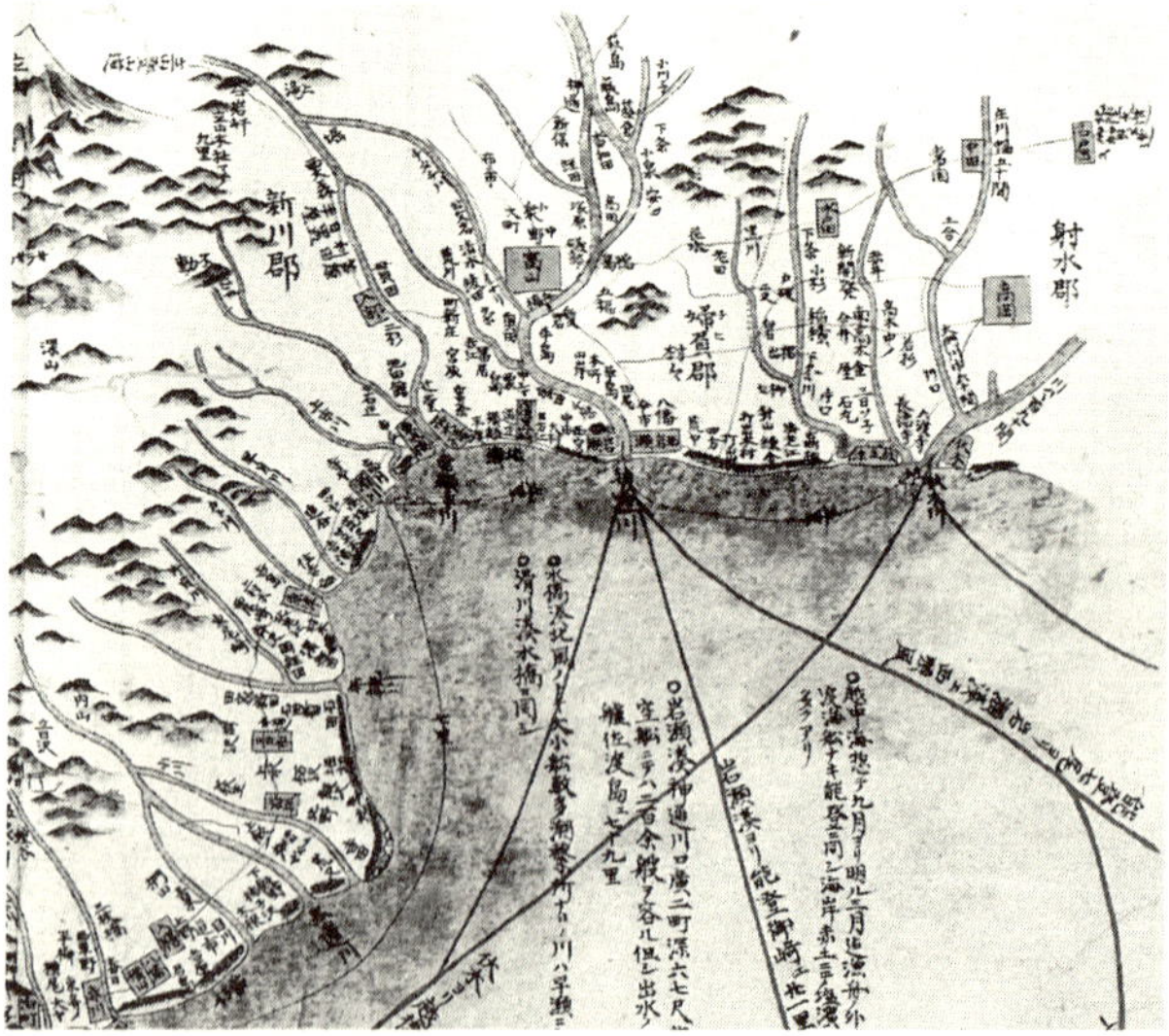

湊町と航路(「皇国総海岸図」)

宿駅関係業者をかかえ、また売薬業の町として薬種商・合薬商・売薬商の売薬関係業者も居住させ、おおいににぎわったのであった。

飢饉・地震と安政打ちこわし●

飢饉は農民・町人の暮らしを圧迫し、また藩財政を大きく悪化させる。このため天保四（一八三三）年にはじまり、同十年に終息した凶作・飢饉は、加賀藩・富山藩に天保の改革を実施させる契機になっていた。

農漁業は気候変動に左右され、気候寒冷化は凶作や回遊魚の不漁をもたらした。越中の凶作・飢饉は、天保以前にも寛永末年や延宝二・三（一六七四・七五）年、また元禄八・九（一六九五・九六）年などその後もたびたび発生している。天保飢饉のころの富山湾岸地域は『応響雑記』の天候記事にうかがえるように気候寒冷化をみ、この結果、凶作に加えて氷見では鰤・鰯のたびたびの不漁をみている。とりわけ飢饉時に大きな打撃をうけるのは、山間地の農民や、また米穀を購入し生活する漁民であった。気象悪化は山地にいちだんと悪い気象条件をもたらし、作物の被害を甚大にした。たとえば、天保八年の新川郡有峰《ありみね》村では死亡者が増加し、乞食へでるものも多数出現した。氷見町の漁民も不漁により、栄養不良の青膨れのものが多数でた。氷見ではこの八月に、米穀騰貴と質物返却の件から米小売商と質屋への打ちこわしが発生した。天保十一年から同十四年は豊作となったように、一時的に気象条件は改善したが、またその後は寒冷的状況が安政ごろまで続いた。このため不作が続き農民の暮らしを圧迫した。『応響雑記』によると氷見では鰤不漁に見舞われるなど、漁民の暮らしも安政期には大きく悪化していた。

ペリー来航以降の中央政治の大きな変動と、凶作の続いた安政のまさにこの時期の安政五（一八五八）年二月に、飛驒の跡津川《あとつがわ》断層を震源とする大地震が発生した。これにより立山の大鳶《とんび》・小鳶が崩壊し、常願寺川《じょうがんじ》流域に二度にわたり大洪水が発生して甚大な被害をもたらした。二度目の四月の出水では富山藩・加賀藩領の多数の家屋に加え、水損高三万五〇〇〇石余の被害をもたらした。しかし、この大洪水は肥沃な土を大量にもたらしたため、被災者の移住による高原野などの開拓が行われ、新村が多数うみだされたことも見落とせない。

しかし、凶作の継続に加えて、地震・洪水の災害が重なり、越中だけではなく加賀・能登でも米穀がいちだんと騰貴していった。六月末に加賀の二俣《ふたまた》・鷺原《さぎはら》に打ちこわしが発生し、金沢では七月十一日、十二日に窮民が城へむかって空腹を訴える声合わせが行われた。さらに、騒動は能登に加え越中にも波及し、安政の大一揆を引きおこした。越中に波及したのは七月十五日で、高岡の難渋人が救済を求めて富裕町人

安政地震の被害(木村立嶽画「地水見聞録」)

の家へ押しかけ、十六日に米屋や富裕商人の打ちこわしが行われた。この十六日に今石動では米を求める声合わせの騒擾《そうじょう》がおこり、氷見では打ちこわしがおこった。翌十八日には福光の打ちこわし、十九日には放生津で打ちこわしが発生した。放生津の場合、氷見と同様に廻船による米積み出しがきっかけとなっていた。さらに若干のちの二十五日に井波で五箇山の農民による打ちこわしが行われている。一揆は新川郡へも波及し、魚津の騒動に加え、十月三日より六日まで泊で騒動が発生している。これは小作米削減を求めるものであった。このあいだの七月二十四日からは魚津・三日市・放生津などでコレラが発生するなど、新川郡を始め越中では社会不安がいちだんと高まっていた。騒動・打ちこわしは米穀騰貴に苦しんだ町方の窮民に加え、町方近隣の貧民や、さらに山方の窮民が引きおこしたものであった。また、散発的に打ちこわしが発生した天保段階とちがって、この安政五年は、加賀藩全領におよぶ都市での打ちこわし・騒動が発生し、藩当局を震撼《しんかん》させたところに大きな特徴があった。

海防と幕末の動向●

十九世紀になると対外関係の緊張が高まった。加賀藩は日本海へ突きでた能登半島を領有していたために、海防について神経を使わねばならなかった。ロシア使節レザノフの文化元（一八〇四）年の長崎来航以降に、樺太《からふと》・千島《ちしま》に対するロシアの武力による威嚇が行われ、文化三年正月に幕府は沿岸諸藩に厳重な海岸防備を命じた。加賀藩は、能登海岸の防備のために早急に対策を講じ、あわせて富山湾口となる新川郡についても、宮崎《みやざき》城跡・横山《よこやま》・生地《いくじ》などを遠見場所とし、泊・宮崎・横山に人夫九〇〇人を配置した。

文化三年に松前《まつまえ》藩支配下の樺太がロシアにより侵略されたため、幕府は北辺防備のために翌年三月に西蝦夷地《えぞち》を直轄地とし、同五年十二月には南部《なんぶ》・津軽《つがる》両藩の蝦夷地出兵に加え、富山藩へは秋田藩とともに出兵の準備体制をととのえることを命じた。こうして、富山藩は出兵準備の命令が解除される文政四(一八二一)年まで、備えとして加賀藩より四〇〇石以上の船八艘を借用した。文政四年に幕府は異国船打払い令をだしたが、加賀藩は八月に海岸防備対策として、越中では魚津・今石動へ人持組のものを常駐させ、大筒《おおづつ》も用意させた。天保末年以降には、北陸沿岸へ異国船が出没するようになり、嘉永元(一八四八)年に新川郡では泊・宮崎に人足が配され、また宮崎城跡と生地が草煙場に定められた。さらに嘉永三年に台場の建設が決定され、越中ではまず伏木に設けることになり、そののちに生地にも建設された。一方、富山藩も嘉永年間(一八四八〜五四)に軍艦に利用できる御手船を建造した。また、文久元(一八六一)年に安野屋《やすのや》に調練場をつくり、さらにそのあとには四方《よかた》に台場を建設している。

嘉永六年のペリー来航後、とくに安政六(一八五九)年の長崎・函館開港以降には日本海沿岸を航行する外国船が急増した。加賀藩は、文久二年に海防のため泊・生地に人持組、放生津・東岩瀬に馬廻、魚津に郡代、境に奉行を在番させ、氷見・滑川・入膳《にゅうぜん》には銃卒の屯所《とんしょ》を設けた。翌、文久三年に越中では、今石動をはじめ一一カ所に銃卒養成のために銃卒取立所をおいた。

ペリー来航後には、開国をめぐり国内政局が過熱し、諸藩では尊攘《そんじょう》派の若手藩士が大きな力をふるうようになった。加賀藩では、天保十四(一八四三)年から安政元年まで改革派の黒羽織《くろばおり》党が政権をにぎり、また文久二年に復活するなど複雑な動きをみせていたが、尊攘派による藩政に対する建白も行われた。しかし、改革派をのりこえて尊攘派が藩政を主導することはなかった。尊攘派の力が弱かった加賀藩はほとんど中央政局を見守るだけであった。しかし、ようやく元治元(一八六四)年四月に十三代藩主の世子で、勤皇派の慶寧《よしやす》が幕府の反対にもかかわらず朝廷の命によるとして上洛したが、結局、慶寧は元治元年七月の蛤御門《はまぐりごもん》の変《へん》のさいに御所守衛放棄による退京事件を引きおこした。加賀藩はこの事件を契機に、慶寧の幽閉に加え、尊皇派の徹底的処分を行い、この結果、藩内の尊攘派が壊滅的打撃をうけてしまった。

越中では尊皇家として活動した人をはやくからだしていた。宝暦《ほうれき》事件に連座した尊皇家の藤井右門は小杉新町出身とされている。また、このときには富山藩主正甫の倅利寛も事件に関わりがあったようで、藩は同事件後に彼を幽閉している。この幕末越中の在野でも尊攘家がわずかながらうみだされており、泊出身の加藤謙二郎《かとうけんじろう》や福光出身の宮永《みやなが》良蔵《りょうぞう》、また高岡の逸見文九郎《へんみぶんくろう》らがいた。謙二郎は京都で学び尊攘家となり、藩を朝廷側へ立たせるためにつとめたが、前述の尊攘派弾圧のため大和《やまと》国十《と》津川《つがわ》村へのがれ、同村の文武館《ぶんぶかん》の教授となった。良蔵は京都にでて医師となり、交際した公家の影響で尊攘家の公家と志士の連絡のために活動して、新撰組《しんせんぐみ》にとらわれ拷問《ごうもん》によりなくなっている。また、文九郎は高岡に来訪した頼三樹三郎《らいみきさぶろう》や師の山本道斎《やまもとどうさい》の影響をうけ、たびたび上京して鶴来《つるぎ》出身の尊攘家小川幸《おがわこう》

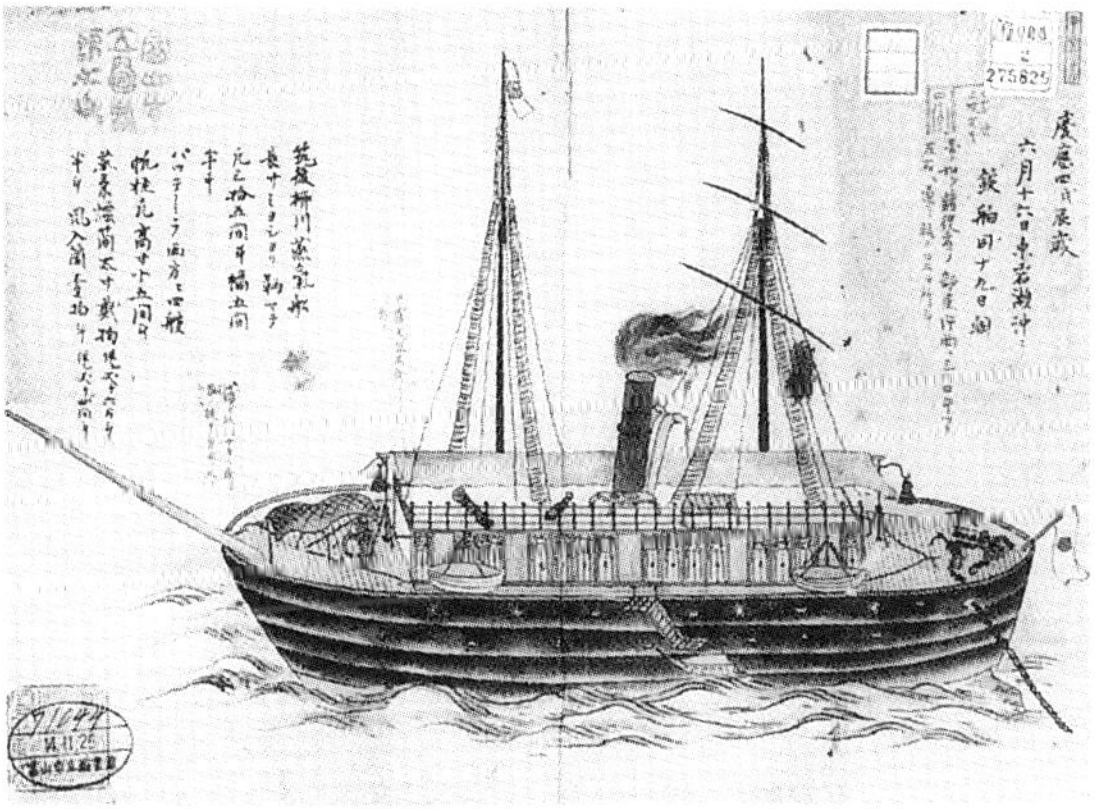
異国の蒸汽船

三《ぞう》やそのほかの尊攘家と交わり、幸三らへ資金援助を行ったりしたが、彼も政変で藩により捕縛されている。

一方、富山藩では、富田兵部一件以降にも改革派と保守派による政治抗争が行われ、元治元年に山田嘉《やまだか》膳《ぜん》暗殺事件が発生している。安政五年の大地震に加え、翌年四月のロシア船、四方沖来航事件の発生は、加賀藩管理下のなかでふたたび改革派の台頭をもたらし、下士上がりの現実的改革派の家老山田嘉膳が権力をにぎり、軍備拡充と藩政改革をはじめた。これに守旧派の重臣滝川玄蕃《たきがわげんば》らが反発し、山田追い落としのために滝川は、若手藩士たちへ山田の姦曲や失政を訴えた。ここに入江民部《みんぶ》・林太仲《たちゅう》・千秋《せんしゅう》元五郎・藤田太郎兵衛・半田幸左衛門・島田勝摩《かつま》らは藩政改革のための盟約を結び、山田の悪政を訴える建白書《けんぱくしょ》を加賀藩主斉泰へ提出した。しかし、建白は無視されたため、元治元年八月に島田が山田を暗殺する事件が発生したのである。結局、富山藩では蟹江監物一件、富田兵部一件によりたびたび改革派勢力が処分され、そのうえ宗藩管理下におかれたために、尊攘派のような勢力がうまれにくく、しかも若手の改革派も暴走してしまった。一方、富山藩政を掌握していた加賀藩も、尊皇派が壊滅的打撃をうけていたため、両藩は維新政局で活躍することなどはできずに、幕府の瓦解を迎えることになったのであった。

7章

越中国から富山県へ

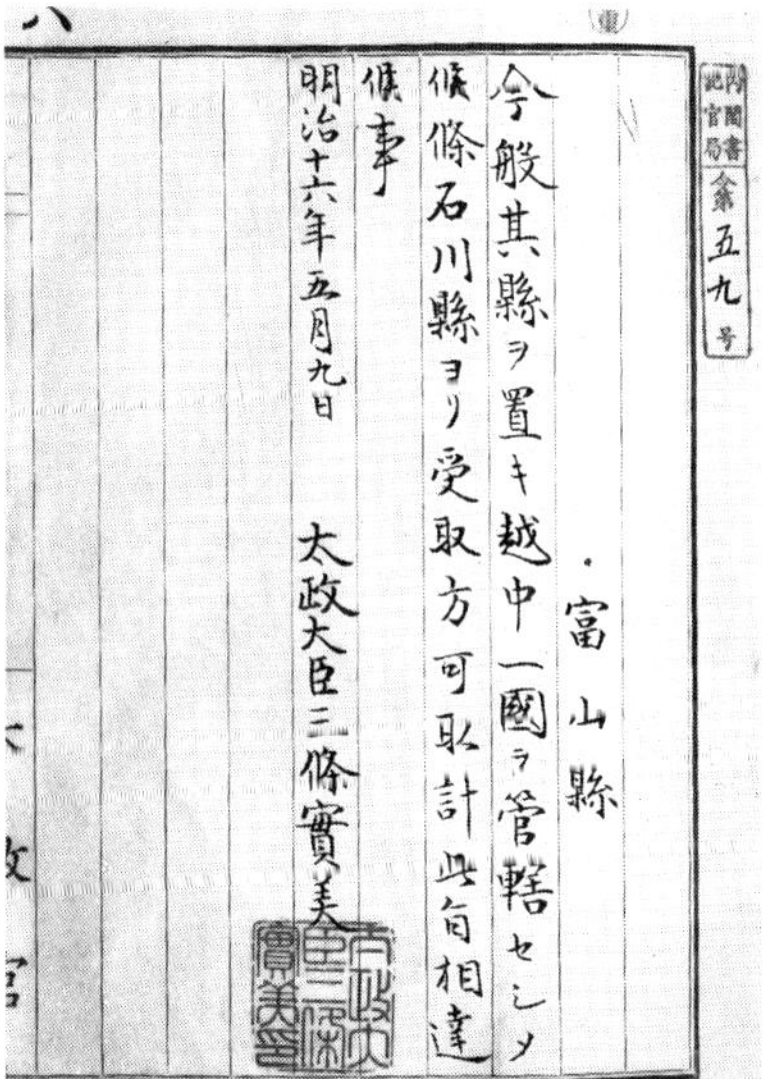
富山縣

今般其縣ヲ置キ越中一國ヲ管轄セシメ候條石川縣ヨリ受取方可取計此旨相達候事

明治十六年五月九日　太政大臣三條實美

富山県設置についての太政官達(明治16年)

1　富山県の誕生

北越戦争と藩制改革●

慶応三（一八六七）年十月、大政奉還《たいせいほうかん》が行われ、ここに徳川《とくがわ》氏の幕府《ばくふ》政治がおわることになった。尊皇《そんのう》派を処分していた加賀《かが》藩や、また加賀藩に随従した富山藩は、将来の政治情勢をみすえたあらたな政治行動をとることはできなかった。結局、加賀藩は慶応四年正月の鳥羽《とば》・伏見《ふしみ》の戦いに徳川軍側に従い薩長《さっちょう》軍とたたかい、ここに敗北をきっしてはじめて朝廷側へ立ち、朝敵となることをまぬがれた。同戦後に徳川方を降伏させるための官軍が江戸へむけて進発することになり、北陸道《ほくりくどう》は高倉永祐《たかくらながさち》が鎮撫総督《ちんぶそうとく》として出発し、四月に維新政府は加賀藩に北陸筋の鎮護を命じ、加賀藩・富山藩へも出兵を命じた。

一方、五月には奥羽越列藩同盟《おううえつれっぱんどうめい》が成立し、越後《えちご》の長岡《ながおか》藩ものちに加盟した。これに対して四月に薩長両藩とともに加賀藩・富山藩が攻撃を加え、ここに長岡藩の激しい抵抗を伴った北越《ほくえつ》戦争が行われることになった。北越戦争では越中《えっちゅう》が戦場にならなかったものの、戦争遂行に必要な役夫・物資の供給基地としての役割をになわせられた。また、直接に戦争の負担が領民へ転嫁されるだけではなく、維新の政治混乱と北越戦争の影響が物価高騰をもたらした。このため領民の生活は窮迫し、彼らによる一揆・騒動を招来することになった。また、多額の戦費消費は、藩財政をいちだんと悪化させ、加賀藩・富山藩の改革を促進させることになった。

江戸城を四月に開城させた維新政権は、東北諸藩を戊辰《ぼしん》戦争により降伏させていく一方で、諸藩の力を削《そ》ぎ、強固な中央集権国家建設のための施策を打ちだしていくことになる。維新政権のこの施策により、加賀藩・富山藩も藩政の改革を実施することになり、とりわけその職制は廃藩までたびたび改正されることになった。慶応四年閏四月に政体《せいたい》書《しょ》発布により府・藩・県の三治制《さんちせい》をしいた維新政権は、同年十月に藩治職制を定め、家老《かろう》制度を廃止させた。加賀藩・富山藩はともにこの改革に対応した職制改革を実施し、富山藩では執政《しっせい》・参《さん》政《せい》・内家知事が設けられている。その後、中央集権政治をめざす維新政府は明治二(一八六九)年六月にまず版籍奉還《はんせきほうかん》を実施したが、それにさきだち政府の意向にそった加賀藩主前田慶寧《まえだよしやす》は二月八日に版籍奉還を朝廷に奏請している。

版籍奉還後も藩制改革がたびたび実施された。まず明治二年十月に、富山藩と加賀藩の名を改めた金沢《かなざわ》藩は職制改革を実施したが、さらに翌年九月に知事《ちじ》・正権大参事《しょうごんだいさんじ》・少参事《しょうさんじ》をおくことなど

北越戦争へ出陣する富山藩士

を定めた藩制改革についての太政官布達《だじょうかんふたつ》があった。この改革により富山藩では、大参事となり藩政の主導権をにぎった林太仲《はやしたちゅう》が藩制の大改革を実施した。このとき兵制《へい》・禄制《ろく》・村役人制度などの改革とともに、全国的にも突出した施策の合寺令《ごうじれい》も断行されることになった。

ばんどり騒動と合寺令●

維新の混乱は民衆の生活に大きな影響をおよぼし、全国的に一揆・騒動を多発させたが、越中もこの混乱から無縁ではなかった。また、この維新期の政治改革には地域社会に多大な影響をもたらし、大混乱におとしいれるものがあった。前者の事例に明治二（一八六九）年の新川郡《にいかわ》で発生したばんどり騒動があり、また後者の事例に翌年に実施された富山藩の合寺令があった。

北越戦争の翌明治二年には、越中農村全体が凶作に見舞われ、農民の暮らしがいちだんと窮迫し、また米価騰貴により町場の住民の暮らしも圧迫された。礪波郡《となみ》では、郡治局《ぐんちきょく》が七月に御救籾《おすくいもみ》を困窮人に配分し、その後米に加え銭も貸しわたしたが、それでも八月に福光町《ふくみつ》に蓑のばんどりをまとった困窮農民の集団が救済を求めて押しかけている。一方、凶作の被害の大きかった新川郡では、銭貸与による貧農救済が行われたものの、郡治局や十村《とむら》は凶作による年貢減免を行わずに、平年どおりの年貢徴収を行おうとした。この結果、新川郡で世直し一揆の要素ももった大一揆のばんどり騒動が発生することになった。

この年の十月に郡内農民が村ごとに、また組ごとに集会を開き、郡治局や十村へ年貢に関する嘆願を行った。同月二十二日に上川原村、翌日に清水堂村《しみずどう》で行われた農民の集会で、塚越村《つかごし》忠次郎による金沢出訴の提案がだされた。しかし、それは否定されて、十村への嘆願となったが、翌々日の二十四日に農民は、集団で十村らへ飯米《はんまい》要求に押しかけ、打ちこわしを行った。さらに、二十五日に農民の大集団が常願寺《じょうがんじ》川まで進んだところで、郡治局の役人に押しとどめられた。このとき指導者となっていた忠次郎から嘆願書が提出されたが、その内容のほとんどは年貢収納方に関するものであった。この集団はいったん解散するものの、翌日にかけて郡内各地では打ちこわしが依然として行われた。農民の集団の中心には、藩の年貢徴収政策を撤回させるために嘆願を行おうとした小高持《こたかもち》の一般農民がいたが、このほかにその日の米にも窮した貧農の人びとも多数参加しており、貧農階層らは十村ら郡内の有力農民の打ちこわしに積極的に参加した。

その後、嘆願の返答が約束された二十九日に、竹内村《たけのうち》の無量寺《むりょうじ》に農民は集まったが、すでに返答は期待できないので、一揆集団は当年の不作を過小評価して過大な年貢負担をもたらしたと噂《うわさ》された十村神保《じんぼ》助三郎《すけさぶろう》を始めとする郡内十村に対する打ちこわしに転じた。大集団は新川郡東部の泊《とまり》までむかい、その間に郡内の十村を始めとする村役人の家を多数打ちこわしたが、金沢からの援軍を得た郡治局により鎮圧された。参加者はみなばんどりを身にまとったため、この一揆はばんどり騒動とよばれるが、逮捕されたこの騒動の指導者のうち、浅生《あそう》村の伊七郎《いしちろう》、塚越村宗三郎《そうざぶろう》・寺田極楽寺《てらだごくらくじ》村文三郎《ぶんさぶろう》・同村権左衛門《ごんざえもん》は上新川郡小百姓総代として嘆願書をだしている。嘆願書はばんどり騒動に参加した農民諸階層の要求をまとめたものであり、農業奉公人の賃金引下げ反対や、小作貧農層が強く求める諸物価・米価引下げなども要求に含んだが、宗三郎らが小百姓総代と称したように、ばんどり騒動の主体は高持の小農民であり、彼らは年貢減免と十村ら村役人の公選などを求めていたのであった。

ばんどり騒動発生と同年の明治二年三月に、越中では政府の前年三月の神仏分離令《しんぶつぶんりれい》をうけて立山権現《たてやまごんげん》が雄山《おやま》神社に改称させられた。また、こののちに二上山養老寺《ふたかみさんようろうじ》や石動山天平寺《せきどうさんてんぴょうじ》などの有力寺院を対象に神仏分離が進められていた。富山藩では、明治三年九月に林太仲が大参事となって藩の実権を掌握した。この翌十月に士卒《しそつ》の神葬祭許可が藩より命じられ、翌々月には、寺院への参詣者規制や私僧の禁止、寺院の時鐘《じしょう》・太鼓《たいこ》使用禁止、さらに士卒の寺院境内への埋葬禁止など、やつぎばやに寺院へ圧力がかけられていた。こうしたときの同月二十七日に合寺令がとつじょ発布され、藩内の寺院・僧侶が大混乱におとしいれられることになった。当時、知事が幼少のためなどもあり、林が専権をふるうことができ、合寺令が断行されたのであるが、合寺令は単なる廃仏《はいぶつ》政策ではなく、富国強兵《ふこくきょうへい》をめざした藩制の大改革の一環として実施されたものであった。

合寺令は藩内の寺院を一派一寺に併合させるとするが、実際には一宗一寺院に併合するものであった。しかも翌二十八日中に寺院の法具・家財などを取りはらわせ、合寺させるきびしいものであり、実行のために武装兵が藩内要所に配置された。このため僧侶から合寺に対する抵抗などは行えなかった。また、このような強引な寺院弾圧に対して、領民から強く抗議することもできなかった。情報を得た真宗両本願寺《ほんがんじ》は富山藩へ使僧を派遣した。また、中央政府に対して諸宗派からの陳情も行われ、ようやく明治四年五月に政府は、合寺令が不都合であることと、穏当な処置を富山藩に命じた。ただ、合寺の解除がすべての寺院におよぶのは明治十一年になった。

県政の始まり●

〝御一新《ごいっしん》〟の世を迎えるまで、越中国四郡（射水《いみず》・礪波・婦負《ねい》・新川各郡）は加賀《かが》藩と富山藩の両藩領に分かれていた。版籍奉還（明治二〈一八六九〉年）時に、これまでの富山藩領は改めて富山藩となり、加賀藩領は金沢藩になった。

明治四年七月の廃藩置県によって、富山藩は富山県に、金沢藩は金沢県に改められた。もっとも、このようにして設けられた富山県は、同年十一月には廃され、かわって礪波・婦負・新川の三郡からなる新川県がおかれ、その県都は魚津《うおづ》とされた（左図参照）。また射水郡は、いったん新設の七尾《ななお》県に編入されたのち、翌年（明治五年）、七尾県廃止とともに、新川県に移された。こうして、新川県はあらたに、かつての越中国をその版図《はんと》とすることになり、富山町に県庁をおいた。

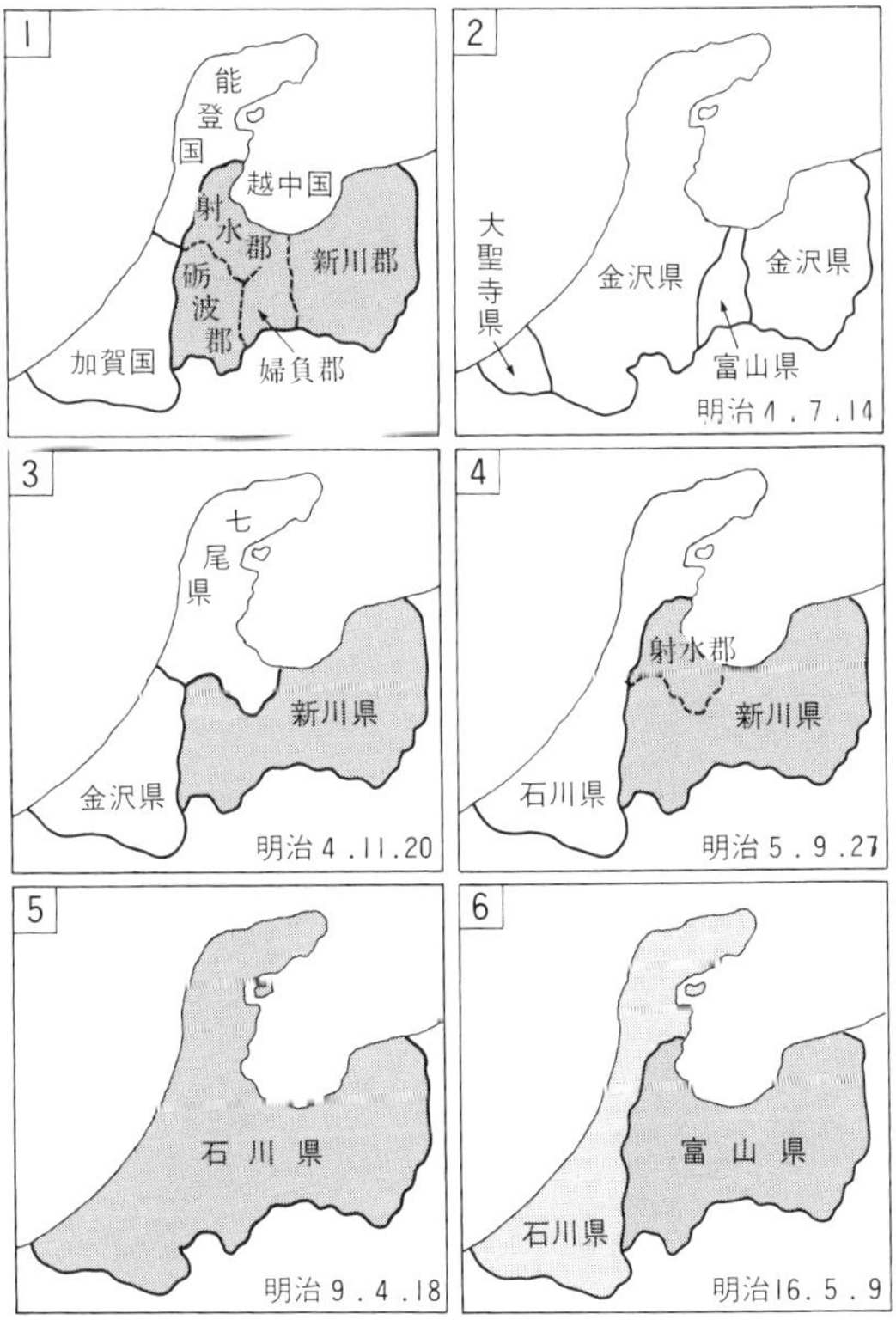

富山県の成立

明治九年、新政府は府県統廃合を推し進め、この新川県は廃止となり、その領域と、越前の大半とを石川県が吸収した。いわゆる大石川県の誕生であり、その範囲は今日の北陸三県全体におよんでいた。

越中の人びとにとって、この体制は、旧加賀藩時代の金沢による支配を改めて想起させたばかりではなかった。広大な県域内の、自然条件などの少なからぬ差異を背景に、石川県会では土木費の配分をめぐり、越中出身議員と加賀・能登《のと》出身議員とのあいだで利害対立が生じた。前者が七大河川の治水工事を求めたのに対して、後者は道路改修などを主張していた。

そこで、越中出身議員の米沢紋三郎《よねざわもんざぶろう》・入江直友《いりえなおとも》・藤井能三《ふじいのうぞう》らを先頭に、分県運動が進められた。明治十五年の越中国内の町村の代表者らによる、政府への越中分県請願決議をうけ、米沢と入江は同年十一月、「分県之建白」を内務卿山田顕義《やまだあきよし》に提出した。

翌明治十六年五月、太政官布告第十五号により、富山県は正式に設置されるに至った。そして初代県令には、京都府大書記官を経た国重正文《くにしげまさふみ》が任ぜられた。県庁は富山町におかれた。

地方政治の諸相●

富山県の成立をみて、ともに知藩事に任ぜられていた旧富山藩主前田利同《としあつ》と旧金沢藩主前田慶寧は東京へ移った。かわって新政府によって県参事、のちには県令が任ぜられたが、代々その顔ぶれには薩長土肥《さっちょうどひ》の出身者が少なくなかった。

ところで、置県以降の県政の推移を県財政の面からみておこう。富山県の歳出決算額は、置県時の明治十六（一八八三）年には三五万円程度であった。しかしながら、それから三〇年のあいだに歳出規模はおよそ六倍強に膨張し、明治四十五年の決算額は二一三三万円に達した。費目構成からみて特徴的なのは、土

明治16〜45年北陸三県歳出比較表

		明治16年より22年まで	明治23年より32年まで	明治33年より45年まで
平均歳出合計額	富山県	39万円	101万円	159万円
	石川県	34	53	105
	福井県	31	54	108
平均土木関係費	富山県	34%	60%	40%
	石川県	17	32	24
	福井県	32	43	37
平均警察関係費	富山県	12%	9%	10%
	石川県	17	19	17
	福井県	17	18	14
平均教育関係費	富山県	11%	6%	14%
	石川県	16	13	20
	福井県	9	9	16

『富山県議会史』による。

木費が歳出の多くを占めたこと、しかも、その主たる費目が河川の堤防治水費にあてられていたことであった。

この支出の多くは、国庫補助金と県費によっていた。置県以後も、神通《じんづう》川・庄《しょう》川・常願寺《じょうがんじ》川はたびたび氾濫をおこした。このため河川改良、改修工事が続き、当該出費は多額におよんだ。

こうして明治期をつうじて、歳出の半分近くが土木費にあてられ、結果的に他の費目、すなわち教育・勧業費などを圧迫する傾向がみられた。もっとも明治期に進められた河川改修は、大正・昭和期になると効果を発揮し、県下では大洪水の発生もしだいに減少した。これに伴い、河川改修費が総歳出額に占める比率も低下していった。

さて、明治期の地方政治をみるうえで、自由民権運動の果たした役割を無視するわけにはいかない。富山県においても、「民撰議院設立建白」にこたえるように自由民権運動がはじまった。その思想的基礎は、言論の自由を始め、自治論・富国論などを主張した月刊雑誌『相益社談《そうえきしゃだん》』（明治十〜十五年刊行）に負うところが大きかった。射水郡副区長であった海内果《うみうちはたす》は、その精力的な指導者であった。彼は明治六年に開かれた小杉《こすぎ》町の書店開智社《かいちしゃ》から、この先駆的な啓蒙雑誌を発行していた。

やがて海内は小杉町をはなれ、『東京日日新聞』に招かれて、明治九年、上京した。同紙において論説・評論に健筆をふるいながら、『相益社談』にも続けて寄稿した。彼は「開化は民権に先立つ」と主張して自由平等の精神を強調した。そして、さまざまな論点をとりあげては、啓蒙的な解説・論説を公《おおやけ》にした。

県令国重の在任期間は、五年六カ月にわたった。政争の絶えない県会と公平に接し、治水・産業・教育の各分野にわたって周到に指揮をしたので、県民からは名県令との名声を得た。国重治政のもと、明治十六年七月には収税区域が

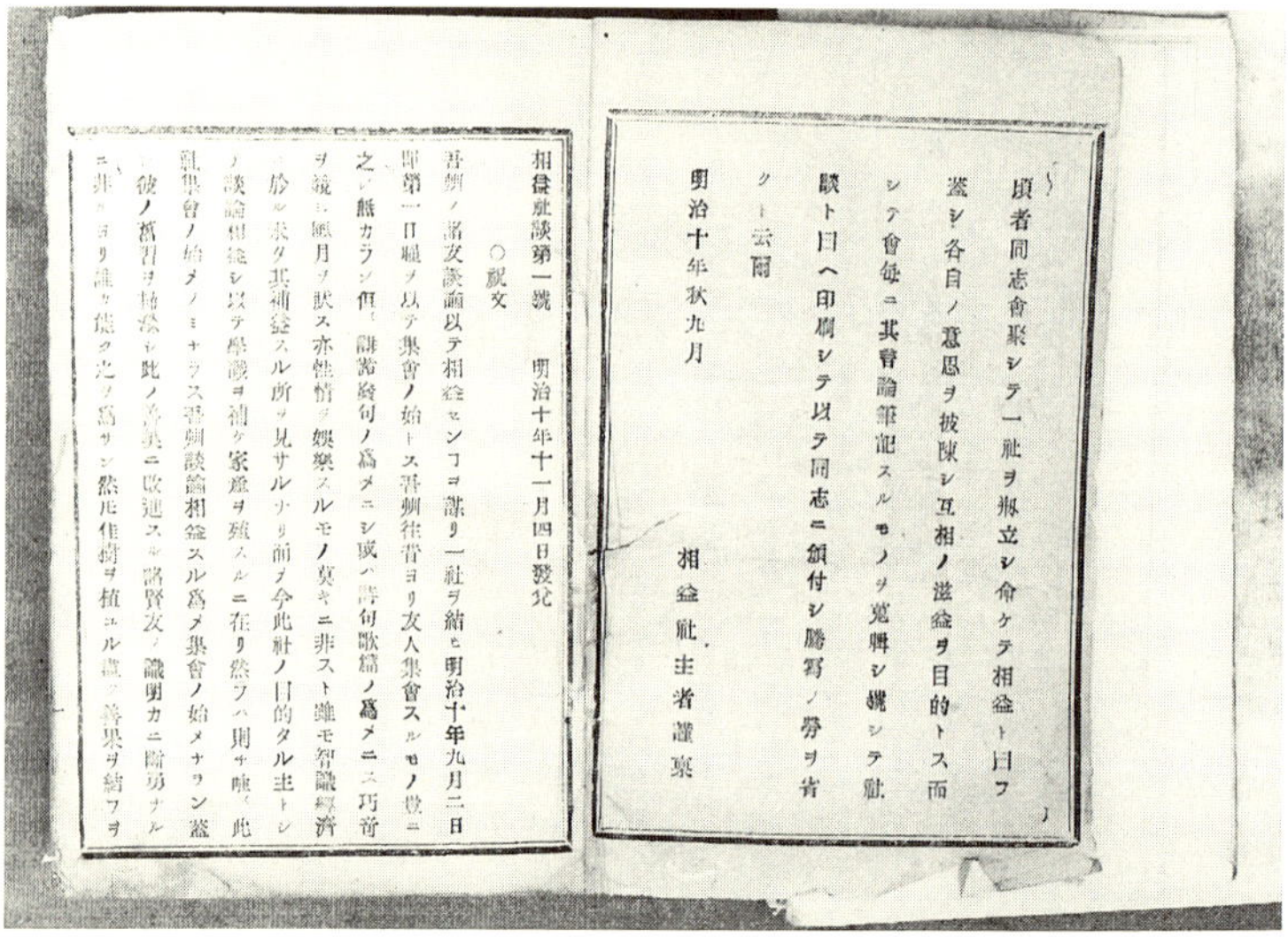
頃者同志會聚シテ一社ヲ剏立シ命ケテ相益ト曰フ
蓋シ各自ノ意思ヲ披陳シ互相ノ滋益ヲ目的トス而
シテ會毎ニ其晉論筆記スルモノヲ寛輯シ纂シテ社
談ト曰ヘ印刷シテ以テ同志ニ頒付シ謄寫ノ労ヲ省
クト云爾
明治十年秋九月
相益社主者謹稟

相益社談第一號　明治十年十一月四日發兌
○祝文
吾儕ノ諸友談論以テ相益センコヲ謀リ一社ヲ結ヒ明治十年九月二日
即第一日曜ヲ以テ集會ノ始トス吾儕往昔ヨリ友人集會スルモノ豈ニ
之レ無カランヤ但タ詩詞綺句ノ爲メニシ或ハ詩句歌儒ノ爲メニス巧奇
ヲ競ヒ風月ヲ賦ス亦性情ヲ娯楽スルモノ莫キニ非スト雖モ智識経済
ニ於ル未タ其補益スル所ヲ見サルナリ而ニ今此社ノ目的タル主トシ
ノ談論相益シ以テ學識ヲ補ヒ家産ヲ殖スルニ在リ然ラハ則チ嗟ヽ此
社集會ノ始メノミナラス吾儕談論相益スル爲メ集會ノ始メナラン蓋
シ彼ノ舊習ヲ撲滅シ此ノ新説ニ改進スル諸賢友ノ識明カニ断勇ナル
ニ非スヨリ誰カ能ク之ヲ爲サン然ル作樹ヲ植ユル猶ホ善果ヲ結フヲ

『相益社談』第1号(明治10年11月4日発行)

設定された。また国重は、翌年一月には県教育会規則を制定して、さらにこの年に常願寺川・庄川の河川改修に着手した。そして、明治十八年には、県内初の近代中等教育機関としての富山県中学校を創立した。

なお、明治十六年七月にはじめての県会議員選挙が実施された。

板垣退助《いたがきたいすけ》の自由党《じゆうとう》に呼応して明治十五年に北立《ほくりつ》自由党を結成した稲垣示《いながきしめす》や、大隈重信《おおくましげのぶ》の立憲改進党《りっけんかいしんとう》に触発されて明治十五年に越中改進党を組織した島田孝之《しまだたかゆき》らは、それぞれ民権運動の中心人物として実践面から主導した。

このうち稲垣は射水郡棚田村《たなだ》(射水市)の出身であった。彼は愛国社《あいこくしゃ》運動に共鳴して、明治十三年に、地方自由党の前身となる政治結社「北立社《ほくりつしゃ》」を結成した。また島田は高岡町《たかおか》の出身で、同志らとはかって明治十四年に「北辰社《ほくしんしゃ》」をおこした。

県内に誕生した二つの民党のうち、越中改進党が富商・富農の支持を得て、比較的穏健な政治的主張(=改進主義)を表明したのに対し、北立自由党はより急進的な自由主義を追求していた。したがって、これら二党はしばしば対立・緊張関係にあった。ただ、両党の勢力が増大しつつあった明治十五年から十六年にかけての時期は、石川県からの越中分県(富山県再置)運動のピークとも重なりあっており、内部に対立を含みつつも民権派の活動は、分県運動の進展に少なからぬ影響をあたえたといえる。

2 文明開化と民権運動と

県民と文明開化●

多くの庶民にとって、維新以降の新教育制度の導入は、日常生活のなかで「文明開化」そのものを実体験することを意味していた。明治五（一八七二）年の学制令《がくせいれい》公布により、県内でまず最初に設立されたのが伏木《ふしき》小学校であった（明治六年）。これは地域の素封家藤井能三の出資によって創設されたものである。洋風建築の校舎を擁するこの学校のなかでは、英語教育や討論会を導入した新しい教育が展開され、同校は地域社会における文明開化を象徴する存在となった。伏木についで富山町、高岡町にもあいついで小学校が設立された。県内の就学率は明治六年以降、着実に向上していたが、地域間では就学水準の差異が認められた。

通信・交通の整備も文明開化の重要な側面である。わが国で郵便制度が施行されたのは明治三年であり、同五年に魚津・富山ほか県内各地に郵便役所が設けられた。また、まったくあらたな通信手段である電信は、明治天皇の北陸巡幸を契機に県内で整備された。明治天皇は、明治十一年八月から北陸に巡幸した。同年九月二十六日に糸魚川《いといがわ》を出発して越中にはいり、翌月二日に今石動《いまいするぎ》から倶利伽羅《くりから》峠を越えて加賀へむかった。この巡幸の大行列は、天皇の尊厳を国民に示す政府の大規模な示威行動であったが、そのさい、すみやかに北陸の各巡幸地と東京の政府とのあいだの連絡をとる目的で電信線が架設されたのである。同年九月、魚津郵便局に付設された電信分局で電信を取りあつかったのが県内電信の始まりであった。翌年には高岡、続いて富山・伏木にも電信が設置された。

鉄道開通もまた、文明開化の大事な要素であった。明治三十一年に敦賀《つるが》・金沢間が開通した北陸線は、同三十二年に金沢・富山間が開通し、さらに富山・魚津間が同四十一年に開通した。富山停車場（口絵参照）は人びとの賑わいの場となった。ただし、北陸線が信越線と直江津《なおえつ》駅で結ばれたのは大正二（一九一三）年であり、非常に遅れた。全国的にみると、鉄道網の整備は首都東京と地方を高速で結合する方針で進められ、国民国家における物資輸送の近代化においてきわめて重要な役割を果たした。これまで記したような、富山県を含む北陸地域での鉄道網の整備の立ち遅れが、近代における東海地域に対する北陸地域の経済的後進性をもたらす一つの重要な要因となったことは周知のとおりである。

さらに庶民の衣食住にも文明開化の波はおよんだ。衣に関する側面では、ザンギリ頭や洋服があらたな風俗として導入されるようになった。明治十八年ごろにはマゲを落とし坊主頭となるものが多くなったため、越中特産の菅笠《すげがさ》の売れ行きが激減したというエピソードもあるが、富山の農村ではその後も多数の結髪の人がみられたという。また、洋服の導入は官員からはじまり、庶民へ普及するのは遅れたという。しかし、県が明治二十年から小学校男子の制服着用を奨励したことが契機となって、農村部でも洋服が徐々に普及した。食の面では、肉食が洋風の風俗としてみられるようになった。明治五年ごろの富山では、早くも牛肉販売が行われていたと記録されているものの、肉食は仏教的禁忌のためになかなか浸透しなかった。価格の関係もあると思われるが、牛乳の飲用も同じで、明治十五年ごろの牛乳販売の経営は採算があうものではなかった、とされている。

さて、住に関する夜間の照明に目をむけると、ガス燈が富山県内に登場したのは、東京銀座のガス燈設置から二年遅れた明治八年のことであった。この年に福光町でガス燈が一本建てられている。このほか同十四年七月に井波町《いなみ》でもガス燈が設置されている。さらに、家庭でも行燈《あんどん》や油火から石油ランプの使用へと変化がみられるようになった。石油ランプは明治十年ごろから礪波郡各地で使用された。

自由民権運動の展開●

越中改進党は、結成後にリーダーの島田孝之・大橋《おおはし》十右衛門《じゅうえもん》らが、中央の立憲改進党に参加・合流することになった。そのため組織は自然消滅するに至った。

それとは対照的に北立自由党は精力的に政治活動を継続した。明治十六（一八八三）年三月には、稲垣示らが提唱者となって、高岡の瑞龍寺《ずいりゅうじ》で北陸有志大懇親会を開催した。越前《えちぜん》から越後にかけての北陸五カ国の自由党員をはじめ、はるばる四国・九州からも参加者をみた。主幹に選ばれた稲垣は、政談演説を各地で続けたことから、「北陸の自由は射水の森から生まれたり」といわれた。同じ年、土佐《とさ》の植木枝盛《うえきえもり》らも来県して、富山で二〇〇〇人の聴衆を集める演説会が開かれた。

その後、自由党は先鋭化していく党員を十分にコントロールできなくなり、ついに明治十七年十月には解散する。旧党員のうち、過激な政治活動をするものもいた。大井憲太郎《おおいけんたろう》・稲垣示らは、明治十八年に、朝鮮独立党を支援するためにダイナマイトなどを準備して、武装のうえ渡韓する計画を立てた。渡韓前に長崎でこの計画は露見して、この事件の関係者は大阪国事犯裁判所へ告訴された。これを大阪事件とよぶ。告訴された五八人のうち、富山県人は一一人を数えた。稲垣示は裁判の結果、軽禁固五年に処せられた。

県下の自由党系の活動は、稲垣たちリーダー層の入獄により沈滞していた。そもそも明治十六年、置県のときの富山県会では、自由党が優位に立っていた。議長・副議長は共に自由党が占めていた。しかしながら大阪事件によって、自由党系は決定的打撃をうけた。明治十八年十二月の県会議員半数改選に際しては、改進党が圧勝した。議員二二人中、改進党系は一八人を数え、一方、自由党系は四人であった。正・副議長は改進党系からでた。この傾向は明治二十一年の県会議員半数改選まで続くことになる。

改進・自由両党は県会選挙では激しく争ってきたが、反藩閥中央政府という姿勢では一致できた。そこで明治二十年十月、県会議長島田孝之は、両党派の県会議員らとはかり、両党連合大懇親会を開催した。大会は参加者が二六〇人を超え、参加者は憲法発布、地租《ちそ》軽減、集会・言論の自由について議論した。それを政府に陳情することとして、両党派間で協議することになった。しかし陳情文の形態をめぐって両者は合意できず、ついに決裂することとなった。

さて、後藤象二郎《ごとうしょうじろう》が藩閥打倒のための大同団結運動を提唱すると、これに呼応する形で、県内の自由党系のものが集まり、中越大同倶楽部《ちゅうえつだいどうクラブ》を明治二十一年に結成した。自由党系大同派は、明治二十二年にまず『北陸公論』を、のちにそれにかえて『北陸政論』を発行した。他方では、改進党系の島田孝之らも明治十七年に『中越新聞』を創刊して、これを明治二十一年に『富山日報』と改称した。このようにして、両紙は条約改正や地租軽減などの基本問題をめぐり、それぞれ自由主義、改進主義の立場から論陣を張って、自由民権運動を導いた。

明治二十三年七月に第一回衆議院議員選挙が実施された。当選者は、立憲改進党の側が関野善次郎《せきのぜんじろう》・田村惟昌《たむらこれまさ》・島田孝之、大同派では磯部四郎《いそべしろう》・南磯一郎《みなみいそいちろう》の両名であった。ただし得票数では、大同派が七七〇九票、立憲改進党が四九四一票であり、大同派が優位に立っていた。もっとも落選者のなかには、両党の指導者も含まれ、大激戦であった。

総選挙後の第一回帝国議会（明治二十三年十一月）にむけて、政界の再編が続いた。大同倶楽部は他の三派とともに立憲自由党を結成し、立憲改進党は立憲自由党との提携を考慮するにいたった。富山県選出の代議士は五人中四人が民党に属することとなった。

北海道への移住●

明治六（一八七三）年に、政府は地租改正を実施し、これにより明治国家の財政基盤を固めようとした。越中では地租改正が明治八年から行われた。この地租改正は農民に高率の地租を負担させたため、農民各層の土地所有を促進するよりも、むしろ一部の地主への土地集中をもたらし、地主制を温存することとなった。すなわち、明治十年代初めに、政府は殖産興業や西南戦争の費用を捻出するために大量の紙幣を発

旧呉羽紡績呉羽工場（富山市）　明治期から昭和初期にかけて織物工業は，県内主要産業の一つであった。この工場の建物は昭和5年に建てられたものであるが，改修後，現在は富山市民芸術創造センターとして活用されている。

行したが、それにより物価上昇と政府財政の逼迫が引きおこされた。その対策として明治十四年より大蔵卿松方正義《まつかたまさよし》の実施したデフレ政策が不況をもたらし、農民の没落を進行させることになったのである。

明治十六年における県内の小作地率は、全国的にみても最高値を示していた。これは農民の農地売却による小作地増加によるものでもある。地主の土地集積状況を、県内でも有力な地主であった婦中《ふちゅう》町の浅野家を例にみてみよう。その持高は明治初年の一〇九六石（小作人一一九人）から同十八年一一一三石（同二四一人）、大正二（一九一三）年に一七三五石（同二九三人）と一貫して増加しており、明治期の土地所有拡大と小作人増加の動向を垣間みることができる。もっとも小作人増加といっても、明治十七年ごろの県内農民の半ばは自小作層であった。

県内地域のうち、純農村地帯の礪波地域では、明治期に旧十村《とむら》の豪農の地主が没落する一方、酒造業・肥料業仲買・高利貸をいとなむ手作り地主や商人が大地主として台頭してきた。また、宮山湾沿岸地域では北海道から肥料を移入し、かわりに越中米を同地に売却した北前《きたまえ》船主らが大地主化した。その典型的な事例として東岩瀬《ひがしいわせ》の馬場《ばば》家や米田《よねだ》家、放生津《ほうじょうづ》の宮林家や南島家などがあげられる。しかし、明治二十年代以降に帆船から汽船への転換や鉄道の普及に押され、彼らの本業は衰退し、寄生地主や他の業種経営への転換を迫られた。

地租改正や松方デフレに帰因する農民層の没落に関して国や県は対策を講じ、農業・農村の振興のためのさまざまな機関・施設、組織が各地につくられた。富山県は明治二十二年に勧業育種場を富山県農事試験場に改称し、翌年から水稲などの栽培試験を行った。同二十六年にはその支部が各郡に設置されている。また、この年には県内各地の農事団体の連絡機関として富山県農会が結成され、二十七年には富山県簡易農学校も設立された。

さて、当時のわが国で一般的であった農村不況と国家的プロジェクトとなっていた北海道開発政策の進展は、全国各地からの北海道移住を促進した。富山県からは、明治から大正期にかけて北海道への移住者をとりわけ多くだすことになった。

明治十五年から昭和十（一九三五）年までの五四年間で、全国各地から北海道への移住総戸数は、約七一万戸におよんだ。そのうち富山県からの移住戸数は約五万四〇〇〇戸、総戸数の約七・六％を占めている。これは、この時期の富山県の人口が全国人口に占める割合からすれば、きわめて大きい値である。また富山県では、その最盛期である明治三十年からの一〇年間には、約六万人が北海道へ移住したが、この数値はこの時期の全国府県のなかで最大であった。富山県からこうした多数の移住者がでた背景に

小樽港に到着した移民

は、農村の疲弊《ひへい》のほかに、大谷《おおたに》派東本願寺の働きかけなども関係しているとされている。

富山県出身移民の入植先は北海道全域にわたったが、石狩《いしかり》・十勝《とかち》地方への入植が全道中もっとも多い。入植先には出身地ゆかりの地名がのこされていることが多いが、たとえば石狩平野北端に位置する「沼田《ぬまた》町」は、この原野の開拓者であり、富山県出身の沼田喜三郎《きさぶろう》の功績をたたえて、北海道庁が名づけたものである。

沼田の場合を含め、初期の北海道移住は、縁故にたよりながら個別に行われていた。しかし明治二十五年に貸付予定地存置制度が設定されると、北海道移住は大規模かつ計画的に進行するようになった。富山県からの移住者はこの制度の開始以降、急激に増大した。その代表例は、明治三十年前後に十勝原野にはいった「越中団体」「矢部団体」などのような団体移住である。これらは移住成功団体として、今日でも北海道開拓の模範農村とされている。

8章

富山県の近現代とこれから

富山新港の開港(昭和43年4月)

1 米騒動と大正デモクラシー

「女一揆」の米騒動●

第一次世界大戦が大正三（一九一四）年夏に勃発し、日本も参戦した。日本は直接大規模な戦争にまきこまれることはなく、戦争に翻弄《ほんろう》されたヨーロッパ諸国にかわってアジアへの工業製品の輸出がのびた。このため国内は好景気にわき、礪波《となみ》地域でも散髪屋・浴場などまでが株式会社となるほどであった。しかし、戦争終了後にはその反動から不景気となった。

こうした時期の大正六年にロシア革命がおこった。欧米諸国の革命干渉の動きは、日本のシベリア出兵への危惧《きぐ》を人びとにもたらし、出兵による糧米需要の予測が全国で米価の騰貴を招いた。とくに同年七月初めにアメリカから出兵の打診がきてから米価はいちだんと高騰した。これにさきだつ明治二十三（一八九〇）年、同三十年など米価が高騰した時期の県内では、米穀の県外移出停止や米価引下げなどを求めた米騒動《こめそうどう》が漁師町で発生するという構造が存在していた。このときも、県内漁民の女房らによる救済や米移出停止の哀願行為などが行われた。ところが、この米騒動が県外の新聞で「女一揆《おんないっき》」「女軍の暴動」などと誇張して報道され、全国に波及することになり、その結果として寺内正毅《てらうちまさたけ》内閣を総辞職させ、また平民《へいみん》宰相《さいしょう》の原敬《はらたかし》内閣を誕生させたのである。

「女一揆」を引きおこした県内漁民の家の多くは、明治十六年ごろから北海道へ漁業の集団出稼ぎを行うようになっていた。さらに汽船や電信制度の登場により圧迫されていた北前船《きたまえ》は、明治三十年代の青森・下関間などの鉄道網整備により衰退した。日露戦争後の明治四十年には、日露漁業協定により北洋漁業が合法的なものになってきたので、北前船主らの北海道・樺太の北洋漁業への進出に加えて、北前船の乗組員などもこれにのりくんだりして北洋の出稼ぎ漁業に加わっていくことになった。漁師町の家々では、女性が家をまもり、沖仲士《おきなかし》に従事したり、内職をして暮らしをささえた。しかし、大正期ごろの北洋の出稼ぎ先の漁業は不漁で、大からの仕送りが少なく、また、出稼ぎにでない漁師の家でも生活は苦しく、とりわけ米の端境《はざかい》の七、八月は漁もはかばかしくない時期であった。まさにこの時期にシベリア出兵問題を契機として、米穀商人による米買占めや売惜しみなどを原因とした米価騰貴が発生したのである。このため米移出用の汽船の入港や、同汽船への米積込み作業は漁民の女房たちを刺激することになった。

米騒動の発端についての近年の調査も加えて、県内の米騒動の経過を整理するとつぎのようになる。すなわち、大正七年の早くも七月上旬から東水橋《ひがしみずはし》（富山市）では女

米俵を積みこむ女仲仕たち

仲仕がその女親方の指図により米問屋に対して米移出停止を求めていたという。そして、魚津《うおづ》でも十八日に入港した米移出汽船伊吹丸《いぶきまる》が騒ぎにより米を積まずに出港したものの、二十日から騒ぎが続き、二十三日には魚津に戻った伊吹丸への米積出し作業に対して、漁民の女房たちが積出しをやめることを訴えて、この日の作業をやめさせていた。そして、その夜には百数十人が何隊かに分かれて、米移出商に対して、昔と同じように移出の停止を哀願したのである。魚津のすぐ後の同月二十七・二十八日には東岩瀬《ひがしいわせ》で漁民の主婦らが資産家の馬場《ばば》家・米田《よねだ》家へ生活救済の願いを行おうとして警察にとめられている。八月にはいると騒動は大規模なものになっていった。八月三日に西水橋（富山市）で婦人約一八〇人が米廉売と移出差止めを米穀商へ哀願したが、これも警察によって解散させられている。四日以降には滑川《なめりかわ》・東水橋（富山市）・四方《よかた》（富山市）・宮崎村（朝日町）・生地町《いくじ》（黒部市）など各所で同様なことがみられた。

とりわけ滑川の騒動は、実力で米の移出を阻止し、また大規模な参加者をみたこともあり、県内の米騒動が頂点に達したものであった。滑川でも初めの四日には、漁民の女房が米穀商へ哀願を試み、さらに翌日の夜にも哀願にでかけ、各所をまわり米穀商の金川商店に着いたころにはしだいにふえて三〇〇人ほどとなり、このため警察が介入して彼女らを解散させた。そして、その深夜、六日零時にふたたび金川商店前に女性らが集まり、見物人も加わり大群衆となった。警官隊とにらみあった彼女らも四時ごろに解散し、改めて一六〇人が早朝に町役場へ嘆願にむかったが、昼には汽船がはいってきたために、ふたたび二〇〇人の女性が浜へでて、このときは実力で米積込みを阻止することになった。こうしたなかで、女性たちは午後二時ごろから金川商店前に集まりだし、夜には野次馬《やじうま》の男も加えて二〇〇〇人にふくれあがっていた。そして、この翌七日と八日にも一〇〇〇人を超える人びとが集まったが、警察の警戒と救済策実施により騒動は沈静した。その後、海岸沿いの町々に加えて、富山市や石動《いするぎ》町（小矢部市）・八尾《やつお》町（富山市）でも騒動が発生したが、ようやく十月初めに県内の騒動は落ち着いている。

滑川の騒動が他県の新聞にセンセーショナルに報道されることになり、八月八日の岡山の騒動から全国各地で米騒動が発生していったのである。騒動を引きおこす条件が全国各地にみられたことを基盤にして、電信の発達と新聞というメディアが全国各地で普及し情報が短時間で伝達されるという条件により、こうした騒動の全国的拡大はうみだされたのである。

大正デモクラシーと県民生活の変化●

大正二（一九一三）年四月にようやく富山・直江津《なおえつ》間の鉄道が開通した。この北陸線の全通は、憲政擁護《けんせいようご》と閥族《ばつぞく》政治の打倒の運動のために地方遊説にでた中央政党の党首を来県させることになった。同年六月に国民党《こくみんとう》の犬養毅《いぬかいつよし》や政友倶楽部《せいゆうクラブ》の尾崎行雄《おざきゆきお》の両党首が来県し、このとき県民から熱狂的な歓迎をうけている。彼らの来県は、中央での大正デモクラシーという政治潮流が直接に富山へ押しよせた大きな出来事であった。その結果、この年七月に富山で立憲国民党の支部が再興された。一方、同年十一月にこの国民党を脱党した人たちが富山で立憲同志会の支部を結成している。同元年には滑川で立憲青年会も結成されている。さらに、大正三年二月には富山市の光厳寺《こうごんじ》で県内の商工業者による廃税県民大会が開催されている。

その後におきた米騒動は、立憲青年会を結成した滑川の青年たちに大きな刺激をあたえた。この大正七年十月に、彼らに保守党の一部の人びとを加えて、滑川で普通選挙《ふつうせんきょ》期成同盟会が組織されたのである。同会では「滑川普通選挙期成同盟会宣言書」をだしている。これは全国の普通選挙運動の先駆けをなすものとして注目されている。

大正十四年に成立した普通選挙法では、女性の参政権は認められなかったが、富山県内の女性のあいだでも普通選挙を求める動きがなかったわけではない。大正十二年十一月の上新川《かみにいかわ》の婦女大会や、この年に福野《ふくの》町（南砺《なんと》市）で開催された東礪波の婦女大会では、参加した婦人による参政権を要求する演説も行われていた。一方、女性の職場進出が第一次世界大戦による経済好況の影響によりもたらされ、いわゆる職業婦人が県内でもうみだされるようになった。大正五年には北陸線富山駅にはじめて女性出札係が採用された。また、富山県も同九年の国勢調査員として女性書記を採用した。このときには電話交換手にも女性を採用している。さらに、同十三年には高岡新報社にはじめての女性新聞記者が誕生している。

一方、この時期には県内の教育機関の整備が進められた。県内の高等教育機関は県立富山薬学専門学校しかなかったために、県民には高等教育機関をのぞむ気持が強くなっていた。この願いにこたえて、東岩瀬の大地主で海運業者の馬場家の当主馬場はるが一〇〇万円の寄付を申しでて、その結果、同十三年四月

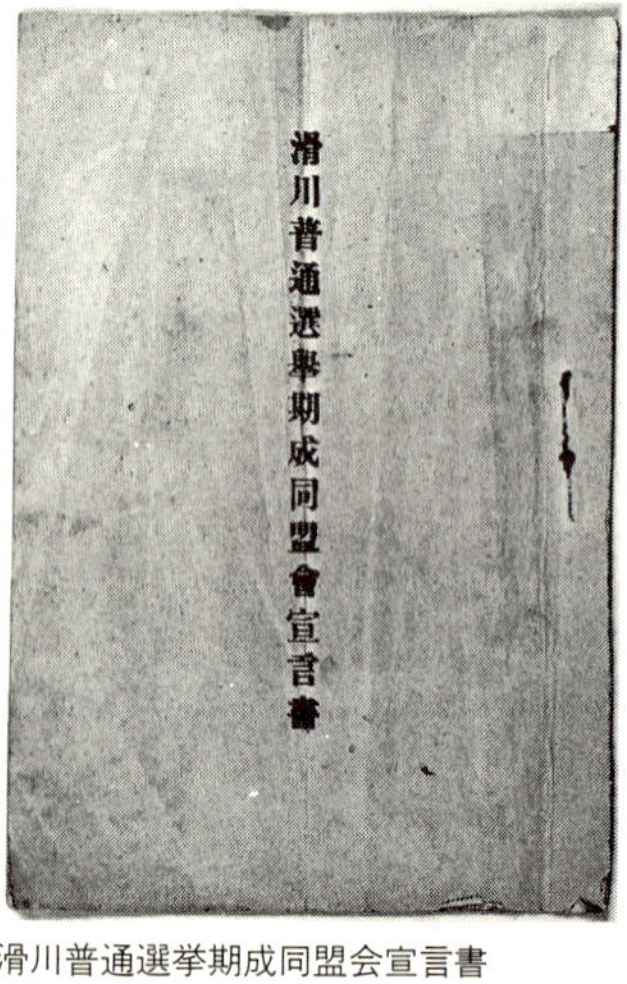
滑川普通選擧期成同盟會宣言書

滑川普通選挙期成同盟会宣言書

に富山県立富山高等学校が開設されることになったのである。また、市民文化をささえる大事な基盤となる図書館の建設の動きもわずかながらではあるがみられた。井波《いなみ》町（南砺市）では図書館建設を熱望する人がおり、横浜財界で活躍していた山田麟助《やまだりんすけ》が、第一次世界大戦の好景気もあって協力を申しでて町立図書館建設が町会で議決された。しかし、その後に収集した図書が火災にあうなどして、この建設は挫折している。一方、城端《じょうはな》町（同市）でも第一次大戦の平和克服を願って、城端商工時報社の同人や町内の文芸愛好家が運動して、同十一年に「城端町立平和記念図書館」を創設している。

この大正期には、人びとの生活にも大きな変化がうみだされていた。井波や福野では大正二年に電灯が使用されるようになり、さらに、同十四年には県内の約半数の家庭に電灯が普及しており、市部の家庭は電気のある生活が送れるようになった。また、自転車が県内に普及したのも大正期であった。新聞・雑誌の普及、そしてラジオ放送の開始は文化の大衆化を進めたといわれているが、政党と無関係の新聞として『北陸タイムス』が明治四十一（一九〇八）年に富山で発刊されており、同紙は大正十二年に夕刊もだしている。高岡《たかおか》では大正期には『高岡新報』が刊行されていた。新聞と違ってラジオの普及はまだ弱かったが、市民生活の娯楽面で無視できないものに映画や蓄音機・レコードの登場もある。とりわけ映画は庶民の娯楽として重要な位置を占めるようになり、新湊《しんみなと》では村芝居が行われなくなったという。常設映画館が富山や高岡に設けられるだけでなく、この新湊にも大正十二年に常設の映画館日吉館《ひよしかん》が設けられたのである。富山市では、同元年に北陸ではじめての映画常設館の電気館が開館し、翌年に錦館、同五年に中央館、同六年に帝国座が開館するなど常設館が大幅に増加した。創設過剰のためにこの六年には閉館するところもでている。常設の映画館のない井波には、大正中期から芝居小屋に巡業映画がまわってきた。もっチューリップは春の花として、多くの国民に親しまれている代表的な花である。写真で紹介した、各種のチューリップが咲きほこるなかで開催される砺波市のチューリップフェアは、ゴールデンウィークのころに開催され、毎年のように全国ニュースで取り上げられている。このため富山県を代表とする花がチューリップであることは日本人の多くに知られるようになっているが、県花に指定されたのは昭和二十九（一九五四）年であった。チューリップフェアが砺波市で開催されるのは、この礪波地域でのチューリップ栽培がひときわ盛んなためである。栽培するチューリップは、切り花生産は現在でも少なく、球根生産を目的とするものである。球根の生産は、花をつぼみの時期に切り取ることがないために、栽培地の砺波平野では田畑が花のジュータンを拡げたようになるが、この花はしばらくすると摘み取られる。

チューリップの球根生産が礪波地域で盛んになったのは、東礪波郡庄下村《しょうげ》（砺波市矢木）の水野豊蔵《ぶんぞう》（一八九八〜一九六八）の貢献によるものである。周知のように富山県は雪国であり、積雪のために田畑での裏作ができず、冬季には多くの農民が出稼ぎにでなければならない土地であった。水野は苦心して裏作にチューリップ球根の生産を導入したのである。生産がはじまったのは大正七（一九一八）年であるが、彼が球根生産に本格的に取り組んだのは同十二年のことであった。球根は昭和十三年にアメリカへ三万球の見本輸出が行われて以降、輸出向けに生産されていたが、第二次世界大戦により輸出できなくなり、その生産は壊滅状態となった。敗戦後に豊蔵は生産復興につ

❖コラム

とめるなどチューリップ球根の生産に心血を注ぎ、またチューリップの改良にもつとめた。彼がうみだした「天女の舞」などは、チューリップとしてはじめて種苗名称登録品種となっている。昭和五十七年には、県内の生産量は四三〇〇万球にもなり、またそのうち二六八万球が輸出され、しかもその輸出実績の一〇〇％が富山県のものである。なお、日本の高度経済成長に伴って輸出から国内への出荷に重点がおかれるようになったが、現在、礪波地域以外の県内では、入善町《にゅうぜん》・滑川市・朝日町など新川地方でもチューリップの生産が盛んに行われている。

チューリップフェア(砺波市花園町チューリップ公園)　4月下旬から5月上旬にかけて開催。

とも映画見物はともかく、以上の変化の多くは、農村部に居住する多数の貧しい農民には縁が薄かったのが現実である。

なお、富山や高岡のような都市部では、企業に働く労働者らの増加により住宅難という問題も発生していたようである。富山県は、大正九年にはじめて県営住宅を建設してこれに対処している。富山市や高岡市も、それぞれ同十一年を始めとして市営住宅を建設している。

2　工業立県への道と統制生活

産業構造の変化と県民の暮らし●

昭和にはいってから、県内の経済構造も県民の暮らしぶりも、さらに大きな変貌をとげることになった。

米作りを中心にして、豊かな農業生産力をほこった富山県においても、すでに大正十（一九二一）年には、工業生産物価額が農業生産物価額をはじめて超えた。不況を幾度も経験したにもかかわらず、第一次世界大戦後に本格化した県内の工業成長は、太平洋戦争がはじまるまでのあいだ、順調に進展した。すなわち伝統産業である売薬業・織物業・銅器製造業にかわり、化学工業（カーバイド・化学肥料など）、金属工業（アルミ精錬・銑鉄鋳物など）、機械器具工業（電気機械器具・原動機など）があらたな成長産業となって、産業構造が大きく変化したのである。なお商業面での新しい動きとして、昭和七（一九三二）年に、のちに大和《だいわ》となる百貨店宮市大丸《みやいちだいまる》が富山市に進出したことがあげられる。

これまで富山県を代表した産業は売薬業であった。昭和元年の売薬業の生産額は二七一〇万七〇〇〇円

❖コラム

アルミの富山、富山のアルミ

アルミニウム製品はいたって便利である。軽くて、丈夫で、錆《さ》びにくく、しかも加工しやすい。たとえばアルミ製のお鍋《なべ》。いずれの家庭にもある、身近な日用品の一つである。ところで、このアルミニウム製品生産の一大中心地は富山県である。事実、アルミニウム工業は富山の主要産業の一つとなっていて、平成四（一九九二）年のアルミ関連製品の年間出荷額は七一一二億円余に達している。でも、なぜ富山なのだろうか。

製品としてのアルミに、それほど長い開発史があるわけではない。だが、この軽金属の商品化には、伝統に裏打ちされた高水準の「わざ」、技術力が不可欠であった。高岡市は昔から銅器の大産地であり、「高岡銅器」の名は有名である。実は、アルミの商品化には、かの高岡銅器が育くみ、アルミにも応用可能な鋳物技術が用いられてきた。そのため、高岡では銅器製造に従事していた鋳物技術者が、アルミ製品をつくりだした。第二次世界大戦中には統制物資である銅が入手できなかったので、鋳物工場では、銅器職人のうち、もっぱらアルミ製品をつくろうとしていたものも少なくなかった。また高岡の町並みは、幸いにも戦災をうけなかったので、銅器製作用の諸設備が残り、兵器の廃材を使ってアルミの鍋・釜をつくる職人もいた。

仏像製作など、伝統によって鍛え上げられた「わざ」と新型素材「アルミ」とのユニークな結び付き。この幸いなる結び付きが、いわば「伝統的ニュー＝インダストリー」ともいうべきアルミニウム産業を富山の地域社会で育んできたのである。

で、県内工業生産額中、第一位であった。その後、生産額は減少して昭和十年には一四〇〇万円まで低下した。このように売薬業は、県内工業部門に占める相対的地位を後退させたが、この時期を含めて長期にわたり、その関連産業を育成して地域工業の拡充に寄与していたこともみのがせない。すなわち、製薬業を始めとして薬袋・薬包紙・薬容器の製造にかかわる産業としての製紙業、印刷業、製缶業（アルミニウム・プレス業を含む）、製瓶業などの発展があげられる。かつて売薬資本が、県内の主要銀行と電力会社の創設に大手出資者として密接に関与していたように、売薬業は裾野の広い地域基幹産業としての役割を果たしたのである。

ところで、あらたに地域経済をリードした化学工業や金属工業の発展を根底からささえていたのは、県内で容易に調達できた豊富で安価な電力であった。この電力を供するための電源開発が富山県では大正期にはじまっている。大正七年に一万キロワットを超えた県内水力発電設備は、昭和元年に一三万九〇〇〇キロワットに達した。これは全国水力発電設備の七・一％にあたった。昭和期にはいると、県内では発電所建設ラッシュがますます本格化した。富山県の水力発電設備は、昭和九年には四〇万六〇〇〇キロワットに到達して、全国一位をほこった。ここに電源王国・富山の基礎がきずかれた。

さて、富山県の河川が水力発電に適していた理由として、積雪・降雨量が共に多い点、また河川がいずれも急勾配である点がまず指摘できる。つまり富山県の電源開発は、県内のきびしい自然条件をたくみに利用していたことが注目される。この特質は、戦後の黒四ダム建設にもつながるものであった。

このような電源の拡充は、当時の富山県が有する工業立地先としての魅力を十分にひきたたせるものとなった。実際に昭和初期の県内には、数多くの近代工場が進出してきた。たとえば大量の電力消費を必要とする大日本人造肥料・富山工場は、婦負《ねい》郡に誘致された。同工場は昭和三年に創業を開始して硫安《りゅうあん》を生産した。また、射水《いみず》郡の富山湾岸部の伏木《ふしき》・新湊にも工場がつぎつぎに進出した。主として化学・鉄鋼・紡績工場であり、これら工場群の集積は県内の工業発展に大きく寄与するものとなった。

つぎに昭和初期の県民生活をみておこう。昭和四年の、ニューヨーク株式市場での株価大暴落からはじまった世界大恐慌は、日本国内の不況とも連動して、これをいっそう深刻化させるものとなった。同年の豊作による米価暴落と、それに続く昭和六年の凶作ともあいまって、昭和恐慌はとりわけ農村に大打撃をあたえ、これを疲弊《ひへい》させた。

富山県においても同様であり、県庁はその対応策として産業振興を進めようとするが、この時期、労働・農民運動が頻発した。県東部を中心に電気料金引下げを求めた電気争議（昭和二～二年）や、ダム建設をきっかけに流木権が問題となった庄川《しょうがわ》流木争議（昭和元～八年）もこれに含まれる。

さらに昭和六年には満州事変《まんしゅうじへん》がおこり、翌七年には上海《シャンハイ》事変が勃発した。富山県からも歩兵第三十五連隊などが出兵して、にわかに戦時体制の訪れを予感させた。

なお、昭和初期は県内の婦人参政権運動が本格化した時期でもあった。昭和五年に富山市で開催された県連合婦女会総会において、上新川郡代表の平岡初枝《ひらおかはつえ》は婦選要求演説を行って、日本婦選連盟の結成を提唱している。

戦時統制と軍需産業●

昭和十一（一九三六）年の二・二六事件後に軍備拡張がなされたが、戦時体制はこのころから強化されはじめた。そして翌十二年には、国民精神総動員運動《こくみんせいしんそうどういんうんどう》と戦時経済統制が始動した。さらに昭和十三年には、日中戦争の拡大とともに国家総動員法が制定されることになった。戦時体制に伴う統制の特徴は、その対象が軍事に限定されずに経済・文化を含む社会全体におよんだところにあった。

あらゆる人びとの日常生活をまきこんでしまう総力戦にさきがけて、県下でははやくも昭和七年九月に富山・高岡両市で防空演習が実施された。また、すでに満州事変のときから郷土の諸部隊の出兵がはじまっていた。そして国家総動員法《こっかそうどういんほう》の発動とともに、軍需品の供出、買溜めへの非難や消費節約がとなえられた。

経済統制は食糧のみならず、マッチ・ちり紙などの生活必需品にもおよび、すべて配給制や点数制となった。このほかに軍用米を含む食糧の増産運動が繰り広げられた。なお、日中戦争の長期化は、中国に最大の利権をもつイギリスと日本との対立を深めるものとなった。このため日英開戦に二年さきだつ昭和十四年に、富山市では反英市民大会が開催された。

さらに戦争の激化は、食糧事情の悪化とともに衣料品の統制、金属類の供出をも必要とした。昭和十八年ごろには、軍の武器不足も深刻化して、たとえば東礪波郡庄下村では、在郷軍人会の旧式銃をも徴発したので、銃後の村内には、小銃がまったく無くなってしまう状態に至ったのである。

このような統制は、市民生活のみならず県内諸産業にもきびしくおよんでいた。とりわけ県内の工業部門は大正期以降、成長過程にあったが、国家総動員法が発動された昭和十三年からは、いっそうの工業力の拡張、とくに軍関連品生産への集中が推し進められた。ことに主たる重化学工場は、軍需工場に指定されることで直接的に軍の管理下におかれることになった。

以上のような軍需最優先主義によって打撃をこうむったのは、県内の民需産業設備であった。その典型は、昭和初期まで県内主要工業の地位にあった織物工業部門である。県内の綿紡工場の一部は航空機組立工場や砲弾部品工場に転用された。このような軍需生産部門のいびつな拡大化は、昭和十七年のデータに、重化学工業生産額の異様な伸びとなってあらわれていたことからもあきらかである。県内工業生産総額に占める重化学工業の生産額は、実に七八％に達していた。これは全国平均の七〇％を超える水準である。このように富山県全体が一大軍需工業団地というような状態になっていた。県内工業生産総額も、同年、この軍需生産体制によって全国第十位におどりでた。この順位は石川、福井を始め、新潟をも抜くレベルであり、このようにして日本海側最大の工業県になることとなった。

最後に、軍需工場の例をみておこう。現在の株式会社不《ふ》二越《じこし》の前身、不二越鋼材工業は昭和三年の創業で、同十三年に陸海軍共同管理工場とされた。兵器生産に不可欠な軸受けの生産をしていたので、同社へは国内より注文が殺到した。このような軍需生産の飛躍的拡大によって、不二越は工場の拡張・新設を重ねて成長した。朝鮮からの労働者

学徒勤労動員

も含めて、やといいれた労働者数の増加はまことに著しいものがあった。敗戦時の富山市人口が約一二万人であるのに、勤労動員を含めた従業員は実に三万六〇〇〇人を数えた。このため同社の所在した富山市は、「不二越《ふじこし》市」とでもいうべき状況になっていたという。なお昭和十九年に同社は軍需会社に指定されている。

3 復興・成長と富山の未来

戦災と復興●

敗戦をもって太平洋戦争が終結したのは、昭和二十（一九四五）年八月十五日のことであった。「戦時体制」は昭和十一年にスタートしていたから、日本国民は一〇年近くにわたって臨戦状態におかれていたことになる。

富山県では、この敗戦の日を迎える直前の昭和二十年八月一日夜半から二日にかけて、県都富山市とその周辺部が大空襲をうけ、多大の被害をだした。一夜にして富山市の市街地のほぼ一〇〇%が焼失して、死者は約二三〇〇人、重軽傷者は約八〇〇〇人に達した。この大惨事から二週間のちに県民は、八月十五日を迎えた。

さて富山県の「戦後」は、まず占領者としてのりこんできたアメリカ第一軍団部隊の富山入りからスタートした。連合国軍富山軍政部が設置され、GHQ（連合国軍最高司令官総司令部）が命じた日本の民主化と旧日本軍解体が県内でも円滑に進展しているかを監視・確認した。

県内も敗戦後の混乱のなかで、戦時中に旧植民地からつれてこられてきた人びとの帰還作業とともに、出征していた旧軍兵士の復員・引揚げ作業が進行していた。そのほかに食糧難、住宅不足、被災者への対処、インフレ問題など、日常的に解決を要する生活課題が山積していた。

政治的民主化改革は順調に推移して、翌二十一年四月には戦後最初の衆議院議員選挙が実施された。この総選挙で、はじめて婦人参政権が認められた。大正・昭和初期以来、富山の婦人も深くかかわってきた、婦選獲得運動がようやくむくわれたわけである。立候補も投票も男女平等となり、この戦後第一回総選挙には富山全県区でも女性の立候補者が出馬した。

ところでGHQによる矢つぎばやの改革指令には、経済民主化をめぐる諸施策も含まれていた。なかでも豊かな水田地帯を擁する富山県の農民にとって、農村民主化の方向性は一大関心事であった。第一次農地改革は敗戦の年の十二月からスタートした。この改革の

空襲直後の富山市街

担当者は、富山県福光町《ふくみつ》（南砺市）出身の農林大臣松村謙三《まつむらけんぞう》であった。完全自作農主義者であった松村は、小作地解放と自作農創設をめざして農地解放を推進しようとしていた。その哲学的基礎は彼自身が二四歳のときにまとめた『日本農業恐慌論』（早稲田大学卒業論文・明治三十九〈一九〇六〉年）のなかに、すでに認められる。

第一次農地改革に続き翌二十一年には、松村農相に引き続いて、和田博雄《わだひろお》新農相のもとで、第二次農地改革が進展した。その結果、自作農が多数誕生することになり、また不在地主の所有する小作地などを政府が強制買収した。富山県の場合、この農地改革によって地主制度が除去されることとなり、農村に新秩序が誕生した。改革前には、全国のなかでも高水準の小作率であり、小作地は全農地の五四％を占めていた。しかし改革後は、自作地が九四％、小作地六％と著しく変化し、解放率は全国平均をはるかに上回る成績となった。

自作農は、自身が保有している土地をたがやすことが可能となったので、一般に農業生産への意欲は著しく高まるという利点が生じた。それゆえに農地改革が戦後農業の発展基盤をきずいたと評価できる。

昭和二十年代は激動の一〇年間であったが、二十九年ごろには世の中が落ちつきを取りもどしてきた。この年の四月十一日より、富山産業大博覧会が県と富山市との共催のもとに富山市内で開催された。会期は六月四日までの五五日間で入場者が七四万人の大盛況となった。県内では戦前よりしばしば各種博覧会が開催されてきた。戦後にはいってからも、すでに昭和二十六年に高岡市で産業博覧会が開かれており、六二万人の入場者をみた。富山市内の著しい復興ぶりとともに、各種「平和産業」がすでに戦前水準を超えていたこと、新興産業の登場が博覧会のみどころとなっていた。

〝新産業都市〟建設の前後●

昭和二十年代が、わが国の社会・政治・経済状況を立ら直らせたうえで安定化した時期であったとすれば、昭和三十年代は、あらたな展開の幕開けの時代といえる。

昭和三十年代初頭にはいり、つまり一九五〇年代末に成長の端緒《たんしょ》をつかんだ日本経済は、第一次オイル・ショックが生じる昭和四十年代後半までの、ほぼ一〇年あまりにわたって発展を続けた。いわゆる高度成長の時代である。

この時期、富山県では、〝新産業都市〟を主柱の一本にすえて、県内の総合開発を推進していくことを計画していた。これは富山県の東西両地域のそれぞれを代表する富山・高岡両市を一体として開発を進めていくところに特徴があった。計画のポイントは富山新港の建設と臨海工業地帯の建設および太閤山《たいこうやま》ニュータウンの造成、和田川総合開発である。富山・高岡地区は昭和三十九（一九六四）年三月に新産業都市の指定をうけた。昭和五十年の時点において、工場の進出状況と人口増加度は目標どおりではなかったが、工業出荷額や累積投資額については、一応、目標を達成していた。

この新産業都市計画の前後は、富山県にとってさまざまなビッグ・プロジェクトがあいついだ時期である。黒四ダム完成・富山空港開港（昭和三十八年）、北陸本線一部電化（同四十年）、立山黒部《たてやまくろべ》アルペン・ルート開通（同四十六年）、北陸自動車道の一部開通（同五十年、小杉・富山間）など、大型社会資本の整備がぞくぞくと進行していった。このような産業基盤の拡充は、同時にマイカー・ブームにも反映された、モータリゼーションの展開にも呼応していた。

高度成長の時代は、県民生活のようすもかえていった。昭和三十年に富山県の持ち家率が八九・一％に昇り、全国一位となった。また、このころから自動車が普及するほか、インスタント食品も食卓にのぼるようになった。

高度成長の末期には、黒部でのカドミウム汚染、神通川《じんづう》の水銀汚染など、富山県においても公害《こうがい》問題が表面化してくる。このころイタイイタイ病の訴訟が長期間進行していたが、これは神通川の鉱毒によるもので、高度経済成長期のはるか以前から被害の生じている問題であった。イタイイタイ病は難病の一つであるばかりでなく、古典的な公害病の一つでもあった。地元の医師萩《はぎ》野昇《ののぼる》が献身的にイタイイタイ病の治療と原因究明にあたり、同時に広く世論に、その社会的救済を訴えた。

このように県民のライフ・スタイルや健康にかかわる問題が多くの人びとに認識されるようになった。その意味では教育問題も高度成長の時代に、より関心がよせられたテーマ

太閤山ニュータウンの造成(昭和39年 5 月，造成工事着手)

の一つである。高度成長の時代にかぎらず、経済の発展と教育の関わりあいかたは、つねに議論される重要な問題である。とくに、これからの社会をになう人材を育てていく点については、なおさらである。

富山県では一九五〇年代より、「近代的産業人」の育成を政策目標の一つとしてきた。昭和二十七年に策定された富山県総合開発計画には、この点がすでにもられていたのである。富山県においては、昭和三十年代以前から職業科に進学する高校生は、全高校生総数の半数以上を占めていた。この状況は昭和五十年代にはいるまで持続していた。昭和三十二年の修正四カ年計画において高校再編成計画が具体化される。ここにいわゆる七・三体制の骨格が示された。すなわち、高校を再編するさいに職業科と普通科の編成比を逆転して、そのうえで職業科の比率をふやして、最終年度の昭和四十五年には、ほぼ七対三の比率にするとしたわけである。この政策に対しては、県議会・ＰＴＡ・教員組合からも、反対や批判の声があがった。最終的にこの七・三体制が是正されたのは、昭和四十五年に知事が吉田実《よしだみのる》から中田幸吉《なかたこうきち》に交替してからであった。

新しい時代をきり拓《ひら》く人材の育成法をめぐり、この時期の富山県では、地域総合開発との関連で教育システムが検討されてきたわけである。

環日本海時代、そして未来への模索●

一〇年間以上にわたって持続した高度成長の時代も、一九七〇年代にはいるや、終焉《しゅうえん》を迎えることになった。二度にわたるオイル・ショックを経て、一九八〇年代の日本経済は確実に「低成長」「安定成長」時代へと移行した。人びとの生活感覚も、それまでの量的レベルでの充足から、〝生活の質〟の向上を意識するようになった。つまり、一人ひとりにとっての生活の〝豊かさ〟の意味が問われはじめたのである。

人びとの価値観が多様になった現代社会において、生活の〝豊かさ〟をはかることは決して容易ではない。経済企画庁は、昭和六十一（一九八六）年から「国民生活指標」調査を実施しているが、平成四（一九九二）年より、これを「新国民生活指標」に改定した。新指標は、いくつもの尺度を用いて住む・学ぶ・働くなどの八領域の生活水準を評価する調査であるが、これも生活の〝豊かさ〟をさぐるための一つの試みである。

ちなみに平成六年実施のこの調査によると、富山県は全領域で全国平均を上回っていた。とりわけ〝住む〟〝学ぶ〟の二領域は、ここ数年、全国平均をはるかに超えていた。つまり居住条件、教育条件が他県より相対的にめぐまれていることになる。しかし、その反面、県民人口が伸び悩むなど、将来にむけて解決すべき大きな課題も存在している。出生率の低さは、富山県で多くみられる共働き世帯との関連からも吟味する必要があろう。また〝住みやすさ〟に加えて、総合的な観点からみた〝生活のしやすさ〟を、これからどのように指向し、具体化していくのかという点もあわせて考慮すべき問題である。

さて一九九〇年代は、富山県の人びとに環日本海交流のありかたを改めて意識させる機会をもたらしている。もとより富山県、そしてかつての越中《えっちゅう》国にとって、対岸諸国との交流については、長い歴史的な伝統とその積み重ねが存在していた。六世紀には遣隋使《けんずいし》・遣唐使《けんとうし》が日本海を往来し、七世紀末から二〇〇年以上、連綿《れんめん》として続いた渤海《ぼっかい》国とのまじわりも、日本海を介してであった。このような対岸諸国との交渉をつうじ、北陸地域は永年にわたって大陸文化の吸収を可能としてきたのである。

以上のような歴史的背景に加え、政府は昭和六十二年に第四次全国総合開発計画を閣議決定して、北陸地方開発の方向の一つとして「日本海沿岸他地域との連係」強化を打ちだした。富山県はこれをうけて、

❖コラム

八尾のおわら

九月一日から三日にかけて八尾町《やつお》(富山市)で開催されるおわら風の盆は、全国からも多数の観光客を集めている。風の盆は二百十日の風害をおさめ、豊作を願う行事である。この優雅な名前の行事の日の深夜に、五、六人の唄い手や地方《じかた》が行うおわらの流しは、哀愁を帯びた胡弓《こきゅう》により、とりわけ人びとの心をゆすぶる。このため小説の題材にも使われ、近年この風の盆は観光客をいちだんと増加させるようになった。おわらは民謡ではめずらしい胡弓を伴奏に使っている。その曲は小原節ともよばれるが、正式な名称は「越中おわら」である。越中おわらは古く江戸時代から唄われたもので、その起源には海唄説や糸くり唄との関連をみる説などがあるが定かではない。海唄説については、高い音声で唄われる点で安木節との関連が指摘されているほかに、ハイヤ節の歌詞との共通点から、さらに北九州の鯨漁の櫓《ろ》こぎ唄の平戸節との関連も問題にされている。これらの海唄説が正しければ、九州の馬渡島《まだら》を源とするめでたの民謡が北前船により越中へもたらされたように、水運によりおわらは伝播されたことになる。大正年間(一九一二〜二六)にその踊りにあらたな振り付けが行われ、また歌詞の精選も行われた。現在の曲節のモデルになったのは、江尻豊治《えじりとよじ》によりうたわれた、一般に「聞名寺《もんみょうじ》おわら」とよばれるものであったという。聞名寺は八尾町の代表的な真宗寺院である。あらたな踊りの振り付けは、若柳吉蔵・望月太左衛門や常磐津《ときわず》社中によりなされたものであったが、さらにこれに八尾の三味線と手踊りの師匠である江尻せき子が中心となって補訂が行われて現在の振り付けの踊りができたといわれている。

平成三年に「環日本海交流拠点構想」をまとめ、また「富山県国際立県プラン」にもこの交流促進を含めた。対岸貿易のような経済交流にとどまらず、六世紀以来の伝統をうけついで、ロシア・中国を含む日本海沿岸の各地域間の文化交流があらためて活発になりつつある（富山大学教育学部の国際教育研修など）。

明治以降の日本の近代史は、国際交流の主たる窓口をもっぱら東京や大阪をはじめとする太平洋側の大都市圏にシフトさせてきた歴史でもあった。富山県をはじめ北陸地域が、今後改めて日本海をはさんだ対岸諸国とわが国との懸け橋としての役割を果たそうとするのならば、太平洋側とは異なる、もう一つの国際交流

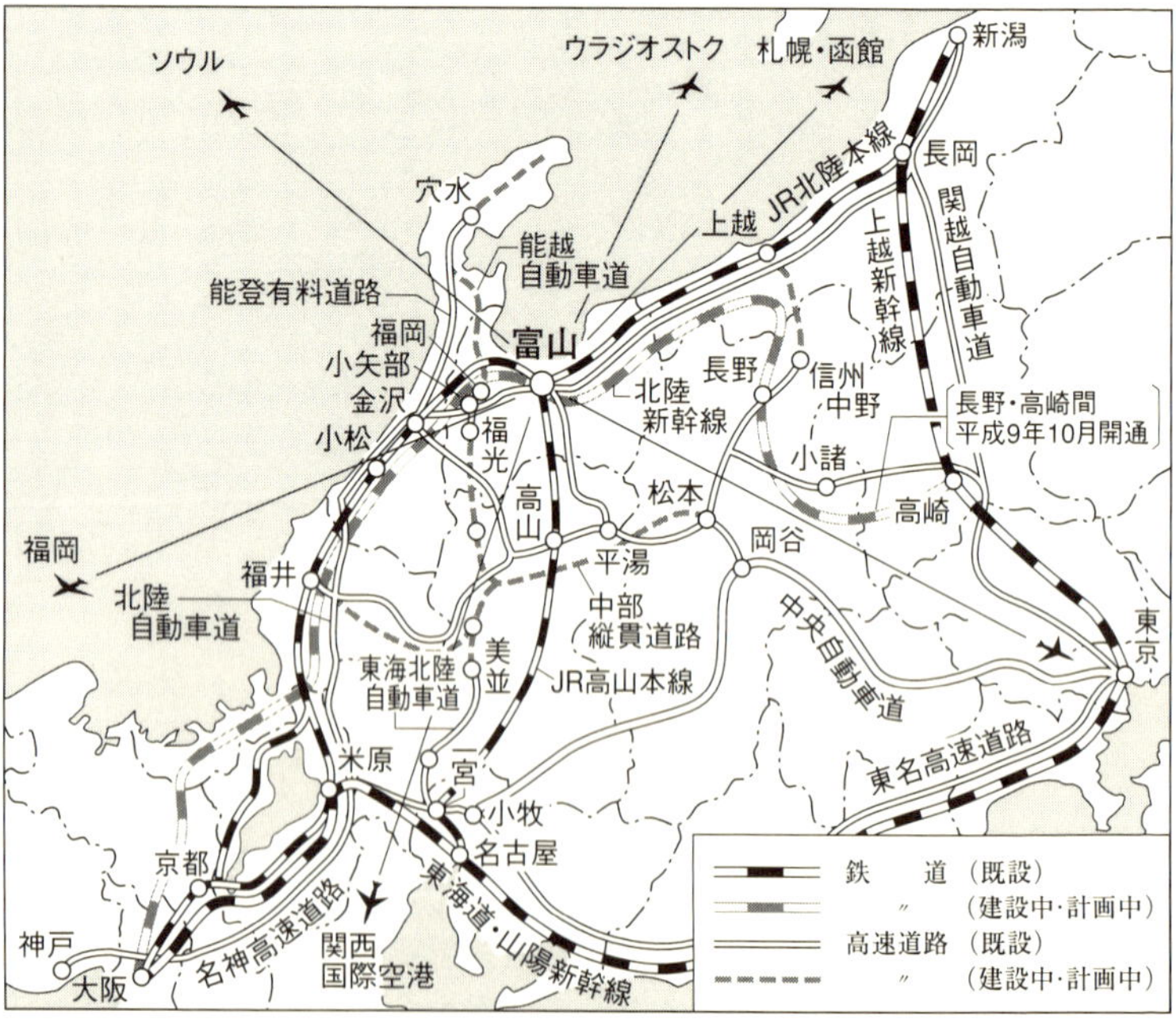

富山県の高速交通要図（富山県統計協会・富山県統計課発行・企画『富山がわかる本　1996年版』より作成）

のチャンネルとチャンスを、獲得していく必要がある。この点については、すでに〝環境保全〟をテーマに環日本海諸地域の自治体間で、国際協力を具体化していく動きもみられる。

このように、かつて高度成長期にとなえられた〝新・日本海時代〟の段階を超えようとする、あらたなタイプの交流がめばえている（国連環境計画・地域活動センターの平成十一年、富山市設置など）。

近年、二十一世紀を、「アジアの時代」とよぶ人が多い。大きな可能性と潜在的ダイナミズムを秘めながらも、われわれの対岸に位置するこの発展著しい国々があわせもっている政治的・経済的な不安定要素には、今後の交流への紆余曲折《うよきょくせつ》を感じさせるものがある。むしろ、それゆえにこれから着実な交流を重ねて、相互理解を深めていくことにより、われわれははじめて環日本海時代の到来を確実なものとしていくことができるのであろう。

さて、まもなく二十一世紀にはいろうとしている今日、われわれはめまぐるしいスピードで、情報化社会に移行しようとする状況におかれている。

近世以来の富山の歴史を振り返ると、そこにはなんらかの経済活動に従事してきた越中人・富山県人の多くに、国外・県外の情報に明るかったものが目につく。われわれの先人のなかには、貪欲に新しい知識を吸収して、それぞれの生業《なりわい》に活かすばかりでなく、売薬商人のように、いわば〝セールス・マン〟として合理的に商業活動をこなしながら、同時に顧客へ各地の物産、噂話を提供することによって、一種の〝文化使節〟としての役割を果たしていたものもいたわけである。

越中国・富山県出身の売薬商人たちが、当時、第一級の〝情報通〟として情報の受信と発信を行いながら、「先用後利《せんようこうり》」という、ユニークな長期信用取引商法をも編みだしていったことは、その末裔《まつえい》である富山県人の将来を考えるとき、実に示唆に富む。もっとも、とりわけ近代以降、今日まで、富山県は水準の高い製造業を擁しており、「モノ作り」には強いという評価も得てきた。また最近では情報の収集、受信には秀《ひい》でているが、発信面が弱いという指摘もある。

とはいえ、利賀《とが》村（南砺市）で昭和五十七年からはじまった国際演劇祭「利賀フェスティバル」は、国内外の俳優が多数参加し、それ自体が世界にむけての演劇文化の一大発信基地として機能している。また、以下のケースは、いずれも国内初のユニークな試みである。すなわち立山町（中新川郡）の平成三年からはじまった町直営ごみリサイクル・システム（町による直営回収のさいに、住民に報奨金を支払う）、富山市が設立した、基盤的技術の強化をも目指した富山ハイテク・ミニ企業団地の実験、そして山田《やまだ》村（富山市）で平成八年からはじまった地域情報化事業と村内の各戸をパソコンで結ぶ〝電脳村〟戦略である。

これらはみな、地域で独創性豊かなアイディアを考案しながら実践しているものばかりであり、富山県内から全国へ、そして全世界へ発信するに値する事例であり情報である。そして、これらに続きわれわれは、この地域からどのようなメッセージをどのように発していけばよいのだろうか。未来にむけて、まさにこの点が富山県の人びとに問われているところなのである。

あとがき

『富山県史』編纂事業は昭和四十（一九六五）年よりはじめられ、昭和四十五年には旧版の坂井誠一『富山県の歴史』が刊行されている。同書は信頼できる富山県の通史概説書としてこれまで多くの人に親しまれてきた。一方、長期間の準備のうえにまとめられた『富山県史』の通史編は、昭和五十九年にようやく刊行を終えた。当然ながらその通史編は膨大な分量をもち、一般の方々が利用しやすいコンパクトな概説書とはちがうものである。

他の多くの県でも富山県と同じ時期に県史編纂が行われたことにより、今回、旧版の県史シリーズが一新されてあらたな県史が編纂されることになった。富山県については、監修・企画の先生方と坂井先生のご推薦により、筆者が執筆させていただくことになった。しかし、旧版執筆の時期とは違って、県史などの自治体史編纂の進展により、各時代の研究は精緻なものとなり、とても一人の執筆者で通史を書けるような状況ではなくなっていた。そこで本書では、本郷真紹・久保尚文・市川文彦の各氏にも執筆をお願いし、次のように分担執筆をした。

本郷真紹　　一章（原始・古代）
久保尚文　　二・三章（中世）
深井甚三　　「風土と人間」と四〜六章（近世）、および七章一節の一部
市川文彦　　七・八章（近代・現代、ただし七章の一部を除く）

なお、付録の年表の一部は山根拓氏にも作成をお願いしている。

『富山県史』編纂を契機にして地域史研究はいちだんと深化した。当然ながら本書はこうした成果を踏まえて叙述するようにした。また、他地域との交流に留意することや、原始以外でも発掘の成果を取り込むこと、女性史にかかわる事柄も取り上げることなどにつとめるようにした。しかし、時代によって史資料の制約があるため、これらの点が果たされていないところもあることは断わっておきたい。なお、近代・現代の叙述が簡略になっているが、これは先に梅原隆章・奥村宏・吉田隆章『富山県の百年』（山川出版社、一九八九年）が刊行されている関係であることをつけ加えておきたい。

『富山県史』刊行以来、旧版のようなハンディな書物で、しかもオーソドックスなスタイルで、簡潔にまとめられた通史の書物が待ち望まれていたのではないかと考える。旧版の県史同様に本書も多くの方々に利用されることを願っている。本書をまとめるにあたって、多くの方々からご助言をうけ、また資料を提供していただいている。これらの方々のお名前は割愛させていただくが、ここに執筆者を代表して御礼申し上げたい。なお、執筆に際して参考にさせていただいた文献は、概説書のために本文へ注記せずに巻末の参考文献に示した。失念により掲載漏れになったものがあるかと思うが、機会があれば判明したものは追加記載することをお断わりしたい。

一九九七年七月

深井甚三

北陸本線
8
北陸自動車道
にゅうぜん
にしにゅうぜん
糸魚川市
入善町
下新川郡
朝日町
新潟県
148
くろべ
富山地方鉄道本線
あいもと
うおづ
うなづきおんせん
布施川
黒部市
小谷村
魚津市
片貝川
黒部川
なめりかわ
白馬岳
2932
滑川市
黒部峡谷鉄道
鉄道本線
かみいち
舟橋村
けやきだいら
白馬村
はくば
上市町
中新川郡
大糸線
剱岳
2999
鹿島槍ヶ岳
2889
立山町
富山地方鉄道立山線
立山道路
いわくらじ
立山
3015
黒部ダム
たてやま
立山カルデラ
富山県
白岩砂防ダム
有峰林道
薬師岳
2926
しなのおおまち
大町市
有峰湖
長野県
松川村
槍ヶ岳
3180
常念岳
2857
ほたか
安曇野市
岐阜県
高山市
松本市
奥穂高岳
3190
1:470,000
0
10km
N

深井　甚三　ふかいじんぞう
1949年，埼玉県に生まれる
1978年，東北大学大学院文学研究科博士後期課程修了
現在　富山大学教育学部教授
主要著書　『近世の地方都市と町人』(吉川弘文館，1995年)，『幕藩制下陸上交通の研究』(吉川弘文館，1994年)

本郷　真紹　ほんごうまさつぐ
1957年，大阪府に生まれる
1987年，京都大学大学院文学研究科博士後期課程学修退学
現在　立命館大学文学部教授
主要論文　「古代王権と宗教」(『日本史研究』368，1993年)，「古代寺院の機能」(大山喬平教授退官記念会編『日本国家の史的特質　古代・中世』思文閣出版，1997年)

久保　尚文　くぼなおふみ
1947年，富山県に生まれる
1969年，富山大学文理学部卒業
現在　富山大学非常勤講師
主要著書　『越中中世史の研究－室町・戦国時代』(桂書房，1983年)，『越中における中世信仰史の展開』(桂書房，1984年)

市川　文彦　いちかわふみひこ
1960年，東京都に生まれる
1988年，大阪大学大学院経済学研究科博士後期課程退学
現在　関西学院大学大学院経済学研究科助教授
主要著書・論文　『経済史文献解題』(1990年版，分担執筆，清文堂出版，1991年)，「富山県からみた地域経済間ネットワーク」(『富山大学教育学部紀要』41号，1992年)

富山県《とやまけん》の歴史《れきし》　県史　16

1997年8月25日　第1版1刷発行　　2012年3月30日　第2版2刷発行

著　者　深井《ふかい》甚三《じんぞう》・本郷《ほんごう》真紹《まさつぐ》・久保《くぼ》尚文《なおふみ》・市川《いちかわ》文彦《ふみひこ》
発行者　野澤伸平
発行所　株式会社　山川出版社　〒101-0047　東京都千代田区内神田1-13-13
電話　03(3293)8131(営業)　03(3293)8135(編集)
http://www.yamakawa.co.jp/　振替　00120-9-43993
印刷所　図書印刷株式会社　製本所　株式会社ブロケード
装　幀　菊地信義

ISBN978-4-634-32161-8

付　　録

■ 索　引

● あ 行

● か 行

● さ　行

● た　行

● ま　行

● や　行

● ら・わ　行

■ 年　　表

年　代	時　代	事　　項
3万～2万年前	旧石器時代	立野ヶ原丘陵でナイフ形石器が使用される。東西石器文化の交流がみられる。
1万2000年前～	縄文草創期	有舌尖頭器・細石刃・神子柴型石斧が使用される。
1万年前～	縄文早期	竪穴住居がいとなまれる。
6000年前～	前期	南太閤山Ⅰ遺跡では，東海地方系の薄手の土器が使用され，また板状の土偶が製作される。
5000年前～	中期	朝日貝塚で石組炉のある住居，不動堂遺跡で大型の竪穴住居がいとなまれる。
4000年前～	後期	翡翠製の勾玉・管玉類が多く製作される。
3000年前～	晩期	亀ヶ岡式系統の土器が富山市岩瀬天神遺跡で使用される。
2300年前～	弥生前期	氷見市大境洞窟で，亀ヶ岡式系統の土器が使用される。
2100年前～	中期	上市町正印新遺跡などで遠賀川式土器が使用される。
1900年前～	後期	上市町江上A遺跡などで，木製農具を用いた水稲耕作が行われる。方形周溝墓や，四隅突出型の墳丘墓がつくられる。
3世紀～4世紀	古墳前期	婦中町の王塚古墳・勅使塚古墳，高岡市の桜谷2号墳など大型の前方後方墳・前方後円墳がきずかれる。
5世紀	中期	立山町の稚児塚古墳など大型の円墳がきずかれる。
6世紀	後期	氷見市の朝日長山古墳など埴輪を伴った古墳がきずかれる。
7世紀	終末期	横穴墓が多くつくられる。

西暦	年　号	事　　項
642	(皇極) 1	***9-3*** 百済大寺の造営に越の丁が徴発される。***9-21*** 越辺の蝦夷数千人が帰順する。
702	大宝　2	***3-17*** 越中国の4郡を分け，越後国に属させる。
703	3	***1-2*** 高向大足が北陸道巡察に派遣される。
706	慶雲　3	***2-26*** 越中国ほか5国の19の神社を祈年奉幣の例にいれる。
709	和銅　2	***3-5*** 陸奥・越後の蝦夷征討のため越中国などから兵が徴発される。***7-13*** 越中国など4カ国に命じて船1000艘を征狄所に送らせる。
710	3	***1-14*** 越中国礪波郡川上里から1斗5升がおさめられる。
714	7	***5-2*** 郡郷名の改正とともに，風土記の撰上が命じられる。
717	養老　1	***9-18*** 元正天皇の美濃行幸にさいし，越中国司らが風俗の雑伎を奏する。
719	3	***7-9*** 東海・東山・北陸3道の民200戸を出羽柵に配す。***7-13*** 越前国守多治比広成に能登・越中・越後3国の巡察を命じる。
732	天平　4	***9-5*** 田口年足を越中守に任じる。
737	9	***6-26*** 北陸道など諸道の国司に疫病の治療法などを伝える。
739	11	***1-1*** 越中国から白鳥が献上される。
741	13	***2-14*** 諸国に国分寺・国分尼寺の建立を命じる。***12-10*** 能登国を越中国に合併する。
743	15	***5-27*** 墾田永年私財法がだされる。***10-15*** 大仏造立詔がだされる。
744	16	***9-15*** 石川東人を北陸道巡察使に任じる。

745	天平　17	***11**-27* 公廨稲の数が設定される。
746	18	***4**-5* 巨勢奈弖麻呂を北陸道・山陰道の鎮撫使とする。***6**-21* 大伴家持を越中守に任じる。***7**-* 大伴家持の越中赴任にさいし，姑大伴坂上郎女が歌を贈る。この年，越中国羽咋郡より鯖が貢納される。
747	19	***2**-29* 家持，大伴池主に悲しみの歌を贈る。以後，両者のあいだで歌が交わされる。***9**-2* 利波臣志留志，大仏造立のために米3000碩を奉献し，外従五位下を授けられる。
748	20	この春，大伴家持，出挙のために諸郡を巡検し，歌を詠む。
749	天平勝宝 1	***5**-5* 大伴家持，東大寺の占墾地僧平栄らを饗し，歌を詠む。***5**-12* 大伴家持，陸奥での金産出を伝えた詔を奉賀し，歌を詠む。
750	2	***2**-18* 大伴家持，墾田地検察のため礪波郡主帳多治比部北里の家に泊まり，歌を詠む。
751	3	***7**-17* 大伴家持，少納言に遷任される。***8**-5* 大伴家持，国府を去るにさいし，射水郡大領安努広島の門前の林で送別の宴がもよおされる。
754	6	***10**-21* 越中国射水郡川口郷戸主中臣部照麻呂，調として白牒綿１屯を貢納する。
757	天平宝字 1	***5**-8* 能登国を越中国より分立する。
758	2	***1**-5* 紀広純を問民苦使として北陸道に派遣する。***9**-28* 越中国など６カ国に飛駅の鈴を頒布する。
759	3	***9**-19* 新羅征討のため北陸道に89艘の造船を命じる。***11**-14* 天平勝宝元年占定の越中国東大寺領野地の開田のようすと図籍が申上される。
765	天平神護 1	***4**-4* 越中・美濃・能登３国の飢饉にさいし，賑給される。
767	神護景雲 1	***2**-11* 越中国の郡司百姓らと東大寺の寺田使とのあいだに争いが生じ，この日民部省から越中国司に紛争の処理が命じられる。***3**-20* 利波臣志留志を越中員外介に任じる。また墾田100町を東大寺に献上した功により，志留志に従五位が授けられる。
775	宝亀　6	***3**-2* 越中・但馬・因幡・伯耆に大少の目をおく。
776	7	***1**-19* 吉備真事を北陸道検税使に任じる。
779	10	***2**-23* 利波臣志留志を伊賀守に任じる。
780	11	***5**-14* 東北での蝦夷の反乱にさいし，越中・能登・越後と坂東の諸国に糒３万斛をそなえさせる。***12**-25* この日作成された「西大寺資財流記帳」に，同寺領越中国射水郡榛山荘・同郡中野荘・新川郡佐味荘の存在が認められる。
787	延暦　6	***3**-20* 五百井女王家から越中国の墾田５町が華厳院に施入される。
788	7	***3**-4* 須加荘の庄長川辺白麻呂に命じ，宇治華厳院施入分として開田５町を分けさせる。
792	11	***6**-14* 健児の制がしかれ，越中国には50人がおかれる。
793	12	***6**-23* 平安宮の造営にさいし，越中国は安嘉門の築造を担当する。
799	18	***6**-25* 越中国に飢饉がおこり，賑給される。
802	21	***9**-3* 越中など31カ国の損田百姓の租税を免じ，調を徴収する。
804	23	***6**-10* 越中国を上国とする。
805	24	***5**-26* 越中など３国に飢饉がおこり，遣使して賑給させる。
810	弘仁　1	***5**-27* 渤海使首領の高多仏を越中国に安置し，史生・習語生らに渤海語を習わせる。

812	弘仁	3	***5***-*28* 越中国の講師に能登国の諸寺を検校させる。
815		6	***2***-*9* 介大伴黒成ら越中の国司，官物を盗んだとして罷免される。
820		11	この年，撰上された弘仁式に，越中国の正税・公廨・国分寺料・京法華寺料や駅馬の直法が規定される。
829	天長	6	***7***-*19* 越中国の俘囚吉弥侯部江岐麻呂を従八位に叙する。
838	承和	5	***9***-*29* この年7月から9月にかけて，越中など16カ国に灰のようなものが降り，豊稔となる。
839		6	***6***-*28* 越中国新川郡若佐野村に慶雲がみえたと国司より報告される。
840		7	***9***-*29* 従四位下高瀬神と二上神に従四位上を授ける。
848	嘉祥	1	***6***-*3* 越中国飢饉により賑給する。
854	斉衡	1	***3***-*7* 越中国高瀬神と二上神に従三位を授ける。***12***-*27* 高瀬神・二上神の禰宜・祝に把笏を許可する。
856		3	***7***-*11* 越中国，旱魃となる。
857	天安	1	***7***-*9* 越中・河内の国司が言上した不堪佃田が実状にあっていないとして，国司を処罰する。
859	貞観	1	***1***-*27* 越中国高瀬神・二上神を正三位に除す。
860		2	***5***-*29* 越中国鵜坂神に従四位下，日置神に正五位上を授ける。
862		4	***10***-*9* 越中国鵜坂神に従四位上を授ける。
863		5	***6***-*17* 越中・越後に大地震がおこり，家屋が崩壊し多くの死者がでる。
866		8	***10***-*8* 越中国の解に基づき，故郷に帰らない国司・博士・医師に交替の丁を支給するのをやめる。
867		9	***2***-*27* 越中国鵜坂神に従三位，日置神に従四位上，新川神に従四位下を授ける。***10***-*5* 越中国御田神に従五位上を授ける。
869		11	***3***-*7* 越中国の朝集雑掌1人をやめ，税帳雑掌の調庸を免除する。
870		12	***5***-*29* 越中国雄神に従四位下を授ける。
876		18	***1***-*27* 越中国から白雉が献上される。***7***-*11* 越中国新川神に従四位上，櫛田神に従五位下を授ける。
878	元慶	2	***8***-*4* 出羽で反乱が勃発し，越中・越後に軍糧としてそれぞれ1000斛を送らせる。
879		3	***10***-*29* 越中国雄神に従四位上，石武雄神に従五位下を授ける。
883		7	***1***-*26* 渤海使節の接待のため，越中・越前・能登に酒宍魚などを加賀に送らせる。
886	仁和	2	***12***-*18* 新川郡の擬大領伊弥頭臣貞益，私物を以て官用を助けた功により，かりに外従五位下を授けられる。
887		3	***2***-*5* 越中など11カ国の国司，貢蘇の期限を違え，位禄公廨を奪われる。
889	寛平	1	***8***-*22* 越中国雄山神に従四位下，熊野神・脇子神に従五位下を授ける。
894		6	***7***-*16* 越中など10カ国に命じ，院宮諸司諸家の使いが強制的に往還の船車人馬を雇うことを禁断させる。
895		7	***12***-*9* 越中国の解に基づき，史生1人を省いて弩師をおく。
897		9	***1***-*25* 諸国の貢ずる采女の数を定め，越中国は1人と規定される。
903	延喜	3	***6***-*20* 越中など11カ国に読師をおく。
907		7	***11***-*13* 年料別納租穀の料を，越中国4000斛と定める。
910		10	***10***-*15* これよりのち，越中国礪波郡の諸村の官倉に収納される穀の料を勘算し，現存分・不足分など録進する。

914	延喜	14	***8-8*** 越中国など諸国の雑田を返進させ，その地子を正税に混合させる。***8-15*** 諸国の例進する地子雑物の品目と料を定める。
927	延長	5	***12-26*** 延喜格式が奏進される。延喜式の神名帳には，越中国34座の神名がみえる。ほかに，進納すべき年料などが規定される。
950	天暦	4	***11-20*** この日作成された東大寺封戸荘園幷寺用帳に，越中国の封戸50戸の調庸の料などが記載される。
961	応和	1	***6-5*** 故藤原師輔の処分により，越中国新川郡の大家荘などがその子息尋禅に譲与される。
990	正暦	1	***2-13*** 尋禅の遺誡により，越中国大家荘などが妙香院に施入される。
998	長徳	4	***10-29*** 結政があり，越中国申鈎文などが提出される。この年，越中国礪波郡狩城荘など，諸国の東大寺領荘園の目録が作成される。
1000	長保	2	***12-29*** 越中などから造東寺封物代がおさめられる。
1001		3	***5-13*** 位録定により，越中の五位の者５人に位録が給される。
1005	寛弘	2	***8-3*** 検田収納・地子勘納のため，東大寺が使を狩城荘などに派遣する。
1013	長和	2	***7-26*** 相撲の内取のため，越中に住む県高平が上京する。
1016		5	***1-11*** 越中・下野・淡路の受領の功過を定める。
1017	寛仁	1	***8-5*** 越中国司の善状を進める。
1019		3	***4-18*** 刀伊の入寇により，北陸・山陰・山陽の諸国に要害警固を命じる。
1034	長元	7	***8-19*** 風害復旧のため，越中国に応天門などの一部の修理を命じる。
1048	永承	3	閏***1-13*** 越中国前雑掌射水成安，東大寺に封物を進上する。
1064	康平	7	この年，源義家が越中守補任を願いでる。
1065	治暦	1	***9-1*** 越中国司の解に基づき，寛徳２(1045)年以後の新立荘園や公験のない荘園の停止，津泊での調物の割取禁止などが命じられる。
1080	承暦	4	***6-10*** 天皇の御躰御卜により，越中国の鵜坂神・気多神・白鳥神・三宅神などに使が派遣され，祓えが行われる。
1081	永保	1	***10-29*** 宋への答信物として，越中国に糸240斤が課せられる。
1082		2	***6-16*** 円宗寺最勝会の料物として，越中国に六丈細美布が課せられる。
1090	寛治	4	***7-13*** 上賀茂社・下賀茂社に越中国倉垣荘などの不輸租田が御供田として寄進される。
1102	康和	4	***6-*** 東寺，越中国からの封物を検納する。
1103		5	***6-10*** 天皇の御躰御卜により，越中国の高瀬神・林神・鵜坂神・白鳥神・速川神に使が派遣され，祓えが行われる。
1107	嘉承	2	***4-*** 東寺，越中国などの封物の未済を注進する。
1116	永久	4	この年，越中国射水郡出身の三善為康が『朝野群載』30巻を編纂する。
1128	大治	3	***10-22*** 不殺生のため越中国など11カ国に土産魚類の進納を停める。
1130		5	***3-13*** 東大寺，越中国井山荘・石粟荘・丈部荘など，諸国の同寺領荘園関係文書・絵図などの目録を作成する。
1142	康治	1	***10*** 散位宮道朝臣，越中国新川郡の万万村・堀江村・伊速乃見村・小泉村などを，松室法橋御房に寄進する。
1147	久安	3	***1-15*** 越中国留守所，前司の庁宣に基づき，堀江荘を不輸とする。
1148		4	***10-26*** 松室房，越中国新川郡堀江荘を越中守藤原顕成に譲与する。
1149		5	***10-25*** 越中国に綾褂の進上を命じる。
1151	仁平	1	***8-11*** 宮中饗宴にさいし，越中国に単重四領の進上を命じる。***11-15*** 越中国に褂２領の進上を命じる。

1154 ～56	久寿年間	新川郡の新治村，海溢により全村水没する。
1157	保元　2	***3-25*** 藤原頼長の旧領越中国吉岡荘，後白河院領となる。
1158	3	***12-3*** 越中国埴生保など，岩清水八幡宮寺領に対する領家・預所の掠奪を停止させる。
1160	永暦　1	***3-*** 前太政大臣藤原忠通家政所，藤原顕成の訴えに基づき国司による越中国阿努荘の妨げを止めさせる。
1167	仁安　2	***8-10*** 僧相存，新川郡に所在する大岩山日石寺の裏山に経筒を埋納。
1173	承安　3	***11-11*** 南都僧侶の蜂起により，南都諸大寺の荘園を没収する。
1175	安元　1	この年，御八講にさいし，後白河法皇より越中国に講米15石の徴収が命じられる。
1180	治承　4	***4-9*** 源頼政が以仁王から平家追討の令旨を得て，北陸道などの源氏に伝える。
1181	養和　1	***6-15*** 平氏の南都焼き討ちで焼亡した興福寺の復旧にあたり，越中国に廻廊4間の負担を割りあてる。***6-*** 源義仲，信濃国横田河原で越後平氏をやぶる。***8-14*** 北陸道に義仲追討の宣旨が下される。
1182	寿永　1	***2-*** 源義仲，礪波郡弘瀬村下司職を安堵。8月以後，以仁王の若宮(北陸宮)が新川郡宮崎に迎えられる。
1183	2	***4-27*** 越中の石黒・宮崎ら，越前火打が城合戦に参加。***4-*** 平維盛10万騎，北陸下向。***5-*** 義仲，埴生八幡宮に戦勝祈願し，倶利伽羅合戦で平家方を討つ。***7-*** 義仲，入京。***9-*** 北陸道諸国の院領，義仲に押領される。
1184	元暦　1	***4-*** 比企朝宗，北陸道勧農使に任じられる。
1185	文治　1	***11-29*** 比企朝宗，越中国地頭となる。***12-6*** 頼朝，藤原光隆を越中国知行主に推挙，ついで藤原家隆を越中守に任命。
1186	2	***6-21*** 幕府，徳大寺家領般若野荘における比企朝宗の押妨を停止し，国地頭の停廃を奏上。
1191	建久　2	***6-***以前 比企朝宗の守護職を停止し，北陸道に守護人不設置とする。
1203	建仁　2	***9-2*** 越中守護大田朝季，比企能員の乱に連坐して没落。
1209	承元　3	このころ，法然，越中の光明房に一念義停止を教誡するという。
1212	建暦　2	***12-24*** 法然の一周忌にさいし，弟子勢観房源智が中心となって阿弥陀如来立像を造立，胎内に「越中国百万遍勤修人名」などを納入。
1220	承久　2	***8-8*** 雄山神社前立社壇(岩峅寺)の社殿，建立されるという。
1221	3	***5-15*** 承久の乱発生。朝時を北陸道将軍とする。***6-8*** 北条朝時軍，越中にはいり，宮崎・般若野で石黒三郎・宮崎定範らを討つ。越中衆，朝時方に祗候する。
1223	貞応　2	***10-1*** 北条(名越)朝時を北陸道諸国守護とする。
1230	寛喜　2	***3-11*** 「立山神像」鋳造，如法経6部を納入。
1239	延応　1	***5-2*** 五十嵐惟重と小見親家，国吉名をめぐり幕府評定をうける。***7-25*** 摂家将軍九条頼経の縁により，九条家に越中国4カ保(東条・河口・曽禰・八代)が給され，地頭請所として菩提寺山城東福寺に付される。
1244	寛元　2	***12-24*** 二上荘をめぐり，同荘預所と地頭石黒弥三郎の問注所での対決が命ぜられる。祇園社領堀江荘内西条村をめぐる相論が裁決される。
1246	4	***5-24*** 寛元の乱。将軍頼経，名越光時らと結び，執権北条時頼らの排除をはかり，やぶれる。

1262	弘長	2	***3-1*** 石黒荘弘瀬郷をめぐる領家方と地頭藤原定朝との相論が裁かれる。
1271	文永	8	***4-*** 北条得宗家御内人安東蓮聖，近江国堅田浦での年貢物押領により，石黒荘領家仁和寺菩提寺院より訴えられる。
1275	建治	1	この年，堀江荘南方内検取帳がつくられる。
1278	弘安	1	***7-5*** 石黒荘弘瀬郷をめぐる領家方と地頭方の所務相論の和与成立。
1284		7	***6-3*** 越中守護名越公時，河手・津料・沽酒・押買を禁止。
1292	正応	5	***11-*** 時宗遊行人二祖他阿真教，越中で初賦算，放生津で南条九郎を教化。
1297	永仁	5	この年，慈雲妙意，南紀興国寺法燈覚心に参禅。翌年，二上山麓に東松寺（国泰寺）創建。
1300	正安	2	このころ，無住，森尻寺智妙房の立山の話をのせる「妻鏡」を著す。
1306	徳治	1	***9-24*** 東放生津の廻船商人本阿弥陀仏の持船など，越前三国湊で略奪される。
1316	正和	5	***3-*** 東放生津本阿弥陀仏，三国湊事件について重訴。***10-4*** 六波羅探題での審理に付され，三国湊方本所興福寺大乗院との交渉に移る。
1320	元応	2	***4-26*** 本阿弥陀仏，三国湊との相論で和与する。このころ，刀工郷義弘・佐伯則重・宇多国光らが活躍。
1325	正中	2	このころ，本法寺法華経曼荼羅図，海中より出現と伝えられる。
1326	嘉暦	1	***9-5*** 本願寺覚如，八尾聞名寺の祖願知房永承のために「執持鈔」を著す。
1333	正慶 (元弘	2 3)	***2-19*** 大覚寺門跡恒性法親王(後醍醐皇子)，越中に配流，二塚に幽閉される。***5-14*** 越中守護名越時有，恒性を殺害，二塚に集結した越中・能登勢，名越方を襲い，守護勢討死，婦女子ら奈呉浦に入水。
1335	建武	2	***8-*** 中先代の乱に呼応した名越時兼にしたがった越中の野尻・井口・長沢ら，加賀大聖寺で後醍醐方勢に敗戦。***11-*** 普門利清，越中守護となる。***12-12*** 越中守護普門利清，井口・野尻・長沢らを率いて，石動山に拠る越中国司中院定清を破る。
1336	 (延元	3 1)	***12-*** 越中守護に能登の豪族吉見頼隆が任ぜられる。越中衆ら高師泰旗下に属し，越前金崎城に拠る新田義貞討伐に加わる。
1338	暦応 (	1 3)	***7-*** 越後の新田勢，越前へむかう。越中守護普門(井上)俊清，越後境に迎え討つがやぶれて松倉城に逃げる。閏***7-2*** 越中住人氏家重国，越前藤島の戦いで新田義貞を討つ。
1342	康永 (興国	1 3)	***12-15*** 尊氏，高瀬荘地頭職を東大寺八幡宮に寄進。南朝宗良親王，越中に滞在。
1344	 (	3 5)	***2-28***以後 井上，高瀬荘違乱により守護職罷免，新守護に桃井直常補任。***10-25*** 能登守護吉見頼隆，越中にはいり井上俊清方とたたかう。
1347	貞和 (正平	3 2)	***11-28*** 守護桃井直常，越中に下向し，井上俊清方を討つ。
1350	観応 (	1 5)	***10-15*** 足利直義と高師直との対立激化。
1351	 (	2 6)	***1-8*** 桃井直常，京都へ乱入し，尊氏軍とたたかう。***2-28*** 直義，政務に復し，桃井直常，引付方頭人に補せられる。***7-21*** 直常，北国没落。
1352	文和 (	1 7)	***6-*** 能登吉見氏頼，越中で桃井直常らを破る。
1353	 (	2 8)	***10-*** 井上暁吾（俊清）を越中守護に還補。

1354	文和 3 (正平 9)	*12-24* 桃井直常，中国路の足利直冬・山名時氏と結び，南朝を奉じて京都にせまる。
1359	延文 4 (14)	*7-* 井上暁吾が越中守護職を罷免され，10月没落。新守護，細川頼和。
1360	5 (15)	閏*4-* 水橋門徒の越後国柿崎荘教浄坊，本願寺存覚に本尊の下付を願う。
1361	康安 1 (16)	*12-* 桃井直常，直和勢，信濃より越中にはいり，野尻・井口・長沢らと結ぶ。
1362	貞治 1 (17)	*2-10* 新守護斯波高経，二宮円阿らに桃井討伐を命ずる。
1366	5 (21)	*8-9* 斯波高経，幕府に反して越前へ走り，越中守護職改易。桃井直常兄弟ら幕府に復帰し，桃井直信が越中守護に登用される。翌年にかけて，幕府，越中における闕所地処分を積極的に進める。
1367	6 (22)	*9-1* 斯波義将，幕府に復帰。
1368	応安 1 (23)	*2-* 桃井直常，京都より越中に逃走して挙兵。斯波義将，越中守護となる(守護所は現高岡市守山か)。
1370	3 (建徳 1)	*3-16* 桃井直和，斯波義将・富樫政家と婦負郡長沢でたたかって討死する。
1371	4 (2)	*7-28* 桃井勢，飛騨国司姉小路氏らの援助をうけて，能登勢と五位荘でたたかってやぶれ，以後消息をたつ。
1377	永和 3 (天授 3)	*7-13* 管領細川頼之，所領太田保(荘)をめぐり守護斯波義将と争い，太田保が焼き打ちされる。
1379	康暦 1 (5)	*9-15* 足利義満，新川郡井見荘などを春屋妙葩に付す。年末，越中守護斯波義将，越前守護畠山基国と管国交換。守護代に遊佐国長(長護)，郡代に藤代次郎兵衛尉，のちに礪波郡は蓮沼館遊佐加賀守が継承。
1382	永徳 2 (弘和 2)	*3-18* 越中放生津湊船の課役，石清水八幡宮の進止となる。
1390	明徳 1 (元中 7)	*8-* 本願寺綽如，井波瑞泉寺開山，瑞泉寺建立の「勧進状」が書かれる。
1398	応永 5	*5-3* 富山郷地頭職，前能登守護吉見氏頼の子詮頼より山城東岩蔵寺に寄進される。富山地名の初見。またこのころ，幕府御料所の設置例頻出。
1412	19	*9-11* 幕府，東寺修造要脚として越中など5カ国に棟別銭を課す。
1440	永享 12	*10-4* 越中などに越前平泉寺造営棟別銭が課せられる。
1429 ～41	永享年間	神保氏が射水・婦負両郡守護代として入部。
1441	嘉吉 1	*1-29* 義教，畠山氏の家督を持国から弟の持永に替えさせる。*7-4* 畠山持永，越中に没落，越中国人らこれを拒む。
1442	2	この年，綽如の孫如乗が加賀二俣本泉寺を創建，井波瑞泉寺と兼務。
1446	文安 3	*9-13* 加賀守護富樫泰高，兄教家と争う。やぶれた教家方，越中にはいる。
1449	宝徳 1	*7-* 蓮如，北陸巡遊。
1454	享徳 3	*4-3* 越中神保氏ら，畠山家後継惣領に畠山義富を擁立。
1455	康正 1	*8-* 放生津城落城。
1460	寛正 1	*9-16* 畠山家督，義就より政長に改替。

1461	寛正	2	***2***- 越中出身の勧進聖願阿，京都で飢饉救済に活躍。***7***- 越中国合戦で，畠山政長方の神保長誠ら，畠山義就を破る。
1465		6	この年，蓮如二男蓮乗，加賀二俣本泉寺に下り，井波瑞泉寺を兼住。
1466	文正	1	***6***-*3* 神保長誠，芦峅寺の造営料足として10貫文を寄進。
1467	応仁	1	***1***-*18* 神保長誠・遊佐長滋ら，畠山政長方として京都御霊林で戦い，敗退。***4***-*28* 立山寺明舜法印，岩峅寺雄山神社前立社壇を復興造立。
1471	文明	3	***7***-*27* 蓮如，吉崎御坊創建。この年，礪波郡土山に坊舎建立。
1473		5	この年，蓮如が井波瑞泉寺に下向し，国中の人びとが群集する。また越中の道俗男女ら，吉崎坊に参詣。
1475		7	***7***-*16* 加賀一向一揆方，守護富樫政親と争い，やぶれる。有力門徒，越中に逃れ，井波瑞泉寺にはいる。
1481		13	春，福光城主石黒右近光義，富樫政親にくみし，瑞泉寺に拠る一向一揆勢と山田川原でたたかってやぶれる。医王山惣海寺など焼失。
1486		18	***1***- 蓮如，門徒に寺社本所領押領について誡める。
1487	長享	1	***3***-*6* 越中守護畠山政長，本願寺の本寺である青蓮院尊応を介し，蓮如に加賀・越中門徒の所領押領停止を命ずる。***12***- 加賀一向一揆激化。
1488		2	***6***-*9* 加賀一向一揆，守護富樫政親の高尾城を攻略(政親自害)。***7***-*4* 蓮如，加賀門徒に「お叱りの御文」を伝える。
1489	延徳	1	***5***- 万里集九，越中を紀行し，「梅花無尽蔵」に漢詩を記す。
1491		3	***3***- 管領細川政元，冷泉為広らと越後へ下向途中，越中守護代と交流。
1493	明応	2	閏***4***-*25* 河内出陣中の畠山政長方越中勢，細川政元方にやぶれ，多く討死。***7***- 足利義材，幽閉所の京都上原館を脱出し，神保長誠をたよって放生津に下向し，正光寺を御座所とする。
1494		3	***9***-*21* 足利義材，神保長誠館で上洛軍決起の旗揚げをする。
1498		7	***9***-*2* 義材，越中より越前に至り朝倉館にはいる。
1499		8	***3***-*25* 本願寺蓮如が没する。実如継職。***11***-*22* 足利義伊，近江坂本で細川勢にやぶれ，周防大内氏をたよって逃走。神保慶宗同道，翌春帰国。
1501	文亀	1	***11***-*17* 神保長誠没する。慶宗，家督を相続。***12***-*24* 五箇山の赤尾道宗，信仰の心得21カ条をつくる。
1506	永正	3	***3***-*16* 越中守護家畠山尚慶らの細川政元政権討伐軍決起が噂される。加賀若松本泉寺蓮悟，一向一揆を越中に乱入させる。神保以下の越中国衆，国外に退去。***4***-*16* 一向一揆支配下において，畿内の公家・寺社などが領す荘園に再建許可をあたえる。越後長尾能景，軍勢を越中にいれ，一向一揆軍の排除を進める。***9***-*19* 一向一揆，礪波芹谷野において長尾能景を討ち取る（一向一揆支配再強化)。
1507		4	***6***-*23* 細川政元が殺害され，細川家中の内紛激化（一向一揆支配後退)。礪波郡は実質的に一向一揆支配下にとどまる。
1508		5	***7***-*1* 足利義稙，帰洛し，将軍に復帰する。
1512		9	***5***-*15* 細川高国，太田保内で徳政実施，細川家領太田保を再興。
1515		12	この年，越後長尾為景，加賀一向一揆討伐のため越中に進出。
1518		15	この年，本願寺実如，北陸門徒に軍事参加禁止などを指令。またこののち，本願寺は高木場勝興寺などに対し，赤田・打出の坊舎など末寺新坊の建立停止を指示。
1519		16	***3***- 越後長尾為景，越中に進軍，神保慶宗・椎名慶胤勢と敵対。***10***- 畠

			山勝王勢，越中一向一揆と対立(高木場勝興寺焼亡)。
1520	永正	17	**1-27** 守護畠山尚順，長尾為景に再征を委嘱。**12-7** 長尾為景，新川郡守護代職に任ぜられる。**12-21** 長尾為景，新庄城で神保慶宗をはじめ，遊佐・椎名・土肥ら数千人を討ちとる(放生津神保氏滅亡)。
1521	大永	1	**7-** 長尾為景，加賀一向一揆征討のため越中に再出馬。本願寺，加賀一向一揆衆に対長尾蜂起を要請。
1523		3	**3-25**以前 本願寺実如が長尾勢など北陸諸大名と停戦し，和睦。
1531	享禄	4	**10-** 旧実如派と結ぶ北陸諸大名，軍勢を加賀に送り，大小一揆に干渉する。再興神保長職勢は加賀太田で大一揆方にやぶれる。
1532	天文	1	**8-24** 山科本願寺が京都法華宗徒らの攻撃で焼亡(大坂へ移転)。
1535		4	**9-14** 本願寺より坊官下間頼秀兄弟ら追放(頼秀，天文7年自害)。本願寺，大小一揆終戦処理を終え，管領細川晴元との和睦交渉進捗。
1541		10	**2-4** 石黒氏惣領の又小郎と庶子，本願寺に対し門徒たらんことを希望。
1543		12	この年秋，神保長職，神通川を越え富山に築城，椎名方と大抗争に発展。
1544		13	**3-** 両陣の和睦交渉進み，神保方支配領域は常願寺川左岸全域となる。
1545		14	**4-9** 越中へ下向していた徳大寺実通，殺害される。
1552		21	**10-27** 五箇山門徒衆，十日講などにつきまもるべき条々を定め誓詞連判。
1559	永禄	2	この夏，神保・椎名が抗争。長尾景虎，調停を進める。
1560		3	**3-26** 長尾景虎が越中に進攻。**3-** 神保長職，富山城を撤退。
1562		5	**7・9-** 政虎，再挙した神保長職を攻撃するため軍勢を越中に派遣。長職，増山城において，能登守護畠山義綱の仲介をたよって，政虎に降伏。
1563		6	このころ，飛驒高原城主江間輝盛，越中中地山に進出して上杉方と結ぶ。
1565		8	**3-27** 本願寺顕如，武田信玄と結び，越中表の備えを下知する。
1566		9	**9-** 能登守護畠山義続父子，家臣団に追われ，能登出国。
1568		11	**3-15** 上杉輝虎(政虎改名)，射水郡へ進出。**7-16** 椎名康胤，武田信玄と提携し，一向一揆方に与する。**7-** 神保家中に内紛発生，神保長職方は一向一揆との対決姿勢強める。嫡子長住・重臣寺島職定ら，武田方と結んで中地山・芦峅寺への働きかけ強める。
1569		12	**8-20** 上杉勢，椎名討伐のため出陣。**10-6** 上杉輝虎，神保家中の反上杉勢牽制のため，神通川以西に出陣。
1570	元亀	1	**9-12** 石山合戦の開始，越中勝興寺顕栄，瑞泉寺顕秀らの一向宗徒が防戦に加わる。
1571		2	**2-** 上杉謙信，越中に出兵し，富山城を攻略。
1572		3	**6-15** 上杉方の神保勢が拠った日宮城が，一向一揆にやぶれ落城。**9-23** 上杉謙信，一揆衆の籠もる滝山城を焼き払う。
1573	天正	1	**3-5** 上杉謙信，一揆衆の籠もる富山城を包囲し，神通川以東を制圧する。**8-22** 上杉謙信，越中一向一揆を掃討。一揆勢，謙信に和を請う。
1576		4	**7-27** 上杉謙信，加賀一向一揆と和睦。**9-8** 上杉謙信，栂尾・増山城を落とし，加賀へせまる。この年，上杉方，放生津市を十楽市とする。
1577		5	**9-15** 上杉謙信，能登七尾城を攻め落とす。また加賀湊川で織田軍を破る。
1578		6	**4-7** 上杉謙信死去により，織田信長，神保長住を飛驒より越中に帰住させる。**11-11** 織田信長，二上守山城の神保氏張と結ぶ。
1580		8	**5-15** 本願寺教如，越中坊主・門徒衆に石山籠城の意を伝える。**8-2** 石山本願寺焼失。このころ，神保長住，富山城に帰住するか。**9-** 織田信

			長，佐々成政を越中に派遣し，神保氏を援助させる。
1581	天正	9	***2-*** 織田信長，佐々成政を越中に封ずる。***3****-24* 越中上杉方の中心，魚津城将河田長親病死。***9****-8* 佐々成政・神保長住ら，礪波郡川上で一向一揆を攻撃し，これに対し瑞泉寺顕秀，上杉景勝に援助を求める。
1582		10	***3****-11* 織田信長，長住を越中より追放。***6****-5* 佐々成政ら，上杉方の魚津城・松倉城を攻略(ただし以後まだ変動あり)。
1583		11	***4****-28* 羽柴秀吉，越中支配を佐々成政に委ねる。***6-*** 佐々成政，城生城の斎藤信和を攻め，聞名寺を焼く。***8-*** 佐々成政，ほぼ越中一円を平定し，越中国内で多くの知行宛行状を発する。
1584		12	***9****-13* 佐々成政，能登末森城に出陣し，前田利家勢にやぶれる。***12****-25* 佐々成政，ザラ峠を越えて遠江浜松に徳川家康を訪れ，救援を請う。
1585		13	***8****-20* 羽柴秀吉，佐々成政を討伐。閏***8****-6* 羽柴秀吉，成政の知行を新川一郡に限定する。***9****-11* 前田利長に礪波・射水・婦負3郡が宛行われる。
1586		14	***8****-13* 前田利長，礪波郡篠河村に九斎市の市定書をだす。
1587		15	***6****-2* 佐々成政，肥後国に転封され，新川郡は前田利家の支配となる。
1588		16	閏***5****-14* 佐々成政，秀吉から切腹を命ぜられる。***11****-6* 前田利家，刀狩を命ずる。
1593	文禄	2	***4-*** 利長，新川郡瀬戸村の陶工彦右衛門に陶器製造を命じる。
1594		3	***1-*** 利家が新川郡牛ヶ増・猪谷間の沿道民に富山から飛驒への物資運搬の特権をあたえる。
1597	慶長	2	***10-*** 利長が守山城より富山城へ移る。
1599		4	閏***3-*** 前田利家，大坂で没。
1600		5	***10****-17* 加賀・越中・能登120万石が前田利長に封ぜられる。
1601		6	この年，藩内の街道に松並木を植樹する。
1602		7	***12****-7* 前田利長，領内町人・百姓が他国の金山で働くことを禁ずる。
1603		8	***10****-6* 氷見郡鞍骨山村に山開高年貢割付状をだす。
1604		9	***10****-5* 礪波郡上開発村など9村隠田1900俵検地。
1605		10	***6****-28* 利常が封を継承。この年，礪波・射水郡総検地。
1606		11	***4****-12* 礪波郡立野村に市日の高札。***6****-20* 礪波郡佐加野村に九斎市。
1608		13	***2****-14* 走百姓に関する法令を定める。
1609		14	***3****-18* 富山大火で城が焼失。***9****-13* 前藩主利長が高岡城に入城。
1611		16	***5****-30* 礪波郡西保金屋の鋳物師を高岡に移住させ，拝領地をあたえ町諸役を免除する。
1614		19	***1****-29* 幕府，藩主利常に松平忠輝の越後高田築城の助役を命ず。***9****-16* 藩主利常が遺領を相続する。
1615	元和	1	***3****-5* 領内宿駅に，伝馬人足は朱印切手によることを申しわたす。
1616		2	***9****-19* 礪波郡安居村に新町立定書がだされ，九斎市を許可。
1617		3	***1****-11* 百姓の夫役・小役を廃し，夫銀を徴収。***11****-1* 礪波郡戸出野に村立て，市立てを許可。
1618		4	***1****-14* 礪波郡太田村の新開を許可。
1619		5	***4****-1* 新川郡片掛・吉野・庵谷・松倉・下田・鉢の鉱山に関する定を申しつける。
1623		9	この年，庄川口用水建設。
1624	寛永	1	この年，牛ヶ首用水工事はじまる。

1625	寛永	2	8-13 千保川経由の木材薪は木町にあげ，高岡町直送を禁止。8-28 礪波郡道明寺村孫右衛門などに鍬役定書を申しわたす。
1627		4	この年，長棟銀山発見される。
1630		7	5-6 五箇山村々への年貢割付状を金・銀納としてわたす。
1631		8	3-13 農政に関する法規58カ条を申しわたす。
1633		10	3- 礪波郡柳瀬村での千保川川除普請。
1634		11	8-4 藩主利常将軍家光より加越能３カ国119万2760石の所領安堵される。
1635		12	2-25 五箇山を除く礪波郡に十村12人を任命。12-26 新川郡に十村12人を任命。
1636		13	2-晦 八尾町の桐山村での町立てを許可す。4-10 城端町に宿役を申しつける。
1638		15	2- 百姓などの他国出禁止，走百姓の還住申しわたす。8-11 井波町に宿並役を申しつける。この年，加賀藩の船が西廻り航路で試米100石を大坂に運ぶ。
1639		16	6-20 藩主利常が隠退，次子利次富山藩分藩。7-29 加賀藩，キリシタン取締令をだす。
1640		17	10-12 富山藩主利次，はじめて富山城へはいる。
1642		19	3-3 田地割定書を礪波郡十村中に申しわたす。
1644	正保	1	10- 富山藩，町人衣類・祝言・家作・葬礼など定11条を申しわたす。12- 富山藩，寺社町方法度32条を申しわたす。
1645		2	2-15 上方登米に関して取扱事項を申しわたす。
1648		5	この年，寺社奉行を設置。隠田摘発を目的に領内総検地を実施。
1649	慶安	2	この年，杉木新・福野・放生津新の町立てを許可。
1651		4	この年，改作法はじまる。福光新町の町立てを許可。
1652～55	承応年間		福岡町の町立てを許可。
1653		2	6-22 中田川を浚渫し，千保川の水を移すように命じる。
1654		3	この年，婦負郡奥田新村1460石，杉原野2000石が新開。加賀藩が牛ヶ首用水の水源を神通川亀ヶ淵とする。
1655	明暦	1	4-21 富山藩，村御印を発行。この年，加越能３カ国の町夫役を定める。
1656		2	8-12 村御印を発行(明暦の村御印)。
1657		3	4- 前田利常，改作法の成就と収納皆済を幕府に報告。
1658	万治	1	9-29 町立てを許可された小杉新町が市場開設の許可を申請。
1659		2	この年，富山藩藩領の加賀国能美郡２万石と，加賀藩の新川郡・富山城付近１万7000石とを領地替え。
1660		3	5-15 礪波郡清水村阿曽三右衛門が津沢町の町立てを願う。
1661	寛文	1	5-1 幕府，富山城の造営を許可。8-16 １郡１人の無組御扶持人をおき，総十村監督とする。
1662		2	12-24 改作法実施のため町人・百姓の貸借を禁止。この年，愛本橋完成。氷見十二町潟の干拓はじまる。
1663		3	この年，七木の制を定める。芹谷野用水の開削はじまる。
1664		4	2-1 百姓持高の分高を厳禁。
1666		6	7-24 御扶持人・十村に惰農の追放・入れ替えなどの定を申しわたす。
1667		7	8-28 婦負郡杉原野用水工事着手。

1668	寛文	8	この年，神通川大洪水で下流が東遷。月岡野新開がはじまる。
1669		9	***6-1*** 朱封銀を停止し，丁銀通用とする。
1670		10	***7-18*** 五箇山の脇借禁止特例を認める。***9-7*** 新京枡使用により村御印再交付(寛文の村御印)。この年，松川除工事はじまる。
1671		11	この年，各十村は組ごとに「村々高免品々帳」を作成。
1672		12	この年，新川郡大海寺野開拓のため上野方用水の開削はじまる。
1674	延宝	2	***8-2*** 小杉町に九斎市定書を申しわたす。***8-22*** 幕府，越飛国境争論で越中側の敗訴を申しわたす。
1675		3	この年，婦負郡岩屋用水工事を願いで，元禄3(1690)年から着手。
1680		8	***1-24*** 射水郡川尻村・耳浦村などに潟廻り新開を許す。
1681	天和	元	***6-28*** 富山藩に越後高田城の請取を命じる。
1687	貞享	4	この年，大坂登米廻船は弁財・才賀船を用いるよう触れわたす。
1689	元禄	2	***7-13*** 芭蕉が越後市振から越中にはいる。
1690		3	***9-*** 富山藩，米留につき富山町人が町奉行宅へ押しかける。この年，藩主正甫が反魂丹を松井屋源右衛門に販売させる。
1693		6	***12-12*** 切高仕法を申しわたす。この年，婦負郡外輪野用水工事はじまる。
1695		8	この年，江戸町人が神通川上流の高原山開発に着手し材木を江戸に廻送。
1697		10	***4-28*** 幕府，国絵図改訂を命じる。
1698		11	***7-11*** 越中・越後の国境改めが報告される。
1699		12	この年，庄川筋洪水で被害草高4万7000石余。
1700		13	この年，領内の町と称するものを調査。この年，浪化が井波浄蓮社境内に翁塚をきずく。
1701		14	***9-15*** 加越能3カ国絵図を幕府へ提出。
1706	宝永	3	この年，富山古沢屋陣右衛門が古沢用水の開削を開始。
1711	正徳	1	***6-18*** 領国内の郷村帳を幕府に差しだす。
1712		2	***10-20*** 礪波郡大西組百姓らが金沢の算用場へつめかけ見立不服を訴え騒動となる。
1714		4	この年，松川除が完成。
1717	享保	2	この年，射水郡六ケ用水開拓。
1718		3	この年，富山藩，鮎・鰷(はや)の鮨を将軍へ献上。
1723		8	***2-16*** 射水郡新田7500石開発の用水伺書をだす。翌日許可。
1727		12	***4-*** 高岡木町鳥山屋善五郎が藩用材を南部・津軽・松前から買いいれる。
1729		14	***5-1*** 蔵宿心得方8カ条を定める。***5-18*** 各村切の高免帳を提出させる。
1731		16	***2-*** 富山藩，銀札発行を申しわたす。
1735		20	この年，飛驒代官長谷川庄五郎が礪波郡金屋村に役所をつくり，幕府御用の流木を管理。
1739	元文	4	***5-6*** 富山藩，四方村・四方新村の町立てを許可。***5-9*** 郡奉行直支配として町肝煎を任命。
1741	寛保	1	この年，新川郡大久保塩野の開拓はじまる。
1743		3	***4-*** 富山藩，四方・西岩瀬両浦に船見役をおく。
1744	延享	1	この年，富山藩，尊王論者と親交していた藩主弟利寛を召還，知行を没収し城中に幽居。
1746		3	***4-28*** 領内の郷村高辻帳を幕府へ提出。

1751	宝暦 1	5- 郡方へ倹約御触書14カ条を申しわたす。
1753	3	7- 備荒囲籾10万2260俵，各郡へ割付。
1755	5	5-16 銀札を発行。この年「銀札くずれ」による生活難のため身代売りをするもの多発。
1756	6	1- 東水橋町町人らが，町役人の悪政16カ条を訴える。
1757	7	11-23 不作で城端町大桑屋市左衛門など5軒が打ちこわされる。
1760	10	11- 富山藩，野積谷困窮につき富突を認める。
1761	11	4- 富山藩，巡見上使接待などにつき覚書が申しわたされる。
1762	12	3- 富山藩，恵民禄仕法帳が書き上げられる。
1763	13	2-10 富山藩，日光東照宮修復手伝い総額11万両を命じられる。2-16 富山藩，恵民禄仕法を見合わせる。
1765	明和 2	8-19 富山藩，菜種改座を設置，役銀を徴収。
1766	3	4-6 富山藩，笹津村を取入口とする大久保用水開削工事着工。11- 富山藩，来年よりむこう3年間1日1銭宛の人別銭の上納を触れだす。
1767	4	8-22 富山藩，藤井右門処刑。
1771	8	4-23 加賀藩主重教隠居。養嗣子治脩，封をつぐ。
1764～72	明和年間	売薬商人の「組」が成立。
1772	安永 1	2-24 庄川大洪水。以後千保川が庄川水系主流となる。8-22 富山藩，米価高騰，上納銀納入申しつけにより，打ちこわしおこる。
1773	2	この年，新川郡上滝村が市立てを願いでる。
1774	3	4- 高岡町役人が城端町役人へ城端曳山の停止を申しいれる。
1775	4	8-15 日高岡町人，放生津の祭につめかけ騒動をおこす。
1776	5	2- 今石動・城端・放生津の3町へ似寄車禁止を重ねて申しわたす。7- 小杉の礪波・射水御郡所から礪波御郡所を分立させる。
1777	6	3-28 前年改められた改作奉行・郡奉行兼帯の制度を古格に復す。
1779	8	この年，関流算学者中田高寛が富山桃井町で算学塾を開く。
1780	9	1- 新田免合増徴を詮議するよう申しわたす。6- 富山藩，富山清水村に芝居の定舞台を設置。
1781	天明 1	閏5-20 米買占めの噂があった高岡開発屋庄右衛門など9軒が打ちこわされる。
1782	2	3-2 諸郡のうち町方・宿方に連続しての家建てを禁止。
1783	3	4-11 富山藩，反魂丹方上縮に定法をあたえる。この年，諸国大凶作。
1785	5	9-11 産物方を改作奉行にあわせる。
1787	7	1- 十村へ改作・村締まりにつき，15カ条の心得を申しわたす。
1789	寛政 1	3-28 富山藩，美濃・伊勢の川々普請手伝いを命じられる。
1790	2	11- 産物仕入方仕法を実施。
1794	6	4- 郡方への商人立入禁止や郡方の者の町方居住禁止など改めて申しわたす。このころ，常陸国稲田西念寺良水が，越中出身の長助に入百姓の募集を行わせる。
1795	7	この年，金沢登魚は，毎年3～9月のあいだ生魚3荷にかぎり氷見より能登子浦道通行を許す。
1796	8	4-12 新川郡食塩渡場所を岩瀬・滑川・魚津・境の4カ所とする。この年，氷見浦の鰤網定書ができる。

1798	寛政	10	7- 富山藩，呉羽桜谷長慶寺裏に，富山町黒牧屋善次郎が五百羅漢の造立を発願。
1800		12	2- 高方仕法14カ条を申しわたす。8- 追加7カ条を申しわたし，持高の移動を規制。
1801	享和	1	2- 寺社・町人の入百姓懸作人の作小屋懸の禁止。
1802		2	10-6 愛本新用水完成。この年，高岡木町の長舟数を小矢部舟方と協定。
1803		3	8-2 伊能忠敬が越中各地で測量。11- 富山藩，富山町内の3カ所に凶荒にそなえて蔵を建て，恵民倉と名付ける。
1804	文化	1	7- 射水郡灘浦14カ村三季鱈網猟師納得定書の追加5カ条を定める。
1805		2	11-25 三業惑乱で勝興寺闡郁が江戸の築地別院に御預けになる。この年，経世家海保青陵が来越。
1806		3	この年，富山町の三輪日顕が大久保用水を改修，塩野を開拓。
1807		4	この年，婦負郡杉原用水の開削はじまる。
1808		5	12-18 富山藩，秋田藩とともに蝦夷地臨時出兵の準備を命じられる。12-27 伏木浦における小宿の商荷物売買を禁止。
1809		6	1-9 富山藩，蟹江主膳へ蝦夷地出兵用意を申しわたす。
1811		8	3- 改作法復古のため，改作奉行白江金十郎・前田源六郎を改作方復古頭取に，御扶持人新川郡沼保村彦四郎らを改作方復古主付に任命。
1812		9	3- 諸郡へ作食米を郡別に割付。
1813		10	10- 婦負郡の農民，囲籾・新開発に反対し，検見減免・人別銭免除を求め村役人・庄屋宅を襲う。
1815		12	8- 新川郡舟倉野新開につき，仕法定書を申しわたす。この年，氷見灘浦の波除普請のため貸付仕法をつくる。
1816		13	3- 富山藩，反魂丹役所を新設。
1818	文政	1	3-22 高岡絈商人が金沢商人による青芋・紅花・白芋の三色問屋設立に反対。12-22 富山藩，富山中町に銀札座を設置し，銀札を発行。
1819		2	3-19 加越能3カ国の十村28人を算用場へ呼びだし入牢させる。6- 入牢中の十村に能登島流刑を申しわたす。
1820		3	この年，加賀藩は城端絹を江戸に送る。
1821		4	5- 三州郡方仕法をだす。改作奉行を郡奉行へ打ち込む。6- 御扶持人十村を惣年寄，十村を年寄並と改称。7- 十村廃止により，各組に組主付をおく。
1823		6	1-17 渡海船所持の制限を解き，大船建造を奨励。
1825		8	10-8 富山藩，町方にむこう15カ年間人別見替銀を申しわたす。この年，新川郡室山野開拓のため，椎名道三が用水開削に着手。
1826		9	6- 多額の御用金を命じられ高岡・戸出・今石動・氷見のものらが騒擾。
1827		10	8-17 江戸に加賀産物売捌所を設け，大伝馬町綿問屋升屋七左衛門を主付に任命。この年，薩摩藩が富山売薬を差し止める。
1828		11	この年，加賀藩加賀絹の江戸捌を許可。
1829		12	5-22 高岡石塚屋弥助らに江戸行産物棟取役を申しつける。6- 正月から江戸に新川木綿など越中諸産物を送る。
1830	天保	1	12- 富山藩，洩米・洩塩の取り締まり強化を申しわたす。
1831		2	4-12 富山町大火。5-28 伏木能登屋三右衛門を江戸行産物荷物船問屋に命じる。

1833	天保	4	***3-16*** 郡奉行を郡方と改作方に分離。***10-15*** 西本願寺用人石田小右衛門が富山藩の要請で財政改革のため来富。
1834		5	***4-14*** 石田小右衛門がふたたび来富。***10-25*** 富山藩勝手方家老蟹江監物らが処分される。
1835		6	***2-25*** 石田小右衛門が富山藩財政改革のため来富。この年，備荒倉の設置。***10-19*** 富山藩，前田利保が家督を相続。
1836		7	***2-4*** 富山藩，薬種・膏薬などの製造を清水定煉場で行うよう申しわたす。
1837		8	***7-11*** 加賀藩の天保の改革はじまる。
1838		9	この年，長者丸が仙台領唐丹湊沖で難船。椎名道三らによって，新川郡十二貫野用水の開削はじまる。新川郡東福寺野の新開はじまる。
1839		10	***1-20*** 文政 4 (1821)年の制を改め，改作奉行・十村を復活。
1842		13	***11-*** 船頭・水主の他国稼ぎ抑制を触れる。***12-16*** 塩硝の他国売りを許す。この年，宮野用水による布施山開の開拓。
1844	弘化	1	***2-*** 富山藩，反魂丹役所を産物方支配に移す。
1846		3	***8-*** 十二貫野・宮野開を一所として布施山開と改め，泊町与三左衛門を才許とする。この年，長者丸次郎吉ら江戸から帰国。
1848	嘉永	1	***4-*** 異国船警戒のため泊町と宮崎村に三位組・五位組から9000人をつめさせ，宮崎城跡と生地村を狼煙場所として指定。この年，儒者頼鴨涯(三樹三郎)が来越。
1850		3	***8-14*** 大筒台場を13カ所，越中では伏木につくることとする。***9-8*** 綿・批・質・薬種・合薬商売など五品株立再興を認める。
1851		4	***3-29*** 富山藩，日光東照宮修理の助役を命じられる。***9-29*** 産物方を廃止し，別小物成方を申しわたす。
1854	安政	1	***8-11*** 西洋流火術方役所を壮猶館とする。
1855		2	***7-13*** 富山藩へ政治向詰問のため篠原監物を使者として申しつける。
1856		3	***8-*** 富山藩，開物方を設置。
1857		4	***4-24*** 富山藩，江戸家老富田兵部が切腹との触れをだす。
1858		5	***2-25*** 大地震で，新川郡有峰村の大鳶・小鳶が崩壊。***4-26*** 常願寺ふたたび泥水を押しだす。加賀藩領流出家1574軒，富山藩領水付家839軒。***7-15*** 高岡土器町・開発町・川原町・博労畳町の難渋人らが分限の家へ押しかける。***7-17*** 氷見上伊勢町久保屋清五郎ら40軒が打ちこわされる。同日,今石動にも騒動がある。***7-19*** 放生津で綿屋彦九郎ら19軒が打ちこわされる。***7-25*** 井波高瀬屋ら 5 軒が打ちこわされる。
1859		6	***10-22*** 家老津田内蔵助が富山藩政取捌のため派遣。
1862	文久	2	***3-*** 富山安野屋の神通川縁を調練場とする。
1863		3	***2-*** 銃卒の稽古所を越中では今石動・小杉・杉木・魚津・生地・東岩瀬・泊・放生津・高岡・伏木・氷見の11カ所とする。
1864	元治	1	***7-1*** 島田勝摩が家老山田嘉膳を殺害。
1867	慶応	3	***3-*** 新川郡福田村幸吉が越前敦賀から琵琶湖までの運河計画を願いでる。***3-9*** 加藤謙二郎が大和国十津川で自刃。***12-22*** 宮永良が京都で新撰組に捕らえられ没する。
1868	明治	1	***1-7*** 朝廷，加賀藩主前田慶寧に兵を率いて上洛するよう命ずる。閏***4-*** 加賀・富山両藩，越後へ出兵。閏***4-*** 加賀藩神仏分離令。
1869		2	***2-8*** 加賀藩主前田慶寧，版籍奉還を願いでる。***2-19*** 境関所廃止。***3-***

			9 富山藩主前田利同，版籍奉還上表。*3-26* 加賀藩職制改革。*9-17* 東本願寺門徒の北海道移住許可される。*10-24* 新川郡にバンドリ騒動おこる。
1870	明治	3	閏*10-18* 林太仲，富山藩大参事となる。*10-27* 富山藩合寺令発布。
1871		4	*1-* 金沢藩，町村の区域を定める。*7-14* 藩が廃され，富山県・金沢県が設置される。*11-20* 富山など3県廃止，新川・金沢・七尾の3県とする。
1872		5	*2-2* 金沢県が石川県と改称。*6-6* 行政区を大区・小区とする。*9-27* 旧越中国一円が新川県となる。
1873		6	*2-16* 伏木小学校開校。
1874		7	*10-24* 新川県，県内12カ所に巡視屯所を設置。
1875		8	*8-27* 東京三菱会社所有の蒸汽船瓊浦丸・豊島丸，伏木港に入港。このころ，礪波郡鷹栖村・五箇山下梨村から県内初の北海道移住。
1876		9	*4-18* 新川県を石川県に編入。*11-1* 石川県，区方仮条例を制定し，越中国を5大区54小区に分ける。
1877		10	*11-1* 射水郡小杉町の開地社，相益社と改称。*11-4* 海内果ら，啓蒙雑誌『相益社談』を発行。
1878		11	*5-12* 伏木港から三菱汽船の米積出しをみた漁民婦女500人，県外移出に抗議し，6人逮捕。*9-28* 明治天皇，越中国に行幸(～*10-2*)。
1879		12	*2-1* 富山第百二十三国立銀行，営業開始。
1880		13	*1-12* 稲垣示ら，政治結社北立社を高岡町に設立。*11-30* 稲垣示，石川県下越中国有志人民国会開設哀願表を起草。
1881		14	*1-* 越中国の地租改正完了。*4-* 島田孝之，政治結社北辰社設立。
1882		15	*1-10* 稲垣示ら，北立自由党の結党式挙行。*5-9* 島田孝之ら，越中改進党の結成式を挙行。*11-* 米沢紋三郎・入江直友，分県建白書を内務卿に提出。
1883		16	*3-10* 自由党の北陸七州有志懇親会開催。*5-9* 富山県設置，初代県令国重正文。*7-1* 富山県庁開庁。*7-* 第1回富山県会議員選挙。
1884		17	*7-20* 大区小区制を廃止，戸長を官選とする。
1885		18	*1-6* 高岡米商会所開業。*11-23* 大坂事件で，稲垣示ら県人13人逮捕。
1887		20	*10-9* 改進・自由両党，連合して大懇親会を富山町の光厳寺で開催。
1888		21	*6-30* 島田孝之ら54人，政府に北陸鉄道会社設立願を提出。
1889		22	*4-1* 市制・町村制，施行される。
1890		23	*6-12* 富山市の窮民・婦女ら数十人，隊をなして救助を求める（翌日にも窮民ら約600人，救助を要求)。*6-20* 高岡市および射水郡伏木町で，多数の窮民が騒擾し，警察が鎮定。*7-1* 第1回衆議院議員選挙実施(改進党3，大同派2当選)。
1891		24	*8-1* 稲垣示ら，北陸自由党結党。*12-* 常願寺川第1次改修工事，デレケの計画により着手。
1892		25	*8-31* 礪波郡長，民党側の礪波郡29町村の首長を解職処分。
1893		26	*8-* イギリス人宣教師ウォルター＝ウェストン，信濃大町からザラ峠越えで立山登山。
1894		27	この年，沼田喜三郎，北海道に開墾委託㈱を組織し，礪波郡から18戸の移住を勧誘して開拓。

1895	明治	28	*7-15* 滑川町にコレラが再発生し，県内に大流行。
1896		29	*2-19* 農商務大臣，高岡商業会議所設立を認可。
1897		30	*5-4* 中越鉄道㈱，黒田・福野間開通。*9-12* 凶作のため米価高騰し，魚津町の漁民が米屋を襲撃。富山市・八尾町でも窮民が騒擾(～*-15*)。
1898		31	*11-1* 官設北陸鉄道（北陸線)，金沢・高岡間開通。
1899		32	*3-20* 官設北陸鉄道(北陸線)，高岡・富山間開通。*4-1* 富山電燈㈱，富山市内に送電を開始。*7-13* 勅令により伏木港を開港場に指定。この年，本県よりハワイに移民。
1900		33	*6-22* 滑川町に地上権確認運動。
1901		34	*1-* 神通川馳越線工事着手。この年，西礪波郡鷹栖村の小作人約30人，地主の土地取り上げに反対し，鷹栖村農民同盟会を組織。
1902		35	*2-21* 県，北海道移住民規程を制定。*11-* (資)富山県織物模範工場，上新川郡大泉村に設立。
1903		36	*5-1* 神通川に神通大橋(愛宕村・畑中村間)架設。*5-21* 神通川馳越線工事竣工。
1904		37	*1-18* 高岡電燈㈱，高岡市一円および周辺に対し，1278燈を供給。
1905		38	*9-28* 関野善次郎・金岡又左衛門ら，日露講和条約不満の県民大会を富山市の光厳寺で開催。
1906		39	*7-12* 立山砂防工事，20カ年継続事業として着手。
1907		40	*3-* 婦負郡長岡廟付近の煉瓦工場の職工約50人，賃金値上げを要求し4日間スト。この年，北海道移住者数最高。
1908		41	*8-5* 大日本産業組合中央会富山県支会発会式。
1910		43	*5-4* 青木吉太郎・内山仁之助・扇浦祐蔵ら，ブラジルのコーヒー農場へ入植のため渡航。
1911		44	*5-3*『北陸政報』，神岡鉱山から神通川に流入する鉱毒汚染を警告。
1912	大正	1	*6-21* 米価騰貴のため東水橋・東岩瀬の町民，町長宅や役場に救助を嘆願。
1913		2	*7-* 伏木町の北陸人造肥料㈱のばい煙のため農民，会社に抗議。
1916		5	*8-28* 県，工場法施行細則を制定(*9-1* 施行)。
1917		6	*3-14* 南原繁，射水郡長に就任。
1918		7	*4-15* 石動町羽二重女工約130人，賃上げスト(～*-17*)。*7-*上旬 東水橋町の女仲仕たちが，移出米商へ積出し停止を求める(全国米騒動の発端)。*8-3* 中新川郡西水橋の主婦ら，米商に米の廉売を要求。全国でこれを「越中の女一揆」の見出しで報道。米騒動，全国に広がる。*10-6* 滑川普通選挙期成同盟会発会式。
1920		9	*2-* 上新川郡農会長，神岡鉱山の鉱毒から田畑をまもるための除害施設の設置を求める建議書を農商務大臣・知事に提出。
1921		10	この年，工業生産額，はじめて農業生産額(6297万6971円)を上回る。
1922		11	*2-5* 普選断行政談大演説会開催される。*6-21* 中野出稼組合，東礪波郡中野村で結成。*7-24* 庄川水力電気㈱の小牧堰堤工事反対の村民大会開催。
1923		12	*4-1* 県，郡制廃止。*5-15* 中新川郡東岩瀬町の馬場はる，富山高等学校の設立に県へ100万円を寄付。*8-*上旬 大正製麻㈱富山工場の職工約200人，賃下げ反対スト。この年，富山県米穀生産者同盟組合，小作権の確

			認・耕作権の擁護のため西礪波郡鷹栖村に結成。
1924	大正	13	***2-10*** 護憲三派連合の臨時大会，富山市の大法寺で開催される。
1925		14	***9-1*** 富山県連合婦女会，発会式を挙行。
1926	昭和	1	***5-28*** 飛州木材㈱，知事に対して庄川水電㈱の発電工事認可取り消し請求の行政訴訟。***9-*** 富山高校に社会科学研究会結成。
1927		2	***3-27*** 社会民衆党富山県第1区支部発会式開催。***9-*** 労働農民党高岡支部結成。***10-10*** 下新川郡三日市町で富山電気㈱に対する電気料値下げ町民大会が開かれる。
1928		3	***4-1*** 労働農民党富山県支部連合会第1回大会開催。
1929		4	この年，県内各地に全国農民組合(全農)支部結成される。
1930		5	***10-20*** ㈱密田銀行，3週間の臨時休業。***10-29*** ㈱両越銀行，支払い停止。㈱伏木商業銀行，臨時休業。
1931		6	***5-1*** 富山県第1回メーデー挙行。***11-29*** 内務省令に基づき県内の第1次共産党一斉検挙。
1932		7	***10-8*** 県内の共産党第2次一斉検挙。
1933		8	***6-5*** 第2回満蒙武装移民団(500人)に本県から97人がはじめて参加，富山駅出発。***8-12*** 庄川流木争議の和解成立。
1934		9	***5-15*** 定期航空路，富山・東京間開通。***7-9*** 県内各河川出水(～*-12*)。***10-25*** 飛越線，全線開通。この年，冷害により小作減免争議多発。
1935		10	***1***-末 富岩運河竣工。
1936		11	***4-15*** 日満産業大博覧会，富山市で開催(～***6***-*8*)。***6-21*** 呉羽紡績㈱呉羽工場スト(～*-22*)。
1937		12	***3-28*** 県国民精神総動員実行委員会規程公布。
1938		13	***2-7*** 県内の公娼廃止。***2-26*** 本県最初の満蒙開拓青少年義勇隊先遣隊97人，富山駅を出発。
1939		14	***3-29*** 東岩瀬港，開港場に指定される。***4-1*** 県内に263警防団設置。
1940		15	***7-31*** 北陸日日新聞社・富山日報社・高岡新聞社・北陸タイムス社を統合して北日本新聞社が発足。***12-14*** 大政翼賛会富山県支部の発会式。
1941		16	***3-31*** 県，小学校令施行細則を廃し，国民学校令施行細則を制定。
1942		17	***2-1*** 衣料点数式切符制実施。
1943		18	***1-1*** 交通事業大統合により富山地方鉄道㈱設立。***5-26*** 泊事件発生。
1944		19	***8-*** 東京都より第1次学童集団疎開。
1945		20	***8-2*** 富山大空襲(死者2275人)。***10-28*** アメリカ軍，県内に進駐。
1946		21	***12-8*** ソ連地域からの引揚げ開始。
1947		22	***4-1*** 国民学校初等科，小学校と改称。新制中学校発足。***4-5*** 公選による初の知事・市町村長選挙知事に館哲二。***10-30*** 天皇，本県に行幸。
1948		23	***4-1*** 新制高等学校発足。***11-20*** 第2回知事選挙で高辻武邦当選。
1949		24	***5-31*** 富山大学開学。
1951		26	***4-1*** 富山県労働組合評議会(県評)結成。***4-5*** 高岡産業博覧会開催(～***5***-*25*)。***5-1*** 電力事業再編成により北陸電力㈱設立。
1952		27	***3-*** 富山県総合開発計画策定。***3-5*** 北日本放送㈱設立。***6-12*** 駐留アメリカ軍離県。***10-1*** 第3回知事選挙で高辻武邦再選。
1953		28	***11-1*** 国鉄富山駅，「民衆駅」方式で竣工。
1954		29	***4-11*** 富山産業大博覧会，県・富山市共催により開催(～***6***-*4*)。

1955	昭和 30	***4-14*** 全国ちんどんコンクール，富山市で開催。
1956	31	***9-25*** 第4回知事選挙で吉田実当選。
1957	32	***11-3*** 山田孝雄，第17回文化勲章受章。
1958	33	***9-14*** 第13回国体夏季大会，本県で開催(～*-17*)。
1959	34	***4-1*** 北日本放送，テレビ放送開始。***7-25*** 安保改定阻止富山県民会議，県労協・全日農県連などにより結成。
1960	35	***9-1*** 第5回知事選挙吉田実，再選。
1961	36	***1-*** 富山県勢総合計画策定。***1-*** 県，県立高校職業科・普通科の比率を45年度までに7対3にすると発表。***6-24*** 萩野昇医師，イタイイタイ病の原因が神岡鉱山の廃水に含まれる鉱毒であると学会で発表。
1963	38	***8-20*** 富山空港開港。
1964	39	***4-4*** 富山・高岡地区の新産業都市指定。***5-*** 県，太閤山ニュータウンの造成工事に着手。***9-15*** 第6回知事選挙で吉田実3選。***10-1*** 北陸本線，金沢・富山間電化完成。
1965	40	***10-1*** 北陸本線，富山操車場・糸魚川間電化完成。
1966	41	***3-*** 第3次富山県勢総合計画策定。***11-*** 富山県イタイイタイ病対策協議会発足。
1967	42	***12-8*** 北回り新幹線建設促進同盟会結成。
1968	43	***3-9*** イタイイタイ病患者，三井金属鉱業㈱を相手に富山地裁へ第1次訴訟提起。***3-23*** 県公害防止条例公布。***4-21*** 富山新港開港。***5-8*** 厚生省，イタイイタイ病を公害病として正式認定。***9-26*** 第7回知事選挙で吉田実4選。
1969	44	***10-1*** 北陸本線，全線複線化・電化完成。***12-27*** 第8回知事選挙で中田幸吉当選。
1970	45	***11-*** 第4次富山県勢総合計画策定。
1971	46	***6-30*** 富山地裁，イタイイタイ病第1次訴訟の判決，原告側勝訴。
1973	48	***12-2*** 第9回知事選挙で中田幸吉再選。
1974	49	***1-18*** 県，県民生活安定緊急対策本部を設置。***10-29*** 北陸自動車道，金沢東・砺波間開通。
1975	50	***3-31*** 富山地鉄㈱の笹津線廃止。***10-1*** 富山医科薬科大学開学。***10-4*** 北陸自動車道，小杉・富山間開通。
1976	51	***8-23*** 早稲田小劇場，東京から利賀村へ移転。
1977	52	***11-27*** 第10回知事選挙で中田幸吉3選。
1979	54	***2-1*** 県，知事公室に新幹線対策室を設置。
1980	55	***4-1*** 洗足学園魚津短期大学開学。***11-9*** 第11回知事選挙で中沖豊当選。
1981	56	***1-*** 56豪雪(昭和55年***12-27***～56年***1-20***)。
1982	57	***7-24*** 第1回世界演劇祭利賀フェスティバル'82開催(～***8-7***)。
1983	58	***4-*** 第5次富山県民総合計画策定。***7-16*** にっぽん新世紀博覧会，県民公園太閤山ランドで開催(～***9-15***)。
1984	59	***5-9*** 本県と遼寧省，友好県省締結協定書に調印。***10-28*** 第12回知事選挙で中沖豊再選。
1985	60	***4-1*** 富山エフエム放送㈱，放送開始。
1986	61	***6-17*** 伏木富山港，国の特定重要港湾に指定。
1987	62	***4-1*** 県情報公開制度開始。

1988	昭和	63	***7***-*20* 北陸自動車道全線開通。***10***-*23* 第13回知事選挙で中沖豊3選。
1989	平成	1	***4***-*1* 高岡法科大学開学。***12***-*16* 新連合富山発足。
1990		2	***1***-*28* 県労連結成。***4***-*1* 富山県立大学(小杉町)・富山国際大学(大山町)開学。***6***-*23* 能越自動車道起工(小矢部市)。***10***-*1* 民放チューリップテレビ，放送開始。
1991		3	***6***-*1* 富山・札幌便就航。
1992		4	***3***-*28* 東海北陸自動車道，福光・小矢部間開通。***7***-*10* エキスポとやま博開幕。***8***-*27* 北陸新幹線，石動・金沢間着工。***10***-*25* 第14回知事選挙で中沖豊4選。
1993		5	***10***-*13* 北陸新幹線，魚津・糸魚川間着工。
1994		6	***7***-*15* 富山・ウラジオストック便就航。
1995		7	***12***-*9* 五箇山合掌造り集落，世界遺産に登録。
1996		8	***4***-*1* 富山市，中核市に指定される。***10***-*20* 第15回知事選挙で中沖豊5選。
1997		9	***7***-*22* 環日本海環境自治体会議を開催。
2000		12	***7***-*11* 不二越訴訟が最高裁で和解。***10***-*14* 国民体育大会秋季大会開催。

■ 沿　革　表

1．国・郡沿革表

（2009年４月現在）

国名	延喜式	吾妻鏡 その他	郡名考・ 天保郷帳	郡区編制	現在	
					郡	市
越中	新《にひ》　水《かは》	新　川	新《にい》　川《かは》	下新川	下新川郡《にいかわ》	魚津市・黒部市
				上新川	中新川郡	滑川市
					上新川郡	富山市
	婦《ね》　負《ひ》	婦　負 姉　負	姉《ね》　負《い》 婦　負	婦　負	婦《ね》　負《い》　郡	
	礪《と》　波《なみ》	礪　波 利　波	礪《と》　波《なみ》	礪　波	東礪波《となみ》郡	砺波市
					西礪波郡	小矢部市
	射《い》　水《みつ》	射　水 泉	射《い》　水《みづ》	射　水	射《い》　水《みず》　郡	高岡市・射水市
					氷　見　市	

2．市・郡沿革表

（2009年４月現在）

富《と》　山《やま》　市

明治22年４月１日　市制施行
明治34年２月１日　奥田村の一部を編入
明治42年４月１日　堀川村・奥田村・桜谷《さくらだに》村・東呉羽《くれは》村の各一部を編入
大正６年４月１日　桜谷村の一部を編入
大正９年４月１日　桜谷村を編入
大正15年７月１日　東呉羽村を編入
昭和10年４月１日　奥田村を編入
昭和11年２月１日　神通川廃川地域を編入
昭和12年４月５日　山室《やまむろ》村の一部を編入
昭和15年９月１日　東岩瀬町・新庄町・豊田村・広田村・大広田村・浜黒崎村・針原村・島村・神明村を編入
昭和17年５月20日　堀川町・蜷川《にながわ》村・太田村・山室村を編入
昭和35年10月１日　和合町(昭和29年３月30日，八幡村・四方《よかた》町・倉垣村合併)・富南村(昭和30年４月１日，月岡村・熊野村・新保村合併)・大山町の一部を編入
昭和40年４月１日　呉羽町(昭和29年３月１日，呉羽村・長岡村・寒江村・老田《おいだ》村合併，昭和31年３月31日，小杉町の一部を編入，昭和34年４月１日，池多村の一部を編入)を編入

昭和41年５月１日　水橋町(昭和29年４月１日，水橋町・上条村・三郷村合併)を編入
平成17年４月１日　大沢野《おおさわの》町(明治22年４月１日，村制施行，昭和14年４月１日，町制施行，昭和28年12月１日，黒瀬谷村の一部を編入，昭和29年４月１日，大沢野町・下夕村・船峅《ふなくら》村合併，昭和29年12月10日，大久保町〈大正２年町制〉を編入)・大山《おおやま》町(明治22年４月１日，町制実施，上滝《かみたき》町となる，昭和30年１月１日，上滝町・大山村・福沢村・大庄村合併，大山町と改称，昭和32年４月１日，富南村の一部〈月岡村の一部〉を編入)・八尾《やつお》町(明治22年４月１日，町制施行，昭和28年12月１日，八尾町・保内《やすうち》村・杉原村・卯花《うのはな》村・室牧村・黒瀬谷村の一部合併，昭和32年11月１日，八尾町・野積村・仁歩《にんぶ》村・大長谷村合併)・婦中《ふちゅう》町(昭和17年６月１日，速星《はやほし》村・鵜坂《うさか》村合併，婦中町となる，昭和30年１月１日，婦中町・宮川村・熊野村・朝日村合併，昭和34年１月１日，古里村・音川村・神保村〈昭和17年６月20日，千里村・富川村合併〉を編入)・山田《やまだ》村(明治22年４月１日，村制施行)・細入《ほそいり》村(明治22年４月１日，村制施行)と合体

高《たか》岡《おか》市

明治22年４月１日　市制施行
大正６年５月15日　掛開発《かけかいほつ》村・佐野村の一部を編入
大正14年８月１日　下関村を編入
昭和３年６月１日　横田村・西条村を編入
昭和７年10月１日　佐野村の一部を編入
昭和８年８月１日　二上村を編入
昭和17年４月１日　伏木町・能町《のうまち》村・守山村・野村・佐野村・二塚村を編入
昭和17年10月２日　新湊町(昭和15年12月１日，牧野村を編入)を編入
昭和24年１月１日　福田村を編入
昭和26年１月１日　新湊町・牧野村を分立
昭和26年３月17日　国吉村を編入
昭和26年４月４日　牧野村を編入
昭和28年10月５日　太田村・石堤村・東五位村を編入
昭和29年４月１日　小勢村を編入
昭和30年４月１日　立野村を編入
昭和41年２月10日　中田町(昭和29年４月１日，中田村・般若野村合併)・戸出町(昭和29年１月15日，戸出町・北般若村・是戸《これと》村・醍醐村合併)を編入
平成17年11月１日　福岡《ふくおか》町(明治22年４月１日，町制施行，昭和15年２月11日，福岡町・山王村・大滝村合併，昭和29年８月１日，福岡町・西五位村・五位村合併，昭和29年９月15日，赤丸村を編入)と合体

魚《うお》津《づ》市

昭和22年４月１日　町制施行
昭和27年４月１日　魚津町・下中島村・上中島村・松倉村・上野方村・加積村・片貝谷

村・道下村・経田村・天神村・西布施村合併，市制施行

氷《ひ》 見《み》 市

明治22年4月1日　町制施行
昭和15年4月1日　加納村を編入
昭和15年10月1日　稲積村を編入
昭和27年8月1日　余川《よかわ》村・碁石村・八代村を編入，市制施行
昭和28年11月1日　窪村・宮田村を編入
昭和28年12月1日　上庄村・熊無《くまなし》村を編入
昭和29年4月1日　阿尾村・藪田《やぶた》村・宇波村・女良《めら》村・十二町村・神代村・布勢村・仏生寺村・速川村・久目村を編入，氷見郡は解消

滑《なめり》 川《かわ》 市

明治22年4月1日　町制施行
昭和28年11月1日　滑川町・浜加積《はまかづみ》村・早月《はやつき》加積村・北加積村・東加積村・中加積村・西加積村合併
昭和29年3月1日　市制施行
昭和31年6月1日　上市町の一部(もと山加積村の一部)を編入

黒《くろ》 部《べ》 市

明治22年4月1日　町制施行，三日市町・生地《いくじ》町となる
昭和15年2月11日　石田村・三日市村・田家村・村椿村・大布施村・前沢村・荻生村・若栗村合併，桜井町と改称
昭和28年4月1日　桜井町に東布施村を編入
昭和29年4月1日　桜井町・生地町合併，市制施行，黒部市となる
平成18年3月31日　宇奈月《うなづき》町(昭和15年4月1日，浦山村・下立山村合併，東山村となる，昭和29年7月10日，東山村・内山村・愛本《あいもと》村合併，宇奈月町と改称)と合体

砺《と》 波《なみ》 市

明治22年4月1日　町制施行，出町となる
昭和27年4月1日　出町・林村・油田村・庄下《しょうげ》村・中野村・五鹿屋村合併，砺波町と改称
昭和29年1月15日　南般若村・太田村・柳瀬村・東野尻村・高波村を編入
昭和29年3月1日　般若村・東般若村・栴檀村・栴檀野村を編入
昭和29年4月1日　市制施行
昭和30年1月1日　鷹栖《たかのす》村を編入
昭和32年9月30日　若林村の一部を編入
平成16年11月1日　庄川《しょうがわ》町(昭和27年6月1日，東山見村・青島村・雄神《おがみ》村・種田村合併，

庄川町となる）と合体

小矢部《おやべ》市

明治22年４月１日　町制施行，石動《いするぎ》町・津沢町となる

昭和28年９月10日　石動町・南谷村・埴生《はにう》村・松沢村・正得《しょうとく》村・荒川村・子撫《こなで》村・宮島村合併

昭和29年７月20日　津沢町・水島村・藪波《やぶなみ》村合併，礪中《とちゅう》町と改称

昭和29年10月１日　石動町に北蟹谷《かんだ》村を編入

昭和29年11月18日　礪中町・東蟹谷村合併

昭和32年８月１日　礪中町に西野尻村の一部を編入

昭和32年９月30日　石動町に若林村の一部を編入

昭和37年８月１日　石動町・礪中町合併，市制施行，小矢部市となる

南砺《なんと》市

平成16年11月１日　城端《じょうはな》町（明治22年４月１日，町制施行，昭和27年５月１日，城端町・南山田村・大鋸屋《おがや》村・蓑谷《みのたに》村・北野村合併，昭和31年２月１日，福光町の一部〈山田村の一部〉を編入）・平《たいら》村（明治22年４月１日，村制施行）・上平《かみたいら》村（明治22年４月１日，村制施行）・利賀《とが》村（明治22年４月１日，村制施行）・井波《いなみ》町（明治22年４月１日，町制施行，昭和26年４月１日，南山見村を編入，昭和29年４月１日，井波町・山野村合併，昭和34年１月１日，高瀬村の一部を編入，昭和36年４月１日，もと高瀬村の一部を塩野町へ分離）・井口《いのくち》村（明治22年４月１日，村制施行）・福野《ふくの》町（明治22年４月１日，町制施行，昭和16年４月１日，福野町・南野尻村・広塚村・野尻村合併，昭和29年７月20日，福野町・東石黒村合併，昭和32年８月１日，西野尻村の一部を編入，昭和34年１月１日，高瀬村の一部を編入，昭和36年４月１日，井波町の一部〈もと高瀬村の一部〉を編入）・福光《ふくみつ》町（明治22年４月１日，町制施行，昭和27年５月１日，福光町・石黒村・広瀬村・広瀬館《たち》村・西《にし》太美《ふとみ》村・太美山村・東太美村・吉江村・北山田村・山田村合併，昭和30年４月１日，南蟹谷村を編入，昭和31年２月１日，もと山田村の一部を城端町へ分離，昭和32年８月１日，西野尻村の一部を編入）が合体，市制施行，南砺市となる

射水《いみず》市

平成17年11月１日　新湊《しんみなと》市（明治22年４月１日，町制施行，昭和15年12月１日，牧野村を編入，昭和17年10月２日，新湊町を高岡市に編入，昭和26年１月１日，新湊町が高岡市より分離，昭和26年３月15日，市制施行，昭和28年４月１日，作道《つくりみち》村・片口村・堀岡村・海老江村・七美《しちみ》村・本江《ほんごう》村を編入，昭和28年10月５日，塚原村を編入）・小杉《こすぎ》町（明治22年４月１日，町制施行，昭和17年６月８日，橋下条《はしげじょう》村を編入，昭和28年11月15日，金山村を編入，昭和28年12月１日，大江《おおごう》村を編入，昭和29年３月27日，黒河村を編入，昭和31年３月31日，呉羽町の一部〈老田《おいだ》村の

一部〉を編入，もと大江村の一部を呉羽町へ分離，昭和34年４月１日，池多村の一部を編入）・大門《だいもん》町(明治22年４月１日，町制施行，昭和29年３月１日，大門町・櫛田《くしだ》村・浅井村・二口《ふたくち》村・水戸田《みとだ》村合併）・下《しも》村(明治22年４月１日，村制施行）・大島《おおしま》町(明治22年４月１日，村制施行，昭和44年４月１日，町制施行）が合体，市制施行，射水市となる

中新川郡《なかにいかわ》

舟橋村《ふなはしむら》　明治22年４月１日　村制施行

上市町《かみいちまち》　明治22年４月１日　町制施行

昭和16年４月１日　上市町・音杉村合併

昭和28年９月10日　上市町・南加積村・山加積村・宮川村・柿沢村・大岩村合併

昭和29年４月１日　相ノ木村を編入

昭和29年５月10日　白萩村を編入

昭和30年１月１日　立山町の一部(新川村の一部)を編入

昭和31年６月１日　もと山加積村の一部を滑川市へ分離

立山町《たてやままち》　明治22年４月１日　町制施行，五百石町となる

昭和17年６月８日　五百石町・大森村・高野村・下段村合併，雄山《おやま》町と改称

昭和29年１月10日　雄山町・和田村・上段村・東谷村・釜ケ淵村・立山村合併，立山町と改称

昭和29年７月10日　新川村(昭和16年６月１日，弓庄村・寺田村合併)を編入

昭和30年１月１日　新川村の一部を上市町へ分離

下新川郡《しもにいかわ》

入善町《にゅうぜんまち》　明治22年４月１日　町制施行

昭和28年10月１日　入善町・上原村・青木村・飯野村・小摺戸《こすりど》村・新屋《あらや》村・椚山《くぬぎやま》村・横山村合併

昭和34年１月１日　舟見町・朝日町の一部(野中村の一部)を編入

朝日町《あさひまち》　明治22年４月１日　町制施行，泊《とまり》町となる

昭和29年８月１日　泊町・大家庄《おおいえのしょう》村・山崎村・南保《なんぼ》村・五箇庄村・宮崎村・境村合併，朝日町と改称

昭和29年11月20日　野中村を編入

昭和34年１月１日　もと野中村の一部を舟見町へ分離

■ 祭礼・行事

（2009年４月現在）

〔１月〕

1　**鰤《ぶり》分け神事**　➔射水市加茂中部・加茂神社（JR北陸本線小杉駅車利用）
ブリ読み神事ともよばれる。各地から塩鰤を神前に献納する。神事後に切りわけられたブリの切り身を各区の家々にくばり各家ではモチとともに焼き神人共食して一年の幸福を祝う。

7　**神明宮の厄払い鯉**　➔砺波市庄川町金屋・金屋神明宮（JR城端線福野駅車利用）
鯉の口に御神酒をそそぎ，厄移しのため，さわった鯉を25歳の男性・33歳の女性の厄年の男女が川に放流する行事。

11　**お鍬《くわ》さま**　➔富山市岩稲（JR高山線笹津駅車利用）
田の神に五穀豊穣を祈る。地区の家々では三つ鍬と平鍬を座布団にすえ，御馳走したのちに戸外で三つ鍬により初おこしをして豊作を祈る行事。

14・15　**左義長《さぎっちょ》**　➔県下全般
正月用具·書き初めなどを焼く左義長の行事は，もとは砺波地方に盛んであったが，近年は県下全般に広がり，ことに富山市城址公園で盛大に行われる。

14・15　**初午《はつうま》まつり**　➔南砺市利賀，岩淵（JR高山線越中八尾駅バス総合センター前下車）
法被《はっぴ》に豆しぼりのハチマキ姿の子どもたちが村内各戸をまわり，初午のったにあわせて俵転がしなどをして養蚕の増収・繁栄を祈る行事。下村では「すっとこ坊主」。国指定無形民俗文化財。

15～16　**報恩講**　➔県内各浄土真宗寺院
親鸞上人の遺徳をしのぶ法要が行われる。高岡市勝興寺では徹夜の御示談が行われる。

26　**愛宕神社の火祭り**　➔魚津市中央通り·愛宕神社（富山地方鉄道本線電鉄魚津駅下車）
各町内で大きな青竹に紙を付けた特大の御幣をもちより燃やす行事。息災と鎮火を祈るもの。元禄15（1702）年の大火後にはじめられたという。

〔２月〕

3　**節分会《せつぶんえ》**　➔南砺市安居・安居寺（JR城端線福野駅車利用）
１年の吉凶占いで知られる。占い後に厄年の年男が福豆をまく。

9　**山神祭り**　➔黒部市宇奈月町下立（富山地方鉄道本線下立駅下車）
蠟燭《ろうそく》を立て御神酒をそなえた雪洞をつくり，山神を拝する行事。

11　**起舟祭**　➔氷見市，新湊市，下新川郡朝日町など
豊漁と海上安全を祈る行事。

28　**つごもり大市**　➔南砺市西町通り（JR城端線城端駅下車）
現在は月末の大売り出しの行事となっている。もとは五箇山の人が城端の判

方(貸し元)に1年の貸借を清算するために旧暦の正月の年賀に訪れたので，人出を目当てに集まった市が始まり。

〔3月〕

12　**白山社の春祭**　➔魚津市小川寺・白山社(JR北陸本線魚津駅車利用)
神仏混淆の昔ながらの祭り。嫁の尻たたきも変形した形で残り，子どもを対象に天狗やババ面が尻たたきをする。

13　**媼尊お召替え**　➔中新川郡立山町芦峅寺・閻魔堂(富山地方鉄道立山線千垣駅車利用)
閻魔堂の媼尊像のお召替えの行事。

17　**金山谷春祭**　➔魚津市金山谷・神明社(JR北陸本線魚津駅車利用)
豊作を祈って激しい動きの獅子舞が行われる。

20　**女人の数珠ぐり**　➔中新川郡立山町芦峅寺・閻魔堂(富山地方鉄道立山線千垣駅車利用)
閻魔堂で行われる百万遍念仏行。

〔4月〕

7　**願念坊踊り**　➔小矢部市綾子・太田神社(JR北陸本線石動駅下車)
墨染めの法衣に縄の帯，白鉢巻手甲脚半姿で踊る。

11　**酒とり祭り**　➔小矢部市水島・下後丞神社(JR北陸本線石動駅車利用)
白鉢巻，裸一つの厄年の男がいっせいに神殿めがけ神酒を柄杓にうけとり，そして，その酒を参詣者や見物人に強引に振る舞うというもの。無病息災を祈る行事。

初旬の金・土・日　**チンドンコンクール**　➔富山市本丸・城址公園(JR北陸本線富山駅下車)
全国のチンドンマンたちが演技を競うコンクール。

16～17　**子供歌舞伎曳山《ひきやま》祭り**　➔砺波市出町・神明社(JR城端線砺波駅下車)
曳山の舞台で浄瑠璃語りと歌舞伎が子どもたちにより演じられる。

17　**まるまげ祭り**　➔氷見市幸町・千手寺(JR氷見線氷見駅下車)
芸者衆が妻になる思いをこめて丸髷姿でお参りしたことにはじまるが，近年は一般の娘さんたちが丸髷で参詣する行事にかわった。

17～18　**ごんごん祭り**　➔氷見市朝日本町・上日寺(JR氷見線氷見駅下車)
稚児行列と鐘つきくらべが行われる。寛文のころ，日照りのときに農民たちが上日寺の鐘を打ち続けて雨乞いをしたのが始まりという。

18　**明日の稚児《ちご》舞い**　➔黒部市宇奈月町明日・法福寺(富山地方鉄道本線愛本駅車利用)
本堂前の舞台で公開される古風な稚児舞で10～14歳の男子が矛の舞，太平楽，臨河楽，万歳楽，千秋楽を太鼓，笛で舞う。江戸初期にはじまるという。国指定無形民俗文化財。

18　**伏木の気多詣り**　➔高岡市伏木一宮・気多神社(JR氷見線越中国分駅下車)
気多神社の春祭りであるが，この日近郷の人たちが酒食を用意して伏木の山

に登り，桜の下で日本海を眼前に山遊びをする。これを気多詣りといったが，近年は衰えた。

中旬　**ボンボコ祭り**　➔射水市新湊西宮神社(加越能鉄道万葉線新湊市役所前駅車利用)

海の神として恵比須をまつる西宮神社で，不漁の年にかぎって行われる祭りである。神輿を船にのせて海にで，舳にはボンボコという神に扮した男の子が仮面をつけて弓矢をもち踊る。神事後にこの神の使いのボンボコが氏子の家を訪れて邪悪をはらう。

23　**射水神社築山神事**　➔高岡市二上・射水神社(JR北陸本線高岡駅バス二上下車)

射水神社の境内に，台の上に三体の神をまつり，四天王と花籠天狗を下げ，(築山)祭りが行われる。高岡曳山車の原初的形態といわれる。県指定民俗文化財。

25～26　**一夜泊神社祭礼**　➔中新川郡立山町泊新・一夜泊神社(富山地方鉄道立山線五百石駅車利用)

商売繁盛の祭礼。同所は立山を開いたといわれる佐伯有頼が白鷹を追いかけ立山にのぼったとき一夜を過ごしたといわれる。

〔5月〕

1　**高岡の御車山祭り**　➔高岡市末広町・関野神社(JR北陸本線高岡駅下車)

関野神社の春祭りで，7本の豪華な曳山車(国指定有形・無形文化財)がでる。高岡城をつくった前田利長が，豊臣秀吉より拝領したと伝える。はやしも見事で六斎念仏に似ている。加賀藩は，加越能3カ国に類似の曳山を禁止したこともある。

1～2　**夜高《よたか》祭り**　➔南砺市福野(横町)・福野神明社(JR城端線福野駅下車)

神明社の春祭りで，30基余の大行燈がでる。慶安5(1652)年，この地に伊勢神宮を勧請したとき，町民が行燈を手にもって迎えたのにはじまるという。

3　**よいやさ祭り**　➔南砺市井波町・井波八幡宮(JR城端線福野駅車利用)

金色の大神輿を「ヨイヤサ，ヨイヤサ」の掛け声とともに町内を練り歩く。150年あまりの歴史をもつ。

3　**唐島の弁天まつり**　➔氷見市唐島・弁天社(JR氷見線氷見駅下車)

光禅寺からの秘仏の弁財天を氷見港沖の唐島に渡御させ安全と豊漁を祈願する。

3　**八尾曳山祭り**　➔富山市八尾町・八幡神社(JR高山線越中八尾駅下車)

井波彫刻の祖，北村七左衛門の作品を始め，江戸期の工芸技術の粋を凝らした曳山がでる。夜には提灯山になる。県指定民俗文化財。

4　**下村加茂社春祭り**　➔射水市加茂中部・加茂神社(JR北陸本線小杉駅車利用)

この日の祭りを“ヤンサンマ”といい境内で流鏑馬《やぶさめ》が行われる。また鉄兜に赤面の若者が牛にのり，矢を放って豊作を祈る。ついでこの牛を若者たちが

潰して田の神が土地にとどまることを願う牛潰式が行われる。県指定民俗文化財。

4・5　**城端曳山祭り**　➔南砺市城端・神明社(JR城端線城端駅下車)
神明社の春祭り。十数本の曳山車，屋台がでる。曳山車は豪華な彫刻で飾られ，屋台は京都の茶屋を摸して優雅である。

15　**伏木曳山祭り**　➔高岡市伏木・伏木神社(JR氷見線伏木駅下車)
夜には多数の提灯をつけた山車で「カッチャ」とよぶ山車同士のぶつかり合いを行う。けんか山車ともいわれる。

17～18　**岩瀬曳山祭り**　➔富山市東岩瀬・諏訪神社(JR富山港線東岩瀬駅下車)
けんか祭りとして知られる。夜に灯をいれた「タテモン」がぶつかり合う。

19　**お鍬さま祭り**　➔富山市大沢野町町長・布尻神社(JR高山線猪谷駅車利用)
布尻神社の春祭り。深夜，お鍬様(鍬形の神体)が神輿にのって渡御する。

24　**獅子舞祭**　➔小矢部市石動・観音寺(JR北陸本線石動駅下車)
子ども獅子舞が多数奉納される。

29　**四方子供曳山**　➔富山市四方・四方神社(JR北陸本線富山駅バス四方口下車)
子供たちがひく曳山がでる。

31～6月2日　**山王まつり**　➔富山市山王町・日枝神社(JR北陸本線富山駅下車)
日枝神社の春の祭礼。境内には見世物がで，周囲の沿道は夜店の屋台がでて，たいへんな賑わいである。

〔6月〕

1　**瑞龍寺のひとつやいと**　➔高岡市関本町・瑞龍寺(JR北陸本線高岡駅下車)
瑞龍寺で行われ，足のボンノクボのひとつに灸をすえる。善男善女が揃って足をならべて灸をうける。足が丈夫になるといわれる。7月1日にも行われる。

第1金・土　**津沢の夜高祭り**　➔小矢部市津沢(JR北陸本線石動駅車利用)
あんどん山車がくりだす。山車のぶつけ合いも行われる。福野の夜高の流れをくむといわれる。

2　**山王社の火渡り**　➔富山市水橋・山王社(JR北陸本線水橋駅下車)
火の中を御輿をかついでわたる祭り。

2～3　**国泰寺開山忌**　➔高岡市西田・国泰寺(JR北陸本線高岡駅バス国泰寺前下車)
曹洞宗国泰寺派の本山で，この日，虚無僧たちの尺八奉納がある。虚無僧が全国から集まってくる。

初卯日　**お田植え祭り**　➔射水市加茂中部・加茂神社(JR北陸本線小杉駅車利用)
マコモでつくった御神体を境内に設けた仮田の前の祭壇におき，神主が田植えの仕ぐさをし，五穀豊穣を祈る。京都下鴨神社のほか，北陸ではここだけに残る行事。

15　**やさこ行列**　➔滑川市常盤町・櫟原神社(JR北陸本線滑川駅下車)
江戸時代の舟屋台に由来するという行灯の一種「やさこ」行列が練り歩く。

19～20　**御印祭り**　➔高岡市金屋(JR北陸本線高岡駅下車)
利長より下された「金屋御印」を神体として奉拝し行列が付き従う。「やがえふ」をうたい，踊り，市街を練り歩き，御神体を有磯正八幡宮におさめる。

21　**御影様迎え**　➔黒部市宇奈月町愛本(富山地方鉄道本線愛本駅下車)
愛本橋を西から東へ東本願寺19世乗如上人の絵像をわたす行事。

24～25　**じんじん祭り**　➔黒部市三日市・八心市比古神社(富山地方鉄道本線電鉄黒部駅下車)
境内の一部にまつってある屋敷神など「地神」の祭り。

30　**火縄授け神事**　➔南砺市高瀬・高瀬神社(JR城端線福野駅車利用)
稲の害虫駆除のための神火を授ける。

30～7月2日　**鬼遠祭**　➔下新川郡朝日町泊・脇子八幡宮(JR北陸本線泊駅下車)
人形，撫物などを神官が海に流す行事。

〔7月〕

3～7　**七夕**　➔県内各地
入善町舟見では七夕飾りに加えて仮装行列もある。この七夕飾りは参勤交代の殿様を楽しませることからはじまったという。戸出の七夕祭りは7月3～7日である。

13～14　**氷見祇園《ぎおん》祭り**　➔氷見市南大町・日吉神社(JR氷見線氷見駅下車)
悪疫が流行したとき祇園の神霊を勧請したところ悪病神が退散したことからはじまる。御輿，太鼓台，曳山がでる。

中旬　**さんさい踊り**　➔富山市梅沢町・円隆寺(JR北陸本線富山駅下車)
鈴をつけた赤い化粧前掛け姿の少女たちによる盆踊り。疫病払いの踊りとして伝わったものという。

22～23　**福光の熱送《ねつおく》り**　➔南砺市福光(宮脇町)・宇佐八幡宮(JR城端線福光駅下車)
藁人形をのせた紙張りの舟を太鼓を叩きながら笹舟で青田を撫《な》でまわり，この人形と笹竹を小矢部川に流す。稲虫の駆除と豊作を祈る行事。

22～28　**虫干法絵《むしぼしほうえ》**　➔南砺市城端(西上)・善徳寺(JR城端線城端駅下車)
虫干しをかねて寺宝を一般公開する。

22～29　**太子伝絵《たいしでんえ》**　➔南砺市井波・瑞泉寺(JR城端線福野駅車利用)
「聖徳太子御絵伝」の絵解きが行われるほか，太子二歳像が開帳される。

25～26　**芦峅寺雄山神社例大祭**　➔中新川郡立山町芦峅寺・雄山神社(富山地方鉄道立山線千垣駅車利用)
本格的な御輿練りが行われる。巫女の舞が奉納される。

31　**ねぶた流し**　➔滑川市常盤町・櫟原神社(JR北陸本線滑川駅下車)
3～4mくらいのねぶたに火をつけて海に流し無病息災を祈る。

31　**にぶ流し**　➔黒部市中陣(富山地方鉄道本線電鉄黒部駅利用)
ねむけの悪霊を追い払うために麦わらでつくった宝舟を川に流す行事。

〔8月〕

第１金・土・日　**富山まつり**　➔富山市(JR北陸本線富山駅下車)
おわら踊り，市民大パレード，獅子舞競演会が行われる。
６～７　**本法寺風入れ法会**　➔富山市八尾町宮腰・本法寺(JR高山線越中八尾駅車利用)
法華経曼荼羅絵の虫干しをかねた法会である。
７～８　**たてもんまつり**　➔魚津市・諏訪神社(JR北陸本線魚津駅下車)
多数の提灯をつるしたタテモンを橇にのせ引きまわし，海上安全と豊漁を祈る祭り。現在は７～９日まで開かれる「じゃまんとこい魚津まつり」のなかの行事となっている。
中旬　**千保川とうろう流し**　➔高岡市・千保川(JR北陸本線高岡駅下車)
治水祈願と水害供養のために千保川にいかだを組んだ灯籠を浮かべる。
21　**黒河の夜高祭り**　➔射水市黒河(JR北陸本線小杉駅車利用)
子どもたちを中心にしてあんどん行列を行う。
23～24　**地蔵盆**　➔県下各地
地蔵堂の盆行事で氷見地方では子どもたちが地蔵を水洗いして清めたあとに行う。
25　**熊野神社の稚児舞**　➔富山市婦中町中名・熊野神社(JR北陸本線富山駅バス熊野農協前下車)
12～13歳の男子が舞台で「鉾の舞」などを舞う。下村の加茂神社からならったとの伝承がある。国指定無形文化財。
〔９月〕
１～３　**おわら風の盆**　➔富山市八尾町(JR高山線越中八尾駅下車)
風の盆は二百十日の風害を避けるための祭り。編み笠に法被姿や浴衣に鳥追笠の踊り手が，哀愁を帯びた越中おわら節にあわせて踊る。
４　**加茂神社の稚児舞**　➔射水市加茂中部・加茂神社(JR北陸本線小杉駅車利用)
大太鼓，龍笛にあわせて男の子が「鉾の舞」などを奉納する。京都の下鴨神社から伝えられたという。国指定無形民俗文化財。
８　**熊野社の火渡り**　➔射水市二口・熊野神社(JR北陸本線越中大門駅下車)
御輿と一緒に獅子が火渡りする。
10　**櫛田神社例大祭**　➔射水市串田・櫛田神社(JR北陸本線越中大門駅車利用)
神輿と一緒に獅子が火渡りする行事が行われる。
10　**源氏太鼓**　➔小矢部市下後亟・神明社(JR北陸本線石動駅車利用)
倶利伽羅《くりから》合戦の勝利を祝い太鼓を打ち鳴らしたことにはじまるという。
14～15　**城端むぎや祭り**　➔南砺市城端・善徳寺(JR城端線城端駅下車)
むぎや節・こきりこ節などの競演会と街流しが行われる。
15　**堂めぐり神事**　➔小矢部市埴生・護国八幡宮(JR北陸本線石動駅車利用)
鉄兜に身を固めた武者たちが拝殿を１回半めぐり，いっせいにかちどきとともに拝殿に駆けこむ行事。木曾義仲による戦勝祈願を見習って江戸時代にはじまったものという。

23　**海老江曳山祭り**　➔射水市海老江・加茂神社(JR北陸本線小杉駅車利用)
からくり人形をもつ3台の山車がでる。

23〜24　**つくりもんまつり**　➔高岡市福岡町福岡(JR北陸本線福岡駅下車)
野菜や果物などを使って飾り物がつくられる。秋の収穫に感謝する行事。

23〜24　**平家まつり麦屋踊り**　➔南砺市下梨・地主神社(JR北陸本線高岡駅バス下梨下車)
むぎや節がたっぷりと歌い舞われる。五箇山地方の民謡保存会がむぎや踊りを披露し流しも行われる。

25〜26　**こきりこまつり**　➔南砺市上梨・白山宮(JR北陸本線高岡駅バス上梨下車)
白山社に奉納するササラを鳴らして踊る「こきりこ踊り」が行われる。

〔10月〕

1〜2　**放生津曳山祭り・築山**　➔射水市放生津町・放生津八幡宮(加越能鉄道万葉線新町口駅下車)
13基の曳山がでる。また八幡宮の境内に設けた築山に姥神が金襴の打ち掛け姿に御幣をもち降臨する。国指定無形文化財。

10　**四方子供曳山祭り**　➔富山市四方・四方神社(JR北陸本線富山駅バス四方口下車)

10　**大門曳山祭り**　➔射水市大門・大門神社(JR北陸本線越中大門駅下車)
4台の曳山がでる。

13　**墓ノ木たいまつ祭り**　➔下新川郡入善町墓ノ木・墓ノ木神社(JR北陸本線入善駅下車)
神社から用水取入れ口水天宮まで松明《たいまつ》行列をする。治水と水の恩恵に感謝する行事。

14〜15　**椚山八幡宮の秋祭り**　➔下新川郡入善町椚山・椚山八幡宮(JR北陸本線入善駅下車)
多彩な天狗の舞いが演じられる。

17　**慈光院の火渡り**　➔小矢部市西町・慈光院(JR北陸本線石動駅下車)
罪障消滅のまじないにはだしで炭火をわたる行事。

26〜27　**生地のたいまつ祭り**　➔黒部市生地・新治神社(JR北陸本線生地駅車利用)
深夜に杉の葉や造花でつくられた屋形船に大黒・えびすをのせ，松明《たいまつ》が燃やされている参道を神社にむかう。豊漁と海上安全祈願の行事。

15前後の日曜　**おたびや祭り**　➔下新川郡朝日町境・境神社(JR北陸本線越中宮崎駅下車)
二人獅子や神輿が町を練り歩く。境関所奉行を慰労した習俗にはじまるという。

〔11月〕

上旬　**中田のかかし祭り**　➔高岡市中田(JR北陸本線高岡駅バス中田下車)

中田の商店街に多数のかかしがならべられる。

20　**えびす迎え**　➔黒部市宇奈月町下立（富山地方鉄道本線下立駅下車）
「おおべすさま」を出迎え，風呂や食事などで人間同様に接待して感謝する行事。

第３土　**マタテのえびす渡し**　➔射水市放生津町（加越能鉄道万葉線射水市新湊庁舎前下車）
元禄16（1703）年に前田利常から上立，西釣方，大奈呉，宮ノ丁のマタテ（漁業組合）に下された漁業許可の御墨付きを守り神として信仰するもの。現在は６つのマタテに１年ごとにえびす様をうけわたす当屋祭りが行われる。

下旬　**報恩講**　➔県下各地の浄土真宗寺院やそれぞれの檀家
親鸞の正忌法要で，大谷派は11月28日に寺院で行われる。また，この時期を中心に檀家でも報恩講がもたれる。

30　**神迎え**　➔富山市岩稲・岩稲八幡宮（JR高山線笹津駅車利用）
男女の小学生が八幡宮の階段の蠟燭《ろうそく》に火を灯し，落ち葉に杉葉をかぶせ火をいれ，神様を迎える行事。

〔12月〕

23　**庚申講**　➔黒部市立野（富山地方鉄道本線石田駅下車）
庚申の絵像を掲げ般若心経をとなえてもらう，年最後の庚申講。

27　**歳の大市**　➔南砺市福野町（JR城端線福野駅下車）
各地で行われた歳の市は消えたが，珍しくここでは続いている。朝市の最後として行われ正月用品などが売られ，近在の人が集まる。

31　**宮こもり**　➔氷見市小境・朝日神社（JR氷見線氷見駅バス小境下車）
子どもたちが宮にこもり正月を迎える行事。

■ 参考文献

【富山県の地域史研究の動向と課題】

富山県の戦前における地域史研究は，編年史料集の『越中史料』や自治体史通史の『高岡史料』『下新川郡史稿』などにうかがえるように，決して低くない水準にあったといえよう。戦後の富山県では，全国的にみても活発に市町村史の刊行が進められ，1970年代中ごろにはほとんどの自治体で編纂がおわるようになった。そして，この間に『富山県史』の編纂がスタートし，1987年には刊行をおえたが，80年代以降には旧自治体史にかわって，あらたな市町村史編纂を試みる自治体もみられるようになった。これらの場合は，旧来の市町村史とは違って，資料編を別に一冊もうけるものとして編纂されている。現在，取り組まれている『氷見市史』の場合は，これまでの県内の自治体史にはみられなかった，絵図・地図編を始めとする資料編を多数刊行する本格的なものである。なお，80年代以降に市町村史では十分に叙述されない，旧村・各町内の通史編纂が多数行われるようになったこともみのがせない。

戦後の富山県の地域史研究をささえた団体の代表は越中史壇会であるが，同会には県内のほとんどの地域史研究者が参加して，地域史研究を現在までささえている。同会の会員でもある大学や中学・高校の日本史関係の地域史研究者が主となって県史編纂にあたったが，県史編纂により急激に富山県の地域史研究が深化していくことになった。大規模な人員と予算を投入した県史編纂は，地域史関係史料の徹底した調査とその分析を行った。その結果，充実した資料編も多数刊行され，その後の研究に便宜をあたえたが，編纂の副産物として数多くのすぐれた研究もうみだし，県史刊行後にはこれらの成果が学術書として多数出版されている。また，現在，県史には盛り込めない大部な近世の史料が『越中史料集成』というシリーズで刊行され，県史資料編とともに地域史研究に大きく寄与している。

県史編纂終了後には，撮影収集された資料を地域史研究にいかし，また地域の史料保存・整理にあたる機関として，富山県公文書館が設立されたことも注目される。現在，同機関は県史編纂で集められた資料や，県庁の公文書の保管・整理に加え，県内の古文書の所在調査なども実施している。なお，県内古文書の整理については，県史編纂末期のころより文化庁の緊急古文書調査により，主要なものの整理が実施されていることもみおとせない。たとえば，折橋家文書，金子家文書，井波町肝煎文書，善徳寺文書，高樹文庫などが整理された。

90年代にはいって地域史研究で注目される事態の第一は，地域史研究の担い手が高齢化したことである。その大きな原因は，町村合併ととりわけ子どもの減少によりもたらされた小中学校の統廃合と教員削減である。富山県は出生率が全国でも低い県で，10年間に児童が3割も減少したために必然的に教員需要が減り，この結果，日本史を大学や大学院で学んだ学生が教員への途を大きく制約されることとなった。また，近年は教育現場の変容も大きく，地域の歴史を研究するような環境が小中高

の各学校にはなくなってしまった。一方，首都圏や大都市圏では80年代以降，博物館建設が進み，学芸員が地域史研究の担い手として活躍しはじめた。富山県でも立山博物館などの博物館建設が行われているが，小県のために研究できる学芸員をかかえられる歴史関係の博物館はおのずと数が限られてくる。しかしながら，生涯教育の必要が叫ばれる時代を反映して，富山県でも古文書教室が県内各地に誕生して，多数の市民が近世文書の読解を学んでいる。その主は主婦と高齢者とはいえ，各教室では史料翻刻を行って，学んだ成果を世に問うようになっている。つぎに指摘しておきたい第2の点は，70年代以降にいちだんと県内の遺跡の発掘が進み，古代史・中世史の分野でもその成果を無視できなくなったことである。考古学の研究者と文献史学の研究者との連携した地域史研究が重要となってきている。

【辞典・通史など】

「角川日本地名大辞典」編纂委員会編『角川日本地名大辞典16　富山県』 角川書店　1979
楠瀬勝編『日本の前近代と北陸社会』 思文閣出版　1989
坂井誠一『富山県の歴史』 山川出版社　1970
坂井誠一他編『富山県姓氏家系大辞典』 角川書店　1992
新越中風土記刊行会編『富山県の歴史と風土』 創土社　1977
高瀬重雄監修『富山県の地名』日本歴史地名大系16　平凡社　1994
高瀬重雄博士古希記念論集刊行会編『日本海地域の歴史と文化』 文献出版　1979
高瀬保編『図説・富山県の歴史』 河出書房新社　1993
富山県地方課編『富山県町村合併誌』 2冊　富山県　1961
富山県教育委員会編『図説富山県の文化財－国指定編』 富山県教育委員会　1966
富山県教育委員会編『図説富山県の文化財－県指定編』 富山県教育委員会　1966
湊晨監修『文化誌日本－富山県』 講談社　1987
富山県教育委員会編『富山県歴史の道－北陸街道』 富山県教育委員会　1980
富山県教育委員会編『富山県歴史の道－立山道』 富山県教育委員会　1981
富山県教育委員会編『富山県歴史の道－飛騨街道その1』 富山県教育委員会　1979
富山県教育委員会編『富山県歴史の道－飛騨街道その2五箇山道』 富山県教育委員会　1981
富山県教育委員会編『富山県歴史の道－能登道』 富山県教育委員会　1981
富山県教育史編さん委員会編『富山県教育史』 2冊　富山県教育委員会　1971・72
富山県史編纂委員会編『富山県の歴史と文化』 青林書院　1958
富山県神社庁編『富山県神社誌』 富山県神社庁　1983
富山県文学事典編集委員会編『富山県文学事典』 桂書房　1992
富山県文化振興財団編『富山県の文化財』 富山県文化振興財団　1984
富山県編『富山県薬業史』 通史　富山県　1987
富山新聞社大百科事典編集部編『富山県大百科事典』 富山新聞社　1976

富山大百科事典編集事務局編『富山大百科事典』 2冊　北日本新聞社　1994
林喜太郎『越中郷土史』 学海堂　1936
広瀬誠編『改訂郷土史事典』 18　昌平社　1982
宮口侗廸監修『ビジュアル富山百科』 富山新聞社　1994

【史 料 集】

越中国諸記研究会編『越中国諸記』 越中国諸記研究会　1988
『越中資料集成』 1-12，別巻　桂書房　1987-
越中資料叢書『越中地誌・越中旧事記』 歴史図書社　1973
岡村日南子解読『内山逸峰集・享保-安永』 桂書房　1986
金沢大学日本海研究室編『加越能寺社由来　上下』 石川県図書館協会　1985
紙谷信雄編『魚津古今記・永鑑等史料』 桂書房　1995
木倉豊信編『越中立山古文書』 立山開発鉄道株式会社　1962
侯爵前田家編纂部編『加賀藩史料』 18冊　石黒文吉　1929-58
佐伯安一他『棟札銘文集成－中部編』 国立歴史民俗博物館　1995
高岡高等商業学校編『富山売薬業史史料集』 3冊　高岡高等商業学校　1935
高岡児童文化協会編『越中たかおかふるさと誌料抄』 高岡児童文化協会　1990
富山県郷土史会編『越中安政大地震見聞録』 KNB興産出版事業部　1976
富山県郷土史会編・野崎雅明『肯搆泉達録』 KNB興産出版事業部　1974
富山県郷土史会編・宮永正運『越の下草』 富山県郷土史会　1980
富山県編『富山県薬業史』 資料編2冊　富山県　1987
廣瀬誠・高瀬保編『越中立山古記録』 4冊　立山開発鉄道株式会社　1989・92
深井甚三編『近世越登賀史料』 第一　桂書房　1992
中島正文・木倉豊信校訂『越中鉱山雑誌』 富山県郷土史会　1958
本願寺史料集成『越中国諸記一』 同朋舎出版　1988
岫順史編『雲龍山勝興寺古文書集』 桂書房　1983
宮地正人編『幕末維新風雲通信』 東京大学出版会　1978
森田柿園『越中志徴』 富山新聞社　1952

【自治体史】

朝日町編『朝日町誌』 3冊　朝日町　1984
荒川郷土史編纂委員会編『荒川郷土史』 荒川郷土史編纂委員会　1993
井波町史編纂委員会編『井波町史』 2冊　井波町　1970
井口村史編纂委員会編『井口村史』 2冊　井口村　1992・95
魚津市史編纂委員会編『魚津市史』 3冊　魚津市役所　1968-72
宇奈月町史編纂委員会編『宇奈月町史』 宇奈月町　1969
宇奈月町史追録編纂委員会編『追録宇奈月町史』 3冊　宇奈月町　1989
大沢野町誌編纂委員会編『大沢野町誌』 2冊　大沢野町役場　1986
大島村役場編『大島村史』 大島村役場　1963

大島町教育委員会編『大島町史』 大島町 1989
太田郷土史編纂委員会編『太田郷土史』 太田自治振興会 1987
太田村史編纂委員会編『太田村史』 太田村史刊行委員会 1991
大長谷郷土誌編纂委員会編『大長谷郷土誌』 大長谷地区自治振興会 1989
大布施村誌編集委員会編『大布施村誌』 大布施振興会 1985
大山町史編纂委員会編『大山町史』 大山町 1964
大山の歴史編集委員会編『大山の歴史』 大山町 1990
小矢部市史編集委員会編『小矢部市史』 2冊 小矢部市 1971
上市町誌編纂委員会編『上市町誌』 上市町 1970
上平村役場編『上平村誌』 上平村役場 1982
楠瀬勝編『下村史』 下村役場 1986
楠瀬勝編『小杉町史・通史』 小杉町 1997
国吉小史刊行委員会編『国吉小史』 国吉小史刊行委員会 1986
熊野郷土史編纂委員会編『熊野郷土史』 熊野校下自治振興会 1989
久目村史編纂委員会編『久目村史』 久目村史刊行委員会 1990
車政雄編著『越中二塚史』 越中二塚史刊行委員会 1985
黒部市誌編纂委員会編『黒部市誌』 黒部市役所 1964
小杉町史編纂委員会編『小杉町史』 小杉町役場 1959
五福校下自治振興会編『五福郷土史』 五福校下ふるさとづくり推進協議会 1991
庄川町史編さん委員会編『庄川町史』 2冊 庄川町 1975
庄下村史誌編纂委員会編『庄下村史誌』 庄下地区自治振興会 1979
新庄校下自治振興会編『新庄町史』 2冊 新庄校下自治振興会 1975-91
新保校下自治振興会編『新保郷土史』 新保校下自治振興会 1985
新湊市史編纂委員会編『新湊市史』 新湊市役所 1964
栴檀山村史編集部編『栴檀山村史』 栴檀山村史刊行会 1976
大門町教育委員会編『大門町史』 大門町 1981
平村史編纂委員会編『越中五箇山平村史』 2冊 平村 1983-85
高岡市市制100年記念誌編集委員会編『たかおか－歴史との出会い』 高岡市 1991
高岡市史編纂委員会編『高岡市史』 4冊 青林書院新社 1959-82
高岡市戸出町史編纂委員会編『戸出町史』 高岡市戸出町史刊行委員会 1972
高岡市役所編『高岡史料』 2冊 高岡市役所 1909
立山町編『立山町史』 3冊 立山町 1977-84
月岡郷土史編集委員会編『月岡郷土史』 富山市月岡校下自治振興会 1991
砺波市史編纂委員会編『砺波市史』 砺波市役所 1985
砺波市史編纂委員会編『砺波市史資料編』 5冊 砺波市 1990-
富山県編『富山県史』 21冊(別に付録冊子あり) 1976-87
富山県編『越中史料』 5冊 富山県 1909
富山市奥田郷土史編集委員会編『奥田郷土史』 富山市奥田郷土史刊行委員会 1996

富山市史編修委員会・富山市編『富山市史』 6冊 富山市役所 1960-80
富山市史編さん委員会編『富山市史』 2冊 富山市 1987
富山市広田郷土史編集委員会編『広田郷土史』 富山市広田郷土史刊行委員会 1996
富山市柳町郷土史編集委員会編『富山柳町のれきし』 富山市柳町郷土史刊行委員会 1996
富山市山室郷土史編集委員会編『山室郷土史』 富山市山室郷土史刊行委員会 1993
中田町誌編纂委員会編『中田町誌』 中田町誌刊行会 1968
滑川市史編さん委員会編『滑川市史』 3冊 滑川市 1979-85
蜷川校下史編纂委員会編『蜷川の郷土史』 蜷川校下自治振興会 1968
入善町史編さん室編『入善町史』 3冊 入善町 1986-90
氷見市史編集委員会編『氷見市史』 氷見市役所 1963
福岡町史編纂委員会編『福岡町史』 福岡町役場 1969
福野町史編纂委員会編『福野町史』 3冊 福野町役場 1991
福光町史編纂委員会編『福光町史』 2冊 福光町 1971
藤ノ木郷土史編纂委員会編『藤ノ木郷土史』 藤ノ木校下自治振興会 1984
二上郷土誌編纂委員会編『二上の歴史』 二上郷土誌編纂委員会 1978
婦中町誌編纂委員会編『婦中町誌』 2冊 婦中町役場 1967-68
舟橋村役場編『舟橋村誌』 2冊 舟橋村役場 1928-63
細入村史編纂委員会編『細入村史』 2冊 細入村 1987-89
婦中町誌編纂委員会編『婦中町誌』 2冊 婦中町役場 1996
水橋町役場編『水橋町郷土史』 2冊 水橋町役場 1966
南般若村誌編纂委員会編『南般若村誌』 南般若自治振興会 1990
宮崎村誌編纂委員会編『宮崎村の歴史と生活』 宮崎村役場 1954
八尾町史編纂委員会・続八尾町史編纂委員会編『八尾町史』 2冊(正・続) 八尾町史編纂委員会・続八尾町史編纂委員会 1967・73
籔波村史編纂委員会編『籔波村史』 籔波村史刊行委員会 1968
山田村史編纂委員会編『山田村史』 2冊 山田村役場 1981-84
山室郷土史編集委員会編『山室郷土史』 山室郷土史刊行委員会 1993
吉江の昔と今編集委員会編『吉江の昔と今』 吉江自治振興会 1979

【原始・古代】
浅香年木『古代地域史の研究』 法政大学出版局 1978
医王山文化財調査委員会編『医王山文化財調査報告書 医王は語る』 福光町 1993
宇野隆夫『律令社会の考古学的研究 北陸を舞台として』 桂書房 1991
金田章裕他編『日本古代荘園図』 東京大学出版会 1996
小林昌二編『古代王権と交流3 越と古代の北陸』 名著出版 1996

小林達雄・原秀三郎編『新版古代の日本7　中部』 角川書店　1993
近藤義郎編『前方後円墳集成　中部編』 山川出版社　1992
高岡市万葉歴史館編『ふるさとの万葉　越中』 桂書房　1990
高木市之助・五味智英・大野晋『日本古典文学大系4-7　万葉集1-4』 岩波書店　1957・59・60・62
富山県教育委員会編『遺跡が語る富山の歴史』 富山県教育委員会　1991
藤井一二『初期荘園史の研究』 塙書房　1986
藤井一二『東大寺開田図の研究』 塙書房　1997
藤田富士夫『日本の古代遺跡13　富山』 保育社　1983
『文化財論叢II　奈良国立文化財研究所創立40周年論文集』 同朋舎出版　1995
北陸古瓦研究会編『北陸の古代寺院　その源流と古瓦』 桂書房　1987
『木簡研究』一二　木簡学会　1990
『木簡研究』一五　木簡学会　1993
米沢康『越中古代史の研究』 越飛文化研究会　1965
米沢康『北陸古代の政治と社会』 法政大学出版局　1989
米沢康『日本古代の神話と歴史』 吉川弘文館　1992

【中　世】
浅香年木『北陸の風土と歴史』 山川出版社　1977
浅香年木『治承・寿永内乱論序説』 法政大学出版局　1981
浅香年木『中世北陸の社会と信仰』 法政大学出版局　1988
浅香年木『北陸真宗教団史論－小松本覚寺史』 能登印刷出版部　1982
浅野清『佐々成政関係資料集成』 佐々成政研究会　1990
飯田汲事『天正大地震誌』 名古屋大学出版会　1987
石原与作『水橋玉永寺史』 玉永寺史刊行会　1973
石動山文化財調査団編『国指定史跡石動山文化財調査報告書』 氷見市教育委員会　1989
井上鋭夫『一向一揆の研究』 吉川弘文館　1968
宇治伸『宗教的「講」と村落社会構造－越中真宗門徒講を中心として』 令文社　1996
梅原隆章他『富山の寺社』 巧玄出版富山文庫　1978
梅原隆章教授退官記念論集刊行会編『歴史への視点－真宗史・仏教史・地域史』 桂書房　1985
岡村守彦『飛驒史考－中世編』 桂書房　1979
岡村守彦『飛驒史考－近世編』 桂書房　1986
奥田淳爾『佐々成政』 桂書房　1983
奥田淳爾・米原寛『越中の人物』 巧玄出版富山文庫　1978
奥田新作『黒部川扇状地の歴史と風土』 桂書房　1987
笠原一男『一向一揆の研究』 山川出版社　1962

北西弘『一向一揆の研究』 春秋社 1981
京田良志『富山の石造美術』 巧玄出版富山文庫 1976
久保尚文『越中中世史の研究－室町・戦国時代』 桂書房 1983
久保尚文『越中における中世信仰史の展開』 桂書房 1984
久保尚文『勝興寺と越中一向一揆』 桂書房 1983
久保尚文他『室町幕府守護職家事典』 新人物往来社 1983
久保尚文他『戦国大名系譜人名事典』 新人物往来社 1985
久保尚文他『上杉謙信大事典』 新人物往来社 1997
弘源禅寺総合調査団編『越中二上山と国泰寺』 桂書房 1995
斉藤泰助『善知鳥物語考』 桂書房 1994
佐伯幸長『立山信仰の源流と変遷』 立山神道本院 1973
坂井誠一他『地方別日本の名族7 北陸編』 新人物往来社 1989
塩照夫『越中の古城』 北国新聞社 1972
塩照夫他『戦国合戦大事典3 富山県ほか』 新人物往来社 1989
定塚武敏『越中の焼きもの』 巧玄出版富山文庫 1974
鈴木宗憲『歴史における宗教と社会』 桂書房 1984
高岡徹『越中戦国紀行』 北日本新聞社 1988
高岡徹他『日本城郭大系7 新潟・富山・石川』 新人物往来社 1980
高瀬重雄『富山の絵図』 巧玄出版富山文庫 1975
高瀬重雄『古代山岳信仰の史的考察』 角川書店 1969
高瀬重雄『立山信仰の歴史と文化』 名著出版 1981
高瀬重雄『入山術』 あすの書房 1970
高瀬重雄『日本文化の史的研究』 桂書房 1992
高瀬重雄『日本海文化の形成』 名著出版 1984
土井了宗・金龍教英『目でみる越中真宗史』 桂書房 1991
寺野宗孝『越中真宗史－中世を中心としたノート』 桂書房 1985
富山別院開創百周年記念出版編『越中念仏者の歩み』 永田文昌堂 1984
富山別院開創百周年記念出版編『学国越中』 永田文昌堂 1984
長島勝正『越中の彫刻』 巧玄出版富山文庫 1975
長島勝正『とやまの古美術』 文献出版 1991
長島勝正『富山の美術と文化』 文献出版 1983
中島正文『北アルプスの史的研究』 桂書房 1986
東四柳史明『半島国の中世史』 北国新聞社 1992
広瀬誠『立山黒部奥山の歴史と伝承』 桂書房 1984
広瀬誠『立山のいぶき－万葉集から近代登山事始めまで』 シーエーピー 1993
広瀬良弘『禅宗地方展開史の研究』 吉川弘文館 1988
藤井一二他『富山の史蹟』 巧玄出版富山文庫 1978
北陸中世土器研究会編『中世前期の遺跡と土器・陶磁器・漆器』 北陸中世土器研究会 1992

北陸中世土器研究会編『中世北陸の家・屋敷・暮らしぶり』 北陸中世土器研究会 1993
綿抜豊昭『越中の中世文学』 桂書房 1991
綿抜豊昭『越中の連歌』 桂書房 1992

【近　世】
青木虹二他編『編年百姓一揆史料集成』 20冊 三一書房 1979-
植村元覚『行商圏と領域経済』 ミネルヴァ書房 1959
籠瀬良明『黒部川扇状地』 大明堂 1981
楠瀬勝編『石黒信由遺品等高樹文庫資料の総合研究・二』 高樹文庫研究会 1984
片桐一男『蘭学，その江戸と北陸』 思文閣出版 1993
蔵巨水『越中俳諧年譜史』 桂書房 1992
小山隆『山間聚落の大家族』 川島書房 1988
坂井誠一監修『城端曳山史』 城端町 1978
坂井誠一『富山藩』 巧玄出版 1974
坂井誠一編『近世越中の社会経済構造』 名著出版 1975
坂井誠一『加賀藩改作法の研究』 清文堂出版 1978
新湊市教育委員会編『越中の偉人・石黒信由』 新湊市教育委員会 1985
高岡鋳物師文書研究会編『高岡鋳物師物語』 高岡鋳物史料館 1988
高沢裕一編『北陸社会の歴史的展開』 能登印刷出版部 1992
高瀬重雄『北前船長者丸の漂流』 清水書院 1974
高瀬保『加賀藩海運史の研究』 雄山閣出版 1979
高瀬保『加賀藩流通史の研究』 桂書房 1990
富山県教育委員会編『富山県の曳山』 富山県郷土史会 1976
富山県立氷見高等学校歴史クラブ編『氷見漁業史』 富山県立氷見高等学校 1958
中田清兵衛『中田家譜』（私家版） 1932
深井甚三『近世の地方都市と町人』 吉川弘文館 1995
深井甚三『図翁遠近道印』 桂書房 1990
水島茂『加賀藩・富山藩の社会経済史の研究』 文献出版 1982
養田実・定塚武敏『高岡銅器史』 桂書房 1988
若林喜三郎『加賀藩農政史の研究』2 冊 吉川弘文館 1970・72
若林喜三郎編『加賀・能登の歴史』 講談社 1978
山口和雄『近世越中灘浦台網漁業史』 三一書房 1973

【近代・現代】
梅原隆章・奥村宏・吉田隆章『富山県の百年』 山川出版社 1989
浦田正吉『近代地方下層社会の研究』 桂書房 1992
北日本新聞社編『富山大空襲』 北日本新聞社 1972
北日本新聞社編『証言　米騒動』 北日本新聞社 1974

北日本新聞社編『新聞にみる90年』 上・下　北日本新聞社　1974
経済企画庁国民生活局編『新国民生活指標』 大蔵省印刷局　1996
関満博『フルセット型産業構造を超えて』 中央公論社　1993
高井進『明治期農民生活の地域的研究』 雄山閣出版　1978
高井進監修『富山県の昭和史』 北日本新聞社　1991
田村昌夫・玉川信明・井本三夫『いま，よみがえる米騒動』 新興出版社　1988
富山近代史研究会編『とやま近代化ものがたり』 北日本新聞社　1996
富山県編『富山県政史』 全9冊　1936-47
富山県議会編『富山県議会史』 全4冊　1977-81
富山県教育委員会編『富山100年のあゆみ』 富山県教育委員会　1983
富山県編『置県100年富山県』 富山県　1983
富山新聞社編『越中の群像』 桂書房　1984
富山大学編『富山の自然と文化』 富山大学　1991
富山地学会編『豪雪』 古今書院　1972
とやまの雪研究会編『雪国新時代』 古今書院　1975
不二越鋼材工業株式会社編『不二越五十年史』 不二越鋼材工業株式会社　1993
伏木港史編纂委員会編『伏木港史』 伏木港海運振興会　1973
北陸銀行編『創業百年史』 北陸銀行　1978

■　図版所蔵・提供者一覧

見返し表	佐伯春久・富山県立山博物館
裏	富山県教育委員会
口絵1上	朝日町商工観光課
下	高岡市教育委員会
2上	高岡市教育委員会
下	高岡市観光物産課
3上	高岡市観光物産課
下	富山県立山博物館
4上	本法寺
下	富山県公文書館
5上	井波町教育委員会
下	富山県立図書館
6上	富山市郷土博物館
下	石川県立図書館
7上	諏訪恵比須社
下	富山市郷土博物館
8上	高岡市立博労小学校
下	(有)アオヤマスタジオ
p.3	富山県
p.6	富山市郷土博物館
p.11	氷見市教育委員会
p.13	森秀雄・上市町教育委員会
p.15	氷見市教育委員会
p.17	富山県埋蔵文化財センター
p.19	氷見市立博物館
p.32	富山県埋蔵文化財センター
p.37	富山県埋蔵文化財センター
p.39	奈良国立文化財研究所
p.41	石山寺
p.43	立山町教育委員会
p.52	高岡市観光物産課
p.54	井波町教育委員会・井波歴史民俗資料館
p.59	氷見市教育委員会
p.64	越中立山雄山神社・富山県立山博物館
p.71	(財)林原美術館
p.78	法金剛院
p.86	目黒雅叙園美術館
p.92	光明寺・東京国立博物館
p.95	京都府立総合資料館
p.98	芦峅寺一山会・富山県公文書館
p.101	勝興寺・高岡市教育委員会
p.106	乗誓寺・入善町教育委員会
p.108	玉桂寺・富山県公文書館
p.110	高岡市観光物産課
p.120	本法寺
p.125	富山県立図書館
p.126	慈眼寺・富山県公文書館
p.131	高野山真言宗来迎寺・富山県公文書館
p.143	東京都江東区教育委員会
p.145	魚津市教育委員会
p.148	井波町立図書館
p.152	井上民雄・東京大学史史料室
p.160	金沢市立玉川図書館
p.167	金沢市立玉川図書館
p.171	富山県立図書館
p.174	富山市郷土博物館
p.177	石川県立図書館
p.182	金沢市立玉川図書館
p.185	富山市郷土博物館
p.189	石川県立図書館
p.192	魚津市教育委員会
p.200	(財)前田育徳会
p.203	中田佳男・富山市売薬資料館
p.209	(財)前田育徳会
p.217	富山県立図書館
p.219	(財)高樹会
p.225	富山市売薬資料館
p.228	金沢市立玉川図書館
p.231	池端滋
p.244	国立公文書館
p.246	富山県立図書館
p.249	富山県立図書館
p.251	富山県公文書館
p.253	富山県立図書館
p.260	町立小杉図書館
p.268	国立公文書館
p.271	富山県広報課
p.273	広田寿三郎・富山県公文書館
p.276	富山県公文書館
p.279	富山県広報課
p.285	㈱不二越・富山県公文書館
p.287	北日本新聞社・富山県公文書館
p.290	『富山県議会四カ年の回顧』

敬称は略させていただきました。

紙面構成の都合で個々に記載せず，巻末に一括しました。所蔵者不明の図版は，転載書名を掲載しました。万一，記載洩れなどがありましたら，お手数でも編集部までお申し出下さい。